Heinz Held

Kärnten und Steiermark

Vom Großglockner
zum steirischen
Weinland

W0231853

Umschlagvorderseite: Burg Hochosterwitz, Kärnten (Foto: F. Prenzel, Gröbenzell)
Umschlagrückseite: Klapotez mit Kitzeck im Sausal, Steiermark (Foto: Löbl, Bad Tölz)
Vordere Umschlagklappe: Bildstock bei St. Stephan a. d. Gail, Kärnten (Foto: Heinz Held, Köln)
Frontispiz S. 2: Schloß Trautenfels im Ennstal, Steiermark

© 1981 DuMont Buchverlag, Köln
5. Auflage 1989
Alle Rechte vorbehalten
Satz: Boss-Druck, Kleve
Druck: Graphischer Großbetrieb Interdruck
Buchbinderische Verarbeitung: LVZ-Druckerei »Hermann Duncker«,
Leipzig – III/18/138

Printed in the German Democratic Republic   ISBN 3-7701-1097-8

Kunst-Reiseführer in der Reihe DuMont Dokumente

Zur schnellen Orientierung – die wichtigsten Orte und Sehenswürdigkeiten Kärntens und der Steiermark auf einen Blick:

(Auszug aus dem ausführlichen Ortsregister S. 438– 445)

In der Umschlagklappe: Übersichtskarte von Kärnten

In der hinteren Klappe: Übersichtskarte der Steiermark

Geschichte, Kultur und Landschaft
›Innerösterreichs‹

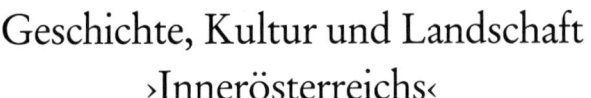

Enns flu

Inhalt

Vorwort

Das Buch entstand aus einer auf vielen Reisen gewonnenen Zuneigung zu Kärnten und Steiermark. In seinen Text gingen Erfahrungen ein. Er spiegelt Erlebnis und Anschauung und nicht zuletzt langjährige Studien.

Auf Erfahrungen beruht seine Gliederung. Das jeweils erste Kapitel der den beiden österreichischen Bundesländern gewidmeten Teile gilt deshalb ihren Hauptstädten Klagenfurt und Graz. Sie als Mittelpunkte zu nehmen, war logisch. Sie entstanden dort, wo sich bedeutende Straßen kreuzten und Flüsse querten. Ihre Lage bestimmte sie seit jeher zum Austausch von Waren und Ideen, so daß sie gleichsam materielle und geistige Essenzen aus den ihnen zugehörigen Bezirken sogen und diese sammelten und vermischten. Zudem lösten sie sich nicht als ›Wasserköpfe‹, wie oft anderswo Metropolen, vom Land ab. Sie erscheinen demnach als die am besten geeigneten Plätze, an denen man sich zunächst mit dem Charakter des Landes in großen Zügen bekannt machen kann. Um die Umrisse später mit Einzelheiten zu bereichern, setzen die anderen Abschnitte konzentrisch an den beiden Zentren an. Diese Ordnung soll den Touristen selbstverständlich nicht veranlassen, seine Fahrten unbedingt auch nach diesem Schema zu planen. Mit Hilfe von Karten und Register kann er, je nachdem von woher er einreist, wo er seinen Urlaub verbringt oder auf welchen Wegen er wieder heimreist, nach eigenem Gutdünken seine Routen festlegen und dabei die beschriebenen Regionen miteinander verknüpfen.

Erlebnis und Anschauung regten die Auswahl und Schilderungen der erwähnten Orte, Bauten und Kunstwerke an. Sie können erklärlicherweise nicht vollständig sein. Vielleicht haben sich inzwischen Stadtbilder, Bauwerke, Zustände und so weiter und so fort verändert? Die beiden Länder unterliegen in unserer schnellebigen Zeit wie alle Gegenden der Umwandlung. Außerdem sorgt zum Beispiel eine großartige Denkmalpflege in beiden Ländern immer wieder durch Restaurierungen und Sanierungen von Kulturstätten für deren neues Aussehen und auch für Neuentdeckungen etwa von Fresken. Im Zuge solcher Arbeiten werden auch Kunstwerke an andere Stellen, in Werkstätten oder Museen verbracht. Gewiß bemerken aufmerksame Leser solche Entwicklungen. Sie werden um korrigierende Mitteilungen gebeten.

Zum Dritten vermittelte mehr als durch bloßen Augenschein ein sorgfältiges Studium die Kenntnisse von Zusammenhängen zwischen Geographie, Geschichte und Kunst. Das Buch versucht dieses Wissen weiterzugeben. Es scheint in vielerlei Hinweisen auf. Erst beim Begreifen von Beziehungen teilt sich offenbar Wesentliches mit. Beim Nachforschen bediente sich der Autor, wie könnte es anders sein, der Arbeiten mancher Heimatforscher und Wissenschaftler der Landeskunde, Geschichte und Kunstgeschichte. Ihnen sagt er voller Hochachtung und aufrichtig Dank. Ein ›gelehrtes‹ Werk ist freilich mit dem Band auch nicht annähernd beabsichtigt. Es wurde für Ferienreisende geschrieben, in der Hoffnung, daß sie es gebrauchen.

Köln, im Februar 1981   H. H.

Über das Land

Jeder möchte schon vor einer Reise genau wissen, wohin er eigentlich gelangt und was auf ihn zukommt, wen er trifft. So bieten sich dem Reisenden als erste Informationen die Landkarten, am besten Reliefkarten (oft in Prospekten der Landesfremdenverkehrsverbände) an. Sie geben einen guten Begriff von der Lage, den Größenverhältnissen und der Form des Gebietes. In unserem Fall sieht man darauf zunächst, daß *Kärnten* der Größe nach an fünfter Stelle der neun österreichischen Bundesländer steht. Es umfaßt in der Gestalt eines ungefähr gestreckten Rechteckes 9534 qkm. Es ist zirka 180 km lang, 70 km – an der schmalsten Stelle aber nur 44 km – breit und 56 % seiner Fläche liegt über 1000 m hoch.

Die *Steiermark* dagegen ist mit 16 384 qkm das zweitgrößte Bundesland Österreichs und mißt von Westen nach Osten zirka 210 km und von Norden nach Süden 135 km. Die südliche Kärntner Grenze ist zugleich Staatsgrenze Österreichs zu Italien und Jugoslawien. Die Steiermark grenzt an Jugoslawien und im Südosten ein Stück an Ungarn. Die Reliefs der Karten zeigen die Länder aus der Vogelschau.

Kärnten ist ein wildzerklüftetes Gebiet mit hohen, braunen in Gipfelhöhe weiß dargestellten Gebirgen, grünen Tälern und Becken und blau markierten Seen. Im Norden liegen Hohe Tauern und Gurktaler Alpen, im Süden die Karnischen Alpen und die Karawanken, und sogar im Osten, wo die Höhen allmählich absinken, sperren Pack- und Koralpe Kärnten noch ab.

Wasserscheiden bilden zu drei Vierteln die insgesamt 640 km lange Grenze. Die natürlichen Gegebenheiten verleihen also dem Raum eine seltene Geschlossenheit, die jedoch auch im Landesinneren beachtliche Berge einschließt. Die Karte macht auch deutlich, daß ein Fluß, die Drau, eine Art Landschaftsachse schafft. Die Drau entspringt zwar außer Landes, auf dem Toblacher Feld im südtiroler Pustertal und mündet bei Esseg in Jugoslawien in die Donau, aber fast alle Gewässer Kärntens, von ein paar kleinen abgesehen, fließen zu ihr hin. Die Einheimischen kennzeichnen ihren Lauf merkwürdigerweise mit Oberes und Unteres Drautal, wobei sie das Untere noch einmal in Rosental und Jauntal unterteilen.

Im Gegensatz zu Kärnten erscheint die Steiermark auf den ersten Blick nicht als Hochgebirgsland, obwohl zumindest die Hälfte ihres Territoriums eine Bergwelt mit schroffen Felswänden ist. Diese ist allerdings nicht so klar gegliedert wie in Kärnten. Im Nordwesten ragt das Dachsteinmassiv und das Tote Gebirge auf. Es folgen ostwärts der Klotz des Grimming, die Ennstaler Alpen, Gesäuse, Hochschwab und Hohe Veitsch.

Mit Schneeberg und Raxalpe bricht der Gebirgszug ab. Gleichsam als Rückgrat der Steiermark gilt dann weiter südlich die Kette der Niederen Tauern, unterteilt in Schladminger, Wölzer, Rottenmanner und Seckauer Tauern. Sie laufen über Fischbacher Alpen, Joglland und Wechsel im oststeirischen Hügelland aus. Die Gurktaler Alpen im Süden und Pack- und Koralpe ostwärts berühren wiederum Kärnten. Jenseits dieses Gebirges erstrecken sich dann die Flächen des Grazer und Leibnitzer Feldes, bis hin zur Pannonischen Tiefebene.

Auch das steirische Flußsystem gleicht auf der Karte nicht so eindeutig dem kärntnerischen. Die Mur ist zwar das Hauptwasser. Sie entspringt im salzburgischen Lungau und verläuft in der Richtung Ost-Nord-Ost, nimmt die aus der Gegend von Mariazell kommende Mürz auf, biegt dann plötzlich nach Osten um, begleitet einen Abschnitt lang die Grenze zu Jugoslawien und wird später dort von der Drau geschluckt. Die Enns dagegen, fast ebenso breit wie die Mur und ebenfalls aus einer Quelle im Salzburger Land sprudelnd, wendet sich alsbald nach Norden und verbindet sich, bevor sie Oberösterreich erreicht und sich bei der Stadt Enns in die Donau ergießt, noch mit der ebenfalls bei Mariazell entspringenden Salza. Die Karte zeigt im Gegensatz zu der Kärntens, die mehr als 200 größere Seen mit insgesamt 60 qkm Wasserfläche ausweist, nur die Gewässer bei Altaussee und Grundlsee.

Geologie im Umriß

»Wie entstanden die grandiosen Gebirgslandschaften und welche Gesteine bilden sie?«, so fragen oft manche in Kärnten und Steiermark reisende Touristen. Es bedarf keines besonderen Kennerblicks, um sofort den Formenreichtum der Erdoberfläche in den beiden Ländern zu bemerken. Daraus läßt sich auf einen komplizierten geologischen Aufbau schließen. Trotzdem kann man – stark vereinfacht, versteht sich – den Ablauf der Erdgeschichte skizzieren.

Im Erdaltertum vor etwa 500 bis 400 Millionen Jahren türmten sich auf unserem Planeten die ersten Gebirge auf. Der Alpenraum gehörte damals zum Boden eines riesigen Meeres. Erosionen, das heißt Eis, Wasser, Wind verkleinerten die Berge, und Tone, Sande und Kalke sanken mehrere tausend Meter dick in diesen Meerestrog ab, verformten sich und falteten sich unter der Wirkung seitlicher Schübe. Später drang, verschieden temperiert und verschieden stark gedrückt, Magma, eine glühende Gesteinsschmelze, aus den Tiefen des Erdinnern, faltete die abgesetzten Schichten noch einmal, transportierte übereinandergeschobene Decken nach Norden, kristallisierte und erstarrte zu Gestein. Die so wieder aufgeworfenen Gebirge trugen gewaltige Kräfte nun wieder ab und beförderten das Material in neuerliche Senkungen der Erdkruste. Das ging vor 80 bis 100 Millionen Jahren vonstatten. Bis vor 50 Millionen Jahren wurden die so entstandenen Lagen trocken gepreßt, durch Bewegungen in der Erdschale gebrochen und übereinander geschlagen. Wieder drangen Meere ein, und vor

10 bis 35 Millionen Jahren hoben endlich unvorstellbar große Energien die Alpen empor. Und vor ungefähr 1 Million Jahren begannen Eis- und Zwischeneiszeiten, polare und tropische Wetterperioden und die von ihnen bewirkten Kräfte, wieder Abtragungen und Anlagerungen von Schutt. Bäche aus Schmelzwasser schürften Rinnen in die Bergflanken, und Flüsse und Ströme rissen Schluchten und Täler in die Felsstöcke und häuften hügelige Moränenwälle auf. Die Gletscher der Eiszeiten bildeten durch Ausschabungen und Andämmungen auch die Seen.

In den Ostalpen, zu denen die Gebirgszüge Kärntens und der Steiermark rechnen, werden vier geologische Zonen unterschieden: die Nördlichen Kalkalpen, nach Süden anschließend die sogenannte Grauwackenzone, die Zentralalpen und die Südlichen Kalkalpen. Zu den Nördlichen Kalkalpen gehören Dachstein, Totes Gebirge, Gesäuse, Hochschwab, Schneealpe und Rax in der Steiermark. Ihre Gesteine bestehen hauptsächlich aus Meeresablagerungen des Erdmittelalters (225–140 Millionen Jahre), aus Tonschiefer, Sandstein, Kalken und Dolomit mit Einlagerungen von Salz und Gips. Die Grauwackenzone verläuft entlang des Ennstales, über das Palten- und Liesingtal nach Eisenerz, dann parallel dem Mürztal zum Semmering. In ihr trifft man auf viele verschiedenartige Gesteine, z. B. Schiefersorten, Gneise, Quarze, wieder Kalke, aber auch auf aus dem Erdinnern stammendes Eruptivgestein. In dieser Zone werden zahlreiche Lagerstätten (Eisen, Kupfer, Magnesit, Graphit, Talk) abgebaut. In ihrem Bereich überschieben sich zwei jener Decken, und vielfältige kleinere Bruchlinien verwirren zusätzlich das geologische Bild. Ein großer Bruch, die sogenannte Nördliche Längstalfurche, trennt die Grauwackenzone von den Zentralalpen. Zu diesen zählen von Westen nach Osten die Hohen Tauern, die Niederen Tauern, die Gurktaler und Seetaler Alpen, Saualpe, Gleinalpe und Koralpe. Mit den Fischbacher Alpen und um den Hochwechsel laufen sie aus. Dieses Gebiet wandelte sich im Laufe der Erdgeschichte ebenfalls durch Bewegungen in der Erdkruste vielfältig um; zum Beispiel zur Zeit der Variszischen (vor zirka 350 bis 275 Millionen Jahren) und in der Alpidischen Gebirgsbildung (vor etwa 35 bis 10 Millionen Jahren). Durch Druck- und Temperaturschwankungen veränderten sich ursprünglich anders strukturierte Gesteine in Gneise, Schieferarten, Serpentine, Kalke, zu den aus Resten von Magma gebildeten Pegmatit-Gesteinen und zu anderen mehr. Enorme Kräfte schoben auch hier verschiedene Decken übereinander, so beispielsweise in der Gegend der Kreuzeck-Gruppe und am Katschberg in Kärnten. Man spricht vom ›Tauernfenster‹, weil dort eine ältere, höhere Decke jüngere, aber tiefer liegende Schichten umrahmt. Außerdem durchstießen schon im Erdaltertum tätige Vulkane – der Magdalensberg am kärntnerischen Zollfeld war einer – die verfestigten Ablagerungen im ehemaligen Meeresboden. Solche mannigfachen Vorgänge führten auch in den Zentralalpen zur Bildung von ehemals ausgebeuteten Erzlagerstätten wie Kupfer, Eisen, Wolfram, Kobalt, Nickel, Blei, Zink und sogar Silber und Gold und Mineralien wie Flußspat, Baryt und andere.

Die Zentralalpen grenzt wieder ein Tal, das Drautal, gegen die Südlichen Kalkalpen mit den Gailtaler Alpen, der Villacher Alpe und den Karawanken ab. In ihnen befinden sich wie in Bleiberg-Kreuth und befanden sich wie in Windisch-Bleiberg abbauwürdige Blei-Zink-Vererzungen. Doch so eindeutig wie es klingt erstrecken sich diese Kalkalpen allerdings nicht in der West-Ost-Richtung. Man rechnet auch den Felsen von Hochosterwitz und den Griffener Burgberg zu ihnen. Ansonsten läßt sich das Gefüge der Südlichen Kalkalpen im Wesentlichen mit den Nördlichen Kalkalpen vergleichen. Interessant ist freilich, daß auch hier wieder die aus dem Erdaltertum stammenden Schichten der Karnischen Alpen auf der südlichen Seite des Gailtales die weiter verlaufenden Gailtaler Alpen aus dem Erdmittelalter überlagern und das zum Beispiel am Naßfeld Landschichten und Meeresablagerungen miteinander abwechseln. Zudem gibt es eine Kontinental-Verschiebungs-Theorie, nach der das Gailtal noch einmal als Besonderheit erscheint. Nach ihr reicht der afrikanische Kontinent bis zu den Südalpen, denen die Karnischen Alpen zugehören. Falls sich diese Theorie bestätigt – neueste geophysikalische Forschungen widersprechen ihr nicht –, verliefe die Grenze zwischen Afrika und Europa eigentlich durch das Gailtal.

Die Beckenlandschaften in Kärnten wie in der Steiermark sind anders als die Gebirge verhältnismäßig jungen Ursprungs. Sie sind nämlich nur etwa 10 Millionen Jahre alt. Je nach Untergrund tieften sie sich damals mehr oder minder ein. Meere überfluteten sie, Sedimente, also einmal Abtragungsprodukte, zum anderen aber auch abgestorbene pflanzliche und tierische Organismen, lagerten sich ab. Schutt aus den Gebirgen wurde eingeschwemmt. So entstanden Kohlelagerstätten im Kärntner Lavanttal und bei Voitsberg, Köflach und an der Mur bei Frohnsdorf in der Steiermark. Zur gleichen Zeit wurden Vulkane tätig und fügten den Sedimenten die Ergußgesteine wie Trachyt, Andesit und Laven und Tuffe bei. Mancher Hügel in der Oststeiermark bei Bad Gleichenberg, Riegersburg, Klöch ist ein Vulkankegel oder die bis jetzt noch nicht völlig verwitterte Schlotfüllung eines Vulkans. In Kärnten dagegen gibt es aus dieser Zeit nur einen Aufbruch vulkanischen Basalts bei Kollnitz im Lavanttal.

Aber den ›letzten Schliff‹ im Sinn des Wortes an den Bodenformen der beiden Länder vollbrachten jene sechs kalten Eiszeiten und fünf warmen Zwischeneiszeiten. Ihre Einflüsse auf die Landschaften nennen im Einzelnen die Texte zu den verschiedenen Regionen. Hier nur noch soviel – in den Zwischeneiszeiten fingen Pflanzen und Tiere an, allmählich die vom Eise befreiten Hänge und Täler zu besiedeln, und Menschen begannen sie zu sammeln und zu jagen. Höhlenfunde und Pflanzen, die erstaunlicherweise seit damals unverändert blühen – siehe die Naturschutzgebiete Naßfeld und Lendorf in Kärnten –, vermelden noch heute das Erwachen des Lebens in Kärnten und in der Steiermark.

Vom Wetter ...

Das Wetter ist eine für den Urlauber in fremden Landen wichtige Gegebenheit, wenn nicht die wichtigste überhaupt. Sonnenschein und blauer Himmel ist zwar jedem zu wünschen, aber zum richtigen Erlebnis eines Landes ist jede Witterung unerläßlich.

Jede Wetterform offenbart andere Züge einer Landschaft. Im Übrigen soll es nach Meinung passionierter Wanderer kein schlechtes Wetter, sondern nur unpassende Kleidung geben.

In Kärnten und in der Steiermark wird die Großwetterlage geprägt vom westeuropäischen Seeklima, dem osteuropäischen Kontinentalklima und Einflüssen des Mittelmeerraumes. Dann aber wirkt auch die Gestalt der Erdoberfläche mit und variiert das Klima noch einmal mannigfach. In Kärnten schirmen die hohen Randgebirge ab und bestimmen Regenmenge, Bewölkungsgrad und Windstärken. Geringe Niederschläge, meist nur kurze Zeit dauernd, verursachen dort oft beständiges – mehr von Oberitalien als vom Westen bestimmtes – Sommerwetter. Allerdings können plötzlich sehr heftige Gewitter, auch mit Hagelschlag, aufkommen.

Einmal besuchte ich Dornbach im Maltatal und erschrak vor den Verwüstungen, die tags zuvor ein Gewitter angerichtet hatte. Während die Bewohner in der Kirche die Messe feierten, brach es an der Bergwand über dem Ort los. Ein Rinnsal wurde zum reißenden Fluß. Seine Wasser rissen eine Brücke weg und schwemmten Schlamm und große Felsbrocken in das Dorf. Der Schlamm bedeckte Wege und Gärten, drang in die Häuser ein und die Steine zertrümmerten einen Stall, eine Scheune und mehrere Autos. Das Unwetter hatte eine halbe Stunde gedauert. Die Bewohner mußten tagelang aufräumen.

Wegen solcher Wetterstürze ist jedem dringend anzuraten, vor Bergwanderungen die Einheimischen nach den Wetteraussichten zu befragen und unbedingt auf sie zu hören und sich mit entsprechender Kleidung auszurüsten. Als nützlich haben sich immer wieder leuchtend farbige – gelbe, orange oder rote – Anoraks gezeigt. Sie weisen bei Unfällen den Helfern den Weg.

Die Bergketten in Kärnten halten außer den Regenwolken aber auch den Wind ab. Die meisten Kärntner Seen erreichen deshalb hohe, lang anhaltende Wassertemperaturen. 25–28 Grad Celsius sind nicht selten. Die Sonne heizt die Wasseroberfläche auf und da wenig Wind weht, wird das Wasser kaum durchgemischt. Die Wärme verwirbelt nicht in der Tiefe. Zudem fließen nur wenige und kleine, kalte Bäche zu. Glänzen die Seen blau, stammt diese Farbe nicht etwa vom Himmel. Ton- und Kalkteilchen im Wasser werfen sie vielmehr zurück, oder das reine Wasser verschluckt andere Wellenlängen des einfallenden Lichts. Braune oder grüne Tönungen zeigen im Wasser schwimmende Humusstoffe oder Algen an.

Die Temperaturen sind, wie leicht einzusehen, selbstverständlich auch nach den Höhenlagen verschieden; je höher desto kühler, zumindest im Sommer, und zwar um zirka 1 Grad Celsius pro 170 m Höhe. Im Winter dagegen kann man in Kärnten ein seltsames Phänomen beobachten. In den an Hängen liegenden, oft für den Wintersport geeigneten, schneereichen Orten ist es wärmer als in den tieferen Becken. Meteorologen nennen diese Erscheinung ›Temperaturumkehr‹. Sie ist den Wissenschaftlern erst durch Studien in Kärnten bekanntgeworden. Diese ›Temperaturumkehr‹ tritt auch in der oberen Steiermark, vor allem im Mürztal auf. Schwere, kalte Luft sinkt ab und die

Sonne erwärmt die dünneren Schichten besser als sonst. Ansonsten gebärden sich die Winter in den steirischen Gebirgen mit viel Schnee rauh, die Sommer frisch, obwohl in den Tälern auch manchmal eine gehörige Hitze herrscht. Mit längeren Schönwetterperioden kann man im Spätsommer und Herbst, bis in den Oktober hinein rechnen. Im allgemeinen erhöhen sich die Temperaturen in der Steiermark aber von West nach Ost schnell. Von Süden und Osten schickt Pannonien, das heißt der Balkan, seine Wetter bis ins Grazer Becken. Die Sommer sind dort heiß und es regnet kaum, der Herbst ist angenehm warm und die Winter sind mild. Wer bei solchem herrlichem Wetter über die steirische Weinstraße fährt, könnte meinen, er reise in der Toskana.

Über Pflanzen und Tiere

Das Aussehen einer Landschaft beruht nicht allein auf dem Relief des Bodens, sondern augenfällig auch auf seinem Bewuchs. Wen beeindrucken beim Blick von einem Aussichtspunkt nicht die vielen Nuancen des Grün, die Mutter Natur vor ihm ausbreitet? Das jahreszeitlich verschiedene oder zu jeder Tagesstunde andere Licht wandelt die Grüntönungen noch einmal vielfältig ab. Grün ist die Grundfarbe kärntnerischer und steirischer Fluren. Die Steiermark heißt in der Fremdenverkehrswerbung sogar ›Das grüne Herz Österreichs‹. Dabei machen Kärntens Waldungen, Wiesen, Weiden und Almen rund 78 % der Landesfläche und die der Steiermark ›nur‹ knapp 75 % aus. Die anderen Bundesländer müssen sich dagegen mit weniger Grün begnügen. Das viele Grün bestimmt die beiden Länder von vornherein zu geeigneten Gebieten für Erholungssuchende, denn ein Hektar Laubwald produziert 16 Tonnen Sauerstoff jährlich und ein Hektar Nadelwald sogar 30 Tonnen. Kärnten allein kann so, zum Beispiel, den Jahresbedarf von 40 Millionen Menschen decken, selbst wenn man das grasbewachsene Erdreich, das nur 6 Tonnen Sauerstoff pro Hektar liefert, nicht berücksichtigt.

Von den Laubbäumen kommt in Kärnten und in der Steiermark vor allem die Buche, meist aber nicht allein, sondern unter andere Laub- oder Nadelbäume gemischt, vor. Die Eiche ist selten. In den Auen halten sich Weide und Erle, manchmal auch Schwarzpappel, Ulme und Espe. Es gibt jedoch in den Alpenregionen viel mehr Nadel- als Laubwälder. Man findet besonders die Fichte überall. Sie paßt sich am besten allen Bedingungen an. Tannen sind gering verbreitet. Sie können zu große Winterkälte nicht vertragen. Lärchen folgen den Fichten, allerdings in großem Abstand. Zirben gesellen sich manchmal dazu. Die Waldgrenze verläuft, beeinflußt von örtlichen Gegebenheiten, in 1600 bis 2100 Meter Höhe. Darüber vegetieren gelegentlich noch die ›Latschen‹ genannten Legföhren.

Auf den Pflanzenwuchs wirken viele Einflüsse ein. Es fasziniert immer wieder, wie das Eine das Andere bedingt und neue Voraussetzungen für wieder Anderes schafft. So ist es auch in der Flora. Das Pflanzenkleid eines Gebietes wird geprägt von dessen Lage, der Gestalt und Beschaffenheit des Bodens, dem Klima und über das Klima noch einmal vom Relief, den Wasserverhältnissen, der Entwicklungsgeschichte und letzten Endes auch vom Menschen. Und schließlich wirkt die Vegetation wieder auf das alles zurück. Aus all diesen Gründen stellt sich die Flora Kärntens und der Steiermark mannigfach dar. Die Wissenschaftler stellten fest, daß 300 bis 800 blühende Pflanzen ein 6 km mal 6 km großes Quadrat besetzen. Dazu gezählte Moose, Pilze, Flechten, Farne ergäben jedoch eine noch weit größere Summe. Wegen der Fülle kann man hier nur auf ein paar Wechselbeziehungen verweisen. So wächst zum Beispiel auf Schiefer nur ein einfacher Rasen, auf Dolomit dagegen ein artenreicher. Auf Kalk gedeihen beispielsweise Zyklamen und Aurikel und auch das – streng geschützte – Edelweiß besser als anderswo. Ohne Standorte zu bezeichnen seien aus der Alpenflora noch die verschiedenen Alpenrosen erwähnt, die Berghänge oft rot färben, die Krokusse auf den Almen, die violetten Alpenglöckchen, Küchenschelle, Primeln, Enziane, Steinbrech, Mannsschild – und auch Orchideenarten. Alle und viele andere findet der Wanderer je nach Jahreszeit. In Moorzonen, den verlandeten Flächen der Seen, breiten sich wieder andere Gewächse aus, nämlich Bärlapp, Moosbeeren, Heidekraut etwa. In manchen Flußauen erfreuen wilde Narzissen, Iris und Schwertlinien. Wegen der unterschiedlichen Beschaffenheit von Boden und Klima blüht der Flieder beispielsweise im Klagenfurter Becken Anfang Mai, im oberen Mölltal jedoch erst rund sieben Wochen später. In den wärmeren Becken Kärntens oder im Grazer Becken und den angrenzenden Ebenen geraten wiederum gut Mais, Türkenkorn, Edelobst, Nüsse und Edelkastanien, Feigen und schließlich in der Ost- und Südsteiermark die Rebe. Früher gab es sogar Wein in Oberkärnten. Aber frühe Herbstregen beeinträchtigten Reife und Erträge, so daß dort die Bauern auf seinen Anbau verzichteten.

In verschiedene Gebiete wanderten über die Verkehrswege auch Pflanzen aus den Ländern des Balkan-Mittelmeer-Raumes ein. Und letztlich und endlich verwandelte auch der Mensch das Pflanzenkleid. Früher verringerten nicht so sehr Rodungen die Wälder, sondern in größerem Maß die Weidewirtschaft. Noch im 18. Jahrhundert gab es in beiden Ländern große Eichen- und Buchenbestände und die Bauern trieben ihre Schweine in diese Waldungen. Sie fraßen die Eicheln und Bucheckern, so daß sich die Bäume nicht fortpflanzen konnten.Außerdem wühlten sie das Erdreich auf und beschädigten die Wurzeln. Laub wurde als Stallstreu verwendet. Der durch das Vermodern der Blätter produzierte Nährstoff fehlte. Anderwärts weidete Großvieh in den Wäldern. Es trat den Boden fest, Wasser sickerte nicht mehr ein, Regen floß ab und schwemmte die Humuserde mit und machte ihn noch einmal unfruchtbar. Die Folge: Eichen und Buchen starben aus. Der ursprüngliche Bewuchs verschwand und wich einer minderen Pflanzendecke. Dieses historische Exempel könnte man durch solche aus heutiger Zeit beliebig ergänzen. Es ist ja allgemein bekannt, wie heute wirtschaftliche Entwicklungen die Natur bedrängen.

Was hier über die Wachstumsfaktoren der Flora angedeutet wurde, trifft abgewandelt mehr oder weniger auch auf die Fauna zu. Die Pflanzenwelt schafft die Lebensbedingungen für die Tierwelt. Rehe, Hirsche, Gemsen, Hasen, Füchse, Dachse, Marder und Wiesel sind reichlich verbreitet. Das Murmeltier kommt vor. In manchen Gegenden wurde der schon ausgestorbene Steinbock wieder eingebürgert und der aus Sardinien und Korsika stammende Mufflon angesiedelt. Häufig sieht man Bussarde, Sperber und Habichte in den Lüften kreisen. Steinadler sind selten, brüten aber immerhin in wenigen Paaren an der Waldgrenze. See-, Fisch- und Zwergadler ziehen durch, Wildgänse ebenfalls. An den Talseen sind Schwäne heimisch. Das Auerhuhn lebt zahlreich in größeren Nadelwäldern, gelegentlich bis in die Tallagen. Das Birkhuhn liebt das offene Berggelände und hoch im Gebirge stößt man auf das Schneehuhn. Die kärntnerischen und steirischen Gewässer sind fischreich, zu ihrem Bestand zählen vor allem Forellen, aber auch Huchen, Äschen, Zander und Lachs, Hechte, Schleien, Karpfen und Saiblinge.

Wie sich Mitteleuropäisches und Mittelmeerisches vermischt, beobachten die Forscher besonders an den Reptilien. Unter den Echsenarten vertritt die Smaragdeidechse den Süden. In der Nähe von Gewässern leben Ringel- und Würfelnattern, die Schlingnatter (neben der Ringelnatter am meisten zu finden) dagegen auf trockenen, sonnigen Flecken. Die große, bis zu 1,80 Meter messende Äskulapnatter bevorzugt die Wärme ebenfalls. Wahrscheinlich brachten sie die Römer aus ihrer Heimat mit, denn man findet sie hauptsächlich im engeren Bereich der alten Straßenverläufe. Gleichfalls aus dem mediterranen Lebensraum wanderte die Sandviper in Kärnten ein. Nördlicher als dort kommt sie nicht vor. Die Kreuzotter dagegen gibt es überall. Viper und Otter sind Giftschlangen. Aber keine Angst, beide flüchten. Nur wenn man versehentlich auf sie tritt oder sie etwa beim Beeren- und Kräutersammeln mit der Hand anfaßt, beißen sie zu. Ist das passiert ... Körperteil abbinden, Wunde aufschneiden, damit das Blut das Gift ausschwemmen kann, Ruhe bewahren und schnell einen Arzt aufsuchen. Ansonsten empfiehlt sich, in bekannt schlangenbesetzten Gebieten hohes Schuhwerk zu tragen. Es schützt gemeinhin gut, denn weder Sandviper noch Kreuzotter können sich nennenswert aufrichten. Vorsehen muß sich der Wanderer auch vor Skorpionen. Sie gehören gleichfalls zu den aus südlichen Ländern eingedrungenen Lebewesen. Zwar gefährdet ihr Gift den Menschen wenig, doch verursacht ein Stich ihrer Stacheln immerhin den Schmerz eines Wespenstiches.

Sämtliche in Kärnten und der Steiermark lebenden Tiere sind hier unmöglich aufzuzählen, obwohl die einen oder anderen für die Länder typisch sind. Eine ungeheure Vielzahl von niederen Lebewesen, von Insekten und Käfern, Schmetterlingen und hier bisher nicht genannten Fischen, Lurchen, Vögeln und Säugetieren wäre noch zu betrachten. Ein Säuger muß allerdings trotzdem noch erwähnt werden, der Braunbär. Er lebt zwar seit der zweiten Hälfte des 19. Jahrhunderts nicht mehr in den beiden Provinzen, aber in den Karawanken kann man noch auf ihn treffen. Braunbären wechseln aus dem jugoslawischen Revier von Gottschee (wo sie geschützt sind, außerhalb seiner Grenzen aber abgeschossen werden) nach Österreich. Ihre Fährten sind im Winter im Schnee oft zu sehen. Sogar im oberen Gailtal tauchte vor ein paar

Jahren einer auf. Einmal erlegte ein Jäger einen im Rosental. Ansonsten hegt man wohl lieber ein solches Tier als daß man es tötet.

In Kärnten und Steiermark stehen übrigens zahlreiche Tiere und Pflanzen gesetzlich unter Naturschutz. Gemeindeämter und Fremdenverkehrsvereine geben über sie Auskunft. Außerdem bilden Anschlagtafeln sie immer wieder überall ab. Gesittete Touristen verfolgen jedoch ohnehin keine Tiere gleich welcher Art und reißen überhaupt keine Pflanzen ab. Sie achten auch auf Bekanntmachungen von Geboten und Verboten, rauchen nicht in Wäldern und zünden dort keine Feuer an. Sie lärmen nicht in der Natur und verschandeln sie nicht mit Abfällen. Naturschutz wird in Kärnten und in der Steiermark groß geschrieben. Deshalb überwachen auch Aufsichtspersonen das Befolgen der Bestimmungen. Verstöße werden streng und mit hohen Geldstrafen geahndet. Darauf extra hinzuweisen sollte zwar unnötig sein, doch leider sterben die Frevler nicht aus. Eher sind Pflanzen und Tierarten vom Aussterben bedroht.

Die Bevölkerung

Eine Bevölkerung wird zuerst notwendigerweise vom Land in seiner Gesamtheit geprägt. Es schafft die Daseinsbedingungen und steuert auch die Ereignisse seiner Geschichte. Geschichte wiederum formt zum anderen die Art des Volkes. Sie führt Menschen verschiedener Herkunft zusammen. Übereinstimmende Bedürfnisse veranlassen gemeinsames Wirken. Aus diesem entspringen Erfolge, Freuden, Nöte. Nachbarschaftssinn stellt sich ein, Anhänglichkeit an die Orte der Arbeit und des Vergnügens. Schließlich entsteht Heimatbewußtsein und Heimatliebe ... und auch ein ziemlich einheitlicher Volkscharakter.

Ein Volkscharakter entwickelt sich freilich über Jahrhunderte. Niemals wird er völlig endgültig ausgeformt sein, sondern er wird sich verändern, fortbilden, mit neuen Zügen anreichern. Eine sich wandelnde Sprache, Sitten und Gebräuche bekunden ihn. Tradition und Fortschritt vereinen sich in ihm und spiegeln das gegenwärtige Wesen einer Gesellschaft. Eine Betrachtung der Bewohner Kärntens und der Steiermark erscheint besonders interessant, weil mannigfache Gegebenheiten ihren Charakter beeinflussen. Die Lage Kärntens und der Steiermark bestimmt beide zu Grenz- und Durchzugsländern mit vielfältigen ethnologischen und historischen Bewegungen (siehe Kapitel ›Geschichte und Kunst – eine Einführung‹). So hinterließen Bajuwaren, Slawen und Keltoromanen ihre Spuren, die bis heute in der Zusammensetzung der Bevölkerung weiterwirken.

Kärnten bewohnen rund 540 000 Menschen. Davon sprechen 95,8% deutsch, 3,3% slowenisch und 0,8% windisch, ein Idiom, in dem sich deutsche und slowenische Wörter mischen. Geschrieben wird das Windische allerdings nicht. Aber hören kann man es hier und dort, wo die Leute frisch von der Leber weg reden, beispielsweise gelegentlich in Klagenfurter Wirtshäusern oder bei Bauern in Südkärnten, wenn sie

17

Bauernhof in Oberkärnten, um 1890 (Hugo Charlemont)

etwa die Kühe mit slowenischen, die Pferde aber mit deutschen Namen rufen. In Südkärnten stehen auf den Ortstafeln mehrerer Dörfer die Namen in deutsch und slowenisch. Auf Grabsteinen von Friedhöfen lauten Inschriften nebeneinander sowohl slowenisch als auch deutsch, und in den Kirchen liegen oft Druckschriften auch in slowenischer Sprache aus. 87% der Einwohner Kärntens bekennen sich überdies zum katholischen und 10% zum protestantischen Glauben. In der Steiermark leben rund 1 200 000 Einwohner, davon 96,7% deutscher, 0,88% slowenischer, 0,56% ungarischer und 0,48% kroatischer Abstammung und 89,6% sind katholischer und 5,7% evangelischer Konfession.

Unzählige Orts-, Fluß-, Berg- und Flurnamen lassen sich auch in der Steiermark wie in Kärnten aus dem Slawischen ableiten und vermelden die slawische Besiedlung von ehemals über die Jahrhunderte hinweg. Sie bezeugen aber auch die Veränderungen durch die Geschichte. Die politischen Folgen des Ersten und Zweiten Weltkrieges und zuletzt die des ungarischen Aufstands von 1956 brachten den beiden Ländern die Zuwanderung von Gottscheern, Donauschwaben, Siebenbürgen, Sudetendeutschen, Friaulern und Magyaren, wie lange Zeit vorher schon immer wieder Angehörige von Nachbarvölkern einwanderten und assimiliert wurden.

Obwohl die Bevölkerung Kärntens und der Steiermark aus unterschiedlichen Volksgruppen entstand und obgleich man Bergbauern und Städter voneinander unterscheidet und obwohl der Typus und mit ihm der Dialekt von Tal zu Tal und von Becken zu Becken variiert, so kann man doch hervorstechende, allgemeinverbindliche Eigenschaften feststellen, an denen man Kärntner und Steirer gegenüber anderen Volksstämmen erkennt. So ist der Kärntner ein auf seine Freiheit und Selbständigkeit bedachter Mann. Weil er beide für sich schätzt, gewährt er sie auch anderen. Mit anderen Worten, er ist tolerant. Er drängt sich niemandem auf, genießt aber auch eine temperierte Geselligkeit. Er setzt sich auch mit Fremden gelassen an einen Tisch und redet ohne Umschweife mit ihnen. Fremde sind ihm nicht fremd. Allerdings lehrte ihm die Geschichte auch, den Wechselfällen des Lebens gewissermaßen findig und schlau zu begegnen. Mit seiner Großzügigkeit hängt gewiß auch eine sprichwörtliche Gastfreundschaft zusammen ... und ein Hang zur unkomplizierten Liebe. Er beharrt gern auf seiner Eigenständigkeit. Was er für wahr hält, sagt er klar und deutlich, aber nicht taktlos und hart. Er kann bildhaft erzählen, ist jedoch kein Schwätzer. Kurz: er ist sympathisch (Ausnahmen bestätigen die Regel).

Ebenso sympathisch sind die Steirer. Sie sind im allgemeinen versonnener und ein bißchen schwerblütiger als die Kärntner; auch ihnen bewies die Historie reichlich die Hinfälligkeit alles Irdischen. Sie leben eher auf althergebrachte Weise und suchen Übereinstimmung mit sich selbst. Extreme sind kaum ihre Sache. Sie neigen zum Ausgleich. Ausufernde, überschäumende Fröhlichkeit äußert sich bei ihnen selten, Heiterkeit oft. Sie sind herzlich, halten Freundschaften und gehen einer faden Gleichmacherei aus dem Weg.

Brauch kommt von ›brauchen‹

Dem steierischen Gemüt entspricht auch die Tracht. Sie ist einfacher und weniger bunt als etwa die bayerische, salzburgische oder tirolerische. Die Männer tragen zu kurzen oder knielangen Hosen graue Lodenjoppen mit grünen Kragen, grünen Ärmelaufschlägen und rot gefütterten Taschen. Aus dieser ursprünglichen Kleidung für Jäger, Holzknechte und Bauern entstand im vorigen Jahrhundert der sogenannte ›Steirer-Anzug‹ und den zieht – wie man sich überall leicht durch Augenschein überzeugt – jung und alt und arm und reich, gleich ob in der Stadt oder auf dem Lande, bei vielen Gelegenheiten an. Männer und Frauen benützen jedoch die üblichen mitteleuropäischen Hosen, Röcke, Jacken, Blusen (durchaus auch mit internationalem Chic) unvergleichlich viel mehr als die Tracht. Aber es fällt zum Beispiel in der Großstadt Graz auf, daß viele Frauen im ›Dirndl‹ einkaufen gehen.

Die Tracht muß ja auch nicht unbedingt einen Widerspruch zur Zeitströmung signalisieren. Im Gegenteil. Die Zeit beeinflußt sie direkt oder indirekt sowieso immer. In den Kärnter Trachten, ebenfalls nach Gegenden voneinander abweichend, verstekken sich Formen und Farben aus anfänglich früherer Epochen mit Merkmalen des deutschen, slawischen und romanischen Volkstums. Reste von Kleidungsstücken der

Kufenstechen in Feistritz a. d. Gail, um 1890 (Felician von Myrbach)

verschiedenen, längst verschwundenen Stände sind überkommen. In abgelegenen Tälern erhält sich wiederum seit langem dunkler Kurz- oder Langrock, rote Weste und schwarze Kniebundhose. Aber daneben schuf man mit aus der Überlieferung entlehnten Schnitten und Mustern neue, der Gegenwart ganz und gar zweckmäßig angepaßte Trachten für Arbeits- und Festtage. Das ›Kärntnergwand‹ für Männer, 1911 kreiert und von der Alttracht abgeleitet, ist, dem ›Steirer-Anzug‹ entsprechend, ein solches Beispiel. Dieser noch heute tiefsitzende Wunsch nach Trachten erscheint als ein ungewöhnliches Phänomen. Ihn und die Fähigkeit das Trachtenwesen selbst jetzt zu bewahren, zählt zu den liebenswerten Besonderheiten der Kärntner und Steirer.

Wie die Trachten gebraucht werden, so werden es in Kärnten und der Steiermark heute auch noch die Gebräuche. Dieses ›gebraucht‹ erklärt deutlich die Worte ›Brauch‹, ›Brauchtum‹. Die Gebräuche erfüllten und erfüllen nämlich notwendige Aufgaben. Sie sind nicht allein Themen der volkskundlichen Forschung. Manche sind noch nicht einmal sehr alt. Sie werden auch nicht gewaltsam konserviert. Aber sie sind selbstverständlich nicht mehr das, was sie einmal waren, denn mit den Veränderungen in der Bevölkerungsstruktur, im Glauben, in der Landwirtschaft und Handwerk, änderten sie sich. Manche starben ab. Andere wieder haben sich in anderer Form lebendig gehalten oder wurden sogar neu geboren. Sie erhalten sich nicht wegen der Volkstumsabende für Feriengäste (obwohl man sich vorstellen kann, daß sich aus diesen Veranstaltungen allmählich ebenfalls ein echter Brauch entwickelt) und auch nicht wegen der Fremdenverkehrswerbung, obgleich diese die Gruppen wohlwollend unterstützt.

In Kärnten und in der Steiermark, in Österreich überhaupt, kann man viele Orte noch als intakte Gemeinwesen sehen, und ihre Bevölkerung als in Verbände gegliederte Gesellschaft begreifen. Die Vereine ordnen sie, bestätigen den Einzelnen, sichern ihn oft sozial ab. Sie bieten ihm die für sein Wohlbefinden wichtigen Vergnügungen. Die Gruppen sind durch ihre engagierte Brauchtumspflege Träger des sozialen Zusammenlebens. Aber wie lange noch?, muß man auch fragen. Skepsis ist vorläufig zwar wenig begründet, da in Kärnten und in der Steiermark mehr als woanders das Städtische weniger ins Land, als das Bäuerliche umgekehrt in die Städte wirkt, aber ...

Vorläufig jedenfalls gibt es unzählige Bräuche. Meist beruhen sie auf heidnischen Mythologien, christlicher Frömmigkeit und historischen Ereignissen, und wie könnte es anders sein, sind sie wieder germanischen, slawischen und romanischen Ursprungs. Viele begleiten den Jahres-, viele den Lebenslauf, die einen öffentlich, die anderen nur in der Familie. Manche sind tatsächlich alt, andere stammen aus neuerer Zeit. So besteht der Villacher Kirchtag erst seit 1936, eine Schiffsprozession auf dem Wörther See sogar erst seit 1954; die Maiandachten in Kapellen und vor Bildstöcken oder der mit Kerzen, Glaskugeln und Zuckerguß geschmückte Weihnachtsbaum in der Steiermark stammen aus dem 19. Jahrhundert und der in den Familien weit verbreitete Adventskranz erst aus dem Anfang der zwanziger Jahre.

Steirische Bergmannstrachten, 2. Hälfte des 19. Jahrhunderts (J. M. Tendler)

Volkskunst

Der Reisende wird bei seinem Aufenthalt in den beiden Regionen auch Volkstänze sehen; hoffentlich gern sehen. Werden sie nur als Spektakel aufgeführt? Gehört ihre Erwähnung in den Abschnitt ›Tracht‹ oder in den von ›Brauchtum‹? Oder sind sie Volkskunst oder gar alles zusammen?

Zweifellos rechnen sie zu den Gebräuchen. Sie sind an die Religion, an die Natur, an die Arbeit, aber auch an das Leben, an das individuelle und an das der Gemeinschaft, gebunden. Es gibt Tänze zur Verehrung von Heiligen, Tänze zur Feier der Jahreszeiten, Tänze der Handwerker und Bergleute ... und es gibt Werbe-, Liebes- und Hochzeitstänze. Sie alle sind mit den für sie notwendigen Melodien und ihren ›Choreographien‹ keineswegs nur reines Spektakulum. Zwar werden sie nicht mehr so oft wie früher zu diesen Anlässen getanzt. Aber die Gruppen, die sich ihnen bei den verschiedensten Veranstaltungen widmen, halten sie zum eigenen Vergnügen lebendig. Volkstanztreffen haben ihren Wert in sich.

Ähnliches muß man auch von der Musik- und Liedpflege sagen. Volkstümliche Blaskapellen sind in Kärnten verhältnismäßig jung. Sie bildeten sich hauptsächlich erst in den letzten dreißig Jahren. In der Steiermark entstanden sie schon in der zweiten Hälfte des 19. Jahrhunderts. Dort entwickelten sich – unter dem Einfluß der altösterreichischen Militärmusik – aus früheren ›Janitscharen-Musiken‹ bis heute immerhin mehr als 350 Blechinstrumenten-Ensembles.

Volkslieder wurden von sogenannten Gebildeten in der Romantik entdeckt, gesammelt und zuerst bewußt gesungen und als Allgemeingut anerkannt. Das Steirische Volkskundemuseum in Graz verwahrt zirka 20 000 Jodler, Almrufe, Jäger-, Wildschützen- und Fuhrmannslieder und andere weltliche und geistliche Gesänge. Viele von ihnen leben in den zahlreichen Chören der musischen Steirer fort. In Kärnten spricht man wegen seiner Besonderheit sogar vom ›Kärntnerlied‹. Die getragenen Weisen handeln oft von Lebensfreude, Liebe und Heimat und werden vier- und fünfstimmig gesungen. Man spricht vom ›Alten Kärntnerlied‹ aus der Mitte des vorigen Jahrhunderts. Es erklang freilich nicht aus irgendwelchen ›Urgründen der Volksseele‹, sondern wurde von namentlich bekannten Autoren geschaffen und von damals berühmten Quartetten und Quintetten, Männer- und gemischten Chören, verbreitet. Trotzdem nahm man es als Lied des Volkes, weil es letztlich sein Empfinden spiegelte. Das ›Neue Kärntnerlied‹ schloß an diese erste Singbewegung an. Wieder schufen Mundartdichter und Komponisten in den Melodien ähnliche, in den Texten aber völlig neue Weisen. Besonders die Klagenfurter Lehrer- und Lehrerinnenbildungsanstalt brachte nach dem letzten Krieg eine abermalige Blüte ungeahnten Ausmaßes hervor, indem es immer wieder Junglehrer mit Kenntnissen versah und als Chorleiter ausbildete. Fast in jeder Kärntner Stadt leben heute Liederschöpfer. In kaum einem Ort Kärntens fehlt heutzutage ein Chor, ein Quartett oder Quintett oder ein Instrumentalkreis, die ihre Melodien singen und spielen. Im kleinen Millstatt existieren zum Beispiel allein drei

Kärntner Quintett, um 1890 (Felician von Myrbach)

Chöre und in Spittal sogar fünf Chöre und Gruppen. Sie treten nicht nur bei Konzerten und heimatlichen Festen und Feiern auf, sie singen auch umgeschriebene und neugesetzte, alte Bauernmessen oder eine neue ›Kärntner Messe‹ von Helmuth Drewes mit den Mundarttexten von Josef Hopfgartner zu festlichen Gottesdiensten. Wo sonst noch wurde das ›Volkslied‹ so wiedergeboren, wo noch erklingt es so echt wie hier in Kärnten?

Die Vokalmusik ist in beiden Ländern mit der Mundartdichtung verschwistert. Die Zahl der in Mundart geschriebenen Bücher ist unübersehbar. Darf man daraus schließen, daß die Dichtung auch gesprochen wird, obwohl man sie als Besucher kaum hört?

Theater wird hin und wieder mehr oder weniger traditionell noch in Familien und Gemeinschaften gespielt. Und was die Volkskunst, nach strenger gefaßtem Begriff, jene von einfachen Leuten hergestellten und benutzten Dinge aus Holz, Eisen, Ton, Geflechten, Wolle anbetrifft, so ist nicht sicher, ob es sie im ursprünglichen Sinn und bedeutenden Umfang noch immer gibt. Vielleicht findet man in einem Bergbauernhof gelegentlich ein altes, im Gebrauch befindliches Hausgerät. Ansonsten aber ...? Weil das Leben in solchen Häusern unbequem ist, gaben die jüngeren Generationen sie mehr und mehr auf. Viele von Landschaft zu Landschaft verschiedenen Typen gelten nur noch als Kuriositäten, und damit sie nicht vergessen werden, konservieren sie Freilichtmuseen, wie das in Maria Saal für Kärnten und das in Stübing in der Steiermark für ganz Österreich. Inneneinrichtungen und Gerätschaften bewahren auch das Landesmuseum in Klagenfurt und besonders das Bezirksheimatmuseum in Spittal, das Steirische Volkskundemuseum in Graz und die Außenstelle des Joanneums in den Schlössern Trautenfels und Stains. Außerdem kann manches kleinere Heimatmuseum mit schönen Dingen aufwarten. Familien heben jetzt alte Porzellane, Gläser, Töpfe, Hinterglasbilder und anderen Hausrat meist nur als Dekorationen auf, wenn sie um ihren Wert wissen. Für die tägliche Benutzung sind sie ohnehin viel zu kostbar geworden. Dabei geraten sicherlich auch Stücke in solche Privatsammlungen, die gar nichts mit Volks k u n s t zu tun haben. Jeder von Hand gefertigte, ehemals verwendete und abgegriffene Gegenstand ist ja nicht von vornherein ›Kunst‹. So kann man von Volkskunst erst reden, wenn ein Gefäß, ein Gewand, ein Werkzeug nicht nur dem reinen Zweck dient, sondern gleichzeitig schön ist. Seine Maße, die Proportionen seiner Teile, die Qualität des Zierats, also seine ästhetische Form ... u n d sein Funktionswert, der seinerseits wieder auf die Form einwirkt, verleihen dem Werkstück den ›Kunst‹-Charakter. Durch Anschauung und Vergleich – selbstverständlich vor allem in Museen, wo Menge und Qualität der Exponante das ermöglichen – kann man Regeln erkennen, nach denen Volkskunst gearbeitet wurde. Die Handwerker fügten nach überlieferter Art die einzelnen Teile harmonisch zusammen. Dabei wandten sie bevorzugt die Symmetrie an, die Spiegelgleichheit zweier Hälften. Sie entwickelten sie über die rechtwinklige Kreuzung zweier Spiegelflächen, über die Dreistern- oder Sechssternfiguren bis zum Kreis. Schließlich stilisierten sie häufig auch die Schmuck-formen, indem sie sich auf einfache geometrische Muster, oft gereiht oder gruppiert – uralte symbolhafte Zeichen für die Sonne, die Fruchtbarkeit des Lebens, für den Schutz vor dessen Bedrohungen etwa, oder Ornamente von aus der Natur entliehenen und abstrahierten Formen: Bäume, Früchte, Blumen, Vögel, Fische, Herz und so weiter –, beschränkten oder beides vermischt auftrugen. Alle diese Darstellungen, dazu noch die Symbole des Christentums und dann erst recht die Bilder der Heilsgeschichte Christi und der Heiligenleben, bekundeten jeweils ihren Sinngehalt. Selbst die Szenen waren meist durch weitgehenden Verzicht auf Linearperspektive abstrahiert, und sogar Skulpturen ähnelten eher Reliefs als Vollplastiken. Grelle Farbigkeit fehlte, und die Dinge waren materialgerecht gebildet. Groteske Materialimitationen sind erst unserer Kunststoff-Epoche vorbehalten.

Wer sich für Volkskunst interessiert, sollte sich mit Ausstellungskatalogen und Fachbüchern über die Bedeutung der Symbole informieren. Dem aufmerksamen Betrachter wird in Museen außer den Stunden reinen Vergnügens noch nebenbei eine Lehre von den Anfängen der Gestaltungprinzipien auch der Hochkunst zuteil. Deren Grundzüge – obwohl Hochkunst und Volkskunst zweierlei sind – sind an letzterer leicht ablesbar. Vor allem aber gewinnt der Wißbegierige wichtige Wertmaßstäbe, mit

Wallfahrtskirche Maria Lankowitz,
Votivbild 1884

denen er den auch in Kärnten und in der Steiermark florierenden und als Volkskunst ausgegebenen Andenkenkitsch und die als Volkskunst angebotenen Objekte von Einrichtungshäusern schnell als das, was sie sind, beurteilen kann. Gegenstände echter Volkskunst kauft man beim Antiquitätenhändler für teures Geld. Da Volkskunst ein rundes, auf die Natur bezogenes und einheitliches Weltbild voraussetzt, entsteht sie heute nicht mehr ohne weiteres. Aus Volkskunst ist vielmehr Kunsthandwerk geworden. Auch das in den Läden der Heimatwerke in Klagenfurt, Villach, Spittal, Graz, Bad Aussee oder im Lokal des mehr als hundert Jahre alten Steiermärkischen Kunstgewerbevereins in Graz, liebenswürdig Dargebotene, gehört strenggenommen in diese Kategorie. Großes Lob gebührt den Heimatwerken für die von ihnen erfolgreich durchgeführte beratende und betreuende Volkstumspflege. Wirkliche Volkskunst stellen sie, von Ausnahmen abgesehen, in ihren Verkaufsstellen jedoch kaum aus ..., was nicht heißen soll, daß die werk- und materialgerechten Nachahmungen und die zeitgemäßen Abwandlungen traditioneller Formen nicht schön sein können. Im Gegenteil! Man muß sie eben nur von echter Volkskunst unterscheiden ... und wenn Mitbringsel, dann schon lieber im Heimatwerk-Stil und dort gekauft.

Unverfälschte Volkskunst findet sich in Kärnten und in der Steiermark trotzdem außerhalb der Museen und Antiquitätengeschäfte. Viele Wirtshausschilder entsprechen dem Wesen der Volkskunst. Votivtafeln in Kirchen, bevorzugt in Wallfahrtskirchen, aber auch als ›Marterl‹ an Wegrainen, gehören dazu. Solche Bilder, meist aus Holz, manchmal aus Blech, Glas oder Leinwand, schildern – oft in Bildzonen gegliedert – mannigfach Leiden, etwa Krankheiten von Mensch und Vieh, Unglücke, Feuersbrünste und Unwetter. Da fleht ein Bittender zur Mutter Maria oder zu einem Heiligen, der über ihm im Licht- oder Wolkenkranz erscheint. Vielleicht deutet ein Strahl oder durch Linien verdeutlichte Blicke deren Beistand an. Zuletzt vermelden die Bilder Heilung oder glimpflichen Ausgang der Heimsuchungen. Oft erklären lange Texte die Geschichte zusätzlich. Votivbilder gab es zuerst am Ende des Mittelalters in Italien. Kein Wunder, daß sich während der Gegenreformation in Kärnten und in der Steiermark eine neu belebte Volksfrömmigkeit solcher Bilder als ihres eigenen Ausdrucks bediente. Die Dorfhandwerker malten bis ins 19. Jahrhundert hinein solche Darstellungen mit Phantasie und Geist. Je jünger die Bilder aber sind, desto kitschiger werden sie. Offensichtlich dokumentieren sie eine allgemeine Veränderung des Geschmacks. In der Wallfahrtskirche von Mariazell bedecken Votivbilder selbst aus jüngerer Zeit die Pfeiler und Wände der Emporengalerien, und an ihnen kann man diesen Verfall studieren. Ebenso ist es bei den ›Marterln‹. Neuere Zeichen markieren meist Verkehrsunfälle mit Autos und Motorrädern zum Gedenken an die Opfer. Die Hinterbliebenen, die sie aufstellen lassen, und die Handwerker, die sie ausführen, verloren inzwischen meist jede Volkskunst-Tradition.

Ähnliches bezeugt auch eine andere Volkskunst an den Straßen bis auf den heutigen Tag: die Bildstöcke (vordere Umschlagklappe, Abb. 64). Kein Reisender kann sie, vor allem in Kärnten, übersehen. Dort stehen zirka 1500. Warum diese Anhäufung? Es gibt dafür keine Erklärung. Sie gehören niemandem und werden von ›Ortschaften‹ oder ›Nachbarschaften‹ erhalten.

Der älteste in Kärnten bekannte Stock stammt aus der Mitte des 14. Jahrhunderts. Die jüngsten sind nur wenige Jahre alt. Sie werden immer wieder von neuem aufgestellt. Die modernen dienen allerdings oft nur einer sentimentalen, aber sicherlich erfreulichen Ortsverschönerung. Man merkt ihnen an, daß Architekten sie als Schmuck in anderen Formen entwarfen als die früheren, auch wenn sie in den Details den überkommenen Vorbildern folgen. Die alten Denkmäler präsentieren sich dagegen in vielen Arten; als Säulen und Pfeiler, mit oder ohne Schindeldächer, als Kreuze, Schreine, Lauben, Kapellchen, je nach Anlaß und Zweck. Die Gründe für ihre Errichtung sind oft rätselhaft und es gab deren viele. Dämonenfurcht und christlicher Glaube inspirierten sie oft gemeinsam. Sie waren Weg- und Grenzzeichen, Andachtsstätten bei Wallfahrten und Prozessionen oder galten als Totenrasten auf den langen Wegen von den Gebirgsweilern zu den Friedhöfen der Kirchen. In ihrer Nähe wurden an der Pest Verstorbene begraben. Sie erinnerten an Türken- und Ungarn-Überfälle, bezeichneten Pranger- und Gerichtsorte. Verurteilte knieten zum letztenmal vor ihnen, ehe sie gehängt wurden. Weniger hart Bestrafte mußten zur Sühne Bildstöcke aufstellen. Wetterkreuze hielten Blitzschlag, Sturm und Regenfluten ab. Oder man bat an den Bildstöcken um Jagdglück oder um das Leben des Jägers, der einen Wilddieb fing. Manche wiesen auf vergrabene Schätze oder Heilkräuter hin, die zu bestimmten Stunden um sie sprießen sollten. Man konnte an ihnen Feinde verwünschen oder die Geister der Verstorbenen rufen. An anderen wieder hatte der Herr auf seiner Erdenwanderung ausgeruht, jemandem war dort Maria erschienen, oder sie verehrten einfach nur den heiligen Patron der Gegend. Die einen suchte man gern auf, die anderen fürchtete man und vermied es, an ihnen vorbeizugehen. Bauern und Holzknechte erbauten sie. Fresken in ihren Nischen trugen unbekannte Zimmermaler, aber auch Meister auf, die anonym bleiben wollten, so daß nicht nur der Glaube, sondern auch die Kunstfertigkeiten der Menschen von damals sich an den Bildstöcken noch heute offenbart.

Lebendige Volkskunst begegnet dem Reisenden jedoch unverfälscht in der Steiermark. Zum Erntedank schmücken Bäuerinnen die Altäre der Kirchen mit Ähren, Maiskolben, Körnern, Trauben, Beeren, Früchten und Herbstblumen. Sie schaffen damit Flächen, Bänder und Rauten und bilden mit ihnen Christogramme und Leidenssymbole. Blaue Trauben an den Holmen des Kreuzes symbolisieren das vom Heiland vergossene Blut. Strahlenkränze der Monstranzen sind Ähren. Manchmal schweben außerdem Weizenkränze, in die Strohblumen verflochten sind, unter den Kirchendecken oder wirklich kunstvolle Gebinde, die an das Barock erinnern, prächtige Erntekronen aus Getreide, Buchsbaum, Mais, Äpfeln hängen dort, und zwar überall, gleich ob in den Pfarrkirchen des steirischen Salzkammergutes, der Oststeiermark oder in der Kirche der Benediktiner-Abtei in Seckau bei Knittelfeld.

Geschichte und Kunst – eine Einführung

Die ersten Sammler und Jäger bewohnten das Gebiet vor etwa 150 000 Jahren. Genau weiß man es nicht. Damals zogen sich die Gletscher der Eiszeit ein wenig zurück. Es wurde wärmer und in die frei gewordenen Gebiete drangen Pflanzen und Tiere vor. Die Menschen folgten ihnen. Woher sie allerdings kamen, wie sie aussahen und wohin sie in einer neuen Kälteperiode wieder verschwanden, weiß man nicht. Immerhin hinterließen sie Spuren; in Höhlen im Toten Gebirge oder bei Peggau in der Steiermark oder in einem Berg des heutigen Marktes Griffen in Kärnten.

Erst im 3. Jahrtausend vor Christus wurden aus den Wildbeutern allmählich Ackerbauern und Viehzüchter. Sie hausten in Höhlen, erbauten aber auch Wohnstätten aus Holz und Lehm, sogar kleine Siedlungen. Sie stellten Werkzeuge aus Steinen und Knochen her, Schmuck aus Steinperlen, sie formten Tongefäße und verzierten sie mit einfachen Mustern. Funde im Mur- oder im Lavanttal zum Beispiel beweisen es. Später ersetzten allmählich metallene Gerätschaften die aus Stein und Keramik.

In der Bronzezeit, in den Jahrhunderten von 1700 bis 1100 v. Chr., fanden die Siedler in ihrer näheren Umgebung Kupfer. Das für die Herstellung von Bronze notwendige Zinn kam durch Tauschhandel sicher aus größeren Entfernungen. Qualitätvolleres Gerät soll aus Italien, vielleicht sogar aus Griechenland stammen ..., was auf frühen Handel schließen läßt. Wie ausgeprägt sich diese Kultur entwickelte, zeigen manche Waffen, Schmuckstücke und Behältnisse aus Gräbern der späteren sogenannten Urnenfelderzeit.

Am Ende des 2. Jahrtausends v. Chr. veranlaßte eine neuerliche Klimaverschlechterung illyrische Stämme auf der Suche nach Erzen und fruchtbarerem Boden aus der

Lausitz an der Görlitzer Neiße und oberen Spree einzuwandern und später weiter zum Balkan und nach Italien zu ziehen. Sie verhütteten Eisen. Forscher führen jedenfalls zahlreiche Funde in Kärnten und der Steiermark auf diese illyrischen Einwanderer zurück bzw. auch auf Veneter, unter denen man verschiedene Stämme entweder von der Küste der Adria oder von der Loiremündung an der Atlantikküste versteht.

Der vorchristliche Bergbau ist noch wenig erforscht. Aber sicherlich florierte er, denn das Eisen gab auch der nachfolgenden Epoche – nach Fundorten gegliedert in ›Hallstatt‹- und ›La-Tène‹-Zeit – den Namen, obwohl Bronze ebenfalls weiter benutzt wurde. Viele vorzüglich gestaltete und bearbeitete Gegenstände, etwa Harnische, Helme, Ascheurnen und Opferwagen, wurden zum Beispiel auf dem Burgstallkogel bei Kleinklein oder in Strettweg bei Judenburg in der Steiermark ausgegraben. Eine besondere Kostbarkeit aus dieser Zeit sind Figuren aus heimischem Blei von einem Bestattungsfeld in Frög bei Rosegg in Kärnten; Männer, Frauen und Reiter, vor allem aber ein mit zwölf Zugtieren bespannter Kult- oder Totenwagen von ungefähr 750–400 v. Chr. (Abb. 9).

Während der La-Tène-Periode drangen von Gallien, dem heutigen Frankreich, die Kelten entlang der Donau und über die Westalpen vor. Wahrscheinlich herrschten die Kelten zuerst über die jetzt seßhaften Illyrer und vermischten sich mit ihnen. Man nennt diese Keltoillyrer ›Noriker‹. Ihre Heimat soll ›Noraia‹ an der kärntner-steirischen Grenze zwischen Neumarkt und Hüttenberg gewesen sein, sagen die einen. Andere Fachleute bezweifeln es. Sicher ist, daß es eine Art norisches Königreich gab und daß ein bedeutender norischer Ort auf dem Magdalensberg bei St. Veit an der Glan lag.

Den Römern waren die Noriker bekannt, denn beide Völker handelten miteinander. Zentren des Handels waren das 181 v. Chr. gegründete Aquileia an der Adria und eben jener Platz in Kärnten. 129 v. Chr. schlossen Rom und Noricum sogar einen regelrechten Schutzvertrag. Offenbar stand ein römisches Heer in Noricum. Jedenfalls wurde es, die Noriker unterstützend, 113 v. Chr. von Kimbern und Teutonen – mit denen zum ersten Mal Germanen im Gebiet erschienen – vernichtend geschlagen. Die Noriker versuchten daraufhin Verbindung zu den Stämmen aus dem Norden. Aber das war nur ein Zwischenspiel. Die Beziehungen zum Süden waren viel zu eng, die Römer auch viel zu sehr an norischen Bodenschätzen, vor allem jetzt auch an Silber und Gold, interessiert, als daß sie sich hätten verdrängen lassen. Kein Wunder also, daß Augustus 15–14 v. Chr. Noricum seinem Reich einverleibte. Die Noriker blieben jedoch weitgehend selbständig. Der Kaiser wurde ihr König. Erst Claudius wandelte das norische Königreich 45 v. Chr. in eine römische Provinz um – übrigens ohne große Militärmacht und von einem zivilen Statthalter verwaltet. Regierungssitz war zunächst die Stadt auf dem Magdalensberg. Ihr norischer Name ist unbekannt. Später erbauten die Römer ihr eigenes ›Virunum‹ am Fuß des Berges. Anscheinend reichte der Raum auf den Gipfeln und Hängen für ein ordentliches Municipium nicht mehr aus. Mittelpunkt der neuen Metropole der Provinz Noricum war ein 5000 m² großer Marktplatz mit

Rekonstruktionszeichnung eines römischen Landhauses in der Steiermark

prachtvollem Säulentempel. Es gab ein Bäderviertel, Anlagen für Leibesübungen, ein Theater. Die Hauptstraße, beidseits von Gehwegen gesäumt, maß 14,5 m Breite. Eine eigens gelegte Leitung führte Trinkwasser heran, und Abwässer wurden in eine gut funktionierende Kanalisation geleitet. Doch in den Wirren der Völkerwanderungszeit verlegten die Römer ihre Provinzverwaltung in das besser geschützte Teurnia bei Spittal a. d. Drau (s. S. 199). All das ging unter. Heute bearbeiten dort die Bauern ihre Felder und Wiesen.

Unter dem Pflug liegen auch die Reste von ›Flavia Solva‹ bei Leibnitz in der Steiermark. ›Solva‹ war eine kelto-illyrische Siedlung vor dem römischen Gemeinwesens. Der Name ›Flavia‹ weist auf den Begründer, Kaiser Vespasian (Titus Flavius Vespasianus; 69–79), den ersten der Flavischen Dynastie. Hier ebenfalls Forum, Amphitheater, beheizbare Wohnhäuser, jedoch nur Schöpfbrunnen und Abwasserrinnen neben den Straßen. Flavia Solva galt freilich auch nicht als Hauptstadt. Es verwaltete nur einen Landbezirk mit zweifellos überall entstandenen kleineren römischen Niederlassungen.

Die Kelten wurden von den neuen Herrschern Noricums kaum romanisiert. Sie trugen weiterhin ihre Tracht und pflegten ihre Sitten und Gebräuche. Sie verehrten sogar ihre alten, lokalen Götter, während die Römer den ihrigen huldigten. Nur langsam bürgerte sich römische Kleidung ein, vor allem bei den Männern. Sie dienten in den Legionen des Südens und brachten südliche Lebensart von dort mit. Außerdem förderten zahlreiche, einer blühenden Wirtschaft entsprechende Handelswege von Süden nach Norden römische Urbanität in den nordischen Territorien. Auf ihnen reisten später auch die ersten Christen – Kaufleute, Soldaten, Sklaven – gen Norden. Sie verdrängten mehr und mehr die heidnischen Idole. Über Götzentempeln erbauten sie ihre Kirchen. Von norischen Bischöfen sprach schon 343 die Synode von Sardica, dem jetzigen Sofia. Jahrhundertelang war also Frieden. Nur einmal, um 166, durchzogen die

29

Markomannen auf ihrem Vorstoß über die Alpen das Land. Sie verbrannten das unbefestigte Flavia Solva, wurden jedoch von Marc Aurel besiegt.

Im 5. Jahrhundert konnte aber keine römische Armee mehr die Kriegszüge der Germanen verhindern. 405–406 vernichteten gotische Horden des Königs Radagais das wiederaufgebaute Flavia Solva endgültig. Als Odoaker, germanischer Offizier in der kaiserlichen Leibwache zu Ravenna dort von seinen Soldaten 476 zum König ausgerufen wurde, verfügte er die Räumung Noricums von römischem Militär und Beamten. Über Kärnten und Steiermark brach das Chaos herein. Die Hunnen plünderten. Sicherlich gehörten beide Länder danach dem Reich des Ostgotenkönigs Theoderich an. Trotzdem unterdrückten vielleicht Franken und Langobarden die Bevölkerung. Später unterstanden die Ländereien, wenn gewiß auch nur theoretisch, Ostrom. Die wahre Gewalt übten unbekannte örtliche Mächtige. Es ist auch fraglich, wer Virunum zerstörte. Waren es die Hunnen, die Ostgoten oder erst die Slawen?

Die Slawen wanderten am Ende des 6. Jahrhunderts von Osten ein und siedelten in Weilern auf den Hängen der Täler. Berg-, Fluß-, Felder- und Ortsnamen bezeugen noch heute ihre Landnahme. Ihre Sippen rodeten die Wälder. Sie betrieben auch Bergbau. Ansonsten erloschen keltisch-römische Kultur und Christentum. Ein Herzog als Oberster des Volkes saß in Karnburg nahe bei Virunum. Um 700 nannte ein ravennatischer Geograph die Bewohner im ehemaligen Noricum ›Carontani‹. Beim Geschichtsschreiber am Hof Karls des Großen, Paulus Diaconus, hieß das ganze Gebiet ›Carantanum‹ nach dem Plateau Caranta, Carenta oder Carantum bei Karnburg. Das Wort entstammt der illyrischen oder keltischen Sprache. In der einen bedeutet es Stein, Fels, in der anderen Freund oder Versippter. Doch sei es wie es sei, aus ›Carantum‹ entstand der Name ›Kärnten‹.

Obwohl es den Slawen gelang, ein politisches Gebilde zu schaffen, blieb die Macht ihrer Fürsten nicht unangefochten. Nicht alle Alteingesessenen beugten sich dem fremden Adel. Zudem bedrohten andere, etwa die Awaren, auch von außen ihr Regiment. Diese asiatischen Nomaden bedrängten die Karantanier. Ein Herzog Boruth bat deshalb 743 Odilo, den Baiernfürsten, um Hilfe. Er half und schlug die Reiter und Hirten allerdings nur, weil Boruth seine Oberhoheit, die wiederum von den Franken abhing, anerkannte. Damit geschah Entscheidendes: Die Slawen gerieten in die Abhängigkeit der Baiern. Odilo versicherte sich ihrer Treue, indem er Boruths Sohn Cacatius und dessen Neffen Cheitmar als Geiseln mitnahm und sie in einem Kloster der Chiemseeinsel taufte und im christlichen Glauben erzog. Cacatius regierte nach seinem Vater nur kurz. Ihm folgte Cheitmar und von ihm unterstützt begann eine zweite Christianisierung des Gebietes. Das Bistum Salzburg entsandte Modestus. Er residierte in Maria Saal, wieder unweit des untergegangenen Virunum und Karnburg, und lehrte, taufte und errichtete Kirchen. Aber seinem und seiner Priester Wirken war bleibender Erfolg zunächst versagt. Nach Cheitmars Tod revoltierten die Heiden und nahmen das Heft wieder in die Hand. »Um das ungläubige Geschlecht der Slawen auf den Weg der Wahrheit zu führen«, schenkte der Nachfolger Odilos, Herzog Tassilo, 769 an Abt

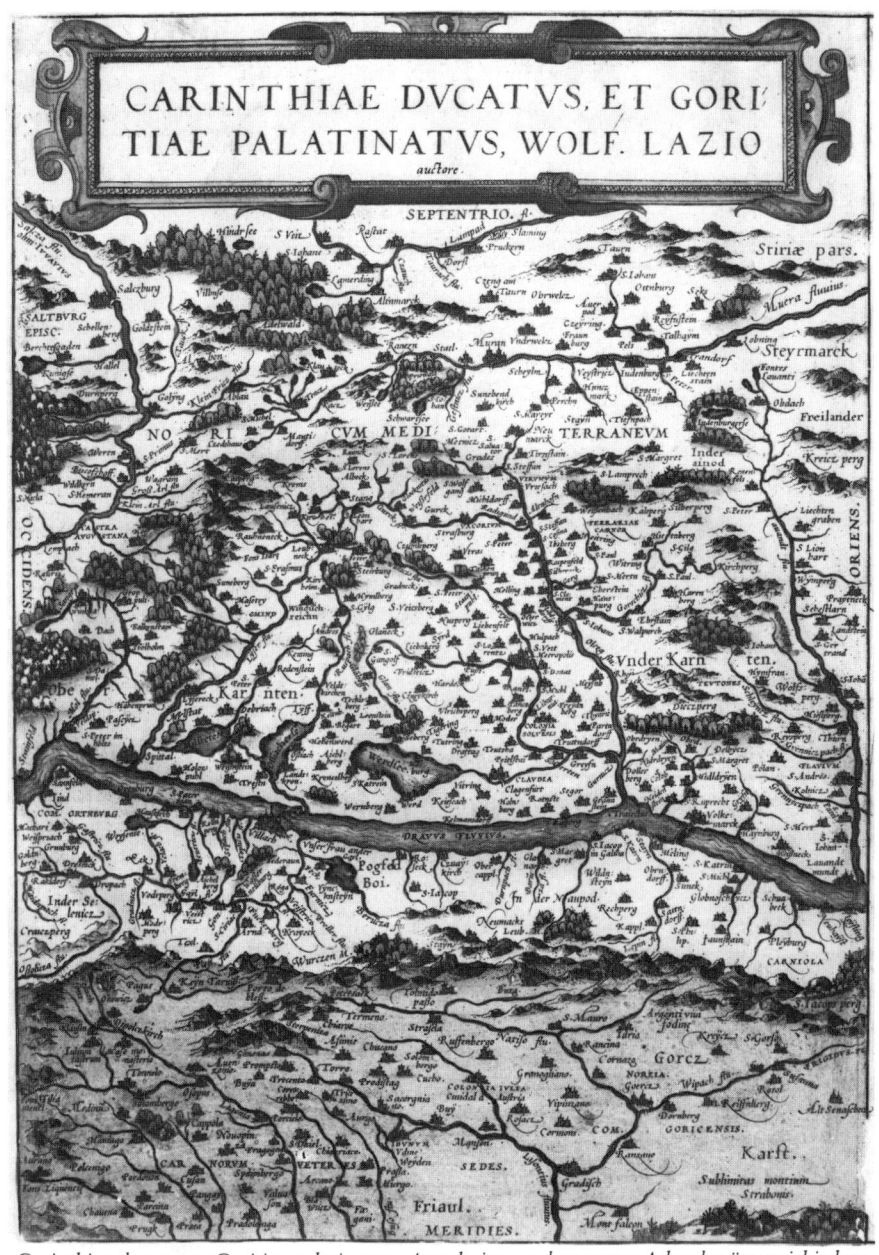

›Carinthiae ducatus et Goritiae palatinatus‹, Ausschnitt aus dem ersten Atlas der österreichischen Alpenländer, 1570 (Wolfgang Lazius)

31

Atto von Scharnitz das Gebiet um Innichen bei Toblach, jetzt in Italien gelegen, zur Gründung eines Missionsklosters. Aber Tassilo rebellierte unabhängig davon seinerseits auch, sich sogar mit den Awaren verbindend, gegen Karl den Großen und dessen Hoheitsrechte. Seine Bemühungen waren jedoch vergebens, er wurde abgesetzt. Baiern und damit auch Karantanien wurden dem fränkischen Reich einverleibt und da Karl den Widerstand der Awaren fürchtete, zog er 791 und 796 gegen sie zu Felde und besiegte sie. Karls Herrschaft reichte fortan im Osten bis an die Donau. Er installierte zur Sicherung der Eroberung eine ›Mark‹ unter einem Präfekten, der ab 803 auch für Karantanien zuständig war. Acht Jahre später erklärte der inzwischen vom Papst zum Kaiser gekrönte Karl die Drau zur Grenze zwischen dem Erzbistum Salzburg und dem Patriarchat Aquileia. Bei der Reichsteilung durch Ludwig den Frommen erhielt der Enkel Karls, Ludwig der Deutsche, das Land Baiern wiederum mit ›Karantana Provincia‹. Statt slawischer Fürsten bestimmten jetzt bairisch-fränkische Grafen – wie einst die Slawenherzöge – wieder von Karnburg aus. Der Frankenkönig schenkte herrenlosen oder beschlagnahmten Boden weltlichen und geistlichen Herren. Bairische Kolonen siedelten. Der slawische Adel ging unterdessen im deutschen auf, indem sich Familien versippten oder er starb aus. Dagegen wahrten Teile des einfachen Volkes ihre Art bis auf den heutigen Tag.

Karantanien genoß damals eine ähnliche Blüte wie zur Zeit der Römer, zumal der Sohn Ludwigs, Karlmann, das Land weiter politisch aufwertete. Danach dehnte sein illegitimes Kind Arnulf als Präfekt seine Macht außerdem weit in den Balkan hinein aus. Diese Basis und sein Geschick ließen Arnulf 885 auch Baiern selbst und 887 die Würde des fränkischen Königs gewinnen. 896 war er sogar Kaiser als ›Arnulf von Kärnten‹.

Den Karolingern folgten die Luitpoldinger. Dann wurde Heinrich, ein Bruder von Kaiser Otto II., Herzog in Baiern und als schließlich dessen Erbe, Heinrich der Zänker, sich gegen den Kaiser auflehnte, trennte dieser Kärnten von Baiern ab und machte es 976 mit den Marken Verona, Friaul, Istrien, Krain und der späteren Steiermark zum selbständigen Reichsherzogtum.

Die Reichspolitik des Mittelalters versuchte, ein Gleichgewicht der verschiedenen Kräfte herzustellen. Diese Taktik ist auch in der Geschichte unserer Gebiete erkennbar. So schwächten die Kaiser die weltlichen Aristokraten durch großzügige Gaben an Kirchenfürsten. Schönstes Beispiel ist Salzburg. Seine Bischöfe besaßen bereits 860 Burg und Grund Seggau bei Leibnitz in der Steiermark. Zur gleichen Zeit erhielten sie den königlichen Hof Friesach in Kärnten und Jahrzehnt um Jahrzehnt noch weitere Ländereien. Das Gebiet um Villach verlieh Kaiser Heinrich II. dem Bistum Bamberg. Von hier aus verwalteten die Vizedome auch Griffen, Feldkirchen, Wolfsberg und St. Leonhard im Lavanttal und Ländereien bei Rottenmann an der steirischen Selz. Andere Güter erhielt Freising.

Magyareneinfälle und Gebietsverluste, aber auch eigenmächtige einheimische Grafengeschlechter komplizierten die Verhältnisse weiter. Königs- und Kaisertreue wurden freilich auch noch belehnt. Auf diese Weise waren die Eppensteiner aus Baiern

1 KLAGENFURT Blick vom Turm der Stadtpfarrkirche St. Egyd
(Abb. 1–76: Kärnten)

Du Mont,KRF Steiermark Bg.3

2, 3 KLAGENFURT   Landhaus: Deckengemälde ›Huldigung Karls VI. durch die Landstände‹ von Fromiller, 1739; Fresko ›Kärntner Abwehrkampf‹ von Lobisser, 1928

4   KLAGENFURT   Landhaus, 1574–1580

5–8 KLAGENFURT Haus am Alten Platz, 18. Jh.; Lindwurmbrunnen, ›Herkules‹-Statue, 1636;
Laubenhof am Alten Platz, um 1600; Ossiacher Hof, Fassade, 1780

9–11 KLAGENFURT Landesmuseum für Kärnten: Bleiwagen aus Frög; Herkulesstatue aus Gurina; Statue der Göttin Isis-Noreia aus Virunum

12–15 KLAGENFURT Landesmuseum für Kärnten: Tafelbild aus Kleinkirchheim, um 1460; Beweinungstafel von Thomas von Villach, Ende 15. Jh.; Tiffener Altar, Anfang 16. Jh.; ›Die vier Jahreszeiten‹ von Fromiller, 18. Jh.

16   MARIA WÖRTH   am Wörther See

17, 18   MARIA WÖRTH   St. Primus und Felician, Muttergottes, 1460; Tafelbild von einem Flügelaltar, 1470

19–21 MARIA SAAL Mariae Himmelfahrt, Freskendetail im Chor, 1435; Epitaph, 1510; Römerzeitliches
Grabrelief eines Reisewagens

22 MARIA SAAL Wallfahrtskirche Mariae Himmelfahrt ▷

23   Herzogsstuhl im Zollfeld

24 ST. PETER AM BICHL Portalzone mit karolingischen Flechtwerksteinen

25 KARNBURG St. Peter und Paul, verbaute
römische Spolien

26 KARNBURG Vorromanisches Relief ›Hand Gottes‹

![Hand Gottes relief]

27, 28 ST. VEIT a. d. GLAN Rathausfassade, 1754–1755; Florianibrunnen, 1676

29 VILLACH St. Jakob, Epitaph Christoph Khevenhüllers, 1557

30 BURG HOCHOSTERWITZ Wächtertor, 1577

31   ST. VEIT a. d. GLAN   Rathaus, Arkadenhof, um 1540

32 SCHLOSS FRAUENSTEIN

33 ST. VEIT a. d. GLAN   Ehem. Bürgerspital, 14. Jh.

34   VILLACH   Stadtpfarr- und Wallfahrtskirche Heiligenkreuz

35   Am OSSIACHER SEE

bei Judenburg begütert. Einer war, bis er wegen Hochverrats gestürzt wurde, sogar Herzog. Wahrscheinlich Verwandte, Traungauer oder auch nach ihrer Stammburg geheißen, die Grafen von Steyer – von denen sich der Name Steiermark herleitet – waren die Nachfolger. Durch Erbe und Kauf von Boden gewannen sie so großen Einfluß, daß sie 1180 die Herzogswürde erlangten. Dieses Jahr wird als Geburtsjahr der Steiermark angesehen. Da zur gleichen Zeit in Kärnten eine andere Familie, die Sponheimer, das gleiche Amt innehatten, ist anzunehmen, daß die beiden Länder sich nun voneinander trennten. Der letzte, kinderlose Traungauer verfügte 1186 zum ersten Mal den Anschluß der Steiermark an das Österreich der Babenberger. Die Sponheimer stammten übrigens aus der Rheinpfalz. Schnell schlugen sie Wurzeln im ihnen anvertrauten Land. Sie schlossen Ehen mit Erbtöchtern und stifteten Klöster. Der bedeutendste Sponheimer war Bernhard (1202–1256). Mit einer Tochter des Böhmen-königs verheiratet, hielt er in St. Veit an der Glan glanzvoll Hof. Die berühmten Minnesänger Ulrich von Liechtenstein und Walther von der Vogelweide kamen an seinen Hof. Münzen wurden geschlagen. Die Stadt entwickelte sich zum bedeutenden Markt. Mauern friedeten sie ein. Er verlegte Klagenfurt an den heutigen Ort. Das von ihm veranstaltete sogenannte Friesacher Turnier verzeichneten die Chronisten nicht nur wegen der Reiterspiele, sondern noch mehr wegen der von ihm geleiteten politischen Verhandlungen der Teilnehmer. Bernhard vermittelte im Frieden zwischen Kaiser und Papst und dank seiner Diplomatie wählte man seinen jüngsten Sohn zum Erzbischof von Salzburg.

Das Auspendeln der verschiedenen Interessen bezeugen selbst heute noch nebenein-ander erbaute Burgen, manche jetzt Ruinen, Klöster und Städte. Beispielsweise entstanden damals Hochosterwitz (860; Umschlagvorderseite), Graz (1128), die Hollenburg (1142), Straßburg (1147), Hollenegg (1163), die Riegersburg (1170; Farbt. 31) oder Stein (1190). Geistliche, vor allem Salzburger und Bamberger oder weltliche Fürsten gründeten zum Beispiel die Klöster St. Georgen am Längsee (1010), Ossiach (1028), Gurk (1070; Farbt. 1, Abb. 36, 37), Arnoldstein (1062), Millstatt (zwischen 1086–1088 ?; Abb. 44), St. Paul im Lavanttal (1085–1091; Abb. 65), Maria Wörth (zwischen 1141 und 1151; Abb. 16), Viktring (1148), Rein (1129–1130), Göß (um 1000), Admont (1074; Farbt. 32), Vorau (1163). Hofstätten mit Burgflecken an Handelswegen und Straßenknotenpunkten entwickelten sich zu Märkten wie etwa Friesach (1060; Farbt. 15), Villach (1090), Völkermarkt (1090), Judenburg (1103), Hartberg (1166; Abb. 108), Graz (1172) oder Leoben (1173).

Nach den Babenbergern annektierten Ungarn die Steiermark. Und nach der vorübergehenden Herrschaft des Böhmenkönigs Přemysl Ottokar über sie und über Kärnten und Krain – die Folge verzwickter Verwandtschaftsbeziehungen und politi-schen Tauziehens – und einem Zwischenspiel der Grafen von Görz-Tirol in Kärnten, kamen Steiermark 1276 und Kärnten 1335 an das in der Schweiz, im Elsaß und Schwaben reichbegüterte Haus Habsburg. Das bedeutete die Vereinigung Österreichs, der Steiermark, Kärntens und Krains. Ab 1411 galten unsere Länder als ›Inneröster-

Bogen 4 1007 9 Kä... Dezember '84

Siegel des Kärntner Herzogs Bernhard von Sponheim, 1209

reich‹. Mitglieder der Dynastie Habsburg geboten als Landesfürsten über sie bis 1918. Die Geschicke der Länder leiteten freilich mehr die Herren des einheimischen ritterlichen und kirchlichen Adels. Die beiden Gruppen schlossen sich zur ›Löblichen Landschaft‹, den sogenannten Landständen, zusammen. Ein Verzeichnis von 1446 zählt in Kärnten 16 Prälaten, 2 Herren, 96 Ritter und 3 Städte auf. Auch die Vizedome von Salzburg und Bamberg ordneten sich ein, nachdem ihre Bischöfe gezwungen waren, sich der Landeshoheit zu unterwerfen. Ein Reichsgesetz hatte bereits 1231 die Mitwirkung der Landstände an allen, neues Recht schaffenden Handlungen der Landesfürsten bestimmt. Der Staat beruhte demnach auf dem Dualismus von Landesfürst und Landständen, bis Maria Theresia im 18. Jahrhundert die ständische Selbstverwaltung aufhob. Die Bauern, ›repräsentiert‹ nur durch ihre Grundherren, fehlten jedoch in den Landtagen, obwohl ungefähr 90 % der Bevölkerung von ihrer Arbeit lebte. Neben der Landwirtschaft gediehen der Bergbau und das Handwerk und vor allem der Handel mit den Metropolen Nürnberg, Augsburg und Venedig.

Ruhe gab es trotzdem nicht im Land. Ab 1471 brandschatzten und plünderten die Türken in blitzschnellen Raubzügen Dörfer und Städte. Von 1480–1490 standen zudem Truppen des Ungarnkönigs Matthias Corvinus auf steirisch-kärntnerischem Gebiet. Im Streit mit dem Kaiser hatte sie der Fürstbischof von Salzburg, der seine Besitzungen bedroht wähnte, gerufen. Sie hausten wie die schlimmsten Feinde. Und außerdem vergrößerten die Pest, Heuschreckenschwärme und Naturkatastrophen das Elend. Das Volk war unzufrieden. Die Bauern erhoben sich mehrfach. Geistliche Würdenträger vernachlässigten ihre Aufgaben als Seelenhirten. Klerus und Mönchen frönten dem Vergnügen. Luthers Reformation verbreitete sich deshalb am Anfang des 16. Jahrhunderts leicht, zumal der Adel sich schnell zur neuen Lehre bekannte. Seine Untertanen waren, bis auf die Slawen vielleicht, um die Mitte des Jahrhunderts evangelisch. Der Erzbischof mußte wegen neuerlicher Türkengefahren den Ständen, gegen neue Steuern versteht sich, die Religionsfreiheit gewähren. Doch der scheinbare Großmut dauerte nicht lange. Um die Jahrhundertwende, gefördert vom katholisch gebliebenen habsburgischen Landesherren, setzte die Gegenreformation ein. Wer nicht zur Kirche zurückkehrte, mußte auswandern. Nur in abgelegenen Tälern hielten sich heimlich die Protestanten. Erst nach dem Toleranzpatent Josephs II. 1781 durften sie sich wieder offen zu ihrem Glauben bekennen.

Etwa hundert Jahre bekannten sich die meisten Kärntner und Steirer zur lutherischen Konfession und viele von ihnen, so ist man versucht zu sagen, glaubten auch an den Fortschritt. In dieser Zeit begannen nämlich Unternehmungslustige die Erzlagerstätten industriell zu erschließen. Anfangs lohnte sich Silberschürfen und Goldwaschen. Als aber Gruben in Übersee die Edelmetalle billiger lieferten, konzentrierte sich der Bergbau zunehmend auf Eisen und Blei. Überall rauchten die Schornsteine der Schmelzöfen und überall pochten die Hammerwerke. Verbesserte Förder- und Verarbeitungsmethoden vermehrten Qualität und Gewinn. Eisen als begehrte Ware wurde auf alten Handelsstraßen in alle Himmelsrichtungen transportiert, aber auch daheim gebraucht. In Ferlach am Fuß der Loiblpaß-Straße produzierten Handwerker bereits 1570 berühmte Feuerbüchsen und in Thörl bei Aflenz schuf Peter Pögl eine ebenso angesehene Waffenschmiede. Kaiserin Maria Theresia veranlaßte später – gezwungenermaßen – eine allgemeine Industrialisierung. 1740 übernahm sie die Regierung. Nach vielen Jahrzehnten des Verfalls, nach dreißigjährigem Krieg, Türkennot, Erdbebenkatastrophen, Pest und wirtschaftlichen Flauten fand sie die Staatskasse leer. Nachbarn, denen die Stellung Österreichs mißfiel, zwangen sie zu Kriegen. Die verschlangen riesige Summen; Maria Theresia gelang es, diese durch geniale Reformen zu beschaffen. Sie vereinheitlichte und zentralisierte die gesamte Verwaltung und das Steuer- und Abgabewesen. Unter anderem gliederte sie die Länder in Kreise und beschnitt damit deren administrative Selbständigkeit. Sie milderte die bäuerliche Leibeigenschaft und den Frondienst, steigerte die landwirtschaftlichen Erträge durch eine ›Agrarkultur-Sozietät‹. Sie reorganisierte das Heer, schuf ein neues Strafgesetzbuch und schaffte die Folter ab, führte ein liberaleres Erziehungssystem ein und förderte Handel und Gewerbe, die Wohlstand und dadurch Steuererträge erhöhten. Die Eisenausfuhren nach Deutschland und Italien verminderten sich zwar, aber neue Absatzgebiete in Polen, Rußland und der Levante, auch für Fertigwaren wie Pfannen, Sensen, Draht und Gewehre, glichen die Verluste wieder aus. Textilien wurden ebenfalls exportiert. Die Kaiserin besserte auf diese Weise die Staatsfinanzen so auf, daß sie sogar die bambergischen Besitzungen in Kärnten kaufen konnte.

Ihr Sohn Joseph II. setzte das Werk seiner Mutter fort. Er belebte die Wirtschaft weiter. Er beseitigte die spärlichen Reste der Selbstverwaltung in den Ländern und setzte kaiserliche Beamte als Bürgermeister und Richter ein. Steiermark, Kärnten und Krain faßte er zu einem ›innerösterreichischen Gubernium‹ mit Sitz in Graz zusammen. Er unterstellte auch die Kirche der Aufsicht des Staates, regelte die Diözesen nach seinem Willen und löste Klöster auf, die sich dem Unterricht, der Krankenpflege, der

Bergleute in Eisenerz, 18. Jahrhundert

Seelsorge versagten oder deren Vermögensverhältnisse zerrüttet waren. Er schränkte Prozessionen und Wallfahrten ein. Unter diesen Umständen war es nur selbstverständlich, daß er Protestanten und Griechisch-Othodoxe wieder duldete. Trotz aller, dem Zug der Zeit entsprechenden Aufklärung übte das Volk die alten Gebräuche freilich weiter aus.

Joseph II. starb 1790. Sein Bruder Leopold II. bestieg den Thron. Aber schon nach zwei Jahren ging die Herrschaft an Franz II. über. Er mußte sich den Auswirkungen der Französischen Revolution und dem Vormarsch Napoleons stellen. Österreich wurde in die kriegerischen Ereignisse reichlich verwickelt. Bonaparte rückte zum ersten Mal 1797 von Mantua aus in Kärnten und der Steiermark ein. Nach dem sogenannten Vorfrieden von Leoben zogen die Franzosen allerdings wieder ab. 1801 besetzten sie abermals, diesmal aus dem Norden kommend, die Obersteiermark und 1805 fielen Kärnten und Steiermark noch einmal in die Hände der napoleonischen Truppen. Österreich verlor Tirol. Ein Friede von Preßburg beendete zunächst die Kämpfe. Jedoch 1809 schlugen sich die Kaiserlichen, unter ihnen auch Bataillone aus Kärnten und der Steiermark, wieder mit den Franzosen. Napoleon siegte. Der Kreis Villach mußte an Frankreich abgetreten werden und wurde dessen ›Illyrischen

Provinzen‹ zugeteilt. Nach seinem Rußlandfeldzug schlugen Preußen, Österreicher und Russen den Imperator bei Leipzig. Seine Soldaten konnten sich in Kärnten nicht halten. Villach wurde befreit.

Die Länder waren nach fast zwanzig Jahren Krieg wieder einmal ausgeblutet. Die einst so wirksamen Reformen, inzwischen überholt, wurden nun hinderlich. Die Wirtschaft erstarrte. Da versuchte Erzherzog Johann, die Verhältnisse wenigstens in der Steiermark zu korrigieren. Er war das neunte Kind Kaiser Leopolds II. Mehrere seiner Kommandos gegen Napoleon endeten unglücklich. Die Ereignisse verboten ihm den Aufenthalt in seinem geliebten Land Tirol. Sein Wunsch, als Statthalter in Innsbruck zu residieren, war unerfüllbar. Deshalb wandte er sich der Steiermark zu, um dort seine fortschrittlichen Ideen zu verwirklichen. Bereits 1811 schenkte er dem Land eine Sammlung von Erzeugnissen der Natur, des Gewerbes und der Industrie. Die Schaustücke sollten Wissen und Können »für alle Stände der Gesellschaft« verbreiten und »alle Zweige des bürgerlichen Lebens« beeinflussen. Aus der Kollektion entstand das ›Joanneum‹, das heutige Landesmuseum. Schulen und Bildungsstätten gingen daraus hervor. Auf dem ›Joanneum‹ beruhte auch die ›Erweiterte Leseanstalt‹, jetzt Landesbibliothek. Johann ließ auch Urkunden und andere geschichtliche Quellen zusammentragen und legte damit den Grundstock zum Landesarchiv. Er begründete auch die wissenschaftliche Volks- und Landeskunde; sein Verdienst ist es ebenfalls, daß sich bäuerliche Trachten gleichsam zu einer bis jetzt gern getragenen Landestracht verwandelten. Er regte die ›Landwirtschaftsgesellschaft‹ an, die die Bauern zur Selbsthilfe anspornte und richtete auf dem Brandhof am Seebergsattel selbst eine Musterwirtschaft ein. Auch dem Berg- und Hüttenwesen galt sein Interesse. Um den Mangel an Fachleuten zu beheben, eröffnete er in Vordernberg eine Bergschule, die nachmals zur ›Montanistischen Hochschule‹ in Leoben wurde. Im gleichen Ort kaufte er auch zwei Radwerke und vereinigte die dortigen Radmeister zu einer Kommunität zur gemeinsamen Förderung des Erzes, was Betriebskosten senkte und die Konkurrenzfähigkeit hob. Bei Voitsberg erwarb der Erzherzog eine Blechfabrik. Er erreichte in Wien auch, daß die Südbahn, die ursprünglich über Westungarn nach Triest führen sollte, den Semmering überquerte. Diese Trassierung band die Steiermark in das immer wichtiger werdende Eisenbahnnetz der Donaumonarchie ein. Schließlich heiratete er trotz erheblicher Widersprüche des Hofes eine Bürgerliche, die Postmeisterstochter Anna Plochl aus Bad Aussee. Alle Bemühungen und die Leutseligkeit des kaiserlichen Prinzen konnten aber eine allgemeine Unzufriedenheit nicht verhindern.

Wie im übrigen Europa brach 1848 auch in Österreich die Revolution aus. Unter den Unruhen verbargen sich je nach Gesellschaftsschicht verschiedene Ziele. Auch eine deutsche Nationalbegeisterung erwachte, so daß Deutschösterreich immerhin Abgeordnete zur Frankfurter Nationalversammlung entsandte. Diese wählte sogar Erzherzog Johann zum Reichsverweser. Der Aufstand verursachte einen Thronwechsel in Wien. Der kranke und schwache Kaiser Ferdinand dankte ab. Im folgte der 18jährige Franz Joseph. Unter ihm arbeitete der Reichstag eine Verfassung aus. Kärnten und

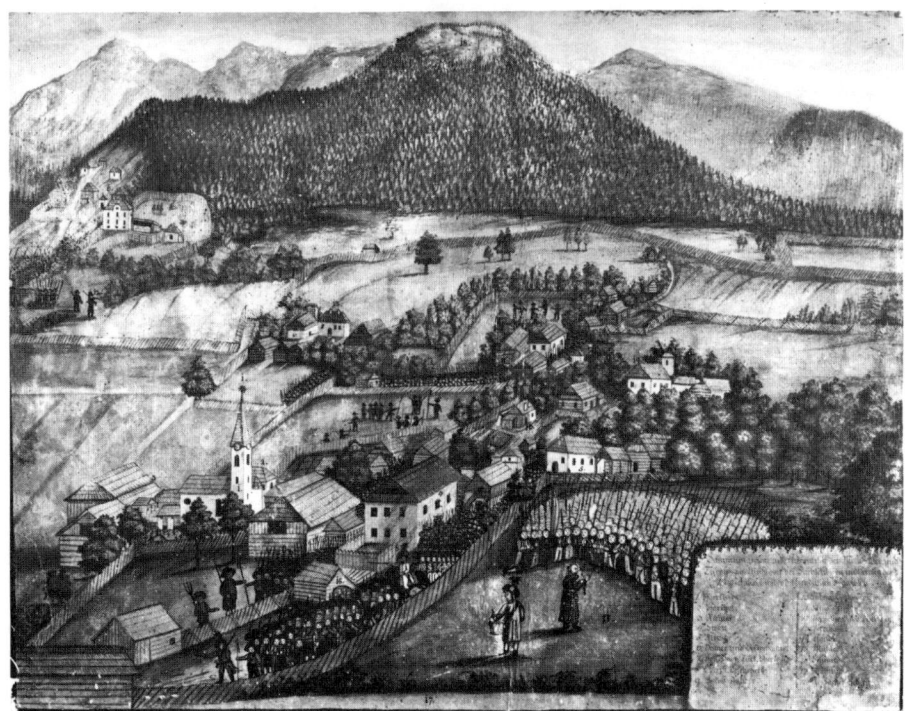

Sammelplatz und Ausmarsch der Mölltaler in Mühldorf bei Sachsenburg gegen die Franzosen, 1809

Steiermark wurden als Kronländer wieder selbständig. Ein Gesetz befreite die Bauern gänzlich von ihren Grundherren. Der Kaiser setzte jedoch, bedrängt von seinen Ratgebern, schon 1851 die Verfassung wieder außer Kraft. Das absolutistische Regime triumphierte. Soziale Spannungen und Konflikte zwischen den Völkern der Donaumonarchie, in Kärnten und in der Steiermark zwischen Deutschstämmigen und Slowenen, wuchsen. Eine Krise des Bergbaues und der Eisenindustrie erhöhte sie noch. Viele unrentable Gruben lagen still. Statt dessen nutzten Sägewerke, Zellstoffschleifereien und Papierfabriken das von den Hütten nicht mehr gebrauchte Holz.

Es gärte überall. Plötzlich lösten im Juni 1914 die Schüsse des serbischen Verschwörers Princip auf den Thronfolger Franz Ferdinand und seine Frau in Sarajewo den Ersten Weltkrieg aus. Im Verlauf der militärischen Operationen kämpften Österreicher gegen Italiener auch in den Karnischen Alpen und im kärntnerischen Lesach- und oberen Gailtal.

Das schreckliche Ringen zerstörte am Ende die Habsburgermonarchie. Der Vielvölkerstaat zerfiel. Unter anderem erklärten sich Serbien, Kroatien und Slowenien (das frühere Krain), zu Jugoslawien verbunden, als selbständig. Im November 1918 rief die provisorische Nationalversammlung im Parlament an der Wiener Ringstraße die ›Republik Deutschösterreich‹ aus. Jugoslawische Truppen, meist Offiziere und Soldaten der eben erst demobilisierten k. und k. Armee, okkupierten indessen erhebliche Landesteile bei Völkermarkt, östlich von Villach, im unteren Gailtal und in der Untersteiermark. Dagegen formierte sich eine Bauern- und Bürgermiliz. Sie erzwangen den Abzug der Jugoslawen. Aber jugoslawische Verbände fielen neuerlich ein. Ihre Reiterei besetzte am 6.6.1919 Klagenfurt, so daß die Landesregierung nach Spittal auswich.

Die Angriffe der feindlichen ehemaligen Brüder und deren Abwehr erregte weiterhin Aufsehen. Eine Studienkommission der Alliierten bereiste deshalb die umstrittenen Gegenden. Sie überzeugte sich von deren geographischer und wirtschaftlicher Einheit und von der proösterreichischen Gesinnung der dort wohnenden Slowenen. Trotzdem mußte die junge Republik im Friedensvertrag von Saint-Germain den Ort Unterdrauburg, die Gemeinde Seetal und das Misstal an Jugoslawien und das Kanaltal an Italien abtreten. In der Untersteiermark verlief die neue Grenze am Nordufer der Mur. Die anderen fraglichen Gebiete trennte man zwecks Abstimmung in zwei Zonen. Die große Zone A mit dem Städtchen Völkermarkt, Bleiburg, Ferlach, Rosegg verwalteten die Jugoslawen. Die nördliche Zone um Klagenfurt, vom slowenischen Militär nur nach dringenden Ermahnungen durch den Interalliierten Rat zögernd geräumt, blieb unter österreichischer Obhut. Zone A sollte zuerst votieren, und nur wenn die Bevölkerung dort überwiegend für Jugoslawien optieren würde, sollte die Zone B entscheiden. Am 10.10.1920 wählten die Bewohner der Zone A. 59% von ihnen, darunter die große Mehrzahl der Slowenen, wählten ihre Heimat Kärnten. Dabei sah ihre Zukunft kaum rosig aus. Nach dem Kriege lag die Wirtschaft darnieder. Es herrschte Arbeitslosigkeit. Von Jahr zu Jahr litten immer mehr Menschen Not. Ihre Armut und andere Übel verstärkten auch die Zwistigkeiten zwischen den Parteien und komplizierten die Innenpolitik. Dieses Klima nährte, was die Nationalsozialisten später aussäten. Als Hitler 1938 einmarschierte und auch Kärnten und die Steiermark dem Großdeutschen Reich einverleibte, war für ihn im gewissen Sinn der Boden bereitet. Kärntner und Steirer, ihre jüdischen Mitbürger und die Gegner der NS-Terrors eingeschlossen, teilten künftig das Schicksal der Deutschen bis zum Ende des Zweiten Weltkrieges.

In den ersten Monaten des Jahres 1945 erhielten Kärnten und die Steiermark die Russen und Engländer, später die Engländer allein als Besatzungsmächte. Partisanenverbände Titos verschleppten und ermordeten in diesen turbulenten Tagen Deutschkärntner aus Rache für Slowenenverfolgung, Aussiedlung und die Taten der SS. Jugoslawien beanspruchte auch wieder Kärntner Land. Doch der Staatsvertrag der Großmächte mit Österreich von 1955 garantierte die Grenze von 1920 von Neuem. Mit dem Staatsvertrag begann der Wiederaufstieg unseres Nachbarstaates. Kärntner und Steirer beteiligten sich mit Elan. Nicht von ungefähr besuchen heutzutage jedes Jahr ungefähr eine Million Gäste ihre Länder.

Notwendigerweise mußte auf diesen Seiten die Geschichte Kärntens und der Steiermark vereinfacht dargestellt werden. Trotz der Kürze erkennt man aber wahrscheinlich, wie die Geschehnisse die enge Verflechtung verschiedener Völker in diesem Raum spiegeln. Aktionen der einen fordern Reaktionen der anderen heraus. Germanen trafen hier auf Romanen und Slawen. Diese Konfrontation reizte die Historiker, von den Ländern als den ›Grenzländern des Deutschen‹ zu sprechen. Waren sie aber nicht vielmehr auch breite Brücken zwischen Gegensätzlichem? Mir scheint ja. Die hier erhaltenen Kunstdenkmäler, von jedem bemerkbare Dokumente der Geschichte über Jahrtausende hinweg, erlauben diese Meinung gewiß. Sie bezeugen den gegenseitigen Einfluß verschiedenartiger Kulturkreise aufeinander von Anfang an, wenngleich auch wegen der fränkischen Kolonisation im Mittelalter der deutsche Einfluß überwiegt.

Immer wieder ist es erstaunlich, welche Fülle von Kunst ungeachtet der wechselvollen Geschichte auf uns gekommen ist. Und wieviel ging außerdem zugrunde! In den bewegten Zeitläuften behauptete sich offenbar die menschliche Schöpferkraft neben der gleichfalls menschlichen Zerstörungswut, denn gerade in Nöten entstanden viele und große Werke; vor allem Bauwerke, Plastiken und Bilder westlicher und südlicher Abkunft (von Klagenfurt oder Graz aus betrachtet). Slawisches fehlt hingegen in diesen Bereichen fast ganz. Slawische Kultur ist vielmehr in Namen, Lied und Bräuchen überliefert. Einheimische Künstler und Volksempfinden wandelten jedoch die Anregungen von außen oft originell ab und schufen so interessante Variationen der großen Stile.

Die schöpferischen Belege der Urgeschichte kann der Reisende nur in Museen sehen. Aber schon sie prägten jeweils einen besonderen Typus. Beispiele: die Keramik der Jungsteinzeit mit ihren Verzierungen (3500–1900 v. Chr.) oder die Funde aus dem Gräberfeld von Frög bei Rosegg aus der Hallstatt-Zeit (750–400 v. Chr.).

Römisches ist dagegen in großer Zahl noch sichtbar. Die Ruinen von Virunum, Teurnia und Flavia Solva dienten den Nachfahren sozusagen als Steinbrüche. Jedenfalls stoßen wir in der Umgebung dieser ehemaligen Städte vielfach auf in Wände von Kirchen und Schlössern eingemauerte Reliefs und Inschriftensteine. Diese Bildhauerarbeiten stammen meist aus Italien oder Eingesessene meißelten sie nach klassischen Musterbüchern. Die Archäologen kennen aber beispielweise auch ein eigenartiges ›Muster von Virunum‹, in dessen Werkstatt um 140 n. Chr. zwölf Statuen von Gottheiten aus Kärntner Marmor geschaffen wurden. Eingemauert finden wir, hauptsächlich in Kärnten, auch seltsame Flechtwerksteine aus der Mitte des 9. Jahrhunderts. Es gab sie überall im Fränkischen Reich. Sie gehörten zu Chorschranken karolingischer Kirchen, und nach alten Überlieferungen wehrten ihre Bänder und Knoten den Teufel und Dämonen ab. In den Gotteshäusern vertrieben sie das Böse vom Allerheiligsten. Später verbannten Priester diese zauberkräftigen Symbole aus den Innenräumen, ließen aber pietätvoll zu, daß sie Außenwände schmückten. Die Verbreitung solcher Reliefs hängt sicher mit Karnburg zusammen, das in dieser Epoche Königspfalz und Zentrum christlicher Kultur war.

Der unter den Karolingern neu beginnenden christlichen Kolonisation und Mission in Carantanien verdanken wir gleichfalls mit bewundernswerten Stiftsbasiliken großartige Monumente der romanischen Architektur. Da süddeutsche Mutterklöster die Abteien besiedelten, übertrugen ihre Mönche selbstverständlich die ihnen geläufigen bairisch-salzburgischen und burgundischen Bauformen in den Osten. Eine kärntnerisch-steirische Sonderform des Kultgebäudes bildeten allerdings die kleineren Chorturmkirchen in den Pfarrfilialen der Stifte aus. Der Turm stützt hier den Altar mit dem Tabernakel. Diese ›Befestigung‹ bewahrte die Hostie vor Zugriffen der längst noch nicht vollständig bekehrten Heiden. Außerdem stellten die Türme, da zwischen ihnen meist Sichtverbindung auf weite Strecken bestand, eine Verteidigungslinie der Geistlichkeit dar. Die Patres bedurften solcher Vorkehrungen, wurden sie doch gelegentlich von den Barbaren heimgesucht und umgebracht.

Wenn die Basiliken auch nach westlichen Vorbildern errichtet wurden, so weisen ihre Fresken (in Kärnten und in der Steiermark sind mehr als im übrigen Österreich erhalten) byzantinische und venezianische Stilmerkmale und eine Verwandtschaft mit Buchmalereien auf. Plastiken zeigen oft deutlich antike, aber auch wieder französische, lombardische und bairische Züge. Während des ganzen Hochmittelalters (12.–16. Jh.), auch unter anderen Einflüssen, waren die Malereien freilich der Fläche verhaftet. Sie rufen kaum illusionistische Eindrücke von Plastizität hervor, zumal die gotischen Baumeister, an Tradition und durch kriegerische Ereignisse verursachte Notwendigkeiten gebunden, in den Kirchen Kärntens und der Steiermark die ›romanischen‹ Mauern erhielten, sie nicht durch einen Gliederbau wie anderswo auflösten und nur die Chöre einwölbten. Helle Farben, heraldische Motive und harmonische Kompositionen betonten vielmehr die raumabschließende Funktion der Wände. Selbst die Glasgemälde der Fenster vermitteln keine Durchdringung der Mauern.

Diese gotischen Räume unterscheiden sich aber nicht nur durch die aufgeführten Mauern von anderen, sondern auch durch vielfach variierte Grundrisse. Wenn nicht in befestigten Städten, so vorzüglich auf Hügelketten gelegen, zwangen anscheinend die wegen der Türken- und Ungarnnot gewählten Plätze zu mannigfacher Gestaltung. Das Wüten der Senger und Brenner erforderte den Bau von Wehrkirchen und Kirchenburgen für die bäuerliche Bevölkerung; diese ergänzte nun einen schon im 11. Jahrhundert begonnenen Gürtel feudaler Kastelle.

Die Tafelmalerei blieb einer flächenhaften Darstellungsweise ohne Raumtiefe verhaftet. Dem aufmerksamen Betrachter fällt in Karantanien auf, daß sogar die hochmittelalterliche Plastik von dieser Malerei im gewissen Sinn abhing. Ihre Körperhaftigkeit erscheint vielfach frontal reduziert. In der Gotik steigert dagegen oft eine andere Abstraktion, das Strecken der Proportionen, expressiv die realistische ›Erzählung‹ der Figuren. Die Figuren der Flügelaltäre aus der gleichen Zeit gehen in der Gesamtgestaltung auf und erzeugen zusammen mit den zugeordneten Reliefs einen fast impressionistischen Bildeffekt. Das Lineament der Umrisse fügt sozusagen Graphisches hinzu und ›mildert‹ mit Dekorativem den ›Impressionismus‹.

In der Steiermark, zumindest in ihrem flacheren Teil, zerstörten Türken und Ungarn unzählige solcher Kunstwerke. In Kärnten jedoch, durch Gebirgswälle vor Einfällen sicherer, blieben über sechzig gotische Schnitzaltäre, mehr als in allen übrigen Bundesländern Österreichs zusammen, erhalten. Malereien und Plastiken entstanden damals nicht um ihrer selbst willen, sondern erfüllten eine höchst praktische Aufgabe. Sie galten nicht als Kunst im heutigen Sinn. Verwurzelt in Religion und Gebräuchen berichteten sie dem frommen, aber des Lesens unkundigen Volk die Heilsgeschichte und deuteten ihm die Glaubensgeheimnisse. Das setzte voraus, daß die Menschen die Darstellungen verstanden. Die abgebildeten Begebenheiten spielen deshalb in einer Szenerie, die der Heimat ähnelte, und die Personen glichen in Kleidung und Gestus, einschließlich des Zeigens von Freude und Schmerz, denen der Nachbarschaft. Wir sind heutzutage dadurch imstande, beim Betrachten der Bildwerke den Habitus einstiger Generationen zu studieren. Dabei ist es mir in Kärnten und in der Steiermark oft passiert, daß mir Männer oder Frauen auf der Straße begegneten, die aussahen, als stammten sie von den auf den Altären Porträtierten ab. Die Verwandtschaft ist besonders an den Gesichtszügen zu erkennen. Dieselben Gesichter findet man bei den vielen Heiligen der Kirchen. Volksfrömmigkeit äußerte sich im Mittelalter nämlich zuerst in Heiligenverehrungen. Solcherart Verehrte waren die Patrone der Gotteshäuser. Sie gaben den zugehörigen Orten möglicherweise auch ihre Namen. Da die Grundherren jedoch diese Kultstätten stifteten, bestimmten sie selbstverständlich, wem Ehrfurcht zu bezeugen war. Es ist nicht weiter erstaunlich, daß man auf die Auserwählten stößt, die sich die Mächtigen selbst zu ihrem Schutz erkoren hatten. Die Bischöfe von Salzburg zum Beispiel bevorzugten für ihre Gebiete St. Peter oder St. Ruprecht, die Bamberger das Heiligenpaar Heinrich und Kunigunde oder die Freisinger etwa St. Korbinian und St. Nomosus, bestätigten diese doch schließlich zusätzlich ihre Gewalt. Weltliche Fürsten und Adlige ahmten die Geistlichkeit nach und beauftragten Maler und Schnitzer mit Abbildungen der ihnen gemäßen ritterlichen St. Georg, St. Martin, St. Leonhard oder die Kreuzzüge inspirierten sie zu Passionsschilderungen, wobei die Leiden Christi ihre Untertanen in der eigenen Not trösteten. In Bergbaugebieten betete die Bevölkerung zu Anna, Helena und Daniel, und der Riese Christophorus erbaute die zahllosen Gläubigen weit und breit, weil er die Wanderer und Fahrenden vor Unbill bewahrte. Wenn man ihn erblickte, brauchte man, so hieß es, an diesem Tag nicht ohne Beistand sterben.

Jede andere Heiligenverehrung überstrahlte zeitweise jedoch die Verehrung der Gottesmutter und Himmelskönigin. Bei der mittelalterlichen Madonna suchten Massen von Wallfahrern, einer allgemein-menschlichen Regung nachgebend, Beistand und Liebe. Maria half gleichsam gegen alles und verhalf zu allem. Thronend symbolisierte sie Hoheit. Die Krone bedeutete höchste Macht, Jungfräulichkeit, Tugend, Glaube, Hoffnung, Gerechtigkeit, Beharrlichkeit. Ähren an ihrem Kleid wiesen auf den Weizen hin, aus dessen Mehl die Hostien gebacken wurde. Ihr Mantel schützte. Trauben in ihrer Hand versprachen neues Leben. Korallenzweige und Äste wehrten Unheil ab.

Über einer Mondsichel sitzend bezwang sie die Türken ... und so weiter und so fort. Die meist prächtigen Krönungen Mariens im Himmel durch die Dreifaltigkeit erfüllten schließlich das Verlangen der Pilger nach einer Schau der triumphalen Vollendung der Lebens- und Leidensgeschichte Christi und seiner Gebärerin.

In Kärnten und der Steiermark offenbarten sich Religiosität später niemals wieder so stark und innig in der Kunst wie im Mittelalter. An Altären blieb Gotisches noch lange Zeit spürbar, aber ansonsten nahm Mitte des 16. Jahrhunderts der Formenschatz der Renaissance überhand. Ein gewandeltes Welt- und Lebensgefühl veränderte auch die Kunst. Die Entdeckung unbekannter Erdteile, wissenschaftliche Erkenntnisse, Reformation, Persönlichkeitsbewußtsein, Kunsttheorien mußte auch sie bewegen. Künstler blieben hinter ihrem Werk nicht mehr anonym, sie gelangten zu Ruhm und Ansehen. Mehr Objekte als zuvor fand man der künstlerischen Gestaltung für wert. Die Architekten suchten Vorbilder in der Antike. Ausgewogene Schönheit, Symmetrie und Klarheit sowie nachempfundene Details galten als ideal. Die Plastik löste sich vom Bau, die Figuren erhielten eine dem anatomischen Wissen entsprechende Natürlichkeit. In der Malerei dominierten die räumlich-körperlichen und individuellen Darstellungen des Menschen und der perspektivisch erfaßte Raum. Jetzt beeinflußte ausschließlich Italien das kärntner und steirische Kunstschaffen. Aus Italien berufene Künstler befestigten Städte neu, bauten Schlösser oder auch Burgen zu Schlössern um und Wohnhäuser zu Palästen mit Arkadenhöfen, und sie errichteten als Sitze der Landstände deren repräsentative Landhäuser.

Alsbald kündigten jedoch modifizierte Formen allmählich einen anderen Stil, den Barock, an. Die Grenzen zwischen Renaissance und Frühbarock erscheinen allerdings ziemlich verwischt. Gegenreformation und endgültiger Sieg über die Türken beflügelten sowohl die Kirche als auch weltliche Auftraggeber. Kärnten freilich war in den Wirren der Zeit arm geworden. Die Herrschaften konnten sich zwar einige wenige Schlösser und Kirchen leisten. Stifte erweiterten auch ihre Anlagen. Sonst aber ließen sie meist allein die Fassaden durch das Zufügen von Dekorationen barockisieren oder mehrere Altbauten durch gemeinsame Schaufronten verbinden. Die damaligen Künstler übten sich vorwiegend als Dekorateure und Schnitzer. Sie überzogen in Gebäuden reicher Familien und in Kirchen die Wände mit wuchernden Stuckornamenten und statteten sie mit Statuen, mit einer Fülle formenschwellender und -schwingender Altäre und Möbeln aus. Die Malerei verkümmerte mangels großer Bauten etwas und diente nur den Bildhauern und Stukkateuren.

Prachtvolle Gesamtkunstwerke des Barock sind dagegen in der Steiermark zu besichtigen: zum Beispiel die Wallfahrtskirchen auf dem Weizberg in Weiz oder St. Veit im Vogau, St. Johann im Seggautal, die Pfarrkirche in Hollenegg oder die Stiftsbibliothek in Admont (Farbt. 32) oder Schloß Gösting in Graz.

Mit dem spätbarocken Rokoko bricht die von den Feudalen getragene Kunstentwicklung, wie in den Ländern ringsum, auch in Kärnten und in der Steiermark ab. Nach den Umwälzungen der französischen Revolution und den napoleonischen Jahrzehnten prägte in der ersten Hälfte des 19. Jahrhunderts das erstarkte Bürgertum im Klassizismus und Biedermeier die Kultur. Expandierende Wirtschaft und gesteigerter Verkehr vergrößerten die Städte. Ihre Befestigungen wurden geschleift und in Parkanlagen umgewandelt. Auf den ehemaligen Glacis erbauten die Bürger ihre schlichten, aber wohlproportionierten Wohnungen. In den Metropolen ergänzten sie Geschäfts- und Theaterbauten. Unternehmer in den eisenverarbeitenden Orten bauten ihre Fabriken in ausgewogenen Maßen und fördern die Industriearchitektur auch für das übrige Österreich.

Um die Jahrhundertmitte führten wieder – wie in ganz Europa – notwendige weitere Planungen und die Bedürfnisse emporgekommener Städte, ihren Reichtum vorzuweisen, abermals zu repräsentativen Bauwerken. Diese verdrängen den reinen Stil des Biedermeier. Die Baumeister griffen auf Renaissance und Barock zurück und ahmten deren Formenelemente besonders in dekorativen Einzelheiten nach. Die wenigen neuen Kirchen entstanden in neugotischen Formen. Erst um die Jahrhundertwende zeigte der für Österreich in Wien beheimatete Jugendstil wieder eigenständiges Schaffen; auch in Kärnten und in der Steiermark hinterließ er seine Spuren.

Nach dem Biedermeier beteiligten sich die kärntner und steirischen Architekten und bildenden Künstler an der allgemeinen europäischen Entwicklung. Dabei vollbrachten sie vor allem in der Tafelmalerei schöne Leistungen (Beispiele im Landesmuseum für Kärnten in Klagenfurt). Auch die zeitgenössischen Maler und Bildhauer dürfen nicht als provinziell abgetan werden. Sie behaupten ihren Rang international..., was manche temporäre Ausstellung aber auch die Bestände der Kärntner Landesgalerie in Klagenfurt oder die Neue Galerie in Graz bekunden.

Kärnten

Klagenfurt

Kärntens Hauptstadt, zirka 85 000 Bürger beherbergend, ist auf den ersten Blick eine nüchterne Stadt (Abb. 1). Sie empfängt den fremden Besucher ein bißchen spröde. Ingeborg Bachmann schrieb in ihrer Erzählung ›Jugend in einer österreichischen Stadt‹: »In diese Stadt ist man selten aus einer anderen Stadt gezogen, weil ihre Verlockungen zu gering waren; man ist aus den Dörfern gekommen, weil die Höfe zu klein wurden und hat am Stadtrand eine Unterkunft gesucht, wo sie am billigsten war ...« Inzwischen wurde Klagenfurt aber zu einem beachtlichen Wirtschaftszentrum mit Flughafen, einer Holz- und Gastronomie- bzw. Fremdenverkehrsmesse und Ort einer Hochschule für Bildungswesen. Die Landschaft ist beherrschend, so daß sich Klagenfurt in seinem breiten Becken, zwischen den Karawanken im Süden, den Hängen der Ostalpen im Norden und im Westen dem Wörther See und in der Ferne der Villacher Alpen und den Karnischen und Gailtaler Alpen, fast armselig ausnimmt. Auf der einen Seite bedrängen es sogar die Ackerflächen und auf der anderen Seite die Wellen des Sees. Die Stadt ist offensichtlich ›gegen die Natur gesetzt‹; auf dem Plan der Innenstadt erkennt man die in ein Viereck eingespannten, geradlinigen Straßenführungen. Aber die Stadt wurde nicht in so strenger Form konzipiert. Sie war niemals Residenz. Sie war einmal eine Festung, die größte Österreichs. Aus diesem Grunde macht sie vielleicht auch diesen nüchternen Eindruck. Die Nüchternheit wird freilich gemildert, wenn man sich mit der Geschichte Klagenfurts befaßt und beim Gang durch die Straßen und Gassen alles näher und aufmerksamer betrachtet.

Klagenfurt entstand anfänglich an anderer Stelle; eine keltische und eine römische Siedlung konnte man am Spitalsberg und im jetzigen Ortsteil Untergoritschitzen nachweisen. Der Sponheimer-Herzog Hermann gründete Altklagenfurt in der zweiten Hälfte des 12. Jahrhunderts, wie auch St. Veit a. d. Glan und Völkermarkt, um seine Macht gegenüber den mit ihren Besitzungen in Kärnten mächtigen Bischöfen von Bamberg und Salzburg zu demonstrieren. Er legte es an einem wichtigen Übergang der Nord-Südstraße über das Flüßchen Glan an, um gewiß auch Maut zu kassieren. Der Fluß versumpfte und überschwemmte aber wohl oft das Gelände. Das Passieren der Furt war offenbar nicht ungefährlich, denn ›Klaga‹, die Totenfrauen sollten dort hausen und sich ihre Opfer holen. Von ihnen soll sich u. a. der Name des Ortes herleiten. Der zweite Sohn dieses Hermann, Herzog Bernhard, verlegte dann die Siedlung um 1250 auf einen wirtlicheren, von der Glan in der Eiszeit angeschwemmten Schotterkegel. Altklagenfurt verschwand.

Das neue Klagenfurt läßt sich dagegen an dem langgestreckten Dreieck des Alten Platzes und seiner Umgebung erkennen. Es umfaßte ein Areal von 400 mal 250 m, und die Nord-Südstraße, jetzt Wiener- und Kramergasse, schnitt den Bezirk. Aus der heutigen Herrengasse mündete eine andere Straße aus westlicher Richtung auf den Platz und führte weiter, durch die Völkermarkter Straße, nach Osten. Wo heute das Landhaus steht, befand sich die herzogliche Burg. Die Fürsten residierten allerdings in

St. Veit. Die Stadt lebte demnach vom Handel, nicht von der Politik, und wahrscheinlich lebte sie nur recht und schlecht. 1514 brannte sie völlig ab. Ihre Bewohner konnten sie nicht wieder aufbauen, so daß die Landstände – Adel und Klerus – sie vom Landesherren, Kaiser Maximilian I., als Geschenk erbaten. Sie wünschten sich schon lange einen festen Platz im Lande und als ihr Heer, das einen Bauernaufstand in Altenhofen niedergeschlagen hatte und von St. Veit weder Quartier noch die Erlaubnis zum Durchzug erhielt, bewog sie die feindselige Haltung dieser Stadt, ihre Anstrengungen zu intensivieren, bis der Kaiser 1518 ihrem Drängen nachgab. So ließen die Landstände die Stadt schöner als vorher wiedererstehen und vergrößerten sie erheblich vom Alten Platz aus bis an die Ringe. Sie ließen die Stadt wegen der Türkengefahr nach Plänen des damals berühmten Domenico dell'Allio, einem Baumeister aus Lugano, von 1534–91 befestigen und 1527 den Lendkanal ausstechen, der vom Wörther See her die Gräben mit Wasser versorgte und als Güterweg diente. Baumeister aus Friaul schufen den neuen Herren repräsentative Paläste mit Arkadenhöfen am Alten wie am Neuen Platz, in der Herrengasse und in anderen Straßen. Napoleon ließ die Befestigungen schleifen. Aus den Gräben wurden die Ringe. Die Innenstadt konnte sich mit den Vororten zu einer größeren Einheit verbinden.

Der *Neue Platz* – ehemals der Exerzierplatz der Kärntner Feudalherren und vorher Richtstätte – eignet sich am besten als Ausgangspunkt für den Besucher (für Autofahrer wichtig: unter ihm kann er sein Fahrzeug in eine Tiefgarage einstellen). Zuerst stößt man auf das Wahrzeichen Klagenfurts, den *Lindwurm*. Diesen steinernen Drachen meißelten die Brüder Ulrich und Andreas Vogelsang von 1582–90 im Auftrag der Landstände aus einem einzigen Chloritschieferblock. Dreihundert Knaben sollen ihn an seinen jetzigen Ort gezogen haben. Seit 1624 fungiert er auch als Brunnen und 1636 fügte Michael Hönel den keulenschwingenden Herkules hinzu, der den Koloß angeblich zertrümmert, falls er sich bewegt (Abb. 6). Nun – beide bewegen sich gewiß niemals. Das Standbild bezieht sich auf eine Sage. Sie erzählt, in den Sümpfen am Wörther See hätte ein Drache gehaust, der Tiere und Menschen verschlang. Er versetzte die Gegend in Angst und Schrecken, bis der Herzog einige mutige Männer ermuntern konnte, das Untier zu töten. Die Männer erbauten einen Turm und banden einen Stier an eine lange Kette mit Widerhaken. Als der Lindwurm den Köder auffraß, drang der Haken in seinen Rachen ein und die Männer erschlugen ihn... und deshalb zeigt das Stadtwappen heute noch Turm und Ungeheuer. Die Bildhauer benutzten übrigens, so meinten sie wenigstens, den Schädel eines wirklichen Monstrums als Modell. Er hing im Rathaus, stammte aber in Wirklichkeit von einem eiszeitlichen Wollnashorn, dessen Reste man im 14. Jahrhundert bei Klagenfurt gefunden hatte.

Ein paar Schritte von dem Denkmal entfernt steht, ohne Zusammenhang mit diesem Monument, das der *Kaiserin Maria Theresia* von 1870. Warum man in Klagenfurt Maria Theresia so offensichtlich verehrt, erscheint seltsam, denn sie hob dort das Burggrafenamt auf und verkaufte die Waffen des Zeughauses, was die Bedeutung der Stadt erheblich verminderte.

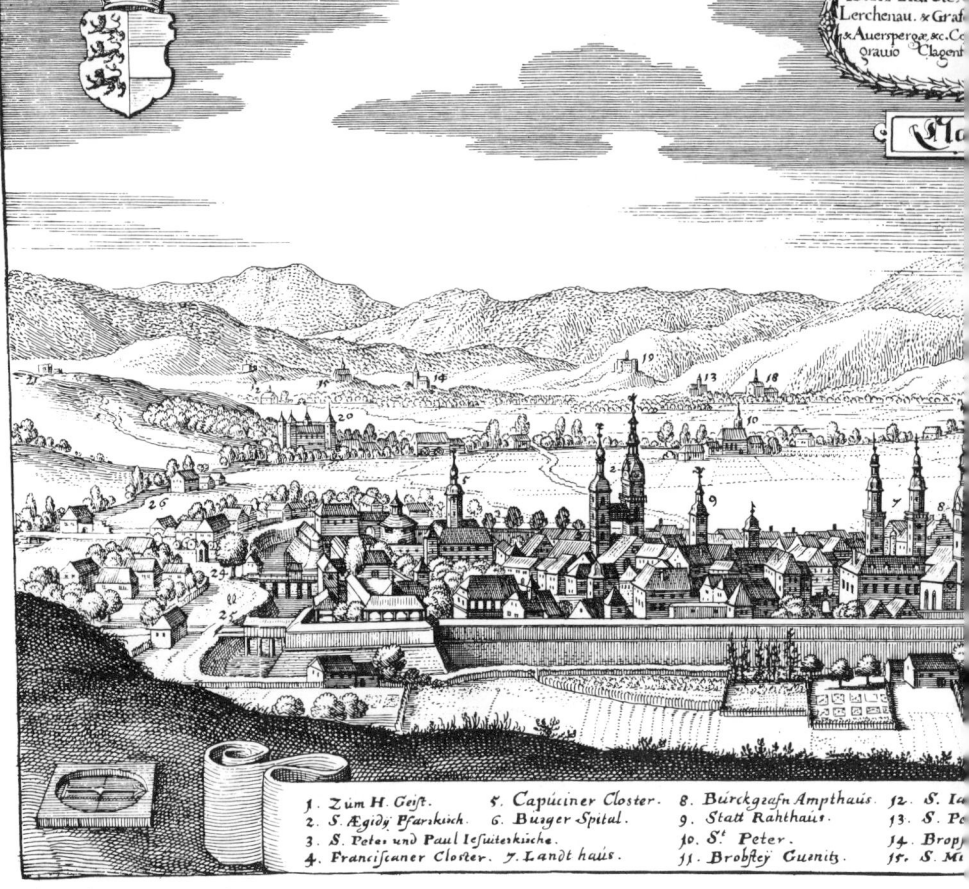

Klagenfurt, 1649 (Matthäus Merian)

Die Häuserfassaden um den Platz verbergen oft mehr oder weniger gut erhaltene Arkadenhöfe der Renaissance. Sie werden hier und in der Umgebung restauriert. Manche bilden schon intime Freiluft-Räume mit Läden und Cafés. Besonders beachtenswert ist die Rokoko-Front des ehemaligen *Palais Porcia;* sie wurde 1969 rekonstruiert.

Noch bedeutender ist die Fassade des ehemaligen *Palais Orsini-Rosenberg,* seit 1918 neues Rathaus, an der Westseite des Platzes. Sie wurde 1800 klassizistisch erneuert,

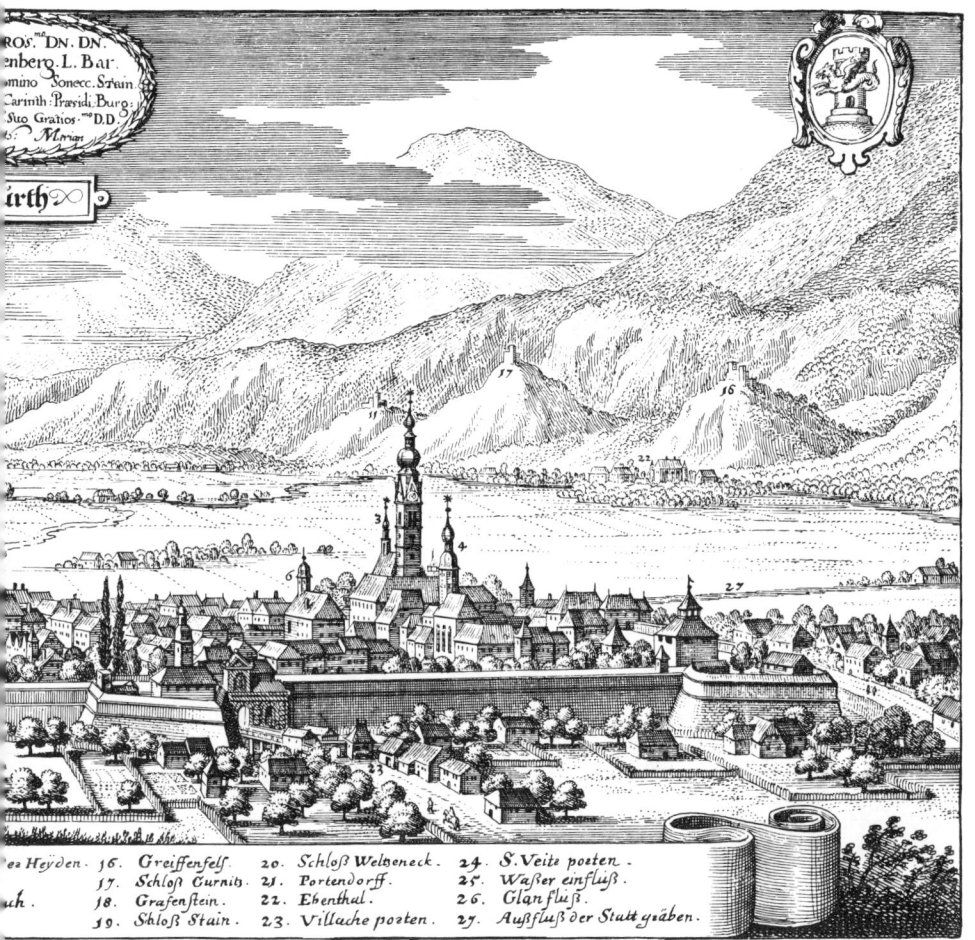

ROS.me DN. DN.
enberg. L. Bar.
mino Sonecc. Stain
Carinth Præsidi Burg;
Suo Gratios.me D.D
S. Miriam

irth

es Heyden.　16.　Greiffenfelf.　　20.　Schloß Welbeneck.　24.　S. Veite posten.
uch.　　　　17.　Schloß Gurnitz.　　21.　Portendorff.　　　25.　Waßer einfluß.
　　　　　　18.　Grafenstein.　　　22.　Ebenthal.　　　　26.　Glanfluß.
　　　　　　19.　Schloß Stain.　　　23.　Villache posten.　27.　Außfluß der Statt gräben.

während der Bau selbst 1580–82 errichtet und 1650–54 verändert wurde. Immerhin schmücken ihn aber noch Portal und Erker aus dem 17. Jahrhundert. Eine doppelläufige Stiege in schönen Maßen führt im Inneren in die Stockwerke. Das Palais bildet mit dem Gurker Haus und dem Gasthof ›Zum goldenen Bären‹ (schönes Wirtshausschild) einen die Art des Wiederaufbaus nach dem Brand deutlich dokumentierenden Gebäudekomplex. Die ›Bärenlaube‹ mit ihren dreistöckigen Arkaden war der erste in Klagenfurt sanierte Renaissance-Hof. Im Palais Orsini-Rosenberg nahmen mehrmals kaiserliche

65

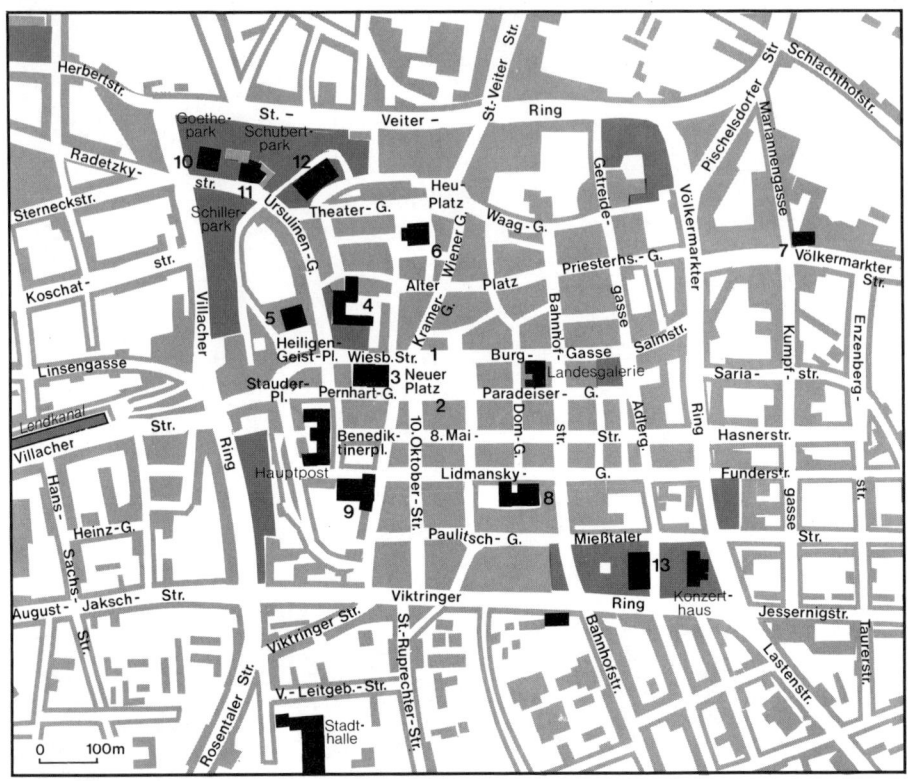

Klagenfurt   1 Lindwurmbrunnen   2 Palais Porcia   3 Palais Orsini-Rosenberg   4 Landhaus
5 Heiliggeistkirche   6 St. Egyd   7 St. Lorenzen   8 St. Peter und Paul   9 Marienkirche
10 Künstlerhaus   11 Stadthaus   12 Stadttheater   13 Landesmuseum für Kärnten

Hoheiten ihr Quartier und bei großem Gefolge wurde der ganze Block belegt. Kaiser
Leopold I. wohnte dort, als er zur vorletzten Erbhuldigung als Herzog von Kärnten
(aber davon später) in der Stadt weilte, ebenso Kaiser Karl VI. zur letzten Huldigung.
Auch Maria Theresia domizilierte 1765 im Palais auf der Reise nach Innsbruck, wo sie
ihren zweiten Sohn mit einer spanischen Infantin vermählte. Von dieser Reise kehrte sie
als Witwe nach Wien zurück. Ihr Gatte Franz von Lothringen erlitt in der Tiroler Hauptstadt einen Schlaganfall.

Dem Bärenhaus gegenüber liegt das *Landhaus* (Abb. 4). Seine Südseite imponiert
wegen ihrer Größe. Die Eigenart des Baues zeigt sich jedoch besser von Osten. Durch
eine Gasse gelangt man dorthin: zwei Flügel umfangen ein wohlproportioniertes

Geviert. Den vorhandenen, nördlichen Flügel, früher Zeughaus, fügte ein Hans Freymann aus Bleiburg mit einem neuen Mitteltrakt und dem ebenfalls neuen, längeren Südflügel 1574–1580 zusammen. Zwei offene Stiegen von dem aus Gandria (Luganer See) gebürtigen Johann Anton Verda führen aus den Bögen der Turmfüße zum zweiten Laubengang im Obergeschoß des Mitteltraktes hinauf. Der Mitteltrakt umschließt den großen, festlichen Wappensaal; im südlichen befindet sich der kleine Wappensaal und in beiden zusammen zieren 963 Wappen der Landstände die Wände. Nach der Ständeordnung zählten Bischöfe und Prälaten zur ›Landschaft‹, dann Adlige mit ererbtem Besitz sowieso, jedoch auch Familien aus den Landschaften der Steiermark und Krain, wenn sie in Kärnten Güter besaßen. Außerdem zählten dazu Kärntner Einwohner, deren Eltern mindestens 30 Jahre zuvor geadelt wurden und die ihr Leben adelig führten und die keine bürgerlichen Berufe ausübten, was freilich gewinnbringende Unternehmertätigkeiten nicht ausschloß. Zudem gehörten Familien den Landständen an, deren Angehörige gegen die Türken gekämpft hatten.

Gegen Ende des 17. Jahrhunderts wurde die ›Landschaft‹ sogar verliehen, so daß in der Wappensammlung die Schilder ziemlich aller großen österreichischen Geschlechter prangen. Um einen Platz bemühten sich auch Ausländer, meistens Amerikaner, denen Namensgleichheiten eine Abkunft vom Kärntner Adel suggerierten. Auch Rainer Maria Rilke bildete sich das ein, weil die Ostwand des Prunksaals eine Rülko-Heraldik zeigt. Ein echter Bezug Rilkes zu Kärnten kann jedoch nicht nachgewiesen werden. Joseph Ferdinand Fromiller malte die meisten Fresken, nachdem ein Brand 1723 den Bau und damit die früheren Bilder beschädigte. Er stellte im Großen Saal auch die Herzogeinsetzung am Fürstenstein, die Aushändigung der Stadtschenkungsurkunde an die Landstände und ihre letzte Erbhuldigung an Karl VI. in Wand- und Deckenbildern dar (Abb. 2).

In der ersten Zeit der österreichischen Republik nahm man solche Geschichtsillustrationen an den Wänden des Landhauses wieder auf. Als der Sitzungssaal des Landtages, denn der koneriert dort, renoviert werden mußte, schuf ein gewisser Suitbert Lobisser einen Fries mit Szenen aus den schwierigen Jahren von 1918–1920 (Abb. 3). Der Maler war bei den Klagenfurtern sehr populär. Er war Mönch im Kloster St. Paul im Lavanttal gewesen, verliebte sich jedoch in eine schöne Frau, heiratete und lebte alsdann weiter als Familienvater.

Den Landhaushof überqueren die Frauen, am Obeliskbrunnen aus rotem Marmor von 1853 vorbei, wenn sie aus dem Zentrum vom Einkaufen zum Busbahnhof gehen. Hinter dem gewölbten Tor des Mitteltraktes – von außen, wie auch der Südflügel, barockisiert – stößt man nämlich auf den *Heiligengeistplatz*, auf dem die Autobusse halten. Er ist ein häßlicher Platz, freilich mit bewegter Vergangenheit. Einmal war er Spitalsfriedhof, auf dem man Pesttote verscharrte, dann Fischmarkt, später Teil der Befestigung und schließlich auch bürgerlicher Wohnbezirk. Eine Seite des Platzes säumt die in eine Klosteranlage der Ursulininnen eingebundene *Heiligengeistkirche* mit ihrem anmutigen Doppelzwiebelturm. Im Kern ist die Kirche gotisch. Sie wurde jedoch von 1630–1639 fast gänzlich neu erbaut. Sie war bis zum Ende des 18. Jahrhunderts im Besitz der Landstände, woran im Innern noch die Wappen des Bischofs von Ossiach und die des Sichl von Oberburg, des Freiherrn von Staudach, des Grafen Grottenegg, des Grafen Orsini-Rosenberg und das Kärntner Wappen erinnern. Napoleons Truppen benutzten sie als Magazin und Pferdestall. Die Gewölbe des Schiffes malten Josef und August Veiter 1886 mit Darstellungen der Geburt und Himmelfahrt Christi aus. Als bedeutend wird heute das Bild des Pfingstwunders auf dem Hochaltar angesehen. Lorenz Glaber malte es 1636 auf Kupferplatten.

In der *Herrengasse,* gegenüber dem Ursulininnen-Kloster beginnend, reiht sich Palais an Palais und der Blick faßt die zartfarbenen Fassaden, die meist wieder Arkadenhöfe verbergen, zu einer reizvollen Gesamtansicht zusammen. In Nummer 14, dem Palais Christalnig, dessen Front wahrscheinlich wieder ein Italiener erst 1839 klassizistisch neu dekorierte, logierte 1797 Napoleon.

Die Herrengasse endet auf dem *Alten Platz.* Auch hier wieder die Bausubstanz aus dem 16. und 17. Jahrhundert, allerdings im 18. und 19. Jahrhundert zum Teil mit neuen, reich dekorierten Fassaden versehen (Abb. 5, 7). Das ›Haus zur goldenen Gans‹, Nummer 31, gilt als das älteste Klagenfurts. Nummer 1 war das Palais Welzer und später das alte Rathaus. Über dem Säulenportal malte Fromiller die Justitia auf die Wand. Die Pestsäule davor stand früher auf dem Heiligengeistplatz. Das Dreieck des Alten Platzes würde eine harmonische Einheit bilden, wenn die in die alten Häuser gebrochenen Läden und die Vitrinen mitten auf der Straße nicht empfindlich stören würden. Der Platz ist die erste Fußgänger-Zone Österreichs. Ein dort aufgestelltes Modell zeigt die Stadt als Festung im Zustand von 1591.

Über die Dächer der Häuser am Alten Platz ragt der 92 m hohe Turm der *Hauptpfarrkirche St. Egyd.* Der Burggraf Orsini-Rosenberg legte 1692 ihren Grundstein. Vorher war ein anderes Gotteshaus an derselben Stelle abgetragen worden, da ein Erdbeben es stark beschädigt hatte. Der heutige Bau ist eine tonnengewölbte Wandpfeilerkirche mit Emporen. Die Deckenfresken des Chores – der Heilige Egyd mit der Dreifaltigkeit gegen Krieg, Pest, Hungersnot und Irrglauben kämpfend – malte Fromiller als sein letztes und reifstes Werk. Das Fresko im Gewölbe des Langhauses stellt dar, wie die Engel das Heilige Haupt den Gläubigen zur Verehrung zeigen und ist signiert mit »Joseph Mölck, K K Kamer Mahler pinxit 1761«. Vom selben Künstler stammt das Bild des tanzenden Königs David mit der Harfe über der Orgelempore. Eingehende Betrachtung verdient auch die einzigartige, spätbarocke Kanzel, die Einzelheiten des Hochaltars und die Altäre an den Seitenkapellen. Das Bild Johannes des Täufers, im Aufsatz des Nepomuk-Altars, schuf ebenfalls Fromiller.

Dieser Joseph Ferdinand Fromiller wurde als Sohn des Malers Benedikt Fromiller 1693 in Klagenfurt geboren. Nach einer ersten Lehre bei seinem Vater schickten ihn die

Grafen von Stampfer – ihr Palast ist der mit den antikisierenden Büsten über den Fenstern am Alten Platz (Nummer 29) – nach München, damit er an den von den Wittelsbachern zusammengetragenen berühmten italienischen und niederländischen Gemälden lerne. 1734 kam er nach Klagenfurt zurück und wurde ein in Kärnten vielbeschäftigter Meister eigenen Stils. In seiner Malweise vereinigten sich das in Bayern Gesehene mit persönlichen Ideen.

Lohnend anzuschauen sind auch die zahlreichen Grabmäler vom 16. bis zum 19. Jahrhundert im Inneren und an den Außenmauern von St. Egyd. In einer Anlage an der Nordseite der Kirche steht zudem der Stadtgründer Bernhard von Sponheim, 1948 von Arnulf Pichler in Carrara-Marmor geschlagen.

Verfolgt man den Alten Platz in Richtung Osten weiter, verläßt man alsbald das Zentrum und gelangt in die Vorstadt um die Völkermarkter Straße. An der Ecke eines großen Gebäudes, des ehemaligen Elisabethinen-Klosters und jetzigen Krankenhauses, findet man die *Stadtpfarrkirche St. Lorenzen,* erbaut 1720–32. Auf dem flachen Hochaltar ein großes Kreuzigungsbild von Martin Knoller. In einer Gruft, rechts vom Hauptschiff, liegt die Erzherzogin Maria Anna, Tochter Maria Theresias, seit 1789 begraben. Sie war nach dem Tod der Kaiserin nach Klagenfurt gekommen, um dem Hof und nach eigenem Bekenntnis auch einem leidenschaftlichen Leben zu entfliehen. Ohne selbst den Schleier zu nehmen, war sie Freundin der Nonnen. In ihrem nicht weit von der Kirche entfernt in einem Park liegenden und nach Plänen des Wiener Hofarchitekten Nikolaus Paccassi 1769–1776 erbauten Palais versammelte die gebildete Frau einen Kreis von Menschen um sich, der die kulturelle Szene der Stadt stark beeinflußte. Seit ihrem Tod residieren die Bischöfe von Gurk, zu deren Diözese Klagenfurt gehört, in dem einfachen, zweigeschossigen und hufeisenförmigen Bau. Das schmiedeeiserne Tor zum Garten aus der Rokokozeit trägt das Wappen des Fürstbischofs und Kardinals Graf Salm-Reifferscheidt-Krautheim.

Man braucht in Klagenfurt keinen festen Rundgang zu den Sehenswürdigkeiten zu absolvieren. Man begreift die Stadt besser, wenn man sich treiben läßt, hier und dort verhält, manchmal einen Kaffee nimmt, zum Beispiel im ›Moser-Verdino‹ in der Burggasse. Man sieht von hier aus sogleich wieder auf schöne Barockfassaden. Burggasse heißt die Straße wegen des Hauses Nummer 8, der sogenannten ›Burg‹. Aber an ihm erinnert nichts an ein Kastell. Das Gebäude, ein von vier Gassen begrenzter Block, war bis zur Mitte des 18. Jahrhunderts der Sitz des Kärntner Burggrafen. Es wurde von den protestantischen Ständen 1586 als ›Collegium Sapientiae et Pietatis‹, also als eine Schule für Weisheit und Frömmigkeit, begonnen. Einer Universität ähnlich, hütete und verbreitete sie die lutherische Lehre, bis die Anstalt im Jahr 1600 geschlossen wurde. Nach Verwendung mannigfacher Art ist heute die Kärntner Landesgalerie in ›der Burg‹ beheimatet. Ihre repräsentative Sammlung enthält in Räumen mit Stuckdecken vor allem die Malerei des Landes im 19. und 20. Jahrhundert. Der Aufgang zur Ausstellung führt durch eine Kapelle, im 18. Jahrhundert eingefügt, an deren Altarwand wieder Fromiller den seligen Domitian über dem Kloster Millstatt malte.

An der Westseite des Baukomplexes leitet die Domgasse den Spaziergänger geradewegs zur *Bischofskirche St. Peter und Paul.* Auch ihren Bau veranlaßten wieder die protestantischen Landstände. Geweiht wurde er 1591 zu Ehren der Heiligen Dreifaltigkeit. »Wieso protestantisch?«, fragt man sich heute. Nun, Luthers Reformation verbreitete sich in Kärnten merkwürdigerweise schnell. Das lag wohl an den europäischen Verbindungen, die seinerzeit vor allem Klagenfurt und Villach knüpften. Die eine war bedeutende Handelsstadt zwischen den deutschen Wirtschaftszentren und dem süd- und südosteuropäischen Raum. Die andere hatte durch die adligen Familien in den Ständen und deren Verwandten außerhalb des Landes vielfache, internationale Beziehungen und zog wegen ihres Neuaufbaues unzählige fremde Handwerker an. Zum anderen drängte die weltoffene Jugend zum Studium nicht mehr nach Padua, Bologna oder Prag, sondern zu den – man kann wohl sagen – damals ›modischeren‹ Universitäten Wittenberg, Leipzig, Tübingen. Und Luther lehrte in deutscher Sprache und nicht mehr lateinisch! Das Verlagswesen blühte auf und verbreitete Gottes Wort jetzt für alle verständlich und schwarz auf weiß gedruckt bis in die Privathäuser. Die Bibelübersetzung Luthers gelangte in viele Hände. Slawische Reformatoren und kärntnerische Adlige – ein David von Ungnad war Schüler Melanchthons und später sogar Rektor der Universität Wittenberg – sorgten für slowenische und kroatische Übertragungen. Grundherren, Bürger der Städte und Bauern vereinigten sich so in einem Glauben und dem Adel war das auch politisch recht, da es seine Stellung gegenüber dem habsburgischen Landesfürsten im fernen Wien stärkte. Die Habsburger waren ohnehin mit der Grenzsicherung des Reichs gegen Türken und Ungarn beschäftigt und brauchten die Hilfe der Stände.

Die Gegenreformation machte allem ein Ende. Martin Brenner, Fürstbischof von Seckau (Steiermark), zwang die Klagenfurter zweimal mit Waffengewalt zur Umkehr. Wer Luther nicht abschwor, mußte auswandern. Neue Konstellationen der großen Politik ermöglichen den Habsburgern später auch auf den Adel Druck auszuüben, so daß auch manche seiner Familien emigrierten. Alsbald gab es in Kärnten die Protestanten nur noch im Untergrund. Wegen ihrer Glaubenstreue leben dort heute noch ungefähr 55 000 Evangelische, mehr als sonstwo in Österreich.

Im Zuge dieser Entwicklung wurde die Dreifaltigkeitskirche 1604 den Jesuiten übergeben. Um die Bedeutung Roms zu betonen, weihten sie das Gotteshaus den Heiligen Peter und Paul. Sie schlossen ihm Gymnasium und Konvikt an. 1636 brannte die Kirche aus und wurde beim Wiederaufbau verändert. 1723 brannte sie ein zweites Mal. Die Jesuiten veränderten sie abermals und gaben ihr bis zur Aufhebung ihres Ordens 1773 das heutige faszinierende Aussehen (Farbt. 13). Blau, Gold und ein Netz von Stukkaturen erzeugen einen festlich schimmernden Lichteffekt. Die Deckenfresken schildern Christi und Mariae Himmelfahrt, im Chor Christi Verklärung und zeigen Apostel und Kirchenväter. Der oder die Maler sind unbekannt, die Stukkateure dagegen nicht. Es sind Vater und Sohn Pittner. Sie schufen die Dekorationen 1724/25. Am Ende des Mittelschiffs flankieren den Übergang zur Apsis eine reichlich mit

Figuren und Ornamenten geschmückte Kanzel von 1726 auf der einen Seite und eine ebensolche, ein Jahr jüngere Figurengruppe des heiligen Nepomuk (neben Joseph der zweite Patron des Landes Kärnten) auf der anderen. Beide stifteten die Stände. Der Hochaltar (1752) aus Holz mit seinen großen Säulen und Gebälken enthält zwei Meisterwerke des in Venedig und Neapel geschulten Wieners Daniel Gran. Das mittlere stellt den Abschied der beiden Apostel Petrus und Paulus vor dem Martyrium dar, das Aufsatzbild die heilige Dreifaltigkeit. Das Gesicht des Paulus soll das Selbstporträt Daniel Grans sein, der als der bedeutendste Maler des österreichischen Rokoko gilt. Die Wände des Chors bemalte Suitbert Lobisser 1928 mit Szenen aus dem Leben der Apostelfürsten. Sehenswert sind auch die Seitenkapellen. Ihre Altäre aus verschiedenen Marmorsorten entstanden 1725–1727, wahrscheinlich in der Werkstatt des Lukas Misli aus Laibach. Zwei ihrer Bilder werden wieder Joseph Ferdinand Fromiller zugeschrieben und eines, das des Ignatius von Loyola, dem Südtiroler Paul Troger. Den die zweite rechte Kapelle fortsetzenden tonnengewölbten Raum ließ Wolfgang Andreas Graf Orsini-Rosenberg 1660/61 als Grabstätte seiner Familie erbauen. Auf dem Altar eine Kopie der Altöttinger Muttergottes von 1700 flankiert von den Aposteln Andreas und Wolfgang, den Namenspatronen des Grafen, und in den Wandnischen solche von Jesuitenmissionaren aus der Bauzeit.

Nach dem Auszug der Jesuiten wurde das Gotteshaus eine Pfarrkirche und ihre übrigen Gebäude eine Kaserne. Bei der Verlegung des Bischofssitzes erhielt die Kirche schließlich 1787 den Rang eines Domes. Die ›Jesuitenkaserne‹ beschädigten Bomben. Man riß sie 1964 ab und gestaltete 1973 den weiten Vorplatz. Er verleiht dem restaurierten Dom mit seiner dem ursprünglichen Zustand angenäherten Front, mit dem Hauptportal unter dem Turm die angemessene Würde. Der Neubau nebenan birgt die Schätze des Diözesanmuseums, eine Sammlung sakraler Kunst vom 12. bis 18. Jahrhundert. Sie enthält u. a. das älteste Glasgemälde Österreichs, Schnitzaltäre, kirchliches Gerät, aber auch Gegenstände der Volksfrömmigkeit.

Ein anderer Platz, der *Benediktiner-Platz*, interessiert Besucher meist mehr als der Domvorhof. Hier findet der Markt statt und der läßt noch einmal deutlich die Verbundenheit der Stadt mit dem Land erkennen. Bauern und Händler an Ständen, Buden und den Kojen einer kleinen Halle bieten ihre Waren an; Gemüse und Obst, Gewürze, Waldfrüchte und Wildsalate, Fleisch und Fisch. Städter und Landleute, die wohl auch zum Einkaufen nach Klagenfurt kamen, vermischen sich. In Imbiß-Stuben essen Männer saftig Geselchtes auf Bauernbrot. Frauen trinken in anderen Stuben ihren Kaffee. Hört man ihren Gesprächen zu, fallen in ihnen manchmal windische Worte. Hier steht auch der ›Steinerne Fischer‹. Der Legende nach wurde er in Stein verwandelt, als er seinen Fang aus dem Wörther See am Fischmarkt feilbot, aber dabei betrügen wollte. Eine Frau beschwerte sich, worauf er erwiderte: »Ich will sogleich zu Stein erstarren, wenn ich falsch gewogen habe.«

Der Markt erscheint immer wieder gemütlich, zumal ihn spätbarocke und historisierende Fassaden säumen. Im Haus Nummer 8 starb Fromiller. Eine Seite des Platzes nimmt die äußerlich einfache *Marienkirche* ein. Sie war die Kirche des 1617 bezogenen Franziskanerklosters. Später, 1650 wurde sie durch eine vom Burggrafen Johann Andreas Orsini-Rosenberg gestiftete Antonius-Kapelle vergrößert. 1807 übernahm eine Benediktiner-Kommunität das Kloster mit Kirche. Sie war durch die napoleonische Säkularisation in Deutschland heimatlos geworden. Als die Mönche dann für das Stiftsgymnasium von St. Paul im Lavanttal gebraucht wurden, kaufte Fürstbischof Dr. Kahn das Kloster und die Kirche und schenkte sie 1909 den Jesuiten. Sie richteten darin eine Niederlassung ihres Ordens ein. Den Hochaltar mit dem Bild der Himmelskönigin (um 1530) krönt eine vergoldete Schnitzerei des Heiligen Johannes. Am rechten Seitenaltar eine Darstellung der Kreuzigung Christi von Fromiller. Schöne Rokoko-kanzel. In der Antoniuskapelle ein klassizistischer Hochaltar von Josef Stauder (1851) und an der Nordwand des Langhauses Grabsteine aus dem 17. und 18. Jahrhundert.

Zur Abrundung des Stadterlebnisses Klagenfurt wäre zum Abschluß der Gänge durch die alten Viertel deren Umrundung auf der Ringstraße nützlich. Die Straße befahren zwar zahllose Autos, aber eigentlich sind große Stücke von ihr Kastanienalleen. Die Fußsteige sind breit und führen an vielen schönen Biedermeier-Häusern und Bauten des Späthistorismus vorbei. Im Goethe-Park am Villacher Ring befindet sich das 1914 von Baumgartner erbaute *Künstlerhaus,* ein paar Schritte davon entfernt das von Cragnolino 1830 erbaute *Stadthaus* mit Korbbogenportal, Pilastern und klassizistischem Dreiecksgiebel und dem gegenüber wiederum das *Stadttheater* von 1908–1910, ein Jugendstilbau mit Jugendstilskulpturen. Am Villacher Ring sind Reste von Graben und Wall der alten Befestigungen zu sehen. Am Viktringer Nummer 17 wird der Nachlaß des ›Liedermachers‹ Thomas Koschat (1845–1914) verwahrt.

An der Ecke Viktringer Ring – Museumsgasse liegt das wichtigste Museum für jeden Kärnten-Reisenden, das *Landesmuseum für Kärnten* (Abb. 9–15). Wer sich bildhaft und handgreiflich über das ganze Land, über seine Bodenformen und Bodenbeschaffenheiten, über seine Pflanzen- und Tierwelt, über seine Ur-, Früh- und Kulturgeschichte und Volkskunde informieren will, muß es besuchen. In einem von einer Sparkasse gestifteten Haus – in eigenartigem klassizierenden barocken Stil nach Plänen von Gustav Gugitz 1879–1883 großzügig erbaut – werden eine Vielzahl von Belegen und Dokumenten ausgestellt, die für die Ausbildung des Landescharakters wesentlich waren. Vielleicht das wichtigste Denkmal der Geschichte Kärntens, der Fürstenstein (mehr darüber im Abschnitt über das Zollfeld) eröffnet die Sammlung gleich im Erdgeschoß. Der 1. Stock ist der Geologie, Mineralogie und Paläontologie, der Zoologie und Botanik gewidmet. Hier werden u. a. die Funde aus der Höhle von Griffen, der Schädel des ›Lindwurm-Nashorns‹ und viele Mineralien gezeigt, die Ursache des ehemals blühenden Bergbaues waren. Die zoologische Abteilung erklärt Lebensbedingungen, Herkunft und Aussehen der Tiere in vielen präparierten Exemplaren. Zum Beispiel kann man die gefährliche Sandviper aus der Nähe betrachten oder einen der letzten, 1932 erlegten Wölfe und auch den letzten Braunbären, der in Kärnten stand und 1860 in der Nähe von Klagenfurt geschossen wurde. Geschichte und

Kulturgeschichte werden besser vorstellbar nach der Besichtigung des 2. Stocks z. B. mit den Bleiwagen (Abb. 9) aus dem hallstattzeitlichen Gräberfeld bei Frög, mit vielen Skulpturen aus der untergegangenen römischen Stadt Virunum oder mit den Freskenfragmenten vom Magdalensberg, aber auch an den gotischen Tafelmalereien, Altarschreinen, den Kärntner Münzen und Waffen und den schon erwähnten volkskundlichen Gegenständen. Für Verehrer von Fromiller ist fast ein ganzer Saal mit seinen Bildern – unter ihnen das einzige Selbstporträt – eingerichtet (Abb. 15).

Die Kustoden des Museums drängten aber auch ins Freie. Die Anlagen um das Museum und das Gebäude der benachbarten Landesregierung verschönern zu jedermanns beliebiger Besichtigung römische Steindenkmale. Passanten schnuppern sozusagen im Vorbeigehen an ihrer sehr, sehr fernen Vergangenheit, falls sie die Gegenwart in der nahen Bahnhofstraße, eine Haupteinkaufsstraße der Stadt, vielleicht erdrückt.

Der erste Eindruck von Klagenfurt, jener der Nüchternheit, täuscht. Wohnt man ein paar Tage dort, merkt man schnell: Die Stadt speichert eine Menge dichten Lebensstoff, und den spürt man eben nicht mit dem ersten Blick auf. Manchmal scheint er sich abends in den leeren Straßen zu sammeln, und eine zaghafte Melancholie breitet sich zwischen den Häusern aus. Klagenfurt ist dann ein Ort voll herber Poesie.

Ingeborg Bachmann, dort geboren, schrieb: »Es kommen härtere Tage. / Die auf Widerruf gestundete Zeit / wird sichtbar am Horizont. / Bald mußt Du den Schuh schnüren / und die Hunde zurückjagen in die Marschhöfe. / Denn die Eingeweide der Fische / sind kalt geworden im Wind. / Ärmlich brennt das Licht der Lupinen. / Dein Blick spurt im Nebel: / die auf Widerruf gestundete Zeit / wird sichtbar am Horizont.« Übrigens ist auch Robert Musil, der den großen Roman ›Der Mann ohne Eigenschaften‹ verfaßte, in Klagenfurt geboren (wenn er auch nur kurze Zeit dort lebte). Vielleicht veranstalten die Stadt Klagenfurt und der Österreichische Rundfunk wegen der beiden jedes Jahr ›Tage der deutschsprachigen Literatur‹, vielleicht veranstalten sie diese aber auch wegen des Prestiges? Doch sei es, wie es sei, in jedem Sommer begegnen sich junge Schriftsteller bei Lesungen aus Österreich, Deutschland und der Schweiz. Eine Jury arrivierter Kollegen beurteilt das Vorgetragene und verleiht den von der Landeshauptstadt gestifteten ›Ingeborg-Bachmann-Preis‹, den von Verlegern gestifteten ›Preis der Klagenfurter Jury‹ und ein ebenfalls von Verlegern dotiertes Stipendium ... und daß sich Schriftsteller der Gegenwart in Klagenfurt treffen, kommt nicht von ungefähr. Es spricht für das Wesen der Stadt.

Klagenfurt besitzt aber auch in seinem Stadtbereich jenseits der Ringe eine bemerkenswerte Zahl von beachtlichen Sehenswürdigkeiten. Zu ihnen gehört zuerst ein Kranz von Schlössern aus Renaissance und Barock. Die adligen Landstände ließen sich nicht nur Stadtpalais, sondern auch Landsitze nahe ihrer Metropole erbauen. Am Ostrand der Stadt liegen zum Beispiel Harbach – mehrfach umgebaut, jetzt Kloster –, Ebental, Welzenegg von 1575 mit Arkadenhof, Krastowitz, Pichlern, St. Georgen am Sandhof; im Norden Annabichl von 1580, Ehrental von 1645, Ehrenhausen von 1588, Mageregg von 1590 – allerdings 1841 im damaligen Stil umgebaut (jetzt Wildgehege im Park) – und Zigguln, ursprünglich von 1547.

Im westlichen Weichbild liegt am Hang des Falkenbergs das 1884 umgebaute Freyenthurm. Zum Falkenberg gehört eigentlich auch der 1850 angelegte *Naturpark Kreuzbergl*. Aus seinem Steinbruch stammt der Lindwurm-Steinblock und das meiste Baumaterial für die neue Stadt der Stände. Er ist ein Wanderer- und Spaziergänger-Paradies mit mehr als 60 km markierten Wegen. Waldlehrpfad und Volkssternwarte (Führungen), ein Bergbaumuseum in einem ehemaligen Luftschutzstollen, ein Botanischer Garten mit der Kärntner Alpenflora locken Besucher an.

Besondere Beachtung verdient jedoch die *Kreuzberglkirche*. Sie schließt die Radetzkystraße im städtebaulichen Sinn ab. Kreuzwegstationen führen zu einer Kalvarienberggruppe von 1692 und zum doppeltürmigen Bau hinauf. Er wurde 1742 geweiht. Im Tonnengewölbe des Langhauses eine von Joseph Ferdinand Fromiller gemalte Scheinkuppel mit einem Schweißtuch Christi. Auch die Bilder des Hoch- und die der Seitenaltäre schuf Fromiller. Eine ›Heiligengrab‹-Kapelle (1742) ist heute Landesgedächtnisstätte für die Opfer des Krieges. Die modernen Mosaiken entwarf Karl Bauer. Auf der Kuppe über der Kirche ragt ein 1895 errichteter Aussichtsturm auf. Er dient jetzt als Volkssternwarte.

Wenn man will, reicht der Kreuzbergl-Naturpark bis an das Ufer des Wörther Sees und setzt sich, freilich durch Autobahn und breite Fahrstraße getrennt, im sogenannten *Europa-Park* fort. In diesem Erholungsgebiet fehlt nichts an Vergnügungseinrichtungen aller Art: Strandbäder, Bootshafen, Wasserskischule, Campingplätze, Spielplätze für Kinder und deren Eltern, geologischer Lehrpfad, Spazierwege durch eine Fülle bunter Blumenbeete, Grünflächen, Teich und Springbrunnen, Vogelgehege und Reptilienzoo, Planetarium, Cafés und Snacks und selbstverständlich Parkplätze für Autos. Plastiken eines Bildhauersymposions aus den Jahren 1968 und 1969 beleben die Wiesen. Die größte Attraktion ist jedoch *Minimundus*, eine Miniaturstadt mit über hundert berühmten Bauten aus aller Welt im Maßstab 1 : 25. Die Anlage gehört der Gesellschaft ›Rettet das Kind‹. Sie zählt zu den neun beliebtesten Sehenswürdigkeiten ganz Österreichs, und ihr Reinertrag fließt in einen Fonds für karitative Zwecke.

Am Rand des Europaparks fügt sich aber auch wiederum ein Herrensitz in den Kranz der Schlösser ein: *Maria Loretto* auf felsiger Halbinsel. Das rechteckige, zweigeschossige, ein wenig nüchterne Haus ist der kümmerliche nach einem Brand 1708 wiederaufgebaute Rest eines einst heiteren Lustschlosses. Johannes Graf Orsini-Rosenberg errichtete es 1652 mit Mauern, Türmen, Pavillon und Rabatten. Eine Brücke führte hinüber, durch ein prachtvolles Tor, das zugleich eine Art Portal für den Lendkanal war. Er beginnt, von Erlen gesäumt, nämlich hier. Die Klagenfurter radeln und wandern an schönen Sommerabenden oder Sonntagvormittagen hinaus nach Maria Loretto. Unterhalb der Schloßkapelle, erbaut 1658, sitzen sie im ehemaligen Fährhaus und genießen den weiten Blick über den See und hinüber zum kubischen, weißen Haus von Maiernigg (dort auch Strandbad und großes FKK-Freigelände).

Einen schloßartigen Eindruck macht wegen seiner Befestigungen und einer fast 150 m breiten Barockfront mit vielen Fenstern auch das **Stift Viktring** im Süden Klagenfurts. Graf Bernhard von Sponheim, ein Onkel des Herzogs, gründete 1142 das Kloster auf ehemals Salzburger Besitzungen, an einem Platz, der schon 890–982 den keltischen Namen Vitrino trug (der dann aber auf ›Viktoria‹ bezogen wurde). Die ersten Mönche kamen aus der Zisterzienser-Abtei Weiler-Bettnach bei Metz, wo ein Neffe des Grafen Abt war. Sie erbauten vor anderen Gebäuden zuerst die Kirche in der Art ihres Ordens nach den Vorbildern Clairvaux und Fontenay in Burgund. Damit schufen sie das einzige erhaltene Bauwerk in diesem burgundischen Stil der Romanik im Osten. 1202 wurde die Kirche geweiht. Die Mönche kultivierten umliegende Sümpfe und rodeten Wälder und überwachten auch die Loiblpaß-Straße, den schon damals wichtigen Karawankenübergang nach Süden. Das Kloster war, reich begütert, eines der bedeutendsten Zentren der Kultur in Kärnten. Als berühmtester Abt gilt Johann II. (1312–1345). Mit seinem Buch ›Liber certarum historiarum‹, dem ›Buch sicherer Geschichten‹, begann in Kärnten die Geschichtsschreibung, und da der Geistliche auch weltlicher Diplomat zweier Herzogsgeschlechter war, wußte er wohl, was er aufzeichnete. Die Historiker benutzen sein Werk sicherlich mit Recht als wichtigste Quelle für Darstellungen des Spätmittelalters.

Das Stift befindet sich selbstverständlich nicht mehr im ursprünglichen Zustand. Brände, Bauernunruhen, Türkeneinfälle verursachten besonders im 15. Jahrhundert Zerstörungen und Veränderungen; so wurden auch Mauern, Wehrtürme und Gräben errichtet. Die Prälatur, durch deren Tor man in den ersten Hof kommt, wurde damals gotisch umgestaltet (Schauseite neugotisch). Hohe Bäume beschatten dort einen Brunnen mit bekrönender Steinmadonna zwischen Säulen mit Fruchtschalen und schmiedeeisernem Rundgitter von 1675. Die Süd- und Ostflügel mit Laubengängen in drei Geschossen und einem zweiten Hof ähnlicher Art erbaute zusammen mit der Gartenfassade Abt Benedikt Mulz in der 1. Hälfte des 18. Jahrhunderts (im Innern vorzügliche Decken-Stuckdekorationen von Pittner, 1728). 1786 hob Kaiser Joseph II. das Stift auf. Die Gebäude kauften die Gebrüder Moro. Sie richteten 1788 in ihnen eine Feintuch- und Lodenfabrik ein. Diese beschäftigte 1850 ungefähr 350 Arbeiter und bestand bis 1968. Als Sohn eines Färbers wurde hier Thomas Koschat, einer der Schöpfer des Kärntner Liedes, 1845 geboren. Sogar die Kirche erlitt einschneidende Veränderungen. Die schlimmste geschah 1843. Das Langhaus wurde wegen Baufälligkeit um die Hälfte verkürzt und mit einer kümmerlichen, klassizistischen Fassade verbrämt. Der verbliebene Rest zeigt allerdings unversehrt die kraftvolle Zisterzienser-Bauweise einer dreischiffigen Pfeilerbasilika mit nördlichem Querhaus in ihrer funktionalen Strenge und ist deshalb trotz der Verstümmelung von außerordentlicher Bedeutung für die Kunstgeschichte Österreichs. Im 14. Jahrhundert ließ Johann II. die romanische Chorschlußwand abreißen und durch einen gotischen Chor mit Maßwerkfenstern ersetzen, und im 15. Jahrhundert wurde noch das Querschiff durch die netzrippengewölbte Bernhardkapelle verlängert. Das Maßwerk der drei Chorschlußfenster hält, als größten Schatz Viktrings und als eines der kostbarsten Kunstwerke unseres Nachbarlandes, farbenglühende Glasgemälde (Farbt. 5). Im linken Fenster erzählen 16 Scheiben das Marienleben von der Verkündigung bis zur Krönung. Das rechte Fenster füllen Bilder von den Zwölf Aposteln und Architektur- und Wappen- scheiben der Stifter Eroltzheim und Rotenstayn. Das mittlere Fenster schildert den Leidensweg des Herrn vom Einzug in Jerusalem bis zur Himmelfahrt und Ausgießung des heiligen Geistes; das Stifterpaar Friedrich von Stubenberg und seine dritte Frau Anna von Pettau ließen sich darin ebenfalls verewigen... von einem Künstler in der Werkstatt des Wiener Hofes.

Auf den ersten Blick scheint der Hochaltar (1622 gestiftet vom Abt Georg Rein- precht) das Bestaunen der wahrhaften Meisterwerke zu stören. Doch bei näherer Betrachtung überrascht, daß diese bis zum Scheitelpunkt des Gewölbes 16 m hoch reichende – und zu den drei größten Altären Kärntens rechnende – Komposition aus Reliefs, Statuen und einer Fülle vergoldeter und versilberter Ornamente (in der Mitte die Marienkrönung) durchaus Blicke auf die Glasgemälde gestattet und mit deren Strahlen sogar harmoniert.

Obgleich die Architektur des Langschiffes, des Hochaltars und die Fenster die Blicke und vielleicht auch die Schritte der Besucher leiten und anziehen, sollte auch anderes einer Betrachtung wert sein. Vor allem wären hier erwähnenswert die vielen Grabsteine der Äbte und Adligen, unter ihnen sogar der eines Ordensmannes aus der Gründerzeit (links vom Portal). Und in der Bernhardskapelle finden wir darüber hinaus eine Arbeit als schönes Beispiel einer für Kärnten und Steiermark typischen Vereinigung von Künst- lern verschiedener Herkunft zu einer Aufgabe. Der Altar aus verschiedenfarbigen Mar- morsorten stammt von einem Mann namens Mislej aus Laibach, die Statuen meißelte ein Bildhauer entweder aus Padua oder Genua, auf jeden Fall ein Italiener, und die Tafel der Marienerscheinung des heiligen Bernhard malte 1715 Ferdinand Steiner aus Klagen- furt.

Rund um den Wörther See

Nach einer Redensart soll der Wörther See in seinen Buchten die Eigenschaften aller Seen Kärntens vereinigen. Ob das stimmt, sei dahingestellt. Auf jeden Fall ist er der Fläche nach mit 19,4 qkm der größte See des Landes. 840 Millionen Kubikmeter Wasser füllen ihn (die Menge reichte aus, um eine Stadt mit 100 000 Einwohnern 100 Jahre lang zu versorgen). Seine maximale Tiefe beträgt 84 m. Er ist, leicht gekrümmt, 16,5 km lang, in drei Becken gegliedert, wobei das obere etwa von Velden bis Pörtschach 50 %

des Wassers führt, das seichtere, mittlere 10 % und das untere, zwischen Maria Wörth und Klagenfurt, 40 %. Die Zuflüsse sind gering. Ungefähr zwanzig kleine Bäche ergänzen ihn mit 80–100 Liter pro Sekunde. Das macht im Jahr zusammen mit den als Regen oder Schnee fallenden Niederschlägen zirka 93 Millionen Kubikmeter aus. Durch Lendkanal und Glanfurt bei Klagenfurt verliert der See im Jahr 73,5 Millionen Kubikmeter. 19,5 Millionen verdunsten. Das Wasser des Wörther See wird also kaum bewegt. Deshalb erwärmt sich seine Oberfläche im Frühjahr schnell. Der Wind mischt das Wasser 8–10 m tief durch und sorgt in diesem Bereich für gleichmäßige Temperatur (26° Celsius im Sommer), denn er hat nicht soviel Kraft, um kältere und schwerere Schichten aufzuwirbeln. Das Wasser kühlt erst Ende Oktober ständig ab. Der See und die in ihn fließenden Bäche und der Regen messen ja die gleichen Wärmegrade. Dieser Sachverhalt bestimmt den Wörther See zum vorzüglichen Badegewässer; was viele Einheimische wissen und viele Fremde jedes Jahr erfahren. 27 km Bäder, Badeplätze, Strand- und Bootsanlagen an der gesamten Uferlänge von 43,5 km bestätigen das noch einmal und sprechen für seine Anziehungskraft. Übrigens bewirkt die Ruhe des Sees auch seine außergewöhnliche Klarheit. Bevor er im Winter zufriert, kann man bis zu 11 m tief hinunterschauen, und ein dem Vollmond vergleichbares Licht würde man noch in 57 m Tiefe wahrnehmen.

Das Wasser fließt in einer Erdwanne zusammen. Am Westende, in der Veldener Bucht, ist sie steil und wie ein V geformt. Nach Osten zu wird sie breiter und flacher, so daß sie in der Klagenfurter Bucht einem U ähnelt. Ein Gletscher, der von den Hohen Tauern aus vordrang, schürfte sie mit einer Zunge vor vielleicht 800 000 bis 1 Million Jahren aus. Man darf sich vorstellen, daß beim Zurückweichen des Gletschers ein Teil des Eises in dieser riesigen Grube verblieb und sie schließlich beim allmählichen Schmelzen mit Wasser füllte.

Frühere Generationen ahnten von diesen Vorgängen allerdings nichts. Sie erklärten sich vielmehr die Entstehung ihres Sees durch eine Sage. Nach ihr lag an seiner Stelle eine reiche und prächtige Stadt. Ihre Bewohner schwelgten oft bei zügellosen Festen, so auch am Vorabend eines Ostertages. Sie betranken sich und tanzten noch, als schon die Glocken läuteten. Da erschien ein kleiner, hagerer Mann mit einem Fäßchen unter dem Arm im Saal und warnte die Frevelhaften. Aber sie verspotteten ihn. Darauf drehte der Mann den Hahn seiner Tonne auf, und ihr Inhalt floß aus, überschwemmte die Stadt, ertränkte die Gottlosen und versickerte nicht. Die Paläste gingen in den Fluten unter, Fischer sollen später vom Grund her manchmal die Glocken gehört haben. Bei der Gestaltung der Fußgängerzone in Klagenfurt wollte man diese Sage wieder aufgreifen: seit 1962 erinnert der Wörtherseemandl-Brunnen an die Begebenheit.

›Wörther‹ heißt der See allerdings erst seit dem 19. Jahrhundert. Damals änderte man seinen Namen ›Werder‹ so um, weil es vornehmer klang... und ›Werder‹ bedeutet ›Insel‹. Damit bezog man sich auf die zwei Eilande vor Pörtschach und auf Maria Wörth, das ehemals auch eine Insel war.

Ein solches, den Landstrich beherrschendes Wasser wird selbstverständlich nicht nur für den Fischfang, sondern auch für Transporte genutzt. Schon früher waren sie per Schiff billiger und bequemer als mit Fuhrwerken auf schlechten Straßen. Die Landstände, die auch den Lendkanal anlegten, hatten praktisch bereits im 16. Jahrhundert bis zum Ende des 18. Jahrhunderts ein Monopol für die Frachtbeförderung auf der Wasserstraße inne. Um 1700 besaßen sie neben Flößen ungefähr zweihundert Schiffe und Boote für mancherlei Zwecke. Mit ihnen schafften sie Baumaterial, Brennholz und anderen Waren, später auch Kohle aus Keutschach in den Lendhafen am Villacher Tor von Klagenfurt. Die Kais sind noch erhalten. Floßzieher schleppten beiderseits des Kanals an langen Leinen ihre Stämme dorthin. Umgekehrt wurden dort aber auch Schiffe mit Getreide aus Unterkärnten beladen, nach Velden gesteuert und von dort aus weiter nach Villach gefahren oder andere Schiffe trugen Eisenerz für eine Hütte in der Nähe von Spittal, deren eigene Lager erschöpft waren, zum Westende des Sees. Von dort wiederum transportierten wieder andere Kähne Blei vom Bleiberg bei Villach in eine Mennigefabrik bei Pörtschach. Bis zur Eröffnung der Eisenbahn von Klagenfurt nach Villach 1864 war der See ein wichtiger Abschnitt des Güterverkehrs von West nach Ost und umgekehrt. Als Ersatz und nur von lokaler Bedeutung begann 1853 der erste Personenverkehr. Eine für diesen Zweck begründete Gesellschaft kaufte für 13500 Gulden einen Raddampfer in Triest, und dieser befuhr die Strecke Lendhafen – Velden zweimal täglich. In der Personenschiffahrt wechselten Erfolge und Mißerfolge. Vor 40 Jahren war die Wörther-See-Schiffahrtsgesellschaft das größte Binnenseeunternehmen Österreichs, und ein kleines Fahrgastschiff lief immer noch oder wieder in den Lendhafen ein. Jetzt ist das freilich nicht mehr möglich. Die Schiffe und die Flotte wurden größer. Das größte baute eine Klagenfurter Werft. Es legt nun, wie die anderen, am Europa-Park-Ufer an.

Während der Saison wird die Flotte von den Gästen rund um den See stark frequentiert. Aber sie ist auch unentbehrlich für einen Brauch. Er entstand 1954. Damals wurde eine Marien-Statue von Fatima mit einem Schiff von Velden aus festlich nach Klagenfurt gebracht und in der dortigen St. Josefs-Kirche aufgestellt. Seitdem fährt jedes Jahr am Vorabend von Mariä Himmelfahrt eine nächtliche Schiffsprozession dieses Bildwerk unter großer Anteilnahme der Bevölkerung zu den Hauptorten am Ufer und zurück nach Klagenfurt.

So alt der Verkehr auf dem Wasser des Wörther Sees ist, der Verkehr auf der Straße am Nordufer ist noch älter. Eine römische Heer- und Handelsstraße verband Aquileja und Virunum und verlief am Hang der Berge in etwa gleich mit der heutigen Autobahn (ein technisches Kunstwerk) in der Linie Damtschach – Kranzlhofen – Pörtschach und dann über die Hügel zum Zollfeld. Ein anderer Straßenzug führte von Pörtschach über Krumpendorf ebenfalls dorthin. Diesen alten Weg benutzten jahrhundertelang unzählige Reisende in vielfältigsten Missionen. Das regte naturgemäß den Bau von Kirchen, Burgen und Tavernen und so etwas wie einen frühen Tourismus an. Dieser wandelte sich allerdings später in das um, was wir unter Sommerfrische und Kur verstehen. Aber

Hotellerie und Gastronomie waren gleichsam von altersher vorgebildet. Mit der Eröffnung der Südbahn 1864 begann dann der Aufschwung der Sommerfrischen-Region. Die sonnenbegünstigte Nordseite des Sees galt als ›Österreichische Riviera‹. Gästebücher verzeichnen viele illustre Namen. Die guten, alten Sommerfrischen mauserten sich inzwischen zu modernen Fremdenverkehrsbetrieben mit allen Einrichtungen, die geplagte Zeitgenossen in ihren Ferien erwarten ... und zwar nun auch an allen Gestaden des Sees.

Folgen wir von Klagenfurt aus der historischen, im Mittelalter an das Ufer verlegten Straße, kommen wir nach 7 km nach **Krumpendorf**. Vorher fällt jedoch an der Böschung ein seltsames, dunkles, 67 m hohes und sich nach oben verjüngendes Gebäude auf. Es ist eine Rarität, ein Bleischrotturm. Von 1824 bis 1893 gossen Arbeiter im oberen Teil flüssiges Blei durch ein Sieb. Im Fall bildete es Perlen, die unten in einem Wasserbehälter erstarrten. Krumpendorf war einstmals einer jener antiken gastlichen Plätze, einmal auch römische Straßenstation und sogar Römerbad, wie ein gefundener Meilenstein und Mauerreste nachweisen. Auch das Krumpendorfer Schloß, um 1735 erbaut, war im Lauf der Zeit Kernzelle für wirtschaftliche Unternehmungen und für die Entwicklung des Ortes als Urlaubsziel. Bürgerliche Besitzer gestalteten den Wohnsitz adliger Grundherrschaften und die zugeordneten Nebenbauten schon am Anfang des 19. Jahrhunderts um, und ungefähr hundert Jahre lang verschönerten die verschiedenen Inhaber das Dorf durch Alleen, Gärten und Parks, schufen Badeanstalten und Restaurants und veranstalteten schließlich auch die ersten Unterhaltungen für die zugereisten Gäste.

Nördlich von Krumpendorf in schöner Hügellandschaft die *Schlösser Hornstein* (15. Jh.), *Drasing* (13. Jh.) und *Hallegg* (ein großer Renaissance-Bau mit zwei selten gut erhaltenen Arkadenhöfen und Schloßkapelle), und in *Pirk*, auf einer Anhöhe inmitten eines Friedhofs, eine mehrfach umgestaltete, im Kern aber romanische Chorturmkirche mit barocker Ausstattung.

Das benachbarte **Pörtschach** wird von der Natur bevorzugt. Eine weit in den See ragende Landzunge mit zwei anhängenden Inseln vergrößert die von der Straße zum Wasser hin ausgedehnte Parklandschaft mit alten Bäumen, Blumen-Promenaden und Badeplätzen in den Buchten. In der Mitte des vorigen Jahrhunderts war Pörtschach noch ein ruhiges Fischerdorf. Aber auch hier brachte wieder die Südbahn den Umschwung. Reiche Leute aus Wien und den anderen Großstädten der Habsburg-Monarchie entdeckten den Ort für ihre Erholung. Manche kauften billig Gelände und erbauten sich mondäne Villen als Sommerresidenzen. Viele dieser Bauten sind erhalten, restauriert und gepflegt und bewahren Pörtschach das liebenswürdige, romantische Flair der Kaiserzeit. Zu den Gästen zählte damals auch Johannes Brahms. Wahrscheinlich von seinem Wiener Freund Kuppelwieser verlockt, verlebte er mehrere Sommer am See und komponierte hier Lieder, Sonaten, Rhapsodien und eine Symphonie. Einem wohlgesinnten Kritiker berichtete er 1877 über den glücklichen Abschluß dieses Werks: »Das ist kein Kunststück, wirst Du sagen, Brahms ist pfiffig, der Wörther See ist ein jungfräulicher Boden, da fliegen die Melodien, daß man sich hüten muß, keine zu treten«. Brahms hatte keine feste Wohnung in Pörtschach. Bei seinem ersten Aufenthalt mietete er sich im Wirtshaus Werzer ein. Die Werzers förderten die Ausbildung der Erholungs- und Kuratmosphäre schließlich auch für internationale Gäste ungemein. Sie sind eigentlich ein europäisches Phänomen, denn sie schufen am See, was es nirgendwo mehr gibt, auf einem 82 000 qm großen Parkgelände mit 16 Fremdenheimen eine regelrechte Hotelsiedlung mit Nebenanlagen für wirklich alle Bedürfnisse des verwöhnten und weniger verwöhnten Urlaubers. Im Stammhaus, dem ›Weißen Rössl‹, seit 1780 im Besitz der Familie, sieht die Gaststube mit dem Stammtisch noch genauso aus wie zu Brahms' Zeiten.

Pörtschach war im 7. Jahrhundert ein Flecken slawischer Siedler. Sie gaben ihm auch den Namen. Zwischen 950 und 1000 n. Chr. erhielt ein Geschlecht aus dem Rheinland das Gebiet zum Lehen. Es erbaute sich auf einer Felskuppe die Seeburg. Herzog Bernhard von Sponheim verbrachte bei dem getreuen Ministralen seine Flitterwochen mit der Tochter des böhmischen Königs Ottokar.

Ein paar hundert Jahre später erbaute ein wenig weiter nördlich ein anderer Adliger *Leonstein*. Er war Ministrale der Herzöge der Steiermark, und als die Habsburger dieses Land 1282 übernahmen, gewannen sie auch diese Burg. Es kam zu Schwierigkeiten mit den Kärntnern. Erst die Hochzeit einer Seeburgerin mit einem Leonsteiner behoben sie. Die Seeburg wurde aufgegeben und verfiel schon im 14. Jahrhundert. Jetzt

Schloß Leonstein in Pörtschach, 1688 (Johann Weikhard von Valvasor)

sind von der einen Burg kaum überwachsene Reste zu finden und die andere ist Ruine. Nur der ehemalige Meierhof von Leonstein, im 16. Jahrhundert zum Schloß ausgebaut und inzwischen durch Um- und Zubauten zwar stilvoll, aber immerhin verändert, besteht an der Hauptstraße noch als vornehmes Gästehaus.

Ein Abstecher von nur wenigen Kilometern nach Norden durch reizvolles, bewaldetes Hügelland kann **Moosburg** gelten. In diesem Haufendorf befand sich die Pfalz des Karlmann-Sohns, König Ludwig des Deutschen. Von dieser ›Mosapurch‹ verwaltete er im 9. Jahrhundert die östlichen Marken des Reiches. Sein unehelicher Sohn, der nachmalige Kaiser Arnulf, verlebte hier seine Jugendzeit und besuchte die Pfalz auch noch in Amt und Würden. Der über fünf Hügel ausgedehnten und von Moor und Teichen geschützten Anlage glauben die Historiker noch eine Turmruine zurechnen zu können. Gewiß ist nur, daß sie aus dem 12. Jahrhundert stammt. Aber die Pfalz gab es bis ins 16. Jahrhundert. Damals kam die Befestigung an die von Ernau. Da sie jedoch nicht mehr vor den neu erfundenen Feuerwaffen schützte, verzichteten diese auf sie und errichteten die jetzige Burg auf dem östlichen Felsen der alten (gotische Bauteile, im 17. Jh. erweitert; eisenbeschlagene Tore, Wappen, Rittersaal, Kapelle). Die einst von den Türken beschädigte Kirche inmitten des Dorfes verbirgt unter der barocken Umgestaltung ein romanisches Tonnengewölbe im Chorquadrat und gotische Seitenchöre. Eine majestätische Treppe führt in die Vorhalle. Ein schmiedeeisernes Gitter mit Christus- und Marienmonogramm, Schwertern, Nägeln und Herzen schließt sie zum Hauptschiff ab (schöne Grabmäler aus dem 16. und 17. Jh.). Vier figurenreiche Seitenaltäre aus der Zeit des Umbaus. Das Hochaltarbild, den Erzengel Michael darstellend, wahrscheinlich wieder einmal von Fromiller. Am Aufgang zum Turm ein römisches Grabrelief mit Andromeda und Perseus und auf anderen, an den Außenmauern, ein Tänzer und Akanthusblüten, ein Ehepaar und ein Schreiber.

Auf einem anderen, landschaftlich schönen Weg in nordwestlicher Richtung erreicht man von Pörtschach aus **St. Martin am Techelsberg.** Es liegt in einer fast unberührten bäuerlichen Umwelt und besitzt wieder eine Chorturmkirche mit Deckenmalereien aus dem 17. Jahrhundert, die Christi und Mariae Himmelfahrt zeigen.

Pörtschach war lange Jahre der erste unter allen Erholungs- und Kurorten rund um den Wörther See. In den zwanziger Jahren überflügelte jedoch **Velden** die Gemeinde mit dem einstmaligen k. u. k.-Flair. Ihre nostalgische Atmosphäre fehlt hier. Ein Großbrand äscherte 1881 sein ganzes Zentrum ein, so daß sein Gesicht jetzt nur Villen und Hotelbauten aus dem späten 19. und 20. Jahrhundert bestimmen. Ansonsten ist der ›Markt‹ Velden aber ebenfalls geschichtsträchtig, wenn das auch nicht besonders deutlich sichtbar wird. Immerhin siedelten Illyrer und Kelten in der Gegend. In Damtschach unterhielten die Römer eine Poststation. In Lind ob Velden fand man einen Votiv-Altar. Eine Urkunde von 877 besagt, daß der ›Edle Georg und seine Gemahlin Truza‹ dem Bischof Waldo von Freising für das von ihm begründete Stift Maria Wörth einen Besitz in ›summitate laci‹ vermachte und man meint, diese

Schloß Velden, 1688 (Johann Weikhard von Valvasor)

lateinische Bezeichnung deute auf Ländereien bei Velden. Burgen und Kirchen in der nahen Umgebung bezeugen außerdem auf andere Weise gewichtige Historie. So führt ein geruhsamer Wanderweg nach *Kranzlhofen* mit seinem Gotteshaus. Auf den Grabsteinen daneben stehen Namen angesehener Veldener Familien. Die Kirchengemeinde gehörte bis 1949 zur Pfarre Kranzlhofen.

Ein Abzweig des Weges leitet zum flachen, von Wald gesäumten *Saisser-See.* Begeht man einen anderen, stößt man auf *Köstenberg.* Dessen Taufkirche wurde zur Wehrkirche mit Ringmauern und Schießscharten, nachdem die Türken plündernd durchs Land gezogen waren. Noch ein anderer Weg führt nach Sternberg und weiter zur Ruine *Hohenwart.* In Hohenwart saß die älteste Grundherrschaft im Raum Velden; erst Heunburger mit Verbindungen nach Aquileja, dann der Sponheimer Herzog Heinrich V., ein Günstling Barbarossas und im Dienste des Kaisers auf einer Reise ertrunken, dann die Grafen von Cilli und so weiter und so fort.

Die *Sternberg* erlebte ein ähnliches Geschick wie Hohenwart. Die Reste der Burg wurden aber wenigstens 1938 wieder zu Wohnzwecken hergerichtet. Gegenüber dem Burgberg steht auf steilem Felsen über keltisch-römischer Kultstätte St. Georg. In einer Nische über dem Hauptaltar eine hölzerne Reiterstatue des heiligen Georg, das beste Stück der sonst bescheidenen Einrichtung.

Doch gleich wo man in den um 600–800 Meter hohen Bergen nördlich und nordwestlich von Velden wandert, oft kann man das grandiose Panorama bewundern.

Unten glänzt der blaue See. Die grüne Welle des Sattnitz-Höhenzugs füllt das Mittelfeld. Und den Horizont begrenzen die kalkweißen, meist schneebedeckten Gipfel der Karawanken von Osten nach Westen mit Namen Obir, Vertatsch, Gaisberg-Hochstuhl, Weinasch, Kotschna, Kahlkogel, Hahnkogel, Frauenkogel, Hühnerkogel und Mittagskogel.

Die Veldener datieren den Anfang ihrer für den Ort wirtschaftlich entscheidenden Gastfreundschaft gern auf 1590 zurück. In diesem Jahr begann Bartolomäus Khevenhüller, Freiherr von Aichelberg, mit dem Bau des Schlosses. Es dauerte dreizehn Jahre, ehe es vollendet war, kostete 2653 Gulden und gehörte mit Maria Loretto zu den ersten Bauten, die der Lustbarkeit gewidmet waren. Das Schloß beherbergte unzählige prominente Gäste. Der Edelmann unterhielt zu ihrem Vergnügen sogar ein eigenes Schiff und andere Ausflugsschiffe beförderten später Ausflügler zu seinem Prunksitz.

Der Name Khevenhüller begegnet uns in Kärnten immer wieder. Die Familie stammt aus Franken. Der erste Angehörige kam 1148 mit den Bamberger Bischöfen nach Villach und seine Nachfahren waren Botschafter, Landeshauptleute und andere hohe Persönlichkeiten in der Geschichte des Landes und des Reiches. Christoph war zum Beispiel Kriegsminister des Königs Ferdinand I. und beaufsichtigte als Landeshauptmann den Befestigungsbau von Klagenfurt. Georg, schon mit 22 Jahren Landeshauptmann, diente Erzherzog Karl zugleich als Geheimer Rat und Oberstkämmerer und war Oberstallmeister und Rat der Kaiser Ferdinand I., Maximilian II. und Rudolf II. Bartolomäus war Burggraf in Klagenfurt. Diese Generation bekannte sich jedoch zum lutherischen Glauben. Die Gegenreformation zwang schließlich den Sohn des Bartolomäus, seine ererbten Besitzungen zu verlassen. Er trat mit seinem Bruder in die Dienste des schwedischen Königs Gustav Adolf und fiel in einem Gefecht des Dreißigjährigen Krieges bei Freistadt in der Pfalz. Die Familie wurde zugunsten des Reiches enteignet. Der Kaiser verkaufte Schloß Velden unter Preis dem katholischen Grafen von Dietrichstein. Dem Schloß mangelte es aber auch unter ihm nicht an Besuchern. Erst um 1750 verlor es seine Anziehungskraft. Die Meierei ging an einen Pächter. Im Schloß selbst wohnte der Postmeister und 1762 zerstörte es ein Brand. Einhundertdreißig Jahre lang durch ein Notdach vor dem letzten Verfall geschützt, machte ein Fürst von und zu Liechtenstein 1832 seewärts gelegene Räume wieder bewohnbar... bis es 1900 wiederaufgebaut und 1920 zu einem Nobelhotel umgebaut wurde. Das Portal zum Park mit dem Wappen des Bartolomäus Khevenhüller und seiner drei Frauen und die Jahreszahl 1603 erinnert noch an das frühere, prachtvolle Renaissance-Gebäude.

Khevenhüller und Dietrichstein hielten auch die Gastwirte an, die Reisenden gut zu versorgen, so daß auch sie den ersten Fremdenverkehr in Velden im weiteren beeinflußten und der heutige letztenendes auf sie zurückgeht. Auf einen solchen Gastwirt kann sich das älteste Unternehmen, das Hotel Mößlacher berufen. Seinen Speisesaal malte der uns schon aus Klagenfurt bekannte Suitbert Lobisser mit Bildern Kärntner Landschaften aus. Der Fremdenverkehr erlitt im Laufe der Jahrhunderte selbstverständlich auch Rückschläge. An einen der letzten weist ein Stein am Karawan-

Georg Khevenhüller, Landeshauptmann von Kärnten und Berater der Kaiser Ferdinand I.,
Maximilian II. und Rudolf II., Zeichnung nach einem Epitaph, um 1580

kenplatz hin mit dem Satz: »Bis hierher und nicht weiter kamen die serbischen Reiter. Anno 1919«. Seinerzeit verlief die Demarkationslinie (s. S. 55) mitten durch Velden. Seinen nördlichen Teil verwalteten die Österreicher, den südlichen kontrollierten die Jugoslawen, bis die Volksabstimmung 1920 diesen Zustand wieder aufhob.

Aus der Veldener Bucht wenden wir uns auf der Südseite des Sees nach Klagenfurt zurück. Seit in den neunziger Jahren des vorigen Jahrhunderts eine Fahrstraße die Uferpfade ersetzt, wurde das bis dahin benachteiligte Gebiet auch für den Fremdenverkehr erschlossen. Auch hier am Wasser zahlreiche Hotels, Pensionen, Bade- und Sportanlagen und Erholungsdörfer mit Zeugnissen beträchtlicher Vergangenheit bis auf die Höhen... *Augsdorf* zum Beispiel, mit einem romanischen, später in eine Wehrkirche umgewandelten Gotteshaus; *Schiefling* mit einer Kirche aus der Barockzeit mit gotischen Teilen oder einer kleinen gotischen Kapelle auf dem Kathreinkogel (und den Wällen einer vorgeschichtlichen Fliehburg in der Nachbarschaft). In der Ortschaft *Auen* besaß wiederum ein Komponist, Alban Berg, von 1932 bis 1935 ein ›Waldhaus am See‹.

Bei Schiefling beginnt das *Keutschacher See-Tal.* Diese Wanne mit vier verbliebenen Gewässern schürfte ebenfalls eine Gletscherzunge aus. In einer Untiefe des Keutschacher Sees lebten zwischen 2500 und 2000 v. Chr. Menschen in einem Pfahlbaudorf. Von diesem stecken noch viele Stämme im Grund. Die Pfarrkirche in **Keutschach,** auch mehrfach umgebaut, wurde 1278 zum erstenmal urkundlich erwähnt und unter den Mauern des jetzigen Gemeindeamtes versteckt sich das Schloß ehemals einflußreicher Familien (1688).

Von hier gelangt man über eine Bergstraße auf den 846 m hohen *Pyramidenkogel* und auf dem ragt eine Aussichtswarte nochmal 54 m höher. Dort oben erscheint einem die Landschaft wie ein Relief... im Westen hinter dem Faaker See das Massiv des Dobratsch, im Süden die Keutschacher Seen, die Drau im Rosental und dahinter die Kette der Karawanken, im Osten die Hügel des Klagenfurter Beckens und im Norden der Wörther See in seiner ganzen Länge, die Gurktaler Alpen, ob Velden der angestaute Forstsee und die Ossiacher Tauern, unmittelbar zu Füßen aber Maria Wörth, das dem See seinen Namen gab.

Maria Wörth (Abb. 16) war, bevor der Abfluß der Glanfurt 1770 den Wasserspiegel senkte, eine Insel, und auf dieser Insel baute vermutlich 890 ein Bischof Waldo von Freising von Innichen aus (s. S. 32) eine Kirche. Er verschaffte ihr wahrscheinlich auch aus Rom die Reliquien der heiligen Brüder Primus und Felician, die unter Diokletian und Maximinian 286 und 287 als Märtyrer umkamen. Der Gottesmann konnte das wohl, weil er auch ein ausgezeichneter Politiker war. Man weiß, daß er seine Bildung in St. Gallen, der berühmtesten Schule des Reiches erhalten hatte, und daß er, bevor ihn Kaiser Karl III. 884 zum Bischof ernannte, Notar in dessen Kanzlei war. Er nahm im kirchlichen Amt an kaiserlich-päpstlichen Konferenzen, Synoden und Reichstagen und auch an der Kaiserkrönung durch den Papst teil. So hatte die Gründung von Maria Wörth gewiß auch politischen Charakter. Es wurde mehr und mehr zum Zentrum der Mission und Kolonisation unter den Slawen und zum wirtschaftlichen Mittelpunkt der umfangreichen freisingischen Besitztümer in Kärnten.

Das Wohl und Wehe von Maria Wörth hing durch die Freisinger und später die Habsburger jahrhundertelang in großem Maß von der Reichspolitik ab. Bischof Abraham (957–993) revoltierte mit dem Baiernherzog Heinrich dem Zänker gegen Kaiser Otto II. und wurde, nachdem er den Baiern in Regensburg zum Gegenkönig gekrönt hatte, in die Abtei Corvey bei Höxter an der Weser verbannt. Von dort floh er nach Maria Wörth und blieb zehn Jahre. Nach Freising heimgekehrt, übersetzten Mönche seiner Schreibschule die Beichtgebete, Beichtpredigten und Beichtformel ins Slowenische, um damit den Fratres ›an der Front‹ die Bekehrung der Heiden zu erleichtern. Zwischen 1146 und 1150 gründete Bischof Otto von Freising ein Kollegiatstift. Seine Kanoniker unter einem Propst erbauten eine zweite, die sogenannte ›Winterkirche‹ für die Gemeinde (so geheißen, weil diese die Jahrestage der in der Kirche verehrten Heiligen im Winter feierten). Die Pröpste gehörten übrigens der ›Landschaft‹, jener Vereinigung der Stände an. 1278 stiftete dann einer der Pröpste auch einen Karner. Die Blüte Maria Wörths endete am Anfang des 16. Jahrhunderts. Die Freisinger verloren es an den St. Georgs-Ritterorden von Millstatt (s. S. 160). Von dem ging es an die Jesuiten und als Papst Clemens XIV. diesen Orden verbot, wurde es Pfarre für ein mit der kirchlichen Neuordnung Josefs II. bestimmtes Gebiet.

Zur ehemaligen *Propsteikirche* (Abb. 16) auf dem höchsten Punkt der Halbinsel führt eine überdachte Stiege. Die Kirche zeigt sich heute in gotischen Formen (mit romanischen Fragmenten, z. B. das Südportal und die Krypta), weil ein Brand einen Neubau erforderte. An der südlichen Außenwand ein barockes Bild des Christophorus. Das Innere ist zweischiffig. Die Jesuiten fügten einen Hochaltar im barocken Stil ein, verwandten dazu aber Teile des gotischen Flügelaltares. Die Muttergottes (Abb. 17) ist eines der schönsten gotischen Schnitzwerke Kärntens. Zwei Tafelbilder (Abb. 18) über dem Sakristeieingang, die Kirchenväter Gregorius und Hieronymus, gehörten ebenfalls zu diesem Altar des 15. Jahrhunderts. Im barocken Rahmen ein Madonnenbild in italienischer Manier aus derselben Zeit. Im südlichen Nebenchor ein Totenschild für einen Herrn von Leonstein und seine Gemahlin. Und schließlich barocke Schnitzaltäre (einer mit einem spätgotischen Kruzifix), Chorstühle und Kanzel. Auch die Krypta, die Ruhestätte der Heiligen, veränderten die Jesuiten, indem sie das Gewölbe mit Ranken bemalten. Der Karner, der die aus dem Friedhof geborgenen Gebeine aufnahm, ist hinter dem Chor kreisrund in die Erde eingelassen.

Die *Winterkirche* liegt auf einem niedrigeren Hügel der Propsteikirche gegenüber. Im Chor bedeutende romanische Fresken (12 Apostel in Arkaden), an der Nordwand Heiligendarstellungen und in der Fensterleibung ein Astkreuz-Kruzifix. Der Stil der Bilder weist auf Freisinger Buchmalereien hin. Inzwischen wurden auch im Langhaus und am Triumphbogen bedeutende gotische Fresken aus dem 14. Jahrhundert freigelegt. Ebenso bedeutend ist ein kleines Glasgemälde der ›Madonna mit Kind auf der Mondsichel‹ in satten Farben, die Figur einer Madonna mit Kind und das Relief einer Beweinung Christi aus dem 15. Jahrhundert. (Alljährlich zu Mariä Himmelfahrt am 15. August feierliche Schiffsprozession zu den größeren Orten am See.)

Maria Wörth bildet mit den nahen Reifnitz und Sekirn jetzt eine Gemeinde. Oberhalb von *Reifnitz* gibt es im dichten Laubwald noch den Bergfried einer karolingischen Feste, eine gotische Kapelle, die einmal die der Burg war und sogar einen Opferstein. Die Kultstätte wird als heidnisches Heiligtum gegen das christliche in Maria Wörth gedeutet. Und die Burg war, wie soviele Baudenkmäler in Kärnten und Steiermark, auch mit der Reichsgeschichte verflochten. Ihr erster Herr verriet den Magyaren vor Augsburg den Anmarsch des kaiserlichen Entsatzheeres und verhinderte damit deren völlige Vernichtung in der Schlacht auf dem Lechfeld im Jahr 955.

Obersekirn dagegen bietet ein Naturschutzgebiet, die Spintikteiche. In wenigen Minuten gerät man auf Wanderwegen in eine ungewöhnliche Stille. Am zirka 1 km^2 großen Oberen Wasser studieren Naturfreunde in der Verlandungszone die seltenen Pflanzengesellschaften eines Flach-, Zwischen- und Hochmoores. Im Mai blüht dort das Wollgras eindrucksvoll auch für weniger geschulte Touristen. Die Feriengäste genießen auch die romantische, von steilen Hügeln bedrängte Straße am Wörther-See-Ufer nach *Maiernigg*. Wir sahen es schon von Maria Loretto aus. Wie dieses ist Maiernigg ein beliebtes Ausflugsziel der Klagenfurter und auch hier verbrachte von 1900 bis 1907 ein großer Musiker die Sommermonate. Der Wiener Operndirektor Gustav Mahler arbeitete in seinem noch vorhandenen ›Komponierhäusl‹ im Wald über der Durchgangsstraße an seinen Symphonien und Liedern.

Im Zollfeld und bei St. Veit an der Glan

›Zollfeld‹ heißt das nördlich von Klagenfurt verlaufende, über 1 km breite Tal der Glan. Es heißt so, weil sich die Vokabel vom vorkeltischen ›Sol‹ ableitet, was wiederum auf frühe Kultstätten hindeutet. Erweitern wir den Begriff ›Kult‹ zu ›Kultur‹, so erfassen wir quasi den Wert dieses Raumes für Kärnten. Von ihm strahlte seine Kultur im wahrsten Sinn des Wortes aus.

Verläßt man die Landeshauptstadt auf der Straße Nr. 83, sieht man nach kurzer Zeit die beiden grauen Bruchsteintürme des Domes von **Maria Saal** (860 S. Maria ad carantanam, 1060 S. Mari ain zol, 1177 S. Mariae de Solio, 1497 Frawenkirche im Saal). Sie bezeichnet den Platz, den sich Modestus wahrscheinlich um 760 zum Bischofssitz erkor. Bischof Virgil in Salzburg entsandte ihn auf Verlangen des slawischen Herzogs Cheitmar (s. S. 30), damit er das Land wieder christianisiere. Der Missionar wählte die Felsenterrasse, eine Tradition fortsetzend, wegen einer Fluchtburg des Bischofs vom römischen Virunum oder vielleicht auch wegen erhaltener heidnischer Heiligtümer, über denen er eine Kirche erbaute. Die jetzige inmitten einer Kirchenburg ist allerdings spätgotisch (1430–1459) und vermutlich die dritte an dieser Stelle. Der stattliche Bau ist dreischiffig mit drei Chören und einem Querhaus, das im Grundriß nicht über die

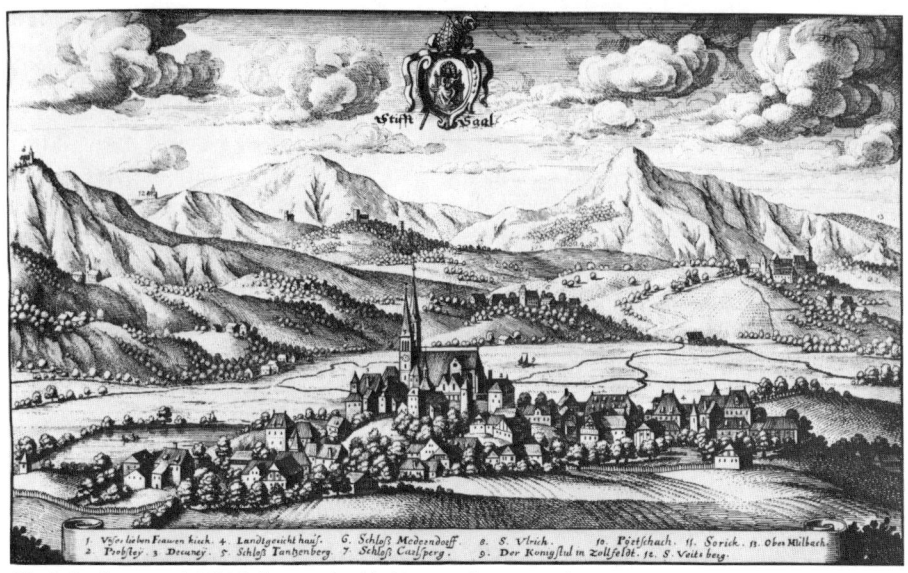

Maria Saal 1649, mit Ulrichsberg und Schloß Tanzenberg (Matthäus Merian)

Längsseite vortritt (Abb. 22). Das Dach decken ›Steinplattl‹ – nicht Schiefer, sondern gewöhnliche gespaltene Steine – dauerhaft seit dreihundert Jahren. Tore, Türme, Mauern, Gräben, aber auch Häuser und Kirche sind als ehemalige Befestigungen noch erkennbar. Innerhalb der Umwallung befand sich früher der Friedhof. In der gotischen, mit Filiale bekrönten Totenleuchte brannte manchmal ein Licht für die Verstorbenen, damit die Dämonen ihre Ruhe nicht störten. Das merkwürdige Gebäude dahinter ist das auch zum Gottesacker gehörende romanische ›Beinhaus‹. Gotische Baumeister ahmten später in ihm das Heilige Grab in Jerusalem nach und versahen es mit Bögen und Fresken. Hier und an der West- und Südwand der Kirche sind zahlreiche Römersteine eingelassen. Besonders schön das Relief ›Achill schleift den Leichnam Hektors‹ und der in allen Kärnten-Büchern abgebildete ›Reisewagen‹ (Abb. 21), über dem Südportal das Panterrelief und die Romulus und Remus säugende Wölfin in der Vorhalle. Ein vorzügliches Werk des Regensburgers Valkenauer ist auch das Relief für die Brüder Wolfgang und Mert von Keutschach, eine Marienkrönung aus rotem Salzburger Marmor (Abb. 20). Leonhard von Keutschach, Erzbischof von Salzburg und Angehöriger des alten Kärntner Geschlechts, gedachte damit um 1500 seiner Brüder.

Im Innern des Domes, immer noch so genannt, obwohl hier seit 945 kein Bischof mehr seines Amtes waltete, überrascht zuerst gegensätzliches Licht. In den Schiffen herrscht Dämmerung, während den Hauptchor die Helligkeit des Tages füllt. So wird der Blick auf den Hochaltar gelenkt (1714). Dessen goldener Strahlenkranz umgibt das gotische Gnadenbild, die sitzende Muttergottes mit dem Kind. Es ist ein Musterexemplar der sogenannten ›schönen Madonnen‹ der Salzburger Schule (Steinguß 1425). Nach der Legende war die Plastik für eine Kirche in Mittelitalien bestimmt. Die Zugtiere des Transportes verweigerten in Maria Saal aber jeden weiteren Schritt, so daß die Madonna eben hier bleiben mußte. Die Maria begleiten die Apostel Petrus und Paulus, der heilige Papst Gregor der Große und der heilige Rupert mit dem Salzfäßchen, der Gründer Salzburgs. Die Wand links vom Altar schmückt das Fresko der Heiligen Drei Könige (1435) in zeitgenössischer Kleidung. Darüber, weniger gut erhalten, Bilder vom Kindermord in Bethlehem und von der Flucht nach Ägypten.

Ein Rundgang beginnt schon am Portal wieder mit Römischem. Auf einem römischen Säulenkapitell ruht ein Weihwasserbecken. Der Opferstock ist ein kleiner, der Venus geweihter Altar und dem Eingang gegenüber wieder ein Weihwasserbecken, diesmal ein richtiger römischer Sarkophag und daneben eine römische Brunnenschale als Taufstein. In der Mitte des Raumes trennt ein gotisches Eisengitter die Sachsenkapelle (Stifterin Barbara Sachs), ein Joch des linken Seitenschiffs, vom Langhaus ab, und in ihr ruht unter einer Steinplatte auf sechs Säulen der heilige Modestus. Die Reliquie bewahrt ein marmorner, römischer Kindersarg. Er verschiebt sich angeblich langsam zum Hauptaltar hin und wenn er ihn berührt, ist das Weltende da. Der Tisch gehört aber als karolingisch sicherlich zur ersten Kirche an diesem Platz. Auf dem Tisch die gotische Statue des Modestus, den Dom ›en miniature‹ auf dem Arm. Dahinter der barocke Kreuzaltar mit einer ausdrucksvollen Kreuzigungsgruppe und daneben der leidende Christus sitzend, die Figuren ebenfalls gotisch; neben ihr wiederum ein römischer Weihealtar mit dem Schriftzug ›Virunum‹ und der sagt wohl, woher die vielen Römersteine stammen. Das nördliche Seitenschiff schließt in seinem Chor ein anderer

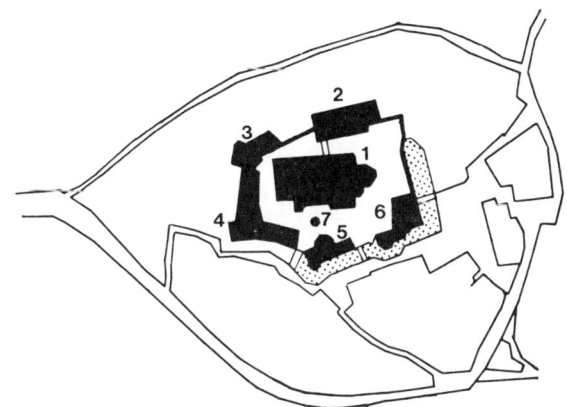

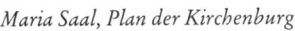

Maria Saal, Plan der Kirchenburg

1 *Propsteikirche*
2 *Ehemaliger Propsthof*
3 *Kapuzinerstöckl*
4 *Dechantei*
5 *Karner*
6 *Kanonikerhaus*
7 *Lichtsäule*

gotischer Altar aus einer Villacher Werkstatt ab. Er zeigt Szenen aus dem Marienleben, die Mutter Anna und andere heilige Frauen, u. a. die heilige Ursula mit ihren Jungfrauen und die vierzehn Nothelfer. Das Querschiff vor den Stufen zum Hauptchor, baulich sonst kaum zu bemerken, schmücken hochoben am Triumphbogen wieder gotische Fresken, die eines Weltgerichts. Den Chor des rechten Seitenschiffs nimmt noch einmal ein gotischer Altar ein, der des Heiligen Georg mit dem Drachen. Die Darstellung flankieren die Figuren der Anna Selbdritt (Selbdritt heißt die Mutter Mariens, wenn sie Tochter und Enkelkind Jesus zusammen auf ihren Armen trägt) und der heilige Oswald. Im unteren Teil zwischen Helena und Elisabeth ein Vesperbild. An den Wänden rechts und links vom Altar hängen Tafelbilder; ein gotisches Ölgemälde der ›Unschuldigen Kinder‹, ein Votivbild der Landstände von 1683, auf dem Maria die Stadt Klagenfurt mit ihrem Mantel schützt und ein Abbild des Domes, auf dem noch die gotischen Turmhelme anstelle der heutigen barocken Laternen zu sehen sind. Darauf vermeldet eine Schrift eine mißlungene Belagerung der Kirchenburg durch die Ungarn im Jahr 1480. Auf der gleichen Seite über der gotischen Sakristeitür befindet sich ein modernes Fresko. Herbert Boeckl aus Klagenfurt malte 1927 auf die Wand Christus, den versinkenden Petrus rettend. Der Apostelkopf trägt die Züge Lenins. Ein Pfeiler des Mittelschiffes der anschließenden Josephskapelle trägt das Epitaph des Dechanten Rosegger. Er starb 1586 und sein Gedächtnismal ist die ins plastische umgesetzte Kopie eines Blattes aus Dürers ›Kleiner Holzschnittpassion‹. Es bestätigt wieder die vielfältigen Bezüge in der Kunst Kärntens. Die nachfolgende Kapelle wurde um 1460 der Kirche angefügt, 1644–45 im oberen Teil durch Beträume (1700) aber verflacht und mit Stukkaturen versehen. Zum Schluß sollte der Besucher seinen Blick noch hinauf zum Gewölbe des Langhauses wenden. In 41 Feldern malte ein unbekannter Künstler 1492 die untereinander originell variierten, aus den Blütenkelchen von Alpenblumen wachsenden Ahnen des Gottessohnes bei Abraham angefangen, und folgerichtig endet dieser Stammbaum mit dem Fresko ›Christus als Weltenrichter‹ am schon erwähnten Triumphbogen.

Diese dritte Kirche in Maria Saal war im Mittelalter das Ziel vieler Wallfahrer nicht nur aus Kärnten, sondern auch aus der Steiermark, Krain und Friaul. Auch Slowenen beteten am Grab des Modestus, der ihren Vorfahren das Christentum brachte, um ihr Seelenheil. Die Pilger versammelten sich gewöhnlich im Tal am sogenannten Pestkreuz, bevor sie zur Kirchenburg hinaufzogen. Diese turmartige Kapelle besteht noch und ihre Fresken (1523) erzählen nach einer 1972/73 erfolgten Restaurierung wieder frisch aus dem Alten und Neuen Testament.

Von der Kapelle aus sind es nur ein paar Schritte zum *Kärntner Freilichtmuseum* (Farbt. 17, 18). Um einen hier befindlichen alten Wirtschaftshof aus roh behauenen und vom Wind und Wetter gedunkelten Stämmen entstand aus den verschiedenartigsten Bauernhäusern aller Gegenden des Landes ein Dorf. Die Haus- und Hoftypen sterben aus, und das Museum erhält wenigstens Einzelbeispiele gleichsam als Denkmäler der Volkskunst neben denen der kirchlichen und feudalen. Auch sie zählen nun zu den Beweisstücken der Kulturkontinuität, für die das Zollfeld ein Distrikt par excellence ist.

Maria Saal präsentiert sich unübersehbar in der Landschaft. Im Gegensatz dazu erscheint auf dem westlichen Hügel genau gegenüber eine schlichte Dorfkirche als heller Fleck im dunklen Grün: die Kirche des Weilers **Karnburg.** Die Örtlichkeit lieh Kärnten ihren Namen (s. S. 30). Vermutlich veranlaßte Cheitmar von dort aus die Gründung von Maria Saal. Cacatius und er kehrten nach ihrer Verbannung von der Chiemsee-Insel hierher in die Burg der slawischen Fürsten zurück, und ein mit ihnen reisender Priester weihte 750 die erste Kapelle. Aus der Burg wurde später als weltlicher Gegenpol zu Maria Saal eine Karolinger-Pfalz. Arnulf von Kärnten, erst Herzog, dann ostfränkischer König und schließlich 896 römischer Kaiser, feierte in ihr 888 Weihnachten. So sind Karnburg und Maria Saal auch mit der gesamteuropäischen Geschichte verbunden. Hie Kaiser, da Papst Gregor V. (996–999), auch ein Kärntner Herzogssohn, der seinen Aufstieg als Kaplan von S. Marie ad carantam begann. Für die Geschichte Kärntens allerdings spielte Karnburg eine viel wichtigere Rolle. Hier

Herzogseinsetzung am Fürstenstein, Ausschnitt einer Karte von Kärnten, 1718 (Johann B. Zauchenberg)

gewann in einer seit 871 geübten Zeremonie der Herzog seine herrscherliche Gewalt. Auf einer verkehrt in die Erde eingegrabenen römischen Säulenbasis sitzend empfing ein angesehener Bauer den in Bauernkleidern nahenden Fürsten und stellte ihm die Rechte des Volkes sichernde Fragen. Nach befriedigenden Antworten, einem symbolischen Backenstreich und der symbolischen Übergabe von Rind und Pferd wich der Bauer von seinem Stein. Der Adlige nahm Platz, wies mit seinem Schwert in die vier Himmelsrichtungen und war fortan Herzog. Dem Akt folgte die Segnung des Fürsten in der Bischofskirche in Maria Saal, und erst danach kleidete er sich in standesgemäße Gewänder und begab sich zum Festmahl, bei dem ihn die Vornehmen des Landes bedienten. Abschließend hielt der neue mit allen Würden ausgestattete Herzog auf dem Herzogstuhl (Abb. 23) wie auf einem Thron sitzend zum ersten Mal Gericht, vergab Lehen und nahm Huldigungen entgegen. Von diesem Rechtsbrauch berichtete u. a. auch Abt Johannes von Viktring. Frühere Urkunden sind nicht erhalten, doch soll schon Arnulf von Kärnten die Ausbildung des Brauchs beeinflußt haben. Der Fürstenstein wurde am 14. 3. 1414 von Ernst dem Eisernen zuletzt benutzt, während das Zeremoniell am Herzogstuhl Erzherzog Ferdinand IV. 1651 zum letzten Mal vollzog. Ernst der Eiserne nannte sich nach den Handlungen um Stein und Stuhl als erster auch ›Erzherzog zu Österreich, Steyer, Kärnten und Krain‹ und führte so diesen Titel in die österreichische Geschichte ein.

Der Fürstenstein befindet sich im Klagenfurter Landesmuseum. Der Herzogstuhl steht dagegen immer noch an der Straße unterhalb des Maria Saaler Hügels. Auch er besteht aus römischen Platten. Man weiß freilich nicht wie alt sie sind und wer wann der Lehne des ursprünglichen Westsitzes den rückwärtigen anderen Sitz beifügte.

Diese frühen Monumente der Geschichte Kärntens ergänzt die unscheinbare *Kirche* von Karnburg. Sie gilt als Rest des Palas der karolingischen Pfalz und war deren Kapelle. An ein rechteckiges Schiff stößt ein quadratischer Raum für den Altar. Die Mauern wurden aus Bruchsteinblöcken und römischen Steinen (Abb. 25) aufgeführt und mit Fischgräten-Mustern und in den Mörtel eingeritzten Fugen verziert. Über der zugemauerten Tür zur Pfalz die segnende Hand Gottes als Relief (Abb. 26), eine Plastik von überragender Bedeutung. Solche figuralen Darstellungen aus der karolingischen Zeit kommen in Europa kaum noch vor. Als Opferstock dient ein Knaufkapitell vom ersten Tischaltar nach langobardischen Motiven. Die einstigen, auch auf die Langobardenkunst verweisenden Chorschranken waren Flechtwerksteine (s. S. 24). Teile davon sind an der Fassade des kleinen Gotteshauses von St. Peter am Bichl (Abb. 24), nur wenige Kilometer von Karnburg entfernt, angebracht. (Dort auch als Schwelle der Tür und an der Außenwand frühromanische Grabsteine). St. Peter und Paul zu Karnburg dürfte also das älteste erhaltene christliche Kultgebäude in den Ostalpen sein. In der ersten Hälfte des 14. Jahrhunderts erhielt es über dem Karner den Anbau der St. Annenkapelle mit Netzgewölbe.

Wie ein Klotz erhebt sich hinter Karnburg der mit Lärchen, Fichten, Buchen und Birken bewachsene, 1015 m hohe **Ulrichsberg,** der mons carantus, einer der vier heiligen Berge Kärntens mit Zeugnissen aus der bewegten Vergangenheit des Landes. Auf seinem Gipfel gruben die Archäologen einen Tempel für die einheimische Göttin Noreia-Isis, den Gott Casuontanus und eine frühchristliche Saalkirche aus; der eine wahrscheinlich gegen 400, die andere gegen 600 n. Chr. zerstört. Die Wissenschaftler konservierten die Grundmauern. Außerdem ist schon von unten die Ruine der *Kirche St. Ulrich* aus dem 15. Jahrhundert zu sehen. Sie verfiel bereits im 18. Jahrhundert. Nach einem Blitzschlag brannte sie 1897 vollends aus. Seit 1959 setzt sie als Denkmal für die Gefallenen beider Weltkriege, des Kärntner Abwehrkampfes und für die Opfer der Volksdeutschen die sakrale Überlieferung des Berges bis heute fort.

Wieder im Tal stoßen wir, wenn man nicht die vierbahnige Autostraße, sondern die parallel dazu verlaufende alte Landstraße benutzt, beim Gasthof ›Zum Zollfeld‹ und den Äckern und Hängen rechts von der Straße auf die kümmerlichen Überbleibsel der jahrhundertelang für die Baumeister der Umgebung als Steinbruch so schier unerschöpflichen römischen Metropole **Virunum** (s. S. 28). Wir sehen am Gasthof das Medaillon einer römischen Familie und das Relief eines Rosselenkers und ein paar hundert Meter hinter dem Wirtshaus neben einer Linde das sogenannte Prunner-Kreuz. Diese Kapelle ließ 1691–1693 ein offenbar nicht unbemittelter Beamter der ›Landschaft‹ namens Prunner dem heiligen Antonius erbauen und in ihr ungefähr 25 Römersteine vermauern. Der Mann sammelte bei der Feldbestellung zufällig ans Licht beförderte antike Münzen und andere Raritäten. Seit Generationen kursierten in der Gegend aber auch geheimnisvolle Geschichten von verborgenen Schätzen einer Stadt Sala. Vom Ehrgeiz gepackt suchte er sie. Was er fand war Virunum, nur er wußte es nicht. Prunner schrieb sogar ein Buch über seine Entdeckungen und Kaiser Leopold I. adelte ihn dafür. Im Auftrag der Erzherzogin Maria Anna (s. S. 69) wühlten ungefähr 100 Jahre später 1500 Soldaten in den Feldern. Sie hoben nur die Kabinettstücke aus den Gruben und schütteten die Löcher wieder zu. Die Fundstücke verteilte die Fürstin als Geschenke und die meisten gingen verloren. Die ersten wissenschaftlichen Grabungen fanden 1881–1883 statt. Wieder durch Zufall kam bei landwirtschaftlichen Arbeiten der Mosaikboden des Dionysos, heute ein Prunkstück des Landesmuseums, zu Tage. Er regte über ein Jahrzehnt dauernde regelmäßige Feldforschungen an und obwohl wegen finanzieller Nöte die Grabungsstellen wieder zugeschüttet werden mußten, lokalisierte man das Zentrum Virunums und ermittelte viele seiner Einzelheiten. (Das beherrschende Schloß auf der Westseite des Tales ist *Tanzenberg*, in der Renaissance von den Keutschachern erbaut, aber im 19. Jahrhundert verunstaltet.)

Nach den unzähligen kunstvollen Römersteinen an den Bauten der Umgebung und den antiken Schätzen des Klagenfurter Museums zu urteilen, muß die Provinzhauptstadt reich und voller Leben gewesen sein. Im 4. Jahrhundert war sie auch der Sitz eines Bischofs. Die Lage seiner Kirche kennt man bisher jedoch nicht. Vielleicht wurde sie in der Völkerwanderungszeit zerstört. Virunum war ja nicht befestigt. Spuren von vielen Zufluchtsstellungen in der Gegend bestätigen die Gefahren, denen die Bewohner ausgesetzt waren. Damalige Wirren verursachten zudem die Verlegung der norischen

Provinzverwaltung in das geschützte Teurnia bei Spittal. Immerhin soll Alarich von einem Quartier in Virunum nach Italien aufgebrochen sein. Seinerzeit muß es also noch bestanden haben. Aber wie ging es endgültig unter? Prunner meint zwar in seinem Buch, der Hunnenkönig Attila hätte es dem Erdboden gleichgemacht. Doch das ist reine Spekulation.

Mit Virunum verschwand sicherlich ebenso endgültig seine Vorgängerin, die keltisch-römische Stadt auf dem **Magdalensberg** (s. S. 28). Sie war bei der Gründung des kaiserlichen Prokurators neuer Residenz im Tal gegen 45 n. Chr. wahrscheinlich ohnehin verlassen worden. Sogar angefangene Bauten wurden nicht vollendet. Bei *St. Michael* (gotische Wehrkirche, Römersteine) an der Bundesstraße 83 führt ein kurvenreicher, aber gut befahrbarer Weg auf den 1058 m hohen Gipfel. Ihn krönt eine schon 1158 und 1262 erwähnte, jetzt spätgotische *Wallfahrtskirche der heiligen Helena und Magdalena*. Vor ihr befand sich hier ein keltisch-römischer Tempel der einheimischen Kriegsgottheit Latobius-Mars mitten in einer befestigten vorrömischen Siedlung mit Toren, dreifachem Mauerring und Bastionen (Reste davon beim Zugang zur Kirche). Das Wissen von einer solchen Siedlung verdanken wir wieder einem Zufallsfund. 1502 fand ein Bauer beim Pflügen eine lebensgroße Bronzestatue eines schönen Jünglings (Original in Wien, Abguß im Landesmuseum). Sie ist die römische Kopie eines früheren griechischen Kunstwerkes und die Weihegabe jenes Tempels. Sie ist die bedeutendste antike Plastik, die bislang diesseits der Alpen gefunden wurde.

Seit 1948 untersuchen die Archäologen die Kuppe und eine Mulde 100 m tiefer am Südhang. Ihre Grabungen lassen folgende Deutungen zu. Auf dem Gipfel des Magdalensberges befand sich im 1. Jahrhundert v. Chr. der Sitz des obersten Fürsten der Noriker (s. S. 28). Die Siedlung war das Zentrum des norischen Königreichs, das ›regnum Noricum‹. Das Volk der Noriker bildeten acht Stämme. Der Name der Stadt ist unbekannt. Die Archäologen fanden aber einen Stein mit Schriftzügen, die man zu ›Virunum‹ ergänzen kann, so daß sich dieser Name vielleicht von der Bergstadt auf die Stadt im Tal übertrug. In der 2. Hälfte des 1. Jahrhunderts v. Chr. begannen die ersten römischen Händler, mit den Ureinwohnern der Bergstadt Handel mit Blei, Zink, vor allem aber Eisen, zu treiben, das die Norici aus nahen Lagern zu fördern und zu verarbeiten wußten; sie konnten bereits Stahl herstellen. Die Stadt war als Handelszentrum allerdings wichtiger denn als ›Industrieort‹. Die Kaufleute, meist Freigelassene oberitalienischer Großhandelsfirmen, aber auch aus Kleinasien und Nordafrika, exportierten Eisen, Stahl und Buntmetalle en gros und importierten aus Italien keramische Erzeugnisse, Glas, Bein und Textilien. Unter den Norici und römischen Kaufherren lebten auch Veteranen der VIII. Legion ›Augusta‹ sowie Griechen und Beamte, denn diese verwalteten nach der Besetzung (15–14 v. Chr.) das Land von hier aus. Die vielen anwesenden Römer schmückten ihre Wohnungen und sich selbst in der ihnen gewohnten Weise und verbreiteten damit frühzeitig ihre Kultur.

Die Ausgrabungen und die schönsten, in eigens errichtetem Gebäude untergebrachten Funde können von Mai bis Oktober besichtigt werden. Schrifttafeln erklären sie.

Doch in dem aus drei Bauperioden herrührenden Gemäuer kann man leicht Überblick und Zusammenhang verlieren. Es empfiehlt sich deshalb für die Besucher eine Teilnahme an einer Führung.

Die Kirche besteht aus einem Langhaus mit niedrigerem Chor und einem Nebenchor in der Magdalenenkapelle (der älteste Bauteil). Ihr Hochaltar (1502) – im Schrein die vorzügliche Figur der Helena, in der Bekrönung ›Maria mit Kind‹, ›Katharina‹ und ›Barbara‹ und der ›Schmerzensmann‹ – zählt zu den vielen großartigen Kunstwerken der Gotik in Kärnten. Im Altar der Kapelle ist Gotisches und Barockes gelungen vereinigt. Und ein vorrömischer Dreikopfstein, vermutlich eine keltische Opferschale, im Schiff erinnert noch einmal an das uralte Heiligtum im Boden.

Am zweiten Freitag nach Ostern, dem ›Dreinagel-Freitag‹ (nach der Auffindung der Kreuznägel so benannt), beginnt um Mitternacht mit einem Hochamt auf dem Magdalensberg der ›Vierberge-Lauf‹. Kaum ist das Hochamt beendet, eilen die Pilger hinunter ins Tal und hinauf auf den *Ulrichsberg* und von dort auf den *Veitsberg* bei Sörg und darauf weiter zum *Lorenziberg* bei Obermühlbach, wo die Wallfahrt gegen 17 Uhr mit einer Segnung endet. Die Strecke ist über 40 km lang und viermal werden Höhenunterschiede von mehr als 500 m bewältigt. Da der Lauf vor Sonnenuntergang beendet sein muß, dürfen die ›Vierbergler‹ wirklich nicht säumen. Männer stecken sich ›Bergerlaub‹ an die Hüte; auf dem Magdalensberg ein Wacholdersträußchen, auf dem Ulrichsberg Karfunkellaub (Efeu), auf dem Veitsberg Fichtenzweige und auf dem Lorenziberg sogenannten Buchsbaum. Überall wird Geld gespendet und Getreide dargebracht. Bauern nehmen Körner mit heim und mischen sie unter das Saatgut, während sie das ›Bergerlaub‹ in die Furchen stecken, was vor Hagel und Mißwuchs bewahrt. Der Tag wird seit 1353 als Fest begangen. Aber da auf den vier Bergen Noreia-Isis, die über Feldfrüchte und Erzschätze Waltende, verehrt wurde, setzt sich in der christlichen Wallfahrt wohl ein antiker Flurumgang fort.

Bevor man St. Veit erreicht, lohnt sich auch ein Blick auf die *Pfarrkirche St. Donat* (1154). An ihr und an der Friedhofsmauer wieder zahlreiche Reliefs, aber diesmal unter ihnen als eine Besonderheit zwei keltische Köpfe (von denen der ›Maskenkopf‹ die älteste Kärntner Plastik ist), ein norischer Pferdeführer in keltischer Tracht, zwei norische Mädchen in ›Dirndl‹-Kleidern und eine Stieropferszene.

St. Veit a. d. Glan, zumindest die Altstadt, ist fast gänzlich mittelalterlich von Gräben und Stadtmauern umfriedet. Ihre Tore fielen allerdings und von den halbrunden Bastionen ist auch nur noch eine erhalten. Die Mauern bilden ein Rechteck um ein Zentrum aus zwei Rechtecken, um den Unteren und den Oberen Platz. An sie setzen sich die Gassen an. Haus an Haus aus verschiedenen Epochen am Oberen oder Hauptplatz machen aus dem Geviert einen außergewöhnlichen, schönen Raum von seltener Geschlossenheit.

Zuerst fällt die Fassade des *Rathauses* (Abb. 27) in ihrem zarten Blau-Gelb auf, von Marx Josef Pittner nach einem Entwurf von Johann Pacher 1754 gestaltet. Der Meister gliederte die stuckdekorierten Fenster um eine Mittelachse aus Portal, Metall-Inschrift, ›Justitia‹ und prächtigem Doppeladler im Giebelfeld. Auf der Tafel über der Tür erinnert ein Spruch aus dem Sachsenspiegel, daß der Bau eigentlich gotisch ist. Die als Drachenköpfe geschmiedeten Wasserspeier fügen sich gelungen in das Gesamtbild ein. Die großartige Barockhaut verdeckt einen dreigeschossigen Arkadenhof von 1530 (Abb. 31). Seine Besonderheit: reicher Sgrafittodekor. Ähnliche Höfe auch in anderen Häusern (z. B. Hotel ›Weißes Lamm‹). Auch die umliegenden Häuser stammen ursprünglich aus dem Mittelalter, wurden aber vom 17.–19. Jahrhundert erneuert und auch verändert. Das sogenannte Carinthia-Haus, Riegel gegen den Unteren Platz, erhielt die vorgesetzte dreigeschossige Laube freilich schon im 16. Jahrhundert, und die ›Bezirkshauptmannschaft‹ an der Schmalseite gegenüber wurde gar erst 1780 anstelle einer abgetragenen Kirche erbaut. Ihre Schauwand tendiert deshalb zum Klassizismus. Im Rathaus gibt es ein Eisenbahnmuseum und ein Münzkabinett, das besonders die in St. Veit geprägten Stücke zeigt.

Die Schönheit des Platzes vollenden drei Denkmäler. Die *Pestsäule* gaben Magistrat und Bürgerschaft nach Erlösung von der Seuche dem ansässigen, aber aus Padua stammenden Angelo de Putti 1715 in Auftrag (Lateinische Inschrift auf dem Sockel). Unter dem Altartisch an der Ostseite die Grotte der Pestheiligen Rosalia Sanibaldi aus Palermo. Statuen der Maria Immaculata und der hl. Rochus, Sebastian, Aloisus und Franz Xaver. Am Obelisk die Heilige Dreifaltigkeit und das Auge Gottes.

Der dreischalige *Walther von der Vogelweide-Brunnen* von 1676, vorzüglich proportioniert, ist erst seit 1960 nach dem Minnesänger benannt, seitdem ihn L. Szadai mit seiner Statuette versah. Vorher schmückte ihn St. Florian (Abb. 28).

Das Becken des *Schüsselbrunnens* auf der anderen Seite des Platzes ist wieder einmal römisch. In ihm steht die meterhohe Figur eines Bergmannes von 1566. St. Veit bezog seinen Wohlstand von 1399 bis zum Anfang des vorigen Jahrhunderts aus dem Handel mit dem Eisen des Hüttenberger Erzberges und der Eisenindustrie. Die Stadt blühte jedoch schon vorher ... durch die Sponheimer (und sie war bis 1518 die Hauptstadt von Kärnten). Herzog Bernhard (s. S. 49) errichtete hier einen Palast als seine Residenz. Er führte die Hofämter in Kärnten ein und betreute Burgherren rund um St. Veit damit. Er baute die Stadt aus, verlieh ihr Stadtrechte, begründete eine bis 1725 bestehende Münze. Die Burg soll an der Stelle des Carinthia-Hauses gestanden haben, sagen die einen. Die anderen meinen, das jetzt noch ›Herzogsburg‹ genannte Gebäude an der Nordostecke der Stadtmauer geht auf sie zurück. Sicher ist nur, daß es 1523–1529 als Zeughaus ausgebaut wurde (in einem Trakt Stadtmuseum mit der zweitgrößten Schützenscheibensammlung Österreichs, Besuch nach Vereinbarung, ✆ 0 42 12 / 2 80 55). Das Arsenal war für die Verteidigungsbereitschaft gegen die Türken und Ungarn notwendig. Sie verwüsteten schon 1480, 1482 und 1492 den Ort.

Mit der Entstehung der Stadt hatten die Sponheimer jedoch nichts zu tun. Vielmehr siegte einer ihrer Vorgänger in der Herzogswürde, so berichtet die Sage, mit Hilfe des St. Veit 901 über die Ungarn. Der Fürst stiftete dem Heiligen eine Kirche. Um sie

36 GURK Ehemaliger Dom, Mittelschiff nach Osten

37 GURK Ehemaliger Dom, Westfassade

38 GURK Ehemaliger Dom, Fresken in der Vorhalle, um 1340

39 GURK Ehemaliger Dom, Krypta, 1174

40–42 GURK Ehemaliger Dom, Bischofskapelle, Fresken ›Himmlisches Jerusalem‹, nach 1260; ›Adam und Eva‹; ›Thronende Maria‹

43   GURK   Ehemaliger Dom, Hochaltar, 1625–1632

44　MILLSTATT　Ehemalige Benediktinerabtei

45   MILLSTATT   Ehemalige Stiftskirche, Tympanonrelief am Westportal, 12. Jh.

46   MILLSTATT   Ehemalige Benediktinerabtei, Kreuzgang

47, 48   MILLSTATT   Westportal, Säulenbasis vom linken Gewände; rechtes Gewände

49   MILLSTATT   Säulenkapitell im Kreuzgang

50   ZWEINITZ   St. Egyd, Westportal, Detail

51 GMÜND Ruine des ›Alten Schlosses‹

52 ZWEINITZ St. Egyd, Fresko im Tympanon, 1420–1430

53, 54 FRIESACH St. Nikolaus, Astkreuz-Kruzifix, 14. Jh.; Kruzifix-Detail

55–57 SPITTAL a. d. DRAU   Schloß Porcia, Arkadenhof; Türgewände; Hauptportal

58 THÖRL bei Villach   St. Andreas, Darstellung des ›Lebenden Kreuzes‹ und Passionszyklus von Thomas von Villach, um 1475

59 THÖRL bei Villach   St. Andreas, Detail vom   60   ZWEINITZ   St. Egyd, Fresko in der Apsis
    Passionszyklus

61 METNITZ   St. Leonhard, Totentanzfresko, Detail, um 1500

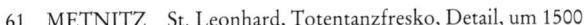

62 WOLFSBERG Schloß Bayerhofen, Arkadenhof (1650–1665)

63 STIFT GRIFFEN Ehemalige Stiftskirche, Westfassade, 18. Jh.

64 Bildstock bei Afritz

siedelten sich die ersten Bürger an. Von ihr könnte der Flechtwerkstein am Karner, wenige Minuten vom Hauptplatz entfernt, stammen (innen ›Gekreuzigter‹ von 1510). Die benachbarte *Pfarrkirche* erwähnen Urkunden erst 1131. Im Kern romanisch, dann gotisch und nach einem Stadtbrand 1829 in Mitleidenschaft gezogen, wurde sie 1884–1891 fast vollständig erneuert. Deshalb ist das ›romanische‹ Trichterportal nicht echt. Das Relief ›Vitus im Kessel‹ darüber ist dagegen ein römisches, das in der Zeit der Romanik bearbeitet wurde. Im Inneren ist der Baldachinaltar mit beidseitigen Opfergangpforten und einer großen, von den heiligen Dominikus und Klara begleiteten Muttergottesgruppe ein prächtiges Werk (1752) des einheimischen und vielbeschäftigten Holzbildhauers Johannes Pacher. Er schuf auch den Kreuzaltar in der nördlichen Seitenkapelle, den Florianialtar im südlichen Seitenschiff und die Kanzel. Auf dem Gemälde des Floriani-Altars erkennt man das brennende St. Veit und auf einem anderen am Aufgang zur Empore den Hauptplatz während einer Prozession. Im südlichen Seitenschiff wurden Fresken von 1406 abgenommen und auf die linke Chorwand übertragen. Unter den Grabplastiken an den Außenmauern fällt die eines Kindes von Martin Paccobello (1613) ins Auge.

Außerhalb der Mauern (Oktoberplatz 5) kann St. Veit noch mit einem Kuriosum, dem *Bürgerspital* (Abb. 33), aufwarten. Ähnliches gibt es weithin nicht. Die nach außen abgeschirmte, mit Schießscharten versehene, selbständige Anlage um einen Hof mit Kirche und Laubengängen stiftete eine Witwe 1330. Sie wurde mehrfach verändert und erweitert. Heute sind die Räume von Familien bewohnt. Hier ist außerdem das sogenannte Trabantenmuseum mit Uniformen Kärntner Bürgergarden untergebracht (Besichtigung nach Vereinbarung, ☎ 0 42 12/31 92).

Jenseits der Mauer in der Nähe des Spitals liegt auch das ehemalige *Klarissenkloster*. Die Katastrophe von 1829 ließ nur einen Teil aus den Jahren um 1650 übrig. Gegründet hatte es 1323 Konrad von Auffenstein, Landesmarschall und Gatte jener durch die Spitalgabe bekannt gewordenen Frau. Die Kirche der Abtei steht noch. Den Chor ihrer einschiffigen Halle nimmt wieder ein Altar von Pacher ein. Zwischen den vielen Heiligen findet man auch eine Statue Kaiser Heinrichs. Bei der Barockisierung wurden dem Bau drei als Begräbnisstätten gedachte Kapellen mit ebenfalls wertvollen Altären eingegliedert. Auf der kostbaren Orgel in bemerkenswertem Gehäuse (1731) von Franz Knoller wird nach einer Restaurierung noch konzertiert.

Diese Zeilen über St. Veit lassen sein einstiges Gewicht in der Kultur Kärntens ahnen. Die kleine Stadt mit rund 12 500 Einwohnern in 42 inzwischen eingemeindeten Ortschaften will aber diese Vergangenheit nicht einfach auf sich beruhen lassen. Sie will ihr auch heute noch gerecht werden. Zu den Veranstaltungen, mit denen sie das bewerkstelligt, rechnen ihre Symposien ›Profil‹. So redeten beispielsweise im September 1979 Germanisten, Journalisten und Schriftsteller aus Ländern mit deutschen Sprachinseln über ›Deutschsprachige Literatur in Begegnung mit anderen Kulturen‹. Durch solche Arbeitsgespräche unterscheidet sich ›Profil‹ von anderen, oft auf Repräsentation zielenden Diskussionen.

Bogen 8   1097-8   Kärnten   Dezember '84

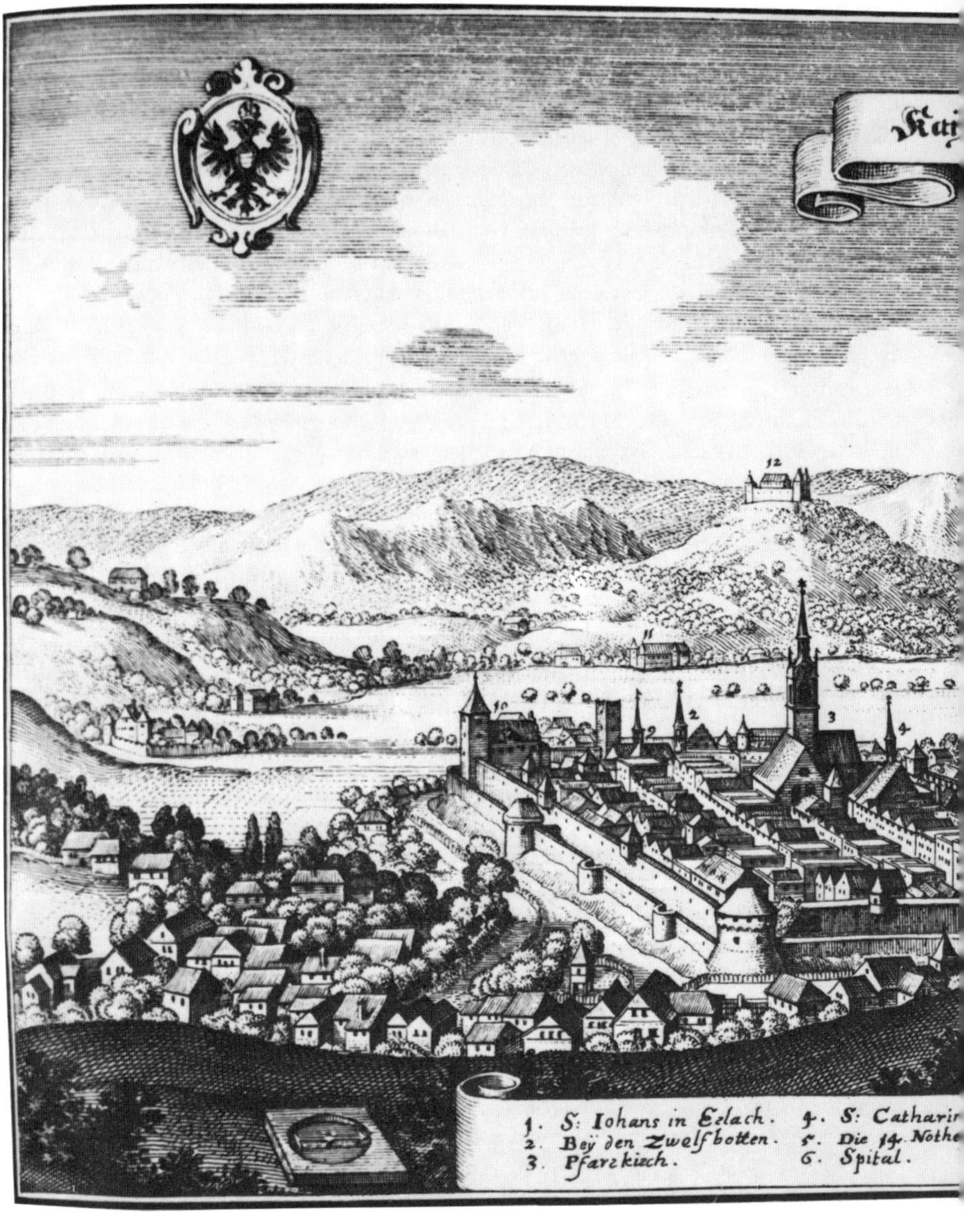
1. S: Iohans in Ezlach.
2. Bey den Zwelfbotten.
3. Pfarzkirch.
4. S: Catharir
5. Die 14. Nothe
6. Spital.

St. Veit a. d. Glan 1649, mit den Burgen Weyer, Taggenbrunn und Hochosterwitz und dem Magdalensberg (Matthäus Merian)

att S: Veit.

. Franciſcaner kirch.   10. Die Burgg.   13. Hochen Oſterwitʒ.
Kaÿ: auffſchlag haus.   11. Weÿer.   14. S. Mugdalena berg.
. Rahthauſe.   12. Tackenbrün.   Peter Leſſacher delm

Die ehemalige Blütezeit St. Veits spiegelt nicht nur die Stadt, sondern auch über zwanzig Burgen und Schlösser in unmittelbarer Umgebung, teils Ruinen, teils bewohnt. Stille umgibt zum Beispiel **Schloß Frauenstein** (Abb. 32) nur wenige Kilometer nordwestlich von St. Veit. Geräusche vom Wirtschaftshof tönen weit. Das Schloß überrascht. Man vermutet in der Einsamkeit keine so schöne, wohl gegliederte und mit sechs Türmen bewehrte Anlage. Den Wohnsitz schuf sich der Landesverweser Christian Welzer aus Resten der älteren Burg. Zu ihr gehörte der mittlere Rundturm in der talseitigen Front. In dem von Gebäuden gebildeten Innenhof präsentiert sich ungestört eine für Kärnten typische Architektur des 16. Jahrhunderts. Die Welzer bekannten sich auch zum lutherischen Glauben, und eine Nachkomme des Christian starb als vertriebener Protestant in Basel.

Das nahe *Kraig* (Propsteikirche aus dem 14. Jahrhundert mit Pacher zugeschriebenen Altären) war in der Reformation ein Mittelpunkt der neuen Lehre. Unweit auf einem Felsen liegt die Ruine des Lustschlosses *Freiberg* von Bernhard von Sponheim.

Auf einem Fußweg erreicht man von Frauenstein aus aber auch nach einer halben Stunde im Wald die zwei Ruinen der **Kraiger Schlösser** (1091 erwähnt). Ihre frühen Besitzer waren Truchsesse und Kämmerer der Landesherren. Aber schon im 17. Jahrhundert verfielen die Bauten, obwohl sie, den Resten nach zu urteilen, stattlich und prächtig gewesen sein müssen. Trümmer von Bergfried und Palas, die Bögen einer beide Schlösser versorgenden Wasserleitung, vom Wald bedrängt, schaffen ein romantisches Bild. Aber die Gegend war einmal voller Leben. Bereits Noriker gruben nach Eisen und Blei. Bei Kraig bauten die Römer einen Marmorbruch ab.

Aus derselben Zeit wie Frauenstein stammt auch *Schloß Weyer*. Es beherrscht freies Feld östlich von St. Veit und seine Trakte zeigen halb Burg- halb Schloßcharakter. Seine Besitzer wechselten oft. Rainer Maria Rilke nahm an, es sei der Sitz seiner Vorväter. Aber auf die aus Sachsen eingewanderten und um 1550 ansässigen Rülko kann er sich kaum berufen. Weyer wird inzwischen als Bauernhof genutzt und sieht ziemlich verwahrlost aus. Immerhin lassen Ecktürme, Erker, Torturm mit Zugbrückenportal, spätgotisch profilierte Fenstergewände und schließlich auch noch Arkaden erkennen, daß es Frauenstein nicht nachstand.

Die von hier weithin auf einem Hügel sichtbare *Ruine Taggenbrunn* war eine Burg (1143) der Salzburger Erzbischöfe. Sie wurde in den Auseinandersetzungen zwischen Klerus und Herzögen mehrfach zerstört, so auch als Kärntner Truppen die vom Bischof gerufenen ungarischen Besatzer vertrieben. Am Anfang des vorigen Jahrhunderts lieferten die verlassenen Befestigungen manchem St. Veiter Bürger das Baumaterial für sein Haus. Eine Gaststätte und die herrliche Aussicht über St. Veit und das Zollfeld bestimmt die Ruinen nun zum Ausflugsziel.

Die imposanteste Burg im Bannkreis von St. Veit, ja eine der imposantesten in Österreich, ist aber **Hochosterwitz** (Umschlagvorderseite). Allein ihre Lage erhebt sie schon zur Sehenswürdigkeit ersten Ranges. Frei aus der Ebene steigt ein einzelner Kalkfelsen 160 m hoch steil an und obenauf sitzt die Festung; besser die Hochburg, denn die Fortifikationen beginnen zu Füßen des Kogels. Vierzehn Tore (Abb. 30), jedes mit einem anderen Namen, jedes in anderer Art aus Sandstein und Chloritschiefer gebaut und mit anderen Aufgaben betraut und jedes sogar verschieden verziert mit Reliefs, Sgrafitti und Wandmalereien, beschirmen die spiralförmige, Schluchten überbrückende und in die Felswände gehauene, um den Berg laufende Straße. Jedes Tor ein kleines Kastell mit eigenen Verteidigungseinrichtungen, aber auch ein anderes immer wieder deckend. Jeder Gegner hätte die Burg nur mühselig Tor nach Tor erobern können und wäre doch von allen Seiten den Waffen der Besatzung ausgesetzt gewesen. Kurz: Hochosterwitz war für seine Zeit ein technischer Bau höchst vollendeter Zweckmäßigkeit.

So wie man es jetzt ersteigt, ließ es Georg Khevenhüller (s. S. 83) 1571–1586 unter Verwendung einer älteren Anlage ausführen. Er kaufte es von Erzherzog Karl und hat es, wie eine Marmortafel im Hof verkündet, »zum Nutzen des Staates auf eigene Kosten ausgebaut…«, vornehmlich wohl gegen die Türken. Zwei Ehen, eine mit einer Frau aus einer Salzburger Goldwerken-, eine andere mit einer Frau aus einer ungarischen Goldwerken-Familie, verschafften ihm offenbar die Mittel dazu. Er verfügte auch »daß diese Burg von seiner Familie niemals wegkomme, weder durch

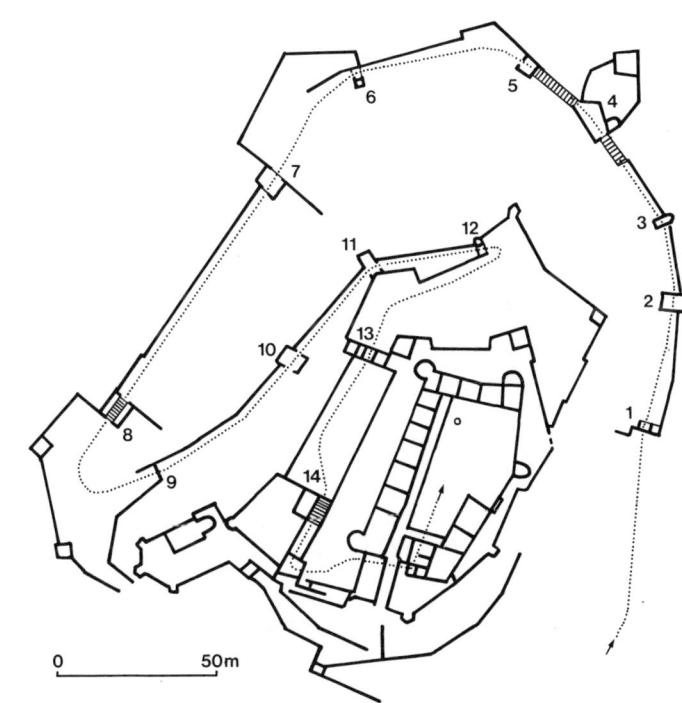

Hochosterwitz,
Plan der Burg

1 *Fähnrichstor*
2 *Wächtertor*
3 *Nautor*
4 *Engeltor*
5 *Löwentor*
6 *Manntor*
7 *Khevenhüllertor*
8 *Landschaftstor*
9 *Reisetor*
10 *Waffentor*
11 *Mauertor*
12 *Brückentor*
13 *Kirchentor*
14 *Kulmertor*

Hochosterwitz, Mitte 19. Jahrhundert (Markus Pernhart)

Verkauf, Schenkung, Veränderung, als Heiratsgut, als Unterpfand, durch Teilung, Ausleihen noch auf irgend eine andere Weise eine Besitzverminderung Platz greife«. Die Khevenhüller haben sich bis heute daran gehalten. Sie besitzen Hochosterwitz immer noch. Es war freilich nicht von Anfang an ihr Besitztum. Funde weisen sogar eine vor- und frühgeschichtliche feste Siedlung nach, wie übrigens auf anderen Bergen in der Nähe auch. Vielleicht schützten die Ringwälle als Vorwerke die Norikerstadt auf dem Magdalensberg. Außerdem kommt der Name im Grunde vom keltischen ›Astarvizza‹. Die Urkundenschreiber vom 9.–12. Jahrhundert nannten es so. Aus ihren Dokumenten kann man lesen, daß König Ludwig der Deutsche Hochosterwitz 860 dem Bistum Salzburg schenkte, daß es einem Ceizolf von Sponheim gehörte, daß Bernhard von Sponheim die Herren von Osterwitz zu Mundschenken ernannte, daß es kaiserliches Lehen war, dann ein kaiserliches Pfand an den Bischof von Gurk und schließlich eines an Christoph Khevenhüller, einen Vetter des Georg. Am siebten, dem prächtigsten, dem Khevenhüllertor kann man deren Wappen und die Marmorbüste des Erbauers sehen. Neben dem 13. Tor die Kirche zu den Heiligen Johann Nepomuk und Nikolaus. Ihre Tür umrahmen zwei marmorne Figuren ›Büßer und Büßerin‹ und ein Brustbild Christi mit den Aposteln, möglicherweise in Italien gemeißelt. Im Inneren ein Altar aus der Werkstatt Pachers, eine Grabplatte für Franz Khevenhüller (†1607) und in der Familiengruft der Marmorsarkophag des Alfred Khevenhüller (†1911).

Durch das letzte Tor gelangt man in den Zwinger zwischen Wehrmauer und Burg und schließlich über eine überdachte Treppe erst in einen Vorhof und dann in die eigentliche Burg. Beim Bau dieser Teile benutzte Georg Khevenhüller eben jene älteren. Die südlichen mit Treppe und Laubenbalkon stehen auf der Brüstungsmauer und wurden 1673 zugefügt. Im kleinen und großen Burghof je ein Ziehbrunnen; im letzteren auch eine kleine Kapelle mit Decken- und Wandmalereien und einem Bild des Burgerbauers mit seinen zwei Frauen und sieben Kindern. In den Räumen hinter den Arkaden des Westtraktes werden die von Napoleon zurückgelassenen Waffen, Rüstungen und Fahnen sowie Kunstgegenstände, Bilder und Dokumente der khevenhüllerschen Familiengeschichte gezeigt. Einmalig ist der vergoldete Bronzealtar mit dem davor knienden Georg aus bemaltem Holz (1580). Neben diesem Museum gibt es auf Hochosterwitz noch ein renommiertes Restaurant. Der jetzige Burgherr bewohnt aber das aus einem früheren Herrenhaus entstandene, mehrfach umgewandelte *Schloß Niederosterwitz* an der südlichen Seite des Felsens.

Nördlich zu Füßen des Berges liegt der Ort **Launsdorf**. In der Vorlaube seiner *Pfarrkirche* (romanische Chorturmkirche mit gotischen Anbauten) befindet sich eine spätgotische Kostbarkeit (1520–1525): eine flachgeschnitzte Holzdecke, 28 Felder mit Menschen-, Tier- und Pflanzensymbolen. Die Bedeutung der meisten kennt man nicht. Sie verschönten einmal ein nicht bekanntes Kirchenschiff und ein Teil von ihnen kam nach St. Martin, ebenfalls in der Nähe von Hochosterwitz.

Launsdorf gehört zur Gemeinde **St. Georgen am Längsee** jenseits der Höhe. Die Hügel um die beiden Ortschaften schob ein Eiszeitgletscher auf. Moränen stauten auch den See, der, wie man am feuchten Land ringsum bemerkt, viel größer war (jetzt Badeplatz für Feriengäste). Auf ihn bezieht sich auch der Name der Gemeinde. St. Georg tötete den Drachen, und dieses Ungeheuer versinnbildlichte die Bedrohung durch Wasser und Sumpf. Und St. Georg war der Patron der ehemaligen *Benediktinerinnen-Abtei*, deren Gebäude, jetzt als Hotel und Bildungsstätte genutzt, den Hang über dem Wasser beherrschen. Josephs II. Reform hob das Stift auf, obwohl es eines der ältesten Klöster Kärntens war. Gräfin Wichpurch von Sonnenburg aus dem Pustertal, vielleicht von Innichen beeinflußt, gründete es zwischen 1002–1008. Keiner der vier Flügel geht jedoch auf diese Zeit zurück. Baumeister Carlone aus Lugano erbaute sie 1654–1658 und verwendete dabei älteres, aber auch nicht ursprüngliches Mauerwerk. Im 13. Jahrhundert war die Abtei nämlich schon baufällig. Im Jahrhundert darauf wurde sie deshalb restauriert und den Nordwesttrakt von damals bezog Carlone in seinen Neubau ein. Zwei Äbtissinen ließen später Kirche und Kloster barockisieren und aufstocken. Die quergestellte Kirche teilt den großen Hof eigenartig in zwei Abschnitte, und nur das romanische Trichterportal an ihrer Nordseite blieb als Einziges von ganz früher noch sichtbar. An der Nordwand ist ein gotisches Portal mit Fialen und Blumen- und Blattzierat erhalten. Den barocken Innenraum bestimmt der die ganze Wand einnehmende Hochaltar mit einem großen St. Georgs-Bild und überlebensgroßen Heiligenfiguren. Wie in der Gegend üblich unter den Plastiken (Kreuzigungsgruppe ca. 1520) an den Gebäuden viele Reliefs aus Virunum.

Villach und Umgebung

Kärntner zitieren gelegentlich zum Spaß den bei ihnen allseits bekannten Spruch: »Das Land hat drei Hauptstädte, eine alte, eine neue und eine, die es gern sein möchte.« Sie meinen damit St. Veit an der Glan, Klagenfurt und Villach. Nun – Villach mit zirka 51000 Einwohnern Kärntens zweitgrößte Stadt, könnte seiner Lage nach durchaus als Metropole gelten. Hier treffen Gail- und Drautal zusammen. Eine hochwasserfreie Terrasse über den Flüssen am Fuße der Villacher Alpe zog Siedler schon 1800 v. Chr., dann wieder 500–100 v. Chr. und schließlich wieder in der Römerzeit an.

Wege verbanden und verbinden auch Ober- und Unterkärnten und darüber hinaus den Wiener Raum und Süddeutschland mit Italien. Sie überquerten und überqueren in Villach die Drau. Die Stadt wurde so auch zu einem der wichtigsten Eisenbahnknotenpunkte Österreichs. Bleierzlager in unmittelbarer Nähe, schon vor unserer Zeitrechnung abgebaut, und später auch Zink vergrößerten noch einmal die Bedeutung. Die Römer unterhielten an der Straße ihre Zollstation Bilachinium – keltisch Biliakom. 878 sprach eine Urkunde von ›pons Villah‹, von einer Brücke also. 976 verlieh Kaiser Otto II. an den Herzog von Kärnten einen Königshof ›Fillac‹, und 1007 schenkte Kaiser Heinrich II. den Hof, Burg, Kirche und Ländereien dem von ihm begründeten Erzbistum Bamberg. Bei ihm verblieben sie siebeneinhalb Jahrhunderte, bis Maria

Theresia sie kaufte. Villach blühte unter den geistlichen Fürsten (1060 Marktrechte, 1240 Stadt), wenn es nicht von Katastrophen heimgesucht wurde. Schrecklich war das Erdbeben vom 25. 1. 1343. Stadtpfarrkirche und Nikolaikirche stürzten ein und begruben die betenden Gemeinden. In den Ruinen der Häuser flackerten Brände und hinterließen nur Schutt. Fünftausend Menschen kamen um. Mit Unterstützung der Bamberger wieder aufgebaut, brannte die Stadt mehrmals und 1690 vernichtete sie ein Erdbeben noch einmal.

Das 15. und 16. Jahrhundert war eine goldene Epoche. Villach profitierte vom Freihandel Venedigs und vom Bergbau. Von Gewerken und Knappen erzählt eine Sage. Die Männer schürften im Ostwaldiberg nördlich von Villach nach Gold und Silbererzen und wurden, da die Vorräte unerschöpflich schienen, reich und übermütig. Zum Scherz stahlen sie die einzige Kuh einer armen Frau, schlachteten sie, füllten ihr Fell mit Stroh und stellten sie wieder in den Stall. Daraufhin ließ die Frau ein eisernes Huhn schmieden und postierte es vor dem Stolleneingang, und als die Bergleute eine neue Schicht begannen, fluchte sie: »So wie diese Henne keine Eier legt, so werdet Ihr kein Gold mehr finden«, und von da an förderten die Knappen nur noch taubes Gestein.

Wilhelm Bombast von Hohenheim war von 1502–1534 Bergwerksdirektor und Stadtphysikus, und sein Sohn, der berühmte Mediziner, Naturforscher und Philosoph Theophrastus Paracelsus verbrachte seine Jugendzeit in der Draustadt. Sogar Karl V., in dessen Reich bekanntlich die Sonne nicht unterging, bot sie Schutz vom 26. 5.–13. 7. 1552. Der gichtkranke und gebrochene Kaiser mußte in den religiösen Auseinandersetzungen der Zeit vor Kurfürst Moritz von Sachsen aus Innsbruck flüchten.

Auch als Kunststadt strahlte Villach aus. Werke des Meister Friedrich und seines Sohnes Johannes von Villach und dessen Schülers Thomas von Villach (nachmals der bedeutenste gotische Maler Kärntens), später die zur Renaissance überleitenden von Urban Görtschacher sehen wir in manchen Kirchen. Die Bildschnitzer Heinrich und Lukas Tausmann statten um 1500 ebenfalls Gotteshäuser in Kärnten, der Steiermark und Friaul mit großartigen Flügelaltären aus.

In der jetzigen, im letzten Krieg arg mitgenommenen (größter Verlust das Khevenhüller-Palais; an seiner Stelle nun das 1951–1953 erbaute und mit Erinnerungsstücken aus dem Palast versehene Rathaus) *Altstadt Villachs,* von einer Drauschleife umflossen, dominiert die Renaissance, aber auch gotische Anklänge sind erkennbar. Von der Brücke aus führt eine breite Straße, der Hauptplatz, leicht ansteigend zur Hauptstadtpfarrkirche St. Jakob. Manchmal brechen schmale Gassen, auch unter Schwibbögen, die geschlossen erscheinenden Fronten rechts und links auf. Bei Spaziergängen im Zentrum empfindet man deutlich eine aus gegenwärtigem Leben und Nachklang der Vergangenheit gebildete Atmosphäre. Die Fassaden verbergen oft schöne Renaissance-Höfe, am Hauptplatz Nr. 18 zum Beispiel der nach Paracelsus genannte oder der Hirschegger-Hof Nr. 20. Vor Nr. 22 steht eine Säule mit den Figuren der Heiligen Dreifaltigkeit von 1606, die zur Erinnerung an die Pest seit 1713 die Statuen von Maria, Florian und Rochus ergänzen. In der Widmann-Gasse, von der ein Stück der älteste

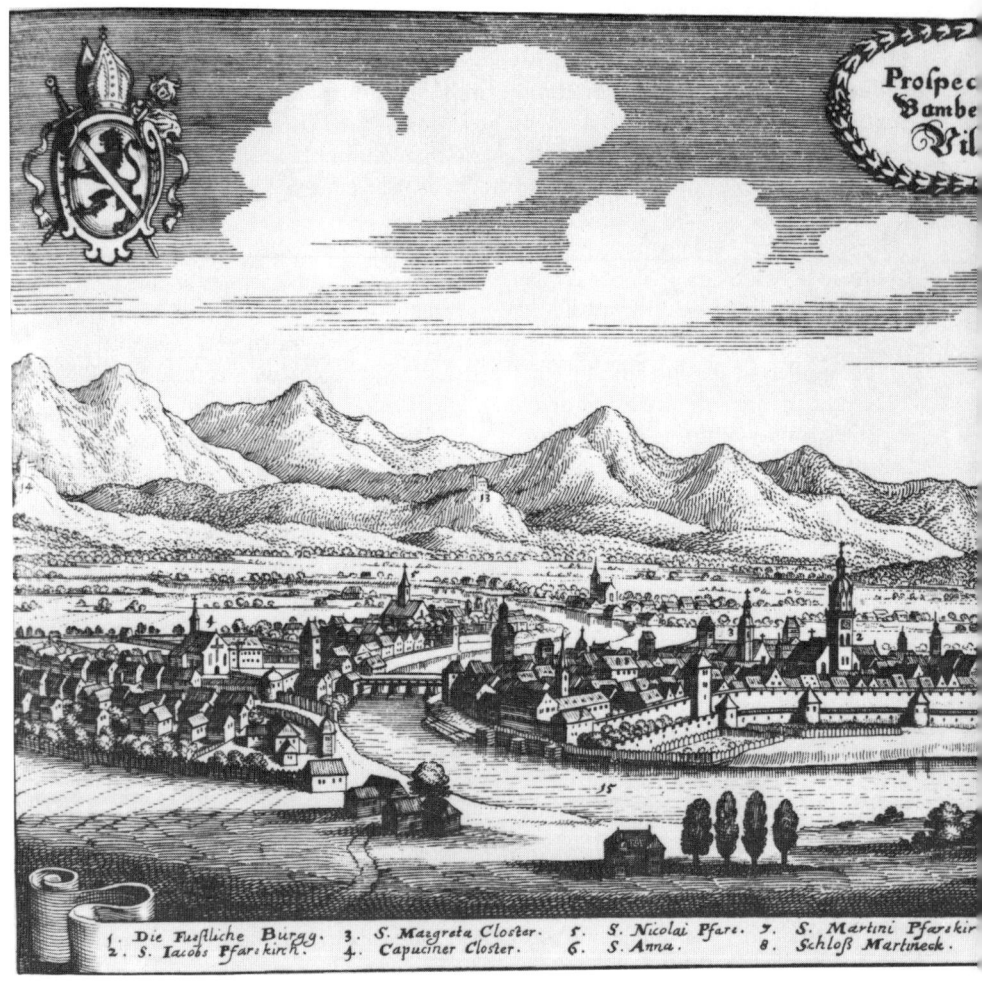

Villach, 1649 (Matthäus Merian)

Markt (zwischen 1060–1136) war, sind die Höfe der Häuser Nr. 12 und 30 beachtlich. Nr. 38, auch mit Säulenarkaden über drei Geschosse und ehemaliger Stadtmauer im Hof, beherbergt das *Stadtmuseum*. Seine Sammlungen lohnen eine Besichtigung. Sie reichen von vor- und römerzeitlichen und frühmittelalterlichen Funden aus Villach und seinem Bezirk bis zu den Tafelbildern von Friedrich und Thomas von Villach.

Ein schlichter Bau am Flußufer ist die *Burg* aus der Mitte des 16. Jahrhunderts, einst als Sitz der bambergischen Vizedome mit der Stadtbefestigung 1233 errichtet.

. S. Johanroe. 11. Ristmeisters wohnung. 12. Warmbad. 14. Schloß Finckenstein.
o. Als Uederau, der Paß in Italia vber den Geil fluß. 13. Vnfer Frawen an der Geil. 15. Träab fluß.

Das größte und bedeutsamste Baudenkmal der Stadt ist jedoch *St. Jakob*. An ihrem Platz standen einmal römische Häuser und am Ende des 11. Jahrhunderts eine erste Kirche. Sie ging beim ersten Erdbeben zugrunde. Zunächst errichtete man den Chor (1360–1370) wieder und dann das Langhaus (1450–1460). Der ehemals freistehende Turm, im Untergeschoß aus dem 13. Jahrhundert, wurde später durch einen Bogen mit der Kirche verbunden und nach mehreren Beschädigungen erst 1847 vollendet. Im Innern empfängt den Besucher eine vom Chor her lichtdurchflutete hohe, dreischiffige

Halle mit schönem Schling- und Netzrippengewölbe auf zehn Rundpfeilern und eine Fülle von Kunstwerken. In einer Auswahl seien aufgezählt... an der Südwand des Chores ein zu oft restaurierter Christophorus von Thomas von Villach; auf dem Hochaltar ein ergreifendes spätgotisches Kruzifix von elegantem Rokokoschnitzwerk (1784) und Heiligenfiguren umgeben; in der Taufkapelle (nördlicher Chorschluß) ein gotischer Betstuhl mit Relief ›Samson und der Löwe‹; im südlichen Seitenschiff die Dietrichstein-Kapelle mit gotischem Jakobusfenster und Sakramentshäuschen sowie barockem Altarbild; anschließend die Grabkapelle der Familie Khevenhüller mit wieder gotischem Fenster und darunter Konsolfiguren, die Kaiser Heinrich II. und seine Frau Kunigunde darstellen. Hier auch ein Epitaph Christoph Khevenhüllers (Abb. 29). Weitere seiner Verwandten sind neben denen anderer Feudalen in der ganzen Kirche zu finden, so neben der Taufkapelle, an einer Mauer des südlichen Seitenschiffs, im Langhaus und am Anfang zur Orgelempore (1482–1484, von Balthasar von Weißpriach gestiftet). Als besonderes Werk verdient die Kanzel aufmerksame Betrachtung. Aus der lebensgroßen, auf einem Polster ruhenden Figur Jesses wächst als Schaft der Stammbaum und öffnet sich zum achteckigen Kelch. Die Kanzelbrüstung zeigt Verkündigung, Geburt, Kreuzigung, Vorhölle und Auferstehung Christi und die Wappentafel des Stifters Georg Ulrich von Künsberg. Er beauftragte 1555 Gallus Seliger aus Judenburg mit der Ausführung. Damals, genau von 1524–1596, gehörte die Kirche der evangelischen Bürgerschaft. Trotz der Herrschaft des Erzbistums Bamberg bekannten sich also zeitweise die meisten Einwohner zur Reformation.

Der kunstinteressierte Besucher von Villach darf aber auch die Besichtigung der *Pfarr- und Wallfahrtskirche St. Peter,* genannt *Heiligkreuzkirche* (Abb. 34), in der Vorstadt Perau nicht vergessen. Sie ist eines der wenigen rein barocken Gotteshäuser in Kärnten und vielleicht das repräsentativste dazu. An ihr kann man sozusagen die Regeln der Baukunst des Barock studieren. Die Fassade ist edel proportioniert. Zwischen zwei dreigeschossigen Zwiebeltürmen schwingt der Mittelteil elegant zurück, und im Scheitel dieser leichten Krümmung setzt ein von Säulen getragener

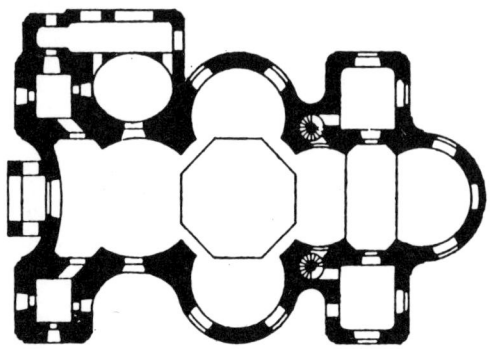

Villach, Pfarr- und Wallfahrtskirche St. Peter in Perau, Grundriß

rechteckiger Balkon (mit einer ›Geißelung Christi‹), das Portal betonend, an. Links bringt der Chor einer später angebauten Gnadenkapelle die Masse ein wenig aus dem Gleichgewicht, verleiht aber zugleich den Verhältnissen durch Asymmetrie eine gewisse Spannung. Der Front entsprechend fügen sich im Innern ebenso fein aufeinander abgestimmte und auf einen achteckigen Zentralraum mit Kuppel bezogene Teilräume kreuzförmig zusammen. Rundungen und Geraden wechseln rhythmisch. So ergänzen den Chor an beiden Seiten im Grundriß quadratische Anbauten mit Logen im Obergeschoß, und unter der Empore leitet ein Oval wieder in das schmale Rechteck der Kapelle über. Aus den Wänden treten flache Pfeiler mit reichen Kapitellen vor, und unter den Fenstern läuft ein ausladendes, gut proportioniertes Gesims um. Rosafarbene, weiß abgesetzte Bemalung von außen nach innen weitergeführt und die Einrichtung – der Hochaltar mit Christus am Kreuz, Maria, Johannes und zwei Bischöfen, zwei Seitenaltären und Kanzel – aus der Bauzeit vermitteln den Eindruck gelungener Einheit. Nur ältere Fresken im Gewölbe ersetzte Fritz Fröhlich 1960 durch neue Malereien. Alles andere wurde nach Plänen von Hans Eder – die Gnadenkapelle (1771) ausgenommen – von einheimischen Handwerkern 1744 vollendet.

Von Perau aus gelangt man geradewegs über die Gail kurz vor ihrer Mündung in die Drau nach **Maria Gail**. Dort erwartet den Reisenden wieder ein wahres Kleinod. Die Wehrkirche, vermutlich eine langobardische Gründung (7. Jh.), später einer von Aquileja betreuten Pfarre zugehörig und noch später Mutterkirche von St. Jakob, besitzt einen wunderbaren spätgotischen Flügelaltar (Farbt. 6). Im Schrein krönen Gottvater und Christus die kniende Maria. Über ihr fliegt die Taube der Heiligen Dreifaltigkeit, und ein Engelschor jubiliert. In den Feldern der Seitenflügel die Reliefs ›Geburt Christi‹, ›Anbetung der Könige‹, ›Ausgießung des Heiligen Geistes‹ und ›Marientod‹, im Sockel Reliefs von drei Marienfamilien. Erstaunlich wie vollendet der Bildschnitzer die Vollplastik der Mittelfiguren und das Relief der sie umgebenden Szenen, wie er die Bewegung in den Gewändern und die Ruhe ausstrahlende Komposition der Figuren zueinander in ein harmonisches Ganzes brachte.

Über den Schöpfer des Altars rätseln die Kunsthistoriker. Die einen schreiben die Arbeit einer St. Veiter, andere einer Friesacher oder Villacher Werkstatt zu. Die Statuen der Maria mit dem Kind, der Barbara und Margarethe neben dem Altar schnitzte ein Bildhauer derselben Werkstatt. Wenn dieser Altar fraglos das wertvollste Werk des Gotteshauses ist, so dürfen auch der Hochaltar mit einer Schutzmantelmadonna vom Ende des 15. Jahrhunderts, die spätgotischen Figuren der heiligen Barbara und Margarethe sowie der Gottesmutter an der Nordwand des Schiffes, der ebenfalls spätgotische St. Florian an der Orgelempore oder der Freskenzyklus ›Geißelung Christi‹ (um 1300) und die steinerne Madonna (um 1450) an der südseitigen Außenwand nicht übersehen werden.

Stadt und Landschaft um Villach beherrscht der westlich liegende 2167 m hohe Klotz der **Villacher Alpe,** auch **Dobratsch** genannt (Farbt. 16, 19). Der zweite Name stammt aus dem Slawischen und läßt sich mit ›guter Berg‹ übersetzen. Seit 1965 führt eine 6 m breite und 14,5 km lange Fahrstraße mit 11 Parkplätzen in die Nähe der Waldgrenze bis zur ›Roßtratte‹. Ein Lift kann die Wanderer bis auf 1750 m weiter befördern. Dann allerdings erreicht man den Gipfel nur noch in einem Fußmarsch – und wird durch eine faszinierende Aussicht belohnt. Bei gutem Wetter sieht man Zillertaler Alpen, Hohe und Niedere Tauern und den Dachstein, die Gurktaler Alpen, Karawanken und Karnische Alpen, dahinter die Julischen Alpen und die Dolomiten. Aufmerksamen Naturfreunden begegnen Schwarzföhren, Almrausch, Enzian, Fingerkraut, Benediktwurzel, Aurikel und andere Pflanzen oder zum Beispiel die Sandviper, Äskulapnatter, Smaragd- und Mauereidechsen und Kolkraben. Darüber hinaus zeigt in 1500 m Seehöhe ein 10 000 qm umfassender Alpengarten ca. 1000 Pflanzenarten (beim Parkplatz 6, geöffnet von Mitte Juni bis Ende August täglich 9–18 Uhr).

Als ›guter Berg‹ erweist sich der Dobratsch auch durch Thermen. Er sammelt Regenwasser in seinem Massiv. Diese drücken in der Tiefe auf ältere, von Mineralien angereicherte und erwärmtes Wasser und diese treten am unteren Hang als Quellen aus. Um fünf solcher Quellen entstand *Warmbad Villach*. Erwähnt wird es zum ersten Mal 1445 in einer Urkunde vom ›Burgfriede bey dem warmbade‹. 1517 erfahren wir den Namen des ersten bekannten Inhabers des ›warmen pades‹. Er hieß Reyschko. Paracelsus vermerkte die Quellen in seinem Bäderbuch, und in der medizinischen Literatur des 16. Jahrhunderts wird auf sie mehrfach aufmerksam gemacht. Schließlich ließen die Bischöfe von Bamberg die heruntergekommene Anlage durch ihre Vizedome erneuern. Ausführliche Beschreibungen des Badelebens gibt es auch aus dem 18. Jahrhundert. Der eigentliche Aufstieg zum Kurort internationalen Ranges begann jedoch 1826 mit dem Neubau einer Thermenhalle. Heute sprudeln täglich 40 Millionen Liter zirka 30° warmen Wassers aus den Calcium-Magnesium-Hydrogenkarbonat-Thermen mit radioaktivem Quellgas (wie sie wissenschaftlich heißen) und speisen ein großes, direkt über dem Austritt erbautes Hallenbad, ein kleineres sowie zwei Freibäder. Drei komfortable Hotels besitzen zudem noch eigene Becken. Ihre Gäste kurieren rheumatische und degenerative Gelenkerkrankungen, Herz- und Kreislaufleiden und hormonelle Störungen oder genießen auch nur die Erholung. Ein gepflegter, mit alten Bäumen bestandener Kurpark geht in einen 20 Hektar großen Naturpark für Spaziergänge und Wanderungen aller Art über.

Auf diesen Gängen entdeckt der Besucher vielleicht im Gelände der Napoleonwiese – so genannt weil der Korse hier einen Baumgarten anlegen ließ – oberhalb des Warmbades die Überreste der alten Römerstraße. In den Felsen gehauene Stufen und die Spurrillen der Wagen sind deutlich zu erkennen. Ebenfalls zu sehen sind die Hügelgräber eines hallstattzeitlichen Friedhofes (750–250 v. Chr.). In der Gegend befanden sich auch Höhlen, in denen Funde aus verschiedenen Jahrhunderten gemacht wurden. Sie dienten sicherlich immer wieder als Zuflucht bei Gefahren. Auch Mauern einer Fliehburg aus der Römerzeit wurden aufgedeckt. In ihr befanden sich Altäre, die durch ihre Inschriften auf vorrömische Schutzgottheiten für Quellen deuten. Man darf

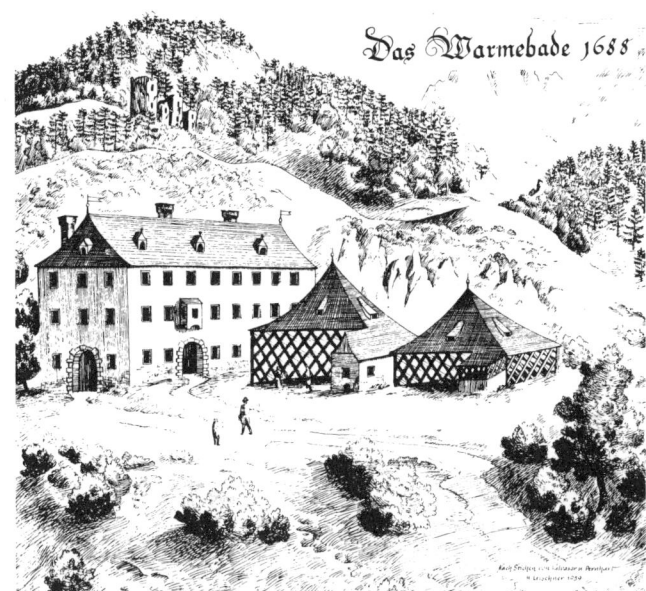

Warmbad Villach, 1688
(Johann Weikhard von
Valvasor)

Warmbad Villach, 1850
(nach Markus Pernhart)

also annehmen, daß die Thermen schon in vorgeschichtlicher Zeit, bestimmt aber von den Römern benutzt wurden. Fundstücke aus der Umgebung, unter ihnen das Marmorköpfchen einer Quellnymphe, sind im Vorraum zum Hallenbad des Hotels ›Warmbacher Hof‹ ausgestellt.

In der hügeligen Landschaft nördlich und östlich von Villach hinterließ der zurückweichende Draugletscher vor ungefähr 17000 Jahren mehrere kleine Seen. Sie sind ohne Zu- und Abfluß. Schmelzwasser verbliebenen Eises füllte diese Hohlformen der Erde, vergleichbar der Entstehung des Wörther Sees. In den größten von ihnen (2,35 km²), den 30 m tiefen **Faaker See** (Ausfahrt nach Maria Gail) fließt dagegen der Woroutzbach. Er führt feinsten Kalkstaub mit sich und dieser läßt den See leuchtend türkisblau glänzen. Vor 35 Jahren war er kaum bekannt. Heute sind die Dörfer an seinem Ufer zu einer einzigen großen Fremdenverkehrszone verbunden und durch Hotelbauten und Sommerhäuser auch weitgehend verändert.

In *Faak* eine gotische Kirche mit mächtigem Turm und zwei gekehlten Spitzbogen-Portalen. In *Egg* eine aus derselben Zeit ... und ein wenig weiter entfernt, in *Unterferlach,* eine Kirche mit 1966 entdeckten Wandmalereien; und eine weitere in **Finkenstein,** dort auch auf steilem Felsen die Ruine einer Burg mit romanischen und gotischen Mauern. Im 12. Jahrhundert gehörte sie den Bambergern. Von ihnen bekamen sie Ministerialen der Herzöge zum Lehen. Bernhard von Sponheim setzte während der Machtkämpfe 1233 aber auch den Bischof Eckberth von Bamberg darin gefangen. Später übernahmen sie die Herzöge gänzlich in ihren Besitz, und Kaiser Maximilian, als Habsburger auch Herzog von Kärnten, übergab sie 1508 Siegmund von Dietrichstein, einem verdienten Heerführer der Türkenkriege und Landeshauptmann der Steiermark. Die Dietrichsteiner hielten die Burg bis ins 17. Jahrhundert und vergrößerten und festigten von ihr aus ihre Herrschaften in Kärnten (siehe z. B. Velden am Wörther See).

Der benachbarte **Kanzianiberg** gehört zu den vorgeschichtlichen Siedlungsplätzen und alten keltisch-römischen Kultstätten des Landes. Ein Kreuzweg geleitet zu einer Wehrkirche aus dem 15. Jahrhundert mit verblaßten Fresken außen und reich mit Kunstwerken ausgestatteten Barockaltären, vor allem aber mit den dreiteiligen Fresken eines Königszuges nach Bethlehem an der Nordwand und dem des Kindermordes an der Südwand (1565). – An einem 700 m langen Felssturz hat hier der Kärntner Bergführerverband einen Klettergarten eingerichtet. Sechs gesicherte Steige der Schwierigkeitsgrade 1–2 führen wenig Geübte zum Gipfel. Auf 32 Routen der Schwierigkeitsgrade 2–7 trainieren Angehörige des österreichischen Bundesheeres, der Gendarmerieschulen und Bergführer.

Im nächsten Ort **Goritschach** – wie so oft in Kärnten – in einer Dorfkirche wieder ein großartiger Flügelaltar (aus der sogenannten Jüngeren Villacher Werkstatt, 1517). Im Schrein behütet eine Madonna mit ihrem Umhang eine große Schar von Betern, und den Sockel füllt das Gemälde ›Heilige Sippe‹ des berühmten Villachers Urban Gört-

Ruine Landskron, Mitte 19. Jahrhundert (Markus Pernhart)

schacher. Dieses Bild malte der Meister selbst, die an den Außenseiten der Flügel die Gesellen seiner Werkstatt.

Unweit des größten Sees in der Villacher Umgebung, dem Ossiacher See, treffen wir, 20 Autominuten in nördlicher Richtung vom Stadtzentrum entfernt, noch einmal auf eine Festungs- und Schloßruine, an der sich die Geschicke des Landes und die führender Geschlechter exemplifizieren: **Landskron.** Auf der Kuppe des Berges lag wahrscheinlich unter ihr wieder eine vorzeitliche und nachmals antike Siedlung und im Berg eine bis ins 16. Jahrhundert ausgebeutete Silbermine. Nachrichten aus dem 12. Jahrhundert verlauten, daß Grafen von Sternberg das erste Schloß erbauten. 1351 kaufte es, ähnlich wie Finkenstein, ein Habsburger Herzog. Mit Landbesitz erhärteten die neuen Landesherren ihre Macht. Allzuweit her konnte es mit ihrer Macht aber nicht sein, denn schon 1392 verpfändeten sie die Burg an den Grafen von Cilli. Der geriet freilich mit der Stadt Villach in Konflikt. Der Herzog löste das Pfand schleunigst wieder ein und wurde 1425 wieder Herr auf Landskron, um es jedoch 1436, diesmal an den Herrn von Stubenberg aus der Steiermark, neuerlich zu verpfänden ...

Kaiser Maximilian I. veräußerte die Burg schließlich für 6000 Gulden an Christoph Khevenhüller zu Aichelberg. Von ihm erbte sie der Sohn Bartholomäus (siehe Velden) und der baute die Festung zum prächtigen Renaissance-Schloß aus. Der weltläufige Hausherr stattete es mit von weiten Reisen mitgebrachten Kostbarkeiten aus und

129

empfing gastfrei Zeitgenossen, die mit ihrem Wirken den Geist der Epoche beeinflußten. Kein Wunder, daß Bartelmä Khevenhüller auch ein führender Kopf des Kärntner Protestantismus wurde und in seiner Burg sogar Bibeln druckte. Als er starb, hatte die Gegenreformation bereits begonnen. Deshalb durfte er nicht in der Grabkapelle der Familie in der St. Jakobs-Kirche zu Villach beigesetzt, sondern mußte in der Schloßkapelle begraben werden. Sein Erbe Hans wurde, wie wir aus Velden wissen, wegen seines Glaubens enteignet und das Schloß zum Verkauf angeboten. Schließlich erwarb es 1639 auch jener Siegmund Ludwig von Dietrichstein. Aber die Dietrichsteiner wurden des Besitzes nicht froh. Der Friedensvertrag von Münster und Osnabrück von 1648, der den Dreißigjährigen Krieg beendete, bestimmte nämlich u. a., daß die khevenhüllerschen Güter zurückgegeben werden müßten.

Jahrzehntelanger Streit folgte. Die Khevenhüller starben darüber im Mannesstamm aus. Die Dietrichsteiner hatten sich wegen der unsicheren Besitzverhältnisse um den Bau nicht gekümmert. Er verfiel. Um 1800 war er Steinbruch für andere. Durch Blitzschlag verursachte Brände beschädigten weiter. Um Gebäudesteuer zu sparen, ließen ihn die Dietrichsteiner gänzlich verkommen.

1890 war er endgültig Ruine. Erst 1953 konservierte man die Mauerreste und baute das Verbliebene zu einer vornehmen Gaststätte aus. In der Wand des Kronensaals wurden ein keltisches Porträtrelief, ein römischer Weihestein für einen Feuergott und das Bruckstück eines römischen Grabsteins für eine Keltin eingemauert. Ansonsten sind von der alten Burg noch Vorwerk, Zwinger und Teile von einem Torbau, von Wehrgängen, Basteien und Mauern der gotischen Kapelle erhalten. Der hier 1955 entdeckte Grabstein des Bartholomäus Khevenhüller von Pacobello steht jetzt an einer Außenseite. Eine Adlerwarte züchtet in der Ruine neben Adlern auch Falken, Milane, Geier und Eulen. Besucher können die Tiere von Juni bis September täglich um 10 und 16 Uhr bei eindrucksvollen Flugvorführungen beobachten.

Von der Schloßterrasse aus überblickt man auf der einen Seite das Villacher Becken, auf der anderen Seite sieht man das Westende des Ossiacher Sees. Ein vor ewigen Zeiten hier mündender Bach hat die Eiszeitwanne mit seinen Sanden aufgefüllt. Trotzdem ist der **Ossiacher See** (Abb. 35) der drittgrößte Kärntens, im westlichen Abschnitt 52 m und im östlichen 10 m tief. Gesundes Plankton färbt ihn grün. Das Nordufer überragt die 1909 m hohe Gerlitzen. Eine vielgewundene Aussichtsstraße führt ab Bodensdorf auf den Gipfel. Oder man benutzt von Annenheim die Seilbahn zur *Kanzelhöhe*, einem 1489 m hohen Vorberg, und steigt am Sonnenobservatorium der Universität Graz vorbei zur *Gerlitzen* hinauf (Skigebiet mit Hütten und Liften). À propos Sonne: die Höhen zählen zu den sonnenreichsten der Ostalpen, und im Winter ist es dort oft wärmer als im Tal. Auf der Gerlitzen reicht der Wald jedoch zirka 100 m weniger hoch hinauf als anderswo, denn der Berg steht frei und ist windumweht.

Mit den Hügeln von Landskron hören die bis zu 1000 m hohen Ossiacher Tauern entlang der Südseite des Sees auf, und an diesem Ufer finden wir **Stift Ossiach**, das früheste Männerkloster Kärntens. Auf den ersten Blick schätzt man sein Alter allerdings nicht. Seine Kirche, von außen einfach, erscheint als Barockjuwel. Nur bei genauer Betrachtung spürt man romanische und gotische Bauteile auf. Aber Graf Ozi I. und seine Gemahlin Glismond gründeten die Benediktiner-Abtei wahrscheinlich um das Jahr 1000. Ozi war im Auftrag König Otto III. in Friaul und Kärnten, stammte aber aus Bayern. Seine Frau war die Tochter eines Grafen von Engern und Westfalen. Und die ersten Mönche kamen aus Niederaltaich, aus der Heimat des Stifters. (Der Name Ossiach ist übrigens nicht von Ozi abgeleitet, sondern vom slowenischen Osoje, was ›die auf der Schattenseite Wohnenden‹ heißt). Zum ersten Mal nennt eine Urkunde das Stift 1028, als es nämlich Ozi II. (der Sohn Graf Ozi I.) an seinen Bruder Peppo, den Patriarchen von Aquileja, verkaufte. Damit wurde die von Karl dem Großen bestimmte Draugrenze zwischen Aquileja und Salzburg verletzt und die Zwistigkeiten beider Kirchenprovinzen auch für die Zukunft geschürt.

Die Ereignisse der Jahrhunderte zogen selbstverständlich auch Ossiach und seine Ländereien wieder in Mitleidenschaft. Vogteirechte wechselten zu steirischen Adligen, Babenbergern, Habsburgern, zu denen von Görz-Tirol. Äbte vermehrten und minderten den Klosterbesitz. Administratoren wurden ernannt. Die Türken und aufständische Bauern suchten den Konvent heim ... bis auch er durch kaiserlichen Befehl 1782 aufgehoben wurde.

1816 brach man Kreuzgang und Zellentrakte ab und baute mit den Steinen die Pferdeställe eines Gestütes. Dann waren die verbliebenen Gebäude die Kaserne eines Dragonerregiments, wieder Gestüt, Regimentskommando italienischer Truppen, Erholungsheim, Flüchtlings-, Wehrertüchtigungs-, Gefangenenlager und einiges mehr. Wegen des schlechten Zustandes drohte dem ganzen Komplex nach dem letzten Kriege sogar der Abbruch. Glücklicherweise geschah das nicht. Kirche und Stift sind gerettet und sorgfältig restauriert. Sie dienen einer Pfarre oder Fremden als Hotel und dem Musiktheater, Solisten- und Kammerkonzerten, Ausstellungen, Vorträgen, Seminaren des ›Carinthischen Sommer‹ (jedes Jahr von Ende Juni bis Ende August), Festspielen der Stille, ohne Rummel also. Dieses von internationalen Künstlern bestrittene und von internationalem Publikum besuchte Kulturfestival gebraucht allerdings inzwischen für große Opernaufführungen, Ballettabende und Konzerte großer Orchester auch das Villacher Kongreßhaus.

Für manche Veranstaltung bietet die *Stiftskirche* den festlichen Rahmen. Alle Flächen der 1737–1745 barockisierten, dreischiffigen Pfeilerbasilika überwuchert feiner, zartfarbiger Stuck. Kunstvoll geschwungene Linien bilden sogenannte Laubbandelwerk-Ornamente und Chinoiserien, Blumengehänge und Symbole und halten in ihrer Fülle als Rahmen die leuchtenden Wand- und Deckenbilder. Sie setzen aber zugleich auch deren illusionistischen Körperhaftigkeit real fort und binden sie in den Raum ein. Die Stukkaturen schufen Handwerker aus der Benediktiner-Abtei Wessobrunn unter Meister Jakob Kopf. Die Gemälde, 31 an der Zahl, stammen dagegen von Josef Ferdinand Fromiller. Im Mittelschiffgewölbe stellen sie die Erhöhung der heiligen Margarete, die Himmelfahrt Mariens und das Martyrium der Katharina dar. Das

Vierungsgewölbe täuscht eine Säulenhalle mit hoher Kuppel vor, in der Gottvater schwebt. Auf den Arkadenwänden des Mittelschiffs berühmte Benediktiner. An der Vierung die Anbetung des Kindes durch Hirten und Könige, über den Seitenschiffenstern u. a. einfarbig gemalte Szenen der Boleslaw-Legende und auf dem Bild in der Mitte der Orgelbrüstung übergibt Maria drei Kristallkugeln an Abt Werner. Er lebte von 1307–1314 im Kloster. Der Legende nach verzweifelte er an seiner Ohnmacht den vielen, das Kloster aufsuchenden Leidenden helfen zu können. Er betete deshalb zum Allmächtigen und zur Gottesmutter und diese schenkte ihm darauf drei Bergkristalle (eins noch im Klagenfurter Diözesanmuseum). Mit diesen sammelte er wie mit einem Brennglas die Sonnenstrahlen und ›brannte‹ vor allem Blinden, Tauben und Geisteskranken ihre Gebresten aus. Paracelsus prüfte dieses Verfahren später in Ossiach und befand: »Dieses Heiltumb ist ein Arzney.«

Mit Boleslaw hat es dagegen eine andere Bewandtnis. Dieser polnische König erschlug 1079 den Bischof Stanislaus von Krakau vor dem Altar seiner Kathedrale. Dann büßte er angeblich diese Tat bis zum Tode als Unbekannter in Ossiach. Als sein Grabdenkmal gilt seit langer Zeit der Römerstein mit der Abbildung eines gesattelten Pferdes an der nördlichen Außenwand der Kirche. Unzählige Pilger zogen seinetwegen nach Ossiach. Alle Forschungen konnten jedoch Leben und Tod des Boleslaw in Ossiach nicht nachweisen. Die Legende kursiert auch in Versionen, in denen von Ossiach nicht die Rede ist. Und Grabungen unter der nördlichen Kirchenmauer, die die Ruhestätte des Königs belegen sollten, führen zuletzt nur zur Feststellung, daß Glismond dort beerdigt wurde. Sein Grab liegt neben dem Marienaltar.

Doch von der Legende zurück in die Wirklichkeit der Kirche. Kanzel (1725) und Altäre vervollständigen das Gesamtbild des Innenraums. Im Hauptaltar eine Plastik ›Gottesmutter mit Kind‹ aus dem 17. Jahrhundert. Im linken Seitenaltar ein Bild von der heiligen Familie auf der Flucht und im rechten ein Bild des gemarterten Sebastian. Alle Altaraufbauten (18. Jh.) sind einheitlich gestaltet und kräftig marmoriert. Der schönste Altar (Farbt. 8) befindet sich aber in der Kapelle links von der Orgelempore und der ist spätgotisch und zählt wieder zu den über 60 großartigen Kirchenschnitzwerken der gleichen Zeit in Kärnten. Obwohl nicht mehr ganz vollständig, entzückt wieder die Anmut seiner Figuren (aus einer St. Veiter Werkstatt) Maria, Katharina und Margarete. In den Flügeln die Zwölf Apostel, im Sockel Agathe, Apollonia und Scholastika und auf den Rückseiten der Flügel gemalt die Verkündigung, Geburt und Auferstehung Christi und Marientod. Joseph zieht seinen Hut vor dem Kind in der Krippe.

In der Kirche fallen noch zwölf Grabdenkmäler für Äbte ins Auge. Schließlich darf man den Sarkophag des Gründers Ozi I. im südlichen Querhaus nicht übersehen, einen mit Akanthusranken geschmückten und ausgehöhlten Pfeiler römischer Herkunft. In der Sakristei der Stuhl, auf dem Abt Werner seine Kranken zur Behandlung festschnallte und kurioserweise ein von Karl May, dem Schreiber der beliebten Indianergeschichten, zum Dank für einen glücklichen Aufenthalt gestiftetes Glasgemälde.

Die noch bestehenden *Stiftsgebäude* (1622–1628, von 1741–1749 zum Teil erneuert) umgeben einen quadratischen Hof. Den Südtrakt zeichnet ein Mittelrisalit – ein aus der Fluchtlinie der Front hervorspringender Bauteil – mit brillantem Dekor aus. Vier große Pilaster mit prachtvollen Kapitellen reichen von einem Gesims über dem Untergeschoß bis zu einem ausladenden Gesims über den Dachkanten hinauf. Dieses trägt einen Dreieckgiebel mit Ochsenaugen-Fenster. Stuck verbindet Portal, rechteckige Fenster und diese obere, ovale Öffnung miteinander. Hinter der Fassade münden zwei Treppen im Benediktussaal. Dessen Deckenbild zeigt die Glorifizierung des Ordensgründers und an den Ecken die vier damals bekannter Erdteile, in denen Benediktiner als Missionare wirkten, von Scheinarchitekturen und Symbolfiguren begleitet. Diese Darstellungen malte, wie die in der Kirche, ebenfalls Fromiller. Er bedeckte auch Wände und Decke des Fürstensaals im Westtrakt mit Fresken aus der Geschichte Kärntens. Sie zeigen die Einsetzung des Herzogs auf dem Zollfeld, die Übergabe Klagenfurts an die Landstände durch Kaiser Maximilian I., und die letzte Erbhuldigung, die des Kaisers Karl VI., die nicht auf dem Zollfeld, sondern im Klagenfurter Landhaus stattfand. Vierzehn Bilder von Habsburger Herzögen, beginnend mit Otto dem Fröhlichen (1335–1339), unter dem Kärnten an ihr Haus kam, und endend mit Joseph I. (1705–1711) vervollständigen die Szenen. Auftraggeber der Malereien war Abt Ludinger. Er und Fromiller selbst befinden sich auf dem Deckengemälde unter den Würdenträgern der Erbhuldigung, trotzdem keiner von beiden an ihr teilnehmen konnte.

Aus der Krypta der Urkirche des 11. Jahrunderts stammen drei Säulen nach der Durchfahrt im Osttrakt. Sie tragen dort eine Außenstiege zur Orgelempore der Kirche. Die Krypta wurde im 17. Jahrhundert aufgegeben und 1937 wiederentdeckt. Doch sie ist verfallen. Seit der Sanierung sichert dort eine Eisenbetonplatte die Turmfundamente.

Zum Stift gehört eigentlich auch der ›Seewirt‹ nahe dem Ufer. Seine Gäste speisen im ehemaligen Gerichtsgebäude aus dem 16. Jahrhundert.

Das Rosen- und Jauntal

Von Klagenfurt aus führt die Bundesstraße 91 an Viktring vorbei geradewegs ins Rosental (Farbt. 20). Die so genannte Niederung der Unteren Drau beginnt freilich mit der großen Flußschleife bei Rosegg und verläuft, begleitet von den Höhen des Sattnitzzuges und den Karawanken, von Westen nach Osten. Mit prächtig blühenden Rosen hat der Name allerdings nichts zu tun. Er bezieht sich auf das althochdeutsche ›rasen‹, was soviel bedeutet wie ›Landschaft am Fluß‹. Schon im 9. Jahrhundert hieß die Gegend so. Die Mundart wandelte schließlich das a in o um.

Diese Landschaft befindet sich selbstverständlich längst nicht mehr im ursprünglichen Zustand. Seit 1939, vor allem aber nach dem Zweiten Weltkrieg, bändigen im

Rosen- und Jauntal bis zur Grenze Jugoslawiens gewaltige Staustufen den Wasserlauf für eine Kraftwerkskette und leiten ihn zur Erhöhung des Falles auch in Kanäle um. Sie und die mehrere Quadratkilometer großen, künstlichen Seen veränderten das Bild der Auen gänzlich. Ihr Boden liegt oft tiefer als die Wasserspiegel. Fünf bis zehn Meter hohe Dämme schufen dem Fluß ein neues Bett und die Flächen unter ihm gleichen den aus den Niederlanden bekannten Poldern. Wie dort entwässern auch hier Pumpwerke das Gelände über die Deiche in die Becken. Diese Wasserbauten sind für die österreichische Wirtschaft wichtig. Zudem bereichern sie, neue Brücken eingeschlossen, einen alten Kulturraum mit meisterhaften Beispielen einer neuartigen Ingenieur-Baukunst von großer technischer Schönheit. Sie ist nicht zu übersehen, denn sie beherrscht das Rosental und in der Fortsetzung nach Osten auch das Jauntal wie keine andere Schöpfung menschlicher Hand.

Bereits vor 750–400 Jahren v. Chr. entstanden hier Kultfiguren aus Blei (Abb. 9). Sie entstammen einem Gräberfeld der Hallstatt- und frühen Latènezeit in Frög bei Rosegg. Dort bestatteten geheimnisvolle Vorfahren in ungefähr 3 m hohen Hügeln ihre Toten. Dieser Friedhof wurde inzischen einem Draukraftwerk geopfert und kann nicht mehr besichtigt werden. Die Figuren jedoch stellt das Landesmuseum in Klagenfurt als einen seiner kostbarsten Schätze zur Schau.

In **Rosegg** selbst, 1171 als Rasek, 1315 als Rasech erwähnt, saßen einst die Ritter von Ras. Um die Ruine ihrer Burg bestand bereits am Anfang des 19. Jahrhunderts ein Hirschpark, aus dem ein sehenswerter Tiergarten wurde; hinzu kam nun ein 12 km langer geologischer Wanderweg mit Hinweistafeln um den Burgberg herum. Das Geschlecht der Ritter von Ras starb im 14. Jahrhundert aus. Nachfolgend wechselten die Herrschaften mehrmals. Unter anderem gehörten auch die Orsini-Rosenberg zu ihnen. Fürst Franz erbaute anstelle der Burg 1770/75 inmitten von Gärten das Schloß. Nach dem jetzigen Besitzer heißt es *Schloß Liechtenstein.* Es ist ein einfacher Bau mit einem ebenerdigen Mitteltrakt und Seitenflügeln mit Walmdächern. Von ihm aus führt eine Allee zur *Kirche St. Michael.* 1813 zerstörten die Franzosen sie weitgehend (1819 wieder hergestellt), so daß nur noch der spätgotische Chor an früher erinnert. Im Innern ist vor allem der Hauptaltar aus dem 2. Drittel des 18. Jahrhunderts und ein Votivbild der thronenden Maria mit Kind und den Darstellungen des Dorfes, der Burg und des Schlosses beachtenswert. Bereits 1478 hatten die Türken gehaust. Und 1919 erzwangen Kärntens Truppen den Übergang über die Rosegger Brücke und vertrieben die widerrechtliche Besatzung der Jugoslawen.

Die Türken vernichteten auch in der Ortschaft **Maria Elend** eine romanische *Kirche.* Aus romanischen Resten erstand in der Gotik eine dreischiffige Halle auf fast quadratischem Grundriß und mit Spitzbögen über achteckigen Pfeilern. Die barocken Veränderungen – Laub-Bandelwerk-Stukkaturen und braungetönte Bilder von Fromiller – beeinträchtigen den Raumeindruck nicht. Spätgotisch, und dazu noch ein Werk von höchster künstlerischer Qualität, ist auch der Flügelaltar im südlichen Seitenchor. Die Innigkeit der Figuren (Muttergottes und Sebastian und Rochus im Schrein, Reliefs von 12 der 14 Nothelfer an den Flügeln, im Gesprenge die Statuetten des Schmerzensmannes, der Maria und des Johannes Evangelista und in der Predella die Marter des Achatius und seiner Gefährten), die zarte Linienführung ihrer Gewänder, sprechen für die Schule des Lukas und Heinrich Tausmann von Villach. Auch die Gemälde auf den Rückseiten, Szenen der Passion, Evangelisten und Christi Schweißtuch bezeugen die gleiche Qualität. Gotisch ist auch die Maria mit dem Kind im spätbarocken Hochaltar. Dieses Gnadenbild verschwand der Legende nach 1683 vom Altar, tauchte plötzlich in Wien auf und verhalf den Wienern zum Sieg gegen die Türken. Eine reiche Familie der Kaiserstadt stiftete daraufhin den Altar, in dessen, die Niederwerfung der Türken symbolisierenden Schnitzwerk (Türkenköpfe und Waffen, von Schlangen eingeschnürte Weltkugel) jetzt die Himmelskönigin auf der Mondsichel thront. In einer, im oberen Stockwerk offenen, 1684 an der Nordseite angebauten Kapelle, wurde früher die Messe gelesen für Wallfahrer, die sich um die Kirche versammelten. Viele der Pilger stiegen auch auf den Kapellenberg, um dort zu beten.

Heute wandert man eher in einer Stunde durch den Mischwald über Wurzeln und an mächtigen Felsbrocken vorbei zu den zwei kleinen Andachtsräumen auf dem Karawanken-Vorberg und erfreut sich an dem Panorama.

Auf einer landschaftlich besonders schönen Straße gelangt man von Feistritz aus durch das V-förmige *Bärental* mitten in die *Karawanken*. An der Johannsenruhe muß man parken, und wer gut zu Fuß ist, kann über einen waldigen Steilhang in etwa einer Stunde zur 1663 m hohen Klagenfurter Hütte aufsteigen. Vom Parkplatz sieht man jedoch auch schon Geißberg (2016 m), Weinasch (2104 m) und Hochstuhl (2238 m).

An der Straße von Klagenfurt wacht über dem anderen, nördlichen Ufer der Drau auf steilem Felsen der Sattnitz die **Hollenburg.** Sie ist so etwas wie ein Wahrzeichen des Rosentales. Ihre Südfront, von mächtigen Pfeilern gestützt, offenbart sogleich ihren Charakter als Festung am wichtigen Weg zum Loibl-Paß. Der Zugang an der Nordseite, ein Torturm (17. Jh.), bestätigt dies noch einmal, obwohl Malereien (Scheinarchitekturen, Heiligen- und Kriegerbilder und Wappen) seine Strenge mildern. Durch dieses Portal geht es an Pferdeställen und Wagenremisen vorbei über einen, eine tiefe Schlucht überquerenden, überdachten Gang in den Innenhof. Aus Arkaden und Holzgalerie vor dem eigentlichen Baukörper (am Osttrakt zweigeschossige Renaissance-Laube), wucherndem Weinlaub, Malereien und Römersteinen entstand ein reizvoller Innenraum ohne Plafond. Tritt man auf den kleinen Söller, macht die erstaunliche Aussicht fast betroffen. Der Blick schweift über das Tal, den in der Sonne blinkenden Ferlacher Stausee, sein Kraftwerk und den hohen, das tiefer liegende Land schützenden Damm und bleibt dann an der gewaltigen Kette der kalkbleichen, schrundigen und meist von Schnee behelmten Gipfel der Karawanken hängen.

Die Ursprünge der Burg gehen ins 12. Jahrhundert zurück. Ein steirischer Adliger errichtete damals das erste Bollwerk. Ihr heutiges Aussehen verdankt die Burg hauptsächlich den Dietrichsteinern. Kaiser Maximilian verkaufte sie an den schon oft

Hollenburg, Mitte 19. Jahrhundert (Markus Pernhart)

genannten Sigismund und die Familie, der sie bis 1861 gehörte, besserte sie nach Erdbeben und Türkeneroberung wieder aus. Nach dem Aussterben der Dietrichsteiner beanspruchten 61 Personen das Erbe. Schließlich erwarb sie und den dazughörigen Grund ein Ludwig Wittgenstein, und dessen Nachfahren bewohnen sie heute noch. Deshalb kann man gotische Innenräume und auch die Kapelle im Ostflügel (gute Fresken aus dem 14. Jh.) nicht besichtigen.

Die an der Hollenburg vorbeiführende Bundesstraße 91 überquert auf einer langen Brücke den *Ferlacher Stausee* und steigt jenseits allmählich und dann immer steiler neben dem Loibl-Bach (bis zu 24 %) in vielen Serpentinen zum Loibl-Paß-Tunnel (1368 m) hinauf.

Am Anfang der Paßstraße liegt **Ferlach**. Hier gab es schon im 16. Jahrhundert Eisenhämmer. Von Kaiser Ferdinand 1558 aus den flandrischen und wallonischen Landen der Habsburger umgesiedelte Waffenschmiede begannen hier mit der Produktion von Gewehren. Ihre Arbeiten waren damals begehrt, und als Jagdwaffen sind die

Stücke der jetzigen Büchsenmacher heute noch in der ganzen Welt berühmt. (Im Rathaus ein Museum mit schönen Beispielen.) Von den Büchsenmachern bemerkt man freilich wenig. Das Städtchen ist durch ihre Betriebe und ein Stahlwerk industrialisiert. Seine Straßen bestimmen Fassaden des 19. Jahrhunderts und aus neuerer Zeit.

Oberhalb von Ferlach, bei der Ortschaft Unterloibl, zweigt ein Waldweg zur *Tscheppa-Schlucht* ab. Auf Pfaden, Stiegen, Brücken, vorbei an Wasserfällen und Felswänden, taucht der Wanderer mehr als einen Kilometer lang in eine wildromantische Natur ein. Sie endet unter dem Gasthaus ›Deutscher Peter‹. Wenn man nicht nach Windisch-Bleiberg abbiegt, erreicht man diesen Rastpunkt, indem man die alte Teufelsbrücke berührt, auf direktem Weg schneller.

In **Windisch-Bleiberg** baute man seit dem 14. bis in die zwanziger Jahre unseres Jahrhunderts ab. Überwachsene Halden zeigen es noch an. Auf dem Friedhof des Dorfes (Blick auf die 2180 m hohe Zelenica, das 1841 m hohe Ferlacher Horn und den 1577 m hohen Sinacher Gupf) drücken Hinterbliebene auf den Grabsteinen ihre Trauer in windischer Sprache aus, obwohl die Namen der Toten deutsch lauten. Aber umgekehrt trauern windische Leute auch in deutsch. Etwa die Hälfte der Einwohner spricht hier nämlich in dieser Art des Slowenischen. Diesem Phänomen verdankt auch der ›Deutsche Peter‹ seinen Namen. Als Kaiser Karl VI. 1728 die neue Loibl-Straße einweihte, begrüßten ihn die Einheimischen windisch. Der Monarch verstand kein Wort. Der Wirt Peter Tschuko mußte helfen, und der Kaiser verlieh im sozusagen deshalb den Titel ›Deutscher Peter‹. Sein Gasthaus wird schon seit 1500 betrieben, seit 1666 von derselben Familie. Eine Urkunde des Kärntner Kulturamtes von 1931, in der Gaststube ausgehängt, bestätigt das einem Albin Tschuko. Die Wirtschaft war damals ebenso nötig wie heute. Schon die Römer benutzten die Straße. Als die Habsburger 1381 Triest gewannen, wurde sie wieder wichtig. Die Landstände schufen sie von 1560–1573 neu, um den Nord-Süd-Handelsverkehr von dem den Bambergern gehörenden Villach abzuziehen; im 18. Jahrhundert wurde sie wieder erneuert, was seitdem viele Reisende zur Adria zu schätzen wissen.

Aber zurück ins Rosental, und zwar zum nördlichen Ufer. Da liegt gegenüber von Ferlach auf einem Hang der Sattnitz die Wallfahrtskirche **Maria Rain** (Farbt. 4) über den verstreuten Häusern eines Dorfes. Schon diese liebliche Gegend allein, still, jenseits des Verkehrs, lädt zum Besuch ein. Von den gewundenen Wegen aus fällt der Blick auf das helle Gotteshaus mit den beiden schlanken, mit Zwiebelhelmen bekrönten Türmen. Es wurde, ursprünglich gotisch, mehrfach verändert und zeigt seit 1729 das barocke Äußere. Den einschiffigen Innenraum säumen Kapellen mit reich von geschnitzten Heiligenfiguren ausgestatteten Altären (auf dem Hochaltar als Gnadenbild ist die Figur einer schönen, gotischen Madonna mit Kind zu sehen) und Bildern. Sie stammen meist von Ferdinand Stainer.

In einer Filialkirche von Maria Rain, in *Unterguntschach* ganz in der Nähe, legten Restauratoren 1963/64 innen und außen volkstümlich gefaßte Wandmalereien aus dem

14. Jahrhundert frei, die ein weiteres Mal den großen Schatz der Kärntner Freskokunst bereichern.

Wieder auf der anderen Seite des Flusses reihen sich längs der Straße in östlicher Richtung noch einmal beachtenswerte Kirchen aneinander: *St. Margarethen* mit wuchtigem, spätgotischem Westturm; *St. Leonhard in Abtei,* auf einem Seitenaltar die Kopie des Tafelbildes ›Beweinung Christi‹ von Thomas von Villach (Original im Landesmuseum, Abb. 13; ein wichtiges Werk der gotischen Malerei in Österreich, für St. Leonhard geschaffen, als der Ort im 15. Jahrhundert die Sommerresidenz der Äbte vom Stift St. Paul im Lavanttal war); *Gallizien* am Fuß des Hochobir (2142 m) mit romanischem Turm und gotischem Chor, nach der spanischen Provinz benannt, wo in Santiago de Compostela der Patron der Kirche, Jakobus, begraben liegt.

Hier beginnen *Jauntal* und *Jaunfeld.* Doch bevor man weiter nach Osten fährt, lohnt sich noch einmal ein Ausflug auf der Straße Nr. 82 (zum Seebergsattel-Paß) nach **Eisenkappel-Vellach** im manchmal schluchtartigen *Vellachbach-Tal.* Der Ort, nach einer im frühen Mittelalter zum Bistum Brixen gehörenden Kapelle benannt, war einst Umschlagplatz für Blei und Eisen zum Süden und für Meersalz von der Adria nach Norden. Mit der Eröffnung der Loiblpaß-Straße endete dieser Handel. Jetzt zieht die Marktgemeinde die Fremden an. Aus einer Mineralquelle mit Kohlensäure wurde ein Bad für Bade- und Trinkkuren zur Heilung allerlei Gebrechen. Besichtigungswert: die gotische Kirche *Maria Dorn* mit Eisenplatten-Portal und Fresken an den Außenwänden; *Schloß Hagenegg* in einem schönen Park; die höchstgelegene Kirche Kärntens, *St. Leonhard* (15. Jh.) mit seltener, bemalter Holzdecke, und die Pfarrkirche im Ortsteil *Rechberg* mit Wandmalereien im Innern und einem Karner mit romanischer Kuppelwölbung.

Am Vorabend von Maria Lichtmeß (1. Februar) übergeben die Schulkinder an der Schloßbrücke zahlreiche selbstgebastelte kleine Kirchen dem Bach. Sie pflegen damit einen Brauch, denn vor ungefähr 400 Jahren flüchteten einmal Vorfahren vor Hochwasser zum hochgelegenen Gotteshaus Maria Dorn und gelobten dort, dem reißenden Fluß eine Holzkirche zu opfern, damit er sich beruhige. Fünf Männer setzten dann das Modell auf die Flut und das Wasser sank sofort.

Der Vellachbach ist auch an der Bildung der Landschaftsform im Tal beteiligt. Dort füllte der von ihm transportierte Schotter einen großen See der Nacheiszeit auf. Jetzt prägen der *Klopeiner,* der *Klein-,* der *Turner,* der *Gösselsdorfer* und der *Sonnegger See* das Bild eines erst in den letzten 30 Jahren entstandenen Erholungsgebietes. Der Klopeiner See wird als der wärmste Kärntens bezeichnet. Einer der wärmsten ist er gewiß, denn seine Badesaison dauert immerhin vier Monate im Jahr. Die Fremdenverkehrswirtschaft hat allerdings eine ziemliche Zersiedelung der Umgebung verursacht. Mit der Markierung von Schutzgebieten wird dem jetzt Einhalt geboten.

Im Norden berührt der *Völkermarkter Stausee* diesen Bezirk. Südlich des Sees sollte kein kunsthistorisch interessierter Reisender das ehemalige *Augustiner-Chorherrenstift* in **Eberndorf** übergehen. Auf einem Hügel gleicht das Kloster einer Burg, und

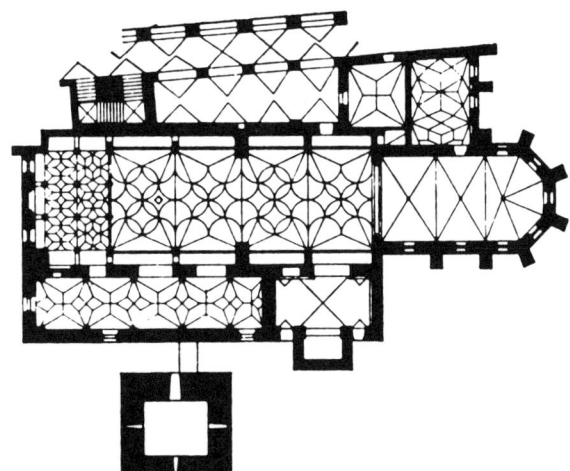

*Eberndorf, ehemalige Stiftskirche
Mariä Himmelfahrt, Grundriß*

tatsächlich wurde es im 15. Jahrhundert wegen der Türken- und Ungarneinfälle befestigt. Ein zweigeschossiges Tor mit Schießscharten aus dieser Zeit führt durch einen Vorhof mit freistehendem Wehrturm in den von vier Trakten des Stiftes gebildeten, fast quadratischen Innenhof mit drei übereinandergebauten Arkadengängen. Die Gebäude, im 17. Jahrhundert wahrscheinlich von Carlone geschaffen, stehen auf den Grundmauern einer älteren Anlage. Ein Patriarch von Aquileja begründete sie zwischen 1149 und 1154. Papst Clemens VIII. hob 1604 das verschuldete Stift auf und übergab es den Jesuiten.

Interessantester Teil des Ganzen ist aber die an den barocken Südflügel anschließende Kirche ›Mariä Himmelfahrt‹. Sie wurde 1378–1391 errichtet. Von außen sieht sie unscheinbar aus. Nur das Portal ziert eine barocke Madonnenstatue. Der hohe Innenraum jedoch überrascht. Eine Empore (stattliche Maßwerk-Brüstung) nimmt das erste Joch von fünf der einschiffigen Halle ein und verläuft seitlich weiter bis ins dritte Joch. Zwölf Stufen steigen zum höher gelegenen fünften Joch und den Hochchor wie auf eine Plattform hinauf, während seitlich davon andere Treppen zu der darunterliegenden, dreischiffigen und neunjochigen Krypta aus der Bauzeit geleiten. Achteckige Säulen tragen ein Kreuzrippengewölbe. Eine solche Gruft ist in der Gotik außerordentlich rar. In dieser Epoche verwahrte man die Reliquien von Heiligen schon in Chorkapellen. Das besonders gelungene Schlingrippengewölbe im Langhaus ließ dagegen ein Propst um 1500 einziehen. Es ist das älteste seiner Art in Kärnten. Zugleich war es Muster für manche andere Kirchen der Umgebung. Es lenkt den Blick nach oben. Empore und Treppe verkürzen das Langhaus aber auf nur zwei normale Joche, so daß der Raum seltsam zentralisiert erscheint (was für die Gotik ungewöhnlich ist), ohne daß die aufstrebende Tendenz gebrochen wird. Im Triumphbogen ein bemerkenswertes gotisches Kruzifix. Den Chor nimmt in Höhe und Breite ganz der barocke Altar ein. In seiner Mitte steht eine wunderschöne, junge und bekrönte Muttergottes mit Kind (um 1470/80). An den Wänden des Chores zeigen Fresken (Mitte 15. Jh.) die von der heiligen Barbara und der heiligen Margarethe flankierte Marienkrönung und das Fragment einer Gefangennahme eines Apostels. Am Triumphbogen hängt ein Kruzifix (um 1500). Im Kreuzrippengewölbe beschreiben Medaillons die Legende der Hostienschändung. In einem barocken Wandaltar im Schiff eine spätgotische Figur des Florian und eine Gruppe ›Anna Selbdritt‹ und eine ›Verkündung‹ in der Jesuitenkapelle im gleichen Stil. Und in der Grabkapelle der Familie Ungnad (romanisches Mauerwerk), neben Herr von Sonnegg. Der Adlige starb 1490. Wer diese Plastik aus rotem Salzburger Marmor schuf, weiß man nicht. Die Ungnad zählten zu den großen Geschlechtern Kärntens. Sie beeinflußten die Geschichte Österreichs im 15. und 16. Jahrhundert. Jener Christoph und seine Brüder Hans und Jörg etwa spielten am Hof Kaiser Friedrichs III. eine große Rolle. Ein Enkel war ein hervorragender Landeshauptmann der Steiermark. Vom Sitz der Ungnad in Sonnegg existieren nur noch Reste. Nach einem Erdbeben verfiel die Burg.

Jauntal und Jaunfeld sind besonders geschichtsträchtige Gebiete. Funde aus der Jungsteinzeit melden früheste Besiedlung. In der Bronzezeit, vor ca. 3000 Jahren, befanden sich auf dem Hügel *Gracarca* im Seengebiet schon Wohnterrassen und Wälle, die auf ein Siedlungszentrum deuten. Auch hallstattzeitliche Gräberfelder, Einzelgräber und Streufunde gibt es. Auf und um den **Hemmaberg** bei Globasitz aber existierte ein Kulturzentrum Südostkärntens über Jahrtausende. Die Archäologen fanden an Hand von Funden heraus, daß hier eine sonst unbekannte, einheimische keltische Gottheit Jovenat verehrt wurde. Danach bestand dort ein gallo-römischer Weihetempel. Am Fuß des Berges, bei den Dörfern Globasitz (romanisch-gotische Pfarrkirche und gotischer Karner, Antikenmuseum in der ehemaligen Volksschule u. a. mit dem größten erhaltenen frühchristlichen Fußbodenmosaik aus dem 5. Jahrhundert vom Hemmaberg) und St. Stefan lag eine römische Siedlung mit Tempel namens *Juenna*. Die vielen an Kirchen und Gehöften der Gegend eingemauerten Römersteine stammen wohl von dort. Auf den Berg selbst flüchteten die Römer im 5. Jahrhundert in eine mit Tor und Mauern versehene Festung vor den Barbaren der Völkerwanderung.

Aus dieser Zeit lassen sich drei frühchristliche Kirchenbauten und ein Gräberfeld nachweisen. Die Fluchtburg war vielleicht sogar Bischofssitz. Beim Ansturm der Slawen im 6. Jahrhundert ging sie unter. Möglicherweise folgte den Kulträumen der Römerchristen eine vorromanische Holzkirche. Die jetzige, den Heiligen Hemma und Dorothea geweihte *Kirche* wurde zwischen 1498 und 1519 errichtet und im 17. Jahrhundert erweitert und barockisiert (barocker Hochaltar mit Statuen des 19. Jh., Seitenaltäre mit Gemälden des Barock und barock geschnitzter Kreuzigungsgruppe in einer Kapelle).

Unterhalb der Kirche öffnet sich in der Felswand eine Höhle. Sie könnte der gallo-romanische Weihetempel gewesen sein. Seit 1681 ist sie aber die der Pestheiligen gewidmete Rosaliengrotte. Ihre Steinskulptur schuf 1927 Suitbert Lobisser. Von Jovenat-Juenna erhielt im Mittelalter die Grafschaft Jaun und schließlich auch die jetzige Landschaft ihre Bezeichnung.

Größter Ort des Jaunfeldes ist der Markt **Bleiburg** am Ausgang des Tales. Er wird zwar schon um das Jahr 1000 erwähnt, entwickelte sich aber erst richtig im 12. Jahrhundert unter der ihn beherrschenden *Burg*. Wie üblich wechselte das Festungswerk die Besitzer, wurde berannt, von den Türken niedergebrannt und wieder auf- und ausgebaut, auch einmal von den Ungnad von Sonnegg. Heute präsentiert es sich als Renaissance-Schloß. Seine gotische Kapelle birgt ein vorzügliches Gemälde, ›Marien-krönung‹ (um 1720) von Paul Troger, und ein Bronzeepitaph mit einem ebenso vorzüglichen, die Familie des Grafen Wolf Thurn darstellenden Hochrelief.

Die *Pfarrkirche*, spätgotisch, im 19. Jahrhundert neugotisch verändert und in der gleichen Zeit teilweise mit Fenstern und Figuren ausgestattet. Das Fresko eines knienden Stifters datiert freilich die Jahreszahl 1580 und das einer Marienkrönung die Ziffer 1680. Eine einheitliche Ausmalung des 18. Jahrhunderts schmückt dagegen die ehemalige Bürgerspitalkapelle (1766) in der Kumesch-Gasse, jetzt Bezirksgericht. Den Hauptplatz mit Pestsäule (1724) umgeben fast geschlossen Häuser aus dem 16. bis 18. Jahrhundert mit Fassaden aus dem 19. Jahrhundert.

Zur Bevölkerung der Grenzstadt Bleiburg und seiner Umgebung zählen viele Slowenen. Ortstafeln benennen die Dörfer deshalb manchmal auch zweisprachig. Im Freiheitskampf 1918 besetzten Jugoslawen, über den Seebergsattel bei Eisenkappel vorstoßend, auch Bleiburg, und Kärntner Verbände schlugen sie wie in anderen Orten des Rosen- und Jauntales wieder zurück. Bei der Volksabstimmung votierten dann die Vorfahren der Bleiburger Slowenen mehrheitlich für Österreich, und heute geben viele Deutsch als ihre Umgangssprache an, obwohl sie dem anderen Volk zugehören.

Rundfahrt durch Gurk- und Metznitztal

Auf der von Klagenfurt nach Norden führenden Bundesstraße Nr. 83 gelangt man nach St. Veit a. d. Glan alsbald ins *Krappfeld* (mit einer Reihe sehenswerter Kirchen in der Gemeinde Kappel). Dort fällt auf einem Bergkamm, einer Moräne des würmzeitlichen Murgletschers, die Silhouette des Ortes **Althofen** ins Auge. Otto I. schenkte dem Erzbistum Salzburg 953 Gegend, Hof (1041 Altanhovun) und Kastell.

Eigentlich bilden drei selbständige Kerne die Stadt. Da sich Wirtschaft, Behörden und Erziehungseinrichtungen im Ortsteil Traibach in der Ebene konzentrierten, bewahrte der ›Obere Markt‹ viel von seiner früheren Atmosphäre durch eine ziemlich geschlossene Verbauung mittelalterlicher Häuser mit zum Teil Biedermeier-Fassaden (Salzburger Platz Nr. 6 – Renaissance-Haus mit Sgraffito, die neun Musen und die Taten des Herkules darstellend). Entstanden ist der Markt als Umschlagplatz des Hüttenberger Eisens unter dem Höhenrücken. Erst 1307 wurde er in den Bereich einer *Burg* auf dem Hügel verlegt. Ein Bergfried aus dem 12. Jahrhundert blieb noch erhalten, und in die 300 Jahre jüngere Ruine einer ›Frohnfeste‹ wurden Wohnungen verbaut.

Die *Pfarrkirche,* gotisch um 1400, ist merkwürdigerweise dem englischen Heiligen Thomas von Canterbury geweiht. Auf dem ehemaligen Hochaltarbild, nun an der Nordwand des Schiffes, die Himmelfahrt des ermordeten Erzbischofes zeigend, besonders interessant die Ansicht Althofens (18. Jh.). In der nördlichen Kapelle auf einem Altar außerdem noch ein Bild der Stadt (um 1700).

Älter ist die von einem Friedhof umgebene *Filialkirche* mit Karner im Unteren Markt. Der kleine saalartige Bau stammt aus dem 13. Jahrhundert. Im Altarraum großes Christophorus-Gemälde (1524) von der Hand eines Villacher Meisters. Im Schrein eine lebendige Gruppe lieblicher Figuren mit der Madonna und der hl. Margarethe und der hl. Cäcilia, die hl. Katharina und die hl. Barbara als Reliefs auf den Seitenflügeln.

Der Handel mit Eisen hörte in Althofen im 16. Jahrhundert allmählich auf. Auch die Hammerwerke in der Umgegend gingen ein. So ließ Bischof von Auersberg aus Gurk anstelle eines Hammers mit Herrenhaus im nahen **Pöckstein-Zwischenwässern** an der Mündung der Metnitz in die Gurk von 1778–1782 die neue erzbischöfliche Residenz erbauen. Der Architekt des *Schlosses Pöckstein* war der Salzburger Johann Georg Hagenauer. Er errichtete das Haus auf rechteckigem Grundriß würfelförmig in vier Geschossen und setzte auf das an allen vier Ecken mit Schornsteingruppen gezierte Mansarddach einen Aufbau mit Zwiebelhelm-Uhrtürmchen. Fenster verschiedener Proportionen und Portale an allen Seiten gliedern die Fassaden ebenmäßig. Prächtige Innenräume mit Stuckdekor und illusionistischen Wandmalereien. Sogar der Dachaufbau als Aussichtszimmer ist als Gartenlaube mit Blick auf ein Seepanorama ausgemalt. Die Gurker Fürstbischöfe bewohnten das Schloß nur bis zu ihrer Übersiedlung nach Klagenfurt. Aber sie hinterließen mit ihm vielleicht das wichtigste Baudenkmal des frühklassizistischen Stils in ganz Österreich.

Flußaufwärts der Gurk (eine Museums-Schmalspurbahn fährt von Juni bis September samstags und sonntags von Pöckstein-Zwischenwässern aus am Fluß entlang) kommt der Reisende nun in den Herrschaftsbereich der Gurker Bischöfe. Weil die Erzbischöfe in Salzburg ihren umfangreichen, aber zerrissenen Besitz in Kärnten überschaubar ordnen, andererseits aber auch ihren Einfluß nicht verlieren wollten, schufen sie es 1072 zunächst ohne Diözese und Domkapitel in diesem abgelegenen Tal. König Ludwig der Deutsche schenkte den Salzburger Kirchenfürsten schon 864 Güter, die sie während ihrer Visitationsreisen in der zweiten Christianisierung Kärntens versorgten.

Auch **Straßburg** zählte zu diesen Gaben. Auf einem 1000 m hohen Hügel über diesem Platz erbaute Bischof Roman I., ein Freund Kaiser Barbarossas, 1147 ein befestigtes *Schloß*. Aber 1180 war es schon wieder zerstört. Die Domherren von Gurk hatten einen anderen Bischof gewählt als die Salzburger eingesetzt hatten, und deshalb kam es zum Kampf. Darüber hinaus wurde die Festung im Laufe der Zeit mehrfach beschädigt. Sie verwahrloste, erstand aber immer wieder neu. Bis zum Umzug nach Pöckstein – ein Erdbeben hatte die Burg unbewohnbar gemacht – war sie der Sitz der Gurker Bischöfe. Die heutige Anlage ist hauptsächlich das Ergebnis von Arbeiten im 16. bis zum 18. Jahrhundert. Die Arkadengänge des Hofes schuf Johann Payr 1682–1687. Schänke, Museum des Bistums und Jagdmuseum sowie Räume einer Begegnungsstätte gaben in den letzten Jahren der Burg nach einer umfangreichen Sanierung wieder eine Funktion. Doch allein schon ihre Lage, der Anblick von unten, der Ausblick ins schöne Gurktal von oben, zeichnen sie als Sehenswürdigkeit aus.

Die Stadt selbst plünderten Türken und Franzosen, so daß wenige Gebäude im ursprünglichen Zustand verblieben. Nur ein Teil der Stadtmauer, vor allem im Westen, verläuft noch wie einst. Dort auch ein altes Steinbild des Bischofs Walther (1203–1213), der Stadt und Burg nach der Zerstörung von 1180 wiedererbaute. Am Hauptplatz das ehemalige Alumnatsgebäude mit einer edlen frühklassizistischen Fassade (jetzt Stadtamt). Daran schließt die *Pfarrkirche* an, spätgotisch, mit schönen Rippengewölbe unter der Sängerempore, im Langhaus und im Chor, ansonsten aber barockisiert. Der Hauptaltar des Klagenfurter Veit Erhard von 1747 beherrscht den Raum. Balthasar Prandtstätter aus Judenburg schnitzte seine Statuen 1772, und das übergroße Bild des heiligen Nikolaus malte Fromiller. Von Prandtstätter stammt auch die außergewöhnlich schöne Kanzel und deren u. a. besonders beachtenswerte Plastik der ›Himmelfahrt des Elias‹ auf einem Wagen.

Am westlichen Ortsausgang fällt wegen ihrer Form noch die kleine frühgotische, barock überkuppelte *Rundkirche* des ehemaligen Spitals mit ihrem angefügten Chor auf. Im Innern legten die Restauratoren in den letzten Jahrzehnten Wandmalereien von 1330 frei.

Bedeutender als diese Kirche ist jedoch *St. Margarethen* in **Lieding.** Mit romanischen Mauern entstand hier ein einschiffiges, spätgotisches, vierjochiges Langhaus mit einem wegen der Krypta erhöhtem Chor; durch profilierten Triumphbogen, reiches Kreuzrippengewölbe, Maßwerkfenster (Glasgemälde 1343 gestiftet, 28 Scheiben mit Szenen der Katharinen- und Margarethen-Legenden) und Blendmaßwerke und Sakramentsnischen eines der schönsten der frühgotischen Epoche in Kärnten. Sein Haupt-Altar, 1771 vollendet, von Johann Georg Hittinger, ebenso wie die Seitenaltäre. Vom romanischen Bau blieb noch das Stufenportal mit Säulen übrig. Sein Bogenfeld zeigt drastisch die Errettung der Margaretha. Der Drachen als Teufel kann die Heilige nicht schlucken, weil sie Christus durch einen Löwen symbolisiert, aus seinem Maul befreit.

Kirche, Karner, Pfarrhof und Wirtschaftsgebäude bilden auf einer Terrasse des Gurktales einen malerischen Komplex. Lieding ist eine Urpfarre des Landes. Die erste Kirche gründet die Gräfin Imma schon 975, die Großmutter oder Mutter der heiligen Hemma.

Kaiser Otto II. verlieh dem Ort Markt-, Münz- und Zollrechte. Imma stiftete auch ein Kloster, von dem man bei Grabungen wenige Mauerreste fand. Offenbar wurde es nicht fertig. Es scheint so, als vollendete Tochter (oder Enkelin) dieses Werk schließlich in dem wenige Kilometer flußaufwärts liegenden Gurk. Das Tal ist hier eng. Seine Hänge sind dicht bewaldet und ihr Grün verändert sich je nach Stand des Sonnenlichtes in wechselnden Farbtönen bis hin zum Blau. Die Häuser von Gurk mit dem sie überragenden Domtürmen gleichen dann von fern einem Ort des Mittelalters.

Jene Hemma war eine um 980 geborene Gräfin von Friesach-Zeltschach. Reicher Grundbesitz ihrer Familie und Gold- und Silbergruben, in denen mehrere hundert Knappen schürften, sicherten beträchtliches Vermögen. Zu ihren Besitzungen rechnete auch der Hof Gurk (Name keltischen Ursprungs). Kaiser Arnulf von Kärnten schenkte ihn 898 dem Schwaben Zwentibolch, einem Vorfahren der Hemma. Während eines ihrer Aufenthalte in Slowenien empörten sich nun die Bergleute in der Heimat und erschlugen ihre beiden Söhne. Auf dem Heimweg rastete sie in Maria Elend (s. S. 134) und dabei erschien ihr die Gottesmutter und tröstete sie. Als später schließlich auch ihr Gatte, von einer Pilgerfahrt nach Rom wiederkehrend, im Kärntner Lavanttal verstarb, widmete sie ihr Eigentum frommen Zwecken. Sie erbaute Gotteshäuser, übergab ihren Grund in Admont in der Steiermark der Kirche zur Gründung eines Männerklosters und stiftete selbst ein Frauenkloster auf dem Hof Gurk. Benediktinerinnen aus Salzburg übernahmen es 1043. Bei ihnen lebte sie bis zu ihrem Tod 1045. Zum Grab der frommen Frau wallfahrteten fortan viele Gläubige. Wunder geschahen, vor allem Heilungen von Gelähmten und Blinden, so daß Hemma 1287 selig und 1938 sogar heilig gesprochen wurde.

Die jetzige Kirche von **Gurk** (Farbt. 1, Abb. 37) ist freilich eine andere als die der Hemma. Erzbischof Gebhard von Salzburg, als Schutzherr dazu befugt, hob nämlich das von ihr begründete Stift unter Vorwänden auf und vereinigte dessen Grundbesitz mit dem salzburgischen. Damit erweiterte er die Grundlagen für das junge Suffraganbistum. Das Bestreben der Gurker Bischöfe, mehr Macht gegenüber Salzburg zu gewinnen, führte dann zur Bildung eines Domkapitels. Dem einflußreichen Roman I. (1131–1167), von Friedrich Barbarossa zum ›Fürst‹ tituliert, gelang schließlich mit Hilfe seines Gönners eine ausgeprägtere Selbständigkeit. Ihm genügte das Gotteshaus der Nonnen nicht mehr. Ein größerer Dom sollte seine Stärke repräsentieren. Er wollte eine Krypta für Hemma, deren Gebeine bislang in der Erde des Friedhofs ruhten, einen Raum für das Volk, einen Chor für die Priester und auch eine Kapelle für sich selbst. Die Kirchen von Regensburg, Niedermünster, St. Jakob in Straubing in Baiern nahm er als Vorbilder. 1140 begannen die Arbeiten. Um 1200 waren sie beendet. Der Baumeister ist unbekannt.

Der *Dom* (Abb. 36–43) ist eine romanische, dreischiffige Pfeilerbasilika mit tonnengewölbter Vorhalle und kreuzgewölbter Empore, der Bischofskapelle darüber und einer in die Erde gesenkten Krypta unter dem erhöhten Chor mit drei Apsiden. Nach den Außenmaßen ist sie 64,4 m lang und 23,4 m breit. Ihre Türme erreichen mit den

Gurk, 1649 (Matthäus Merian)

barocken Zwiebelhelmen (1679–1682) eine Höhe von 60 m. Das Mittelschiff ist 8,4 m, die Seitenschiffe jeweils 5,22 m breit. Die mächtigen Türme klemmen Vorhalle (seit 1340 durch gotische Wand geschlossen) und Bischofskapelle (gekennzeichnet durch zwei symmetrisch angeordnete Rundbogen und ein Rundfenster) ein. An der Südfront schimmert der Kalkstein bis zur zwölften Quaderschicht aus der ersten Bauperiode golden. Im Tympanon des Südportals das Relief des lehrenden Christus. Das hohe Querhaus ragt nicht über das Seitenschiff hinaus, denn es war im ersten Plan des Baues nicht vorgesehen und wurde erst in der zweiten Bauperiode nach 1174 eingefügt. Rundstäbe betonen seinen schlanken Giebel. Die Außenansicht schließt im Osten mit der Querhauswand ab. Mit den vorgesetzten drei Apsiden mit Blendarkaden – an der Hauptapsis mit Schachbrett- und Rundbogenfries – zeigt sie die Schönheit einer formvollendeten Architektur. Eine Plastik – der Löwe Christus tötet das Untier Satan (um 1180) – über dem mittleren Fenster verleiht den edlen Maßen auch einen expressionistischen Akzent.

145

Beim Eintritt in die Kirche verblüfft zunächst eine schimmernde Farbigkeit. Unter dem blauen, besternten Himmel des Gewölbes der Vorhalle erzählen an den Mauern vier Reihen mit 32 Bildern links aus dem Alten und rechts aus dem Neuen Testament (Abb. 38). Vom Italiener Giotto beeinflußt, malte sie ein großer, aber unbekannter alpenländischer Meister. Die Fenster der den Raum nach außen abschließenden Wand vermehren durch das einfallende Licht den Farbenreichtum, ergänzen die Fresken aber auch durch die Bilder von Gottvater, Maria und von zwölf Heiligen. Wand- und Glasgemälde wurden 1340/50 geschaffen. Das eigentliche Portal ist dagegen noch romanisch (gegen 1200) und gehört zu den glanzvollsten Beispielen der Epoche. In der Breite der Halle ziehen die sieben Stufen von Säulen auf steilen Basen und mit aus Knospenblättern fein gebildeten Kelchkapitellen und den Palmetten- und Rosetten-streifen dazwischen den Blick auf das leider nur als Fragment erhaltene Relief der Tür (links die Heilige Dreifaltigkeit und Symbole, rechts biblische Darstellung, 1220).

Bei geöffneten Flügeln leitet die Trichterform des Portals die Schritte ins Mittelschiff und fordert gleichsam dazu auf den von den Pfeilern hervorgerufenen Rhythmus zum Chor zu folgen. Der Blick ins Innere verwirrt zuerst. Vor allem blendet das Gold des gewaltigen, frühbarocken Hochaltars (Abb. 36, 43). Denkt man ihn, die Kanzel und andere Einrichtungsstücke weg, begreift man das Wesen des romanischen Raumes. Schlösse ihn statt des Netzgewölbes eine flache Holzdecke nach oben ab, erschiene er im ursprünglichen Zustand. Jetzt füllt der prunkvolle Hauptaltar die Mittelapsis des Hochchores völlig aus. Von Michael Hönel aus dem sächsischen Meißen von 1626–1632 dreistöckig und 16 m hoch aufgebaut, verherrlicht er den Sieg der katholischen Kirche über die Reformation. Zweiundsiebzig, meist lebensgroße Figuren, und zweiundachtzig Engel ordnete der Bildhauer über dem mit Marmordekor verkleideten Mensatisch (1200) in Nischen zwischen Schraubensäulen, vor ihnen und auf deren

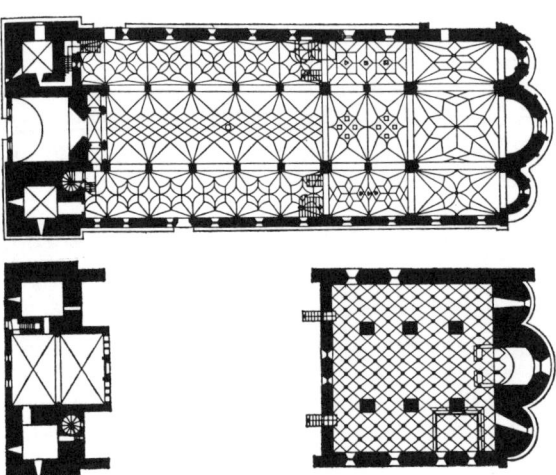

Gurk, Dom Mariä Himmelfahrt, Grundrisse der Oberkirche und Krypta

Gebälk an. (Um die Himmelfahrt Mariä und die Kreuzigungsgruppe Kirchenväter, Heilige, Erzengel, Papst Leo der Große, Kaiser Heinrich II.) Die kleineren und schlichteren Seitenaltäre, links der des heiligen Stephan, rechts der des heiligen Petrus, schuf ebenfalls Hönel.

Von den übrigen Kunstwerken der Kirche seien hier nur die wichtigsten genannt. Zu ihnen zählt der Kreuzaltar vor dem erhöhten Chor; eine Marienklage aus 18 Tonnen Kärntner Blei, von Georg Raphael Donner 1740 gegossen. Auch die Bleireliefs der Kanzel stammen von Donner. Ihre vornehme Einfachheit paßt eigentlich nicht zur Theatralik der von den Brüdern Giuseppe und Antonio Bibiena entworfenen Symbolfülle der Gesamtkomposition. Im linken, nördlichen Seitenschiff besonders bemerkenswert die Fresken des heiligen Wolfgang (1380), der Tod Mariens (1400), der St. Georg (1400) und das Samson-Tympanon, wegen seiner temperamentvollen Realistik eine der bedeutendsten romanischen Plastiken im Alpenraum. Samson gleich Christus befreit Seelen symbolisierende Tauben aus dem Rachen des Löwen-Teufels. Nicht vergessen werden darf gleich zu Anfang des Schiffes das von der Wiener Goldschmiedin Perner-Sturmayr geschaffene Reliquar für Ring und Anhänger der heiligen Hemma. Gleichfalls im linken Seitenschiff beginnen kräftig bemalte Holzreliefs (1515) vom St. Veiter Meister Pamstel die Legende der Hemma zu erzählen. Das erste stellt den Mord der Bergleute an ihren Söhnen und ihre Trauer darüber, das zweite den Abschied vom Ehegatten und das dritte den Bau der ersten Kirche dar. Im rechten Seitenschiff setzen Tafeln die Geschichte mit dem Einzug der Nonnen und Chorherren in die Kirche, mit den hilfesuchenden Krüppeln an Hemmas Grab und der Erteilung des Augensegens mit dem Ring der Hemma durch einen Priester fort. Dort auch, an der Treppe zur Krypta (romanische Grabinschrift und Grabplatten für die Bischöfe Werner und Otto I.), ein Fresko ›Mariä Verkündigung‹ (1400) und ein anderes mit der Huldigung der Drei Könige und Auferstehung Christi in Kärntner Landschaft aus der Renaissance von Meister Aichler aus Spittal. An der Chor-Nordwand ein monumentaler Christophorus aus romanischer Zeit und an der Südwand ›Christus auf dem Thron‹, umgeben von den vierundzwanzig Ältesten und der Stifterfamilie.

Den faszinierendsten Raumeindruck vermittelt jedoch der älteste Teil der Kirche, die *Krypta* (Abb. 39). Hundert weiße Marmorsäulen stehen wie die Stämme eines Waldstückes zusammen. Elektrische Lampen erzeugen mit Licht und Schatten eine Aura wie die untergehende Sonne im abendlichen Gehölz. Sie zwingen unwillkürlich zur Stille und Besinnung. In dieser mystischen Dämmerung ruhen die Gebeine der Hemma in einem von Säulen getragenen Sarg. An ihnen die Köpfe von zwei Frauen und einem Mann; fremdartige Gesichtszüge seltsamer Herkunft. Dieses Grab wurde erst 1925 wiederentdeckt, als eine Marmorverkleidung entfernt wurde. Ein Propst hatte 1720/21 mit dem auch jetzt noch bestehenden Altar (Symbolfiguren des Glaubens und der Hoffnung, Marmortafel, den Tod der Stifterin darstellend, Rokokogitter) den Steintrog von Antonio Corradini überbauen lassen. In einer Ecke neben dem Grab auch ein Grünschieferstein, auf dem Hemma den Bau ihrer Kirche beaufsichtigt haben soll.

Angeblich vollbrachte er Wunder. Möglicherweise diente er aber zum gleichen Zweck schon der Landesgöttin Isis-Noreia. Außerdem in der Krypta noch der 1766 als prachtvoller Standort für eine romanische Muttergottes geplante Liebfrauenaltar mit eben dieser Statue.

Die Krypta ist unter denen im deutschen Sprachraum erhaltenen wirklich die großartigste. Ähnliche gibt es nur noch in Norditalien und von dort wurde ihr Bau sicherlich auch beeinflußt. Die übrigen Architekturelemente des Domes beziehen sich dagegen auf die Baugedanken des Klosters Hirsau im Schwarzwald.

Nicht weniger bedeutungsvoll als die Krypta erweist sich aber auch die im entgegengesetzten Teil der Kirche befindliche, nur 25 Jahre jüngere *Bischofskapelle* über der Eingangsvorhalle (Besichtigung nur bei Führungen). Seit über 700 Jahren fast unverändert, verbinden sich in ihr Architektur, Bauplastik und Malerei zur unvergleichlichen Einheit. Ein Gurtbogen auf zwei Halbsäulen teilt die Empore in zwei Hälften. Zweimal drei Doppel-Säulen-Rundbögen erlaubten den Blick ins Innere der Kirche, bevor die Orgel ihn verstellte. Wegen des Instruments wurde auch die Altarnische entfernt. Der gemusterte Ziegelboden stammt ebenfalls aus der Bauzeit. Das Kostbarste sind jedoch die Fresken (Abb. 40–42), nach einem Brand von Meister Heinrich 1260 anstelle früherer gemalt. Sie bedecken alle Wände. Sie wurden nie restauriert, Wetter und Oxidation veränderten allerdings die Originalfarben. Das heute auffallende Grün war die Untermalung. Das ehemals vorherrschende Blau verblaßte und das Gold verschwand bis auf winzige Reste. Aber die grandiose Komposition ist trotzdem ohne weiteres erkennbar. Während die Bilder unten in der Vorhalle das gläubige Volk belehrten, versuchten diese den Geist der uns schwerverständlichen, mittelalterlichen Theologie für die gebildeten Priester zu fassen. Eine lateinische Schrift über der ehemaligen Altarnische »Herrlich strahlt der Thron des großen Königs und Lammes« formuliert das Programm des Bildzyklus. ›König und Lamm‹ bedeutet Christus. Der Thron symbolisiert Maria und die Majestät Christi und die Herrlichkeit seines Throns glänzt über die Reiche aller Herrscher dieser Welt. Hainricus weist sich mit dieser Schöpfung als Hauptmeister des sogenannten ›Zackenstils‹ aus. Man erkennt ihn an der Malweise der Gewandfalten. Er war hauptsächlich in den Alpenländern verbreitet.

Es ist kaum glaublich, daß der Dom zu Gurk, dieses unvergleichliche Beispiel romanischer Baukunst, diese Schatzkammer ebensolcher Werke anderer Kunststile von der Wissenschaft fast vergessen wurde. Erst der preußische Konservator Ferdinand Quast erkannte 1850 auf einer Reise in das Gurktal seinen außerordentlichen Rang und machte seine Entdeckung publik. Mit seinen Veröffentlichungen begannen dann bis in unsere Tage reichende Forschungen, Freilegungen von Fresken und Restaurierungen; z. B. zuletzt die des Hochaltars und der Kanzel 1956, die wegen Holzwurmzerfalls zusammenzustürzen drohten, und 1963 die der Türflügel am Westportal.

Der Dom von Gurk strahlte selbstverständlich in die Umgebung aus. So entstand im Karner von *Pisweg*, einem Dorf auf dem südlichen Höhenrücken des Tales, eine an die Bischofskapelle angelehnte, vereinfachte Freskenfolge.

Die Pfarrkirche von *Zweinitz*, westlich von Gurk, zeichnet ein romanisches Stufenportal mit gotischen Fresko im Tympanon aus (Abb. 52), mehr noch aber die vollständige Ausmalung der Apsis durch den Meister des Gurker Altherrenbildes (Abb. 60). Von nicht geringer Güte sind aber auch die Bilder im Langhaus und das gotische Glasgemälde ›Thronende Madonna‹ im östlichen Apsisfenster.

In *Altenmarkt* malte Thomas von Villach eine Schutzmantelmadonna (1450/60) an die Triumphbogenwand. Vier schöne gotische Glasgemälde leuchten im Chor.

Ein Abstecher in ein Seitental, nach **Deutsch-Griffen**, führt wieder zu einem bemerkenswerten Baudenkmal. Eine überdachte Stiege verbindet Pfarrhaus und die auf einem Hügel gelegene *Kirche*. Hemma gründete sie. In gotischer Zeit wurde sie umgewandelt und ihr ein Karner beigegeben. Auch sie birgt u. a. bemerkenswerte Fresken. Am gemalten Sakramentshaus einer Villacher Werkstatt soll der junge Thomas von Villach beteiligt gewesen sein. Im Gemeindebezirk erhielten sich außerdem noch mehr als ein Dutzend alte, für Kärnten typische Getreidespeicher und sechs mit naiven Heiligendarstellungen versehene Bildstöcke.

Doch zurück ins Gurktal. Die romantische Straße verläßt alsbald den Fluß und steigt am Glödnitz-Bach aufwärts zum Flattnitz-Sattel an. Über den Paß zogen die Römer von Virunum nach Juvavum. Erst recht im Mittelalter war er ein vielbenutzter Übergang am Weg vom bischöflichen Dom zu Gurk zur Metropolitenresidenz Salzburg. Die Siedlung *Flattnitz* (1390 m) ist nun ein bei Wintersportlern und Erholungssuchenden beliebter Platz. Sie geht auf einen Sommersitz der Gurker Bischöfe zurück und eine seltsame, wehrhafte und an ein ›Hospiz‹ angelehnte Rundkirche, gotisch mit älterer Bausubstanz, diente damals den geistlichen Herren.

Vor diesem Ort zweigt eine Straße nach Osten in eine einsame Gegend hinunter ins *Metnitztal* ab. An den Hängen liegen Einzelhöfe und Weiler. Der Weg ist wenig befahren, bis der Flecken **Metnitz** erreicht wird. Diesem Markt sieht man seine einstige Bedeutung nicht an. Er gehörte zu den Besitzungen des Zwentibolch, war Salzburger Urpfarre, kam 1331 an das Bistum Gurk. Die *Leonhardskirche* spiegelt noch das ehemalige Ansehen. Die Wände ihres Schiffes stammen von einem Vorgängerbau aus dem 12. Jahrhundert. Im 13. oder Anfang des 14. Jahrhunderts entstand mit eigenartig steilem Spitzbogengewölbe auf imposanten Rundpfeilern ein sechsjochiges Hallenlanghaus mit drei gleich breiten und gleich hohen Schiffen und einem höheren Chor. Eine spätgotische Kapelle an der Nordseite und eine barocke gegenüber ergänzen es. Bei der Restaurierung 1950–1955 entdeckte man im Chor drei Schichten von Fresken. Einer entstammen die Heiligenfiguren. Die Kreuzigung wurde zweimal übereinander gemalt. Im Gewölbe Christus in der Mandorla und die Krönung Mariä neben Evangelistensymbolen. An der Nordwand des Chors ›Kreuzabnahme‹ und ›Beweinung Christi‹. Auch die Tierzeichnungen – Fabelwesen, Hirsche und Löwen – unter den Diensten des Kreuzrippengewölbes gelten als geniale Arbeiten eines großen Künstlers der Zeit. Die Wandmalereien der Nordkapelle sind jünger und stellen Anna

Selbdritt, Gnadenstuhl, Nothelfer, Apostel und Heilige dar. Besonders eindrucksvoll auch die Folge der einzigen in Österreich erhaltenen Totentanz-Bilder (1509) an der Nordwand des Schiffes (Abb. 61). Sie sind das Überbleibsel eines achtundzwanzigteiligen Zyklus von der Außenmauer des Karners. Weil sie dort Witterungseinflüsse allmählich auslöschten, übertrug man sie in die Kirche. Die barocke Ausstattung steht im starken Kontrast zur Architektur. Zum Beispiel gelten die großen Apostelstatuen von Prandtstätter im Langhaus als die wertvollsten dieses Stils in Kärnten. Prandtstätter schuf auch den reich mit Skulpturen geschmückten Säulen-Hochaltar mit dem Leonhardi-Gemälde von Fromiller. Auf dem rechten Seitenaltar (1760), ein Bild des heiligen Florian mit einer Ansicht von Metnitz von Nischlwitzer, wie Prandtstätter aus dem steirischen Judenburg kommend. Einmalig in seiner Art auch der Armeseelenaltar (1775) von Johann Pacher aus St. Veit in der Südkapelle. Ohne Umrahmung, frei im Raum, umgeben Kruzifix und Paradiesbaum die Gestalt der Maria. Ebenfalls von Prandtstätter stammt das Kruzifix neben dem Christophorusfresko an der südlichen Außenwand.

Schließlich verdient auch der der Kirche zugeordnete Karner einen aufmerksamen Blick. Der frühgotische, achteckige Bau mit angesetztem Chor und einem spitzen, von einer Laterne bekrönten Pyramidendach verwandelte sich inzwischen in eine Kriegergedächtniskapelle. Das Pietàrelief (1957) ist eine Arbeit von Erich Unterweger.

Kirche und Karner stehen am Nordhang des Metnitz-Tales. Nur ein wenig weiter bachabwärts, am südlichen, liegt die *Filiale Maria Höfl*. Einst pilgerten viele Wallfahrer dorthin, weil es dem Teufel nicht gelang, die Kirche mit einem Felsbrocken zu zerschmettern. Das Krähen erst eines weißen, dann eines roten und schließlich eines schwarzen Hahnes erschreckte ihn, so daß er entfloh. Sechzehn bewundernswerte, farbglitzernde gotische Glasgemälde in Maßwerkfenstern des Chores, Heilige darstellend, lohnen den Besuch des Gotteshauses (man kann sich von der Bäuerin des benachbarten Hofes aufschließen lassen).

Wiederum weiter abwärts engt dann ein Bergsporn das Tal fast zu einer Schlucht ein. Sie beherrscht das *Schloß* von **Grades,** Schloß freilich erst seit dem 17. Jahrhundert. Vorher erbaute dort auf ursprünglich der Gräfin Hemma gehörenden Boden ein Bischof von Gurk 1167–1174 eine Burg, die nach mehrfachen Erneuerungen ihr heutiges Aussehen erhielt (In einem Saal Deckengemälde von Fromiller). Im südlich davon gelegenen Markt die *Andreas-Kirche* mit gotischen Glasgemälden und Wandmalereien aus dem 14., 15. und 18. Jahrhundert und barocker Ausstattung.

Für Kunstfreunde wichtiger als diese ist die *St. Wolfgang-Kirche* auf einer Anhöhe am Waldrand südwestlich des Ortes. Sie ist eine der schönsten spätgotischen Kirchen Österreichs. Ihr dreijochiges, hohes und lichtdurchflutetes Langhaus und der eingezogene Chor mit schmalen Fenstern veranschaulichen den Stil in seltener Reinheit. Erstaunlicherweise konnte sie während der Türken-Einfälle erbaut werden (Grundsteinlegung 1453, Wiederherstellung nach einem Brand in den Jahren 1474–1512). Das Tonnengewölbe im Schiff zeigt nur gemalte Rippen, aber die Felder zwischen ihnen sind dafür mit von Ranken umspielten Menschen und Tieren sorgfältig geschmückt. Steinmetzen versahen außerdem trotz der Notzeiten die Strebepfeiler oder die Brüstung der Sängerempore mit phantasievollen Reliefs. Die Türken verursachten auch die Befestigung. Neun Meter hohe Mauern mit Geschossen und Schießscharten, sogar für Feldschlangen, machen St. Wolfgang zugleich zu einer der mächtigsten Kirchenburgen des Landes. Die Kirche wurde begründet als Denkmal eines Besuches des Namenspatrons in Grades. Der erfolgte jedoch schon 977. Der Heilige in Pfullingen in Schwaben geboren, war nach Lehramt an der Domschule zu Trier, Tätigkeiten in der Reichskanzlei des Kaiser Otto I., Missionswirken in Ungarn, Bischof von Regensburg geworden. Besondere Verehrung genoß er im Spätmittelalter in Österreich, weil er sich wegen der politischen Wirren eine Zeitlang am Mond- und Abersee im Salzburgischen aufhielt und dort als Wundertäter und Teufelsbezwinger lebte. Sein Ruf beflügelte die Kirche über Jahrhunderte und Bischof Johannes V. von Gurk wollte sich die Ausstrahlung des frommen Mannes durch den Kirchenbau für seine Diözese zunutze machen. Dazu beschaffte der Freund des Bischofs, Kaiser Friedrich III., aus Regensburg einen Unterarmknochen als Reliquie und die erhob die Kirche schon bald nach ihrer Fertigstellung zur seinerzeit berühmten Gnadenstätte.

Um diese Zeit (1520) stiftet Matthäus Lang von Wellenburg, Fürstbischof von Gurk und Erzbischof von Salzburg, den großartigen, unverändert gebliebenen Flügelaltar. Seine Farbigkeit, die Harmonie von Plastik, Malerei und Architektur lassen ihn als Kunstwerk von erlesener Vollendung erscheinen. Im Schrein thront der heilige Wolfgang begleitet von den heiligen Laurentius und Stephan; auf den Flügeln ›Verkündigung‹, ›Geburt Christi‹ und ›Tod‹ und ›Krönung‹ der Maria und im Gesprenge Heilige um den Schmerzensmann. Gemälde auf den Rückseiten zeigen Szenen der St. Wolfgangs-Legende. Obwohl der Altar wie ein Werk aus einem Guß aussieht, arbeiteten an ihm mehrere Künstler. Die Schreinfiguren schuf ein unbekannter Schnitzer am Ende des 15. Jahrhunderts. Der Altar selbst und die Reliefs im Gesprenge stammen aus der sogenannten Jüngeren Villacher Werkstatt um 1520 und die Gemälde, beeinflußt von schwäbischer Malerei, führten zwei verschiedene Meister ebenfalls am Anfang des 16. Jahrhunderts aus.

Nach Grades weitet sich das Tal alsbald zum Becken aus. Man erreicht wieder die Bundesstraße 83 und, wo die vom Norden kommende Olsa in die Metnitz einmündet, schließlich an den letzten Hügeln der Gurktaler Alpen auch **Friesach** (Farbt. 14). Seit jeher liegt es an einer schon in vorgeschichtlicher Zeit begangenen und bis heute stark befahrenen Nord-Südstraße, einer Straße, die Salzburg, Linz und Wien mit dem Balkan und Italien verbindet. Zugleich war die Stadt auch schon frühzeitig das Zentrum zahlreicher Eisenerz-Gruben.

Zu ihrer bewegten Vergangenheit nur einige Stichworte: 860 Schenkung eines Hofes ›Friesah‹ durch Ludwig den Deutschen an das Erzbistum Salzburg – durch Hemma ein Gurker Markt – Streit zwischen päpstlich und kaiserlich gesinnten Salzburgern –

Friesach, 1649 (Matthäus Merian)

Zerstörung des Gurker Marktes, Neuaufbau und Teilung zwischen Gurk und Salzburg, getrennte Verwaltung und verschiedene Rechte – 1170 Aufenthalt Kaiser Barbarossas – 1180 Vereinigung des Gurker mit dem Salzburger Besitz, Residenz der Erzbischöfe und sozusagen zweite Hauptstadt der Erzdiözese – bis zum Ausgang des Mittelalters ist der Friesacher Pfennig eine weithin anerkannte Währung – 1192 Zuflucht des englischen Königs Richard Löwenherz – 1224 Versammlung fast aller geistlicher und weltlicher Fürsten zwischen Donau und Adria zur Schlichtung eines Streits zwischen dem Kärntner Herzog Bernhard von Sponheim und dem Markgrafen Heinrich von Istrien, 600 Ritter reiten Turniere, Minnesänger Ulrich von Liechtenstein nimmt teil und berichtet darüber – Besetzung und Zerstörung durch böhmische, später durch habsburgische Truppen – Türkeneinfälle – 1470 Landtag von Kärnten, Krain und Steiermark – 1480 ungarische Truppen – 1795 französische Besatzung – 1806 habsburgisch – von 1215 bis 1895 dreizehn verheerende Feuersbrünste – drei große Pestepedemien ...

Was sich nach all dem in Friesach erhalten hat, ist dennoch imposant. Immer noch sind ihre 11 m hohen und 1,5 m dicken Mauern mit Wehrtürmen und Gräben die besterhaltene Stadtbefestigung Österreichs und ihre Kirchen und Burgruinen belegen immer noch das durch die Geschichte bewirkte und einander abwechselnde Glück und Unglück.

Dem Besucher fallen zuerst die Reste auf den Kuppen über den Straßen des Talbodens auf. Auf dem *Petersberg* bestehen noch 9 m hohe Mauern eines Bergfriedes und ein kleiner Wehrturm von der ersten Befestigung des Erzbischofs Gebhard aus dem 11. Jahrhundert und der sechsgeschossige, rechteckige Bergfried (jetzt Stadtmuseum u. a.

mit kostbaren Exponaten sakraler Kunst) der von Konrad I. 1124–1130 erweiterten Anlage. Im dritten Geschoß befindet sich die ehemalige Burgkapelle mit Wandmalerei-rudimenten. Das Fresko schuf einstmals der Meister der Gurker Westempore. Noch älter als diese Bauteile ist die Peterskirche über dem steilen Abbruch des Berges an der Südostspitze. Sie ist spätkarolingisch, 927 zum ersten Mal genannt, aber inzwischen mit gotischen und barocken Veränderungen versehen. Immerhin kann man im erhöht aufgeführten, halbrunden Chor noch einen früheren Chorturm erkennen. Pfeilervor-halle und rundbogige West- und Südportale sind ebenfalls alt. Die Einrichtung des Innenraums stammt meist aus dem Barock; in die Seitenaltäre wurden gotische Bilder von früheren Flügelaltären eingefügt. Kostbare gotische Meßgewänder mit Stickereien (um 1500) sind in einer Vitrine ausgelegt.

Am nordwestlichen Ende des Petersberges zudem die Ruine der *Burg Lavant*, ehemals Sitz der Bischöfe von Lavant (1213). Diese Residenz brannte 1673 aus und wurde, bis auf später in die Ruinen eingezogene Privatwohnungen, nicht wieder auf-gebaut.

Noch weiter im Norden, auf dem *Geiersberg* – Kegel, zeigt ein 35 m hoher Turm noch eine andere Burg an. Bischof Hiltebold von Gurk soll sie während einer Fehde mit dem Herzog Engelhard von Kärnten 1131 aufgeführt haben. Ihre Besitzer wechselten nachmals oft und jeder baute an ihr herum, auch noch der letzte im Jahr 1957. Er richtete sie für seine Sommeraufenthalte her.

Südlich vom Petersberg liegt auf einem Abhang außerdem der Rotturm, auch von einer Burg herstammend, über die man allerdings nichts weiß. Und auf dem Virgilien-berg oberhalb der St. Veiter Straße wiederum eine Ruine einer bereits Anfang des 19. Jahrhunderts verfallenen Propstei mit Kirche aus dem 13. Jahrhundert.

Der mächtigste Bau Friesachs ist jedoch die *Stadtpfarrkirche St. Barthlmä* in der Nähe des Hauptplatzes in der Unterstadt. Das Aussehen der ursprünglich romani-schen, dreischiffigen Pfeilerbasilika bestimmt zwar eine Restaurierung vom Anfang unseres Jahrhunderts vor allem durch die damals neu aufgebauten Westtürme. Aber romanische Einzelheiten, so die Fabelwesen an einem Langhauspfeiler und der Taufstein, deuten noch auf die erste Bauzeit hin. Ansonsten veränderte schon der gotische Chor und die Pfeilerarkaden und das Kreuzrippengewölbe mit schönen Schlußsteinen im Langhaus, die kreuzgratunterwölbte Westempore mit Maßwerk-Balustrade, alles aus dem 15. Jahrhundert, den früheren Zustand. Der Hauptaltar und einige andere Altäre sind dagegen Barock. Zahlreiche Grabsteine aus dem 15., 16. und 17. Jahrhundert.

Unübersehbar, trotz des störenden Altars, sind besonders die Glasgemälde im Chor. Die Darstellungen der Klugen und Törichten Jungfrauen (1270–80) wurden allerdings erst 1838 hierher übertragen. Zu eben derselben Zeit stellte man aus verschiedenen Fenstern des Chores auch die vierzehn Scheiben mit Szenen aus dem Leben Jesu (1325–30) neu zusammen. Ebenso neu formiert sind die drei kleinen Glasbilder von 1565 und 1661 im nördlichen Seitenschiff. Ein Lapidarium neben dem Gotteshaus

deutet mit römerzeitlichen Steinen, romanischen Kapitellen und gotischen Werkstük-
ken, jüdischen Grab- und barocken Gedenksteinen noch einmal auf die große
Vergangenheit hin.

Ihr begegnet man fortwährend selbstverständlich auch in den Straßen, angefangen
beim *Hauptplatz* mit dem ehemaligen Berggerichtshaus, altem Rathaus und Apotheke
und dem von einem Italiener geschaffenen Brunnen (1513) sowie in der Fürstenhofgasse
mit der erzbischöflichen Hofhaltung (bis 1804) oder mit den Häusern in der Bahnhofstraße und weiter fortschreitend mit der Fleischbankgasse, Herrengasse, Sackgasse oder
Wienerstraße.

Im ›Sack‹ unter dem Rotturm stößt man auch auf die Heiligenblutkirche, einen einschiffigen Bau aus dem 14. Jahrhundert. In dieser Kirche gibt es einen großartigen Barock-
altar aus dem Jahre 1681 mit gotischen Figuren der thronenden Muttergottes und den Heiligen Katharina und Bartholomäus. Beachtenswert ist auch die spätgotische Sakraments-
nische mit dem Heiligenblut-Reliquar aus dem 14. Jahrhundert. Zwei Stützpaare aus romanischen Säulen mit Basen und Würfelkapitellen erinnern an die Vorgängerin, an die 1194
geweihte Kapelle der Zisterzienser von Viktring. Diese Kapelle zerstörte zwischen 1211
und 1215 ein Brand. Aber 1217 gründeten hier die Dominikaner ihre erste Niederlassung
im deutschsprachigen Raum. Sie erbauten die Kirche neu und das jetzige Gotteshaus
ersetzt wiederum diese. Seinen Namen leitet es her von einer Verwandlung des Weines
zu Blut, die im Jahr 1238 geschah. Die Dominikaner verließen jedoch bald ihr erstes
Kloster. Sie hatten ein Gelände vor dem nördlichen Schenkel der Stadtmauer erworben
und erbauten dort neuerlich einen Konvent und eine andere Kirche. Anstelle der alten
Zellen umstehen jetzt einfache Gebäude aus dem 17. Jahrhundert einen quadratischen
Hof. Eine Seite nimmt die frühgotische Pfeilerbasilika *St. Nikolaus* ein. Wie bei
Bettelorden üblich fehlen Türme. Sie trägt nur einen Dachreiter. Die Strenge der
Architektur wird jedoch erst richtig im Innern deutlich. Verblüffend große Raumproportionen und Nüchternheit verbinden sich zu einer noblen Schönheit. Die Perspektive
der durch Spitzbögen verbundenen Pfeiler des Mittelschiffes mit seinem Kreuzgratgewölbe verläuft ungestört ebenmäßig in den fast ebenso langen Chor und es scheint, als
nähmen dort die drei schmalen und hohen Fenster die Fluchtlinie auf und führte sie mit
ihrem Licht weiter fort. Glücklicherweise schadet der kleine Altar diesem Eindruck
kaum, und die schwachen Gründerzeitscheiben der Fenster nimmt man aus der
Entfernung der Portale auch nicht deutlich wahr. Die Seitenschiffe des Langhauses
tragen zur Tiefenwirkung nicht bei. Sie verbreitern aber das Mittelschiff und fügen ihre
Dimensionen jener erstaunenden Größe bei. Diese Kirche der Dominikaner ist nämlich
das größte Gotteshaus Kärntens. Leider wurde ihre Einrichtung bei früheren Renovierungen größtenteils neogotisch erneuert.

Wie dieser Verständnislosigkeit zum Trotz bewahrt sie dennoch einige Schätze. An
der Nordwand lehnt ein Altar aus einer Friesacher Werkstatt. Sein Schrein enthält die
Figuren des Auferstandenen und die der heiligen Florian und Georg. Die kostbaren Flügel
und die Predella wurden leider kürzlich gestohlen.

In der Apsis des südlichen Seitenschiffes steht die überlebensgroße Sandsteinfigur der berühmten ›Friesacher Madonna‹, bekrönt und mit rot-goldenem Faltenwurf vom Anfang des 14. Jahrhunderts, in ihrer lieblichen Jungfräulichkeit, eine der schönsten Plastiken der deutschen Gotik.

Ebenso kostbar ist das Gabelkruzifix an einem Pfeiler des Mittelschiffs aus der gleichen Zeit, wenn auch von völlig anderer Art. Der Korpus Christi hängt, angenagelt wie an die Äste eines Baums, an verdrehten Armen vornübergebeugt und Gesicht und Leib und sogar die verkrümmten Zehen drücken die Qual des Todes so elementar aus, wie es realistischer nicht gedacht werden kann (Abb. 53, 54).

Schließlich befindet sich in der 1509 angebauten Dominikus-Kapelle noch eine überaus vorzügliche Bildhauer-Arbeit; das Epitaph aus rotem Marmor des Salzburger Vizedoms und Burghauptmanns Balthasar Thannhäuser (1516). Geht man von Madonna und Kruzifix zu dieser gerüsteten Ritterfigur, bemerkt man augenblicklich den Unterschied zwischen mittelalterlichem Glauben und späterer, feudaler Repräsentation und damit den Gegensatz der Epochen.

Von den anderen verschiedenen Baudenkmalen Friesachs sei hier nur noch auf die *Deutschordenskirche*, ebenfalls außerhalb der Mauer an der St. Veiter Straße, hingewiesen. Auch sie wurde im Laufe der Zeit mehrfach erneuert und macht jetzt einen gotisch-barocken Eindruck; wahrscheinlich begründete sie das Stift Admont in der Romanik. Jedenfalls sind im Schiff romanische Mauern verwendet. Der Triumphbogen ist romanisch und im Chor sind romanische Rundbogenfenster sichtbar. Vor allem aber fanden dort Restauratoren 1946/47 romanische Fresken unter barockem Verputz und zwar wieder Bilder von den Klugen und Törichten Jungfrauen, den Propheten und von der Hochzeit zu Kanaan.

Gleichsam eine Sammlung alpenländischer Kunst der Gotik bildet dagegen die Ausstattung der Kirche. Sie geht auf den Eifer eines 1918 verstorbenen Ordenskomturs zurück. Die Herkunft der meisten Stücke kennt man leider nicht und das ist schade, denn es handelt sich durchweg um Meisterwerke. Nur vom prächtigen Hochaltar weiß man, daß er in einer 1892 am Ossiacher See abgebrochenen Kirche stand, und daß ein Seitenaltar mit dem Weltgericht im Schrein aus Frankfurt am Main stammt.

Die Eindrücke der Reisenden in Friesach ergänzt das zur Stadt gehörige **Zeltschach** jenseits der Olsa. Man begibt sich dort auf den ureigensten Boden der heiligen Hemma und findet auch spärliche Reste der Burg ihrer Familie und die im 11. Jahrhundert zuerst erwähnte gotische *Pfarrkirche St. Andreas*. Ihr Portal, unter einem Kielbogen und umrahmenden Fialen vorzüglich profiliert, darf als ein besonders gutes Beispiel für solche Eingangspforten betrachtet werden. Die Kirche besitzt eine reiche einheitliche Rokokoausstattung. Die Figuren des Hochaltars wurden unter der Mitwirkung von Balthasar Prandstätter geschaffen. Beachtenswert sind auch die gotischen Rankenmalereien im Gewölbe.

In Friesach finden alljährlich Sommerfestspiele statt. Sie zielen nicht auf Perfektion und Internationalität wie anderswo. Stücke des klassischen und modernen Theaters führen vielmehr Anfänger, Absolventen des Reinhardt-Seminars auf. Die durch die Veranstaltung zusätzlich verbreitete liebenswerte Atmosphäre wissen offensichtlich viele zu schätzen, denn Tausende besuchen aus diesem Anlaß jährlich den Ort.

Über Feldkirchen zur Turracher Höhe und ins Nockgebiet

Dieses Gebiet schließt an das des Wörther und Ossiacher Sees im Norden an. Man kann es von verschiedenen Orten aus bereisen. Von Klagenfurt aus steuert man am besten auf der Bundesstraße 95 zuerst **Feldkirchen** an. Der Ort gruppiert sich um den rechteckigen Hauptplatz. Unverdorbene, edel proportionierte und von zarten Reliefs geschmückte Biedermeierfassaden vor Bauten des 16. Jahrhunderts bewirken eine anheimelnde Atmosphäre. Ein Schalenbrunnen mit Pinienzapfen in der Mitte (17. Jh.) und eine kleine, von einer Dreifaltigkeitsgruppe überhöhte Mariensäule (1760) unter Bäumen steigern sie noch.

Gewichtiger als der Platz ist die *Stadtpfarrkirche ›Maria Himmelfahrt‹* am Rande der Altstadt gelegen. Von einer Urkunde, die hier eine Vorgängerin im Jahr 888 erwähnt, leitet Feldkirchen sein Alter ab. Das jetzige Gotteshaus ist eine spätere, romanische Chorturm-Anlage und wurde vielleicht von Bamberger Bischöfen errichtet. Das Bistum Bamberg kaufte 1166 ›Veldchircha‹ und behielt es bis 1759. Seine Vögte ließen die Kirche in der zweiten Hälfte des 15. Jahrhunderts zwar umbauen, aber im Mittelschiff zeigt sich noch die romanische Bauidee. An der Decke des Chorturmquadrates und im Hauptchor erhielten sich noch Fresken des 13. Jahrhunderts (thronender Christus, Lamm Gottes, die Könige Salomo und David, die zwölf Apostel, Reiterzug der Heiligen Drei Könige). Von der späteren Einrichtung sprechen das spätgotische Kruzifix am Triumphbogen und der Flügelaltar (um 1510) im nördlichen Seitenschiff.

Am Pfarrhof (16. Jh.) vor der Friedhofsmauer noch ein Bildstock aus der Zeit der gotischen Fresken ... und am anderen Ende des Marktfleckens die etwas frühere, kleine *St. Michael-Filiale*. Sie ist freilich barockisiert, so daß man das gotische unter dieser Erneuerung suchen muß. Gotisch ist auch das nahe, jetzt ein Altersheim beherbergende Stadtschloß, der *Bamberger Amtshof* mit seinen Ecktürmen.

Ehe man die Straße 95 weiter verfolgt sei noch ein Abstecher nach **Tiffen** empfohlen. In der Römerzeit lag das Dorf noch am Ufer des Ossiacher Sees und über ihm auf jäh abfallenden Felsen wurde damals Jupiter verehrt. Jetzt hat eine große Verlandungszone den Ort kilometerweit vom Wasser entfernt, und anstelle des antiken Heiligtums erhebt sich ein christliches: die *›Pfarrkirche St. Jakob d. Ä.‹* eine ehemals romanische Chorturmkirche, im 15. Jahrhundert umgebaut und im 18. Jahrhundert durch den gegenwärtigen Chor ergänzt. Sie war stark befestigt. Mauerzüge, Türme und Bruchstücke von Toren beweisen es. Die ganze Anlage auf der Marmorklippe macht ein eindrucksvolles Bild. Doch bei näherer Betrachtung stehen die Einzelheiten der Gesamtansicht nicht nach. Die vielen, oft schön ausgearbeiteten Reliefs römischer Gräber in Befestigungs- und Kirchenmauern, romanische Fenster im Langhaus, Weihwasserbecken und romanische Kapitelle, gotische, fein profilierte Rund- und Kielbogenportale und das Fresko ›Christus mit sterbenden Soldaten‹ als Epitaph für die Gefallenen von Suitbert Lobisser (der in Tiffen geboren wurde), bereiten gleichsam schon außen auf die Kunstwerke im Innern des Gotteshauses vor. Das sind hauptsächlich erstens Wandgemälde von Thomas von Villach – Barbara und Helena am Triumphbogen, eine verblichene Anbetung und über der Sakristeitür das Schweißtuch –, zweitens ein Kreuzigungsfragment neben den nördlichen Fenstern von Urban Görtschacher –, drittens eine Kreuzigung am ersten östlichen Pfeiler und Kirchenväter und Heilige in den Gewölbefeldern von einem Unbekannten und viertens vor allem ein Auferstehungstafelbild über einer Tür (1530), ebenfalls von einem Unbekannten, aber wegen der malerischen Komposition und des lebendigen Ausdrucks der Personen offensichtlich von einem Meister.

Hinter Feldkirchen führt die Bundesstraße 95 alsbald ins sogenannte *Himmelberger Becken*. In der Nähe entspringt der Tieblbach. Sein Wasser war ziemlich warm. Die Räder der Hammerwerke vereisten selten. Es entwickelte sich deshalb in **Himmelberg** eine Sensen- und Sichelproduktion. Die Werkzeuge waren ehemals begehrt. Die einstige Bedeutung des Ortes kann man noch an seinem *Schloß Pieberstein* (1396) ermessen. Es gehörte auch einmal den Khevenhüllers und später einem Salzburger Fürstbischof.

Bei **Gnesau** erreicht man dann wieder die Gurk, diesmal allerdings ihren oberen Lauf, und alsbald auch die Ebene *Reichenau*. In der weitverzweigten Streusiedlung erhielten sich viele Bauernhäuser in alter Holzbauweise. Hier beginnt der durch wildromantische Landschaft führende (zum Teil 30 %) Aufstieg zur **Turracher Höhe**. Dieser Übergang in die Steiermark war vor zirka 50 Millionen Jahren, als die Alpen viel niedriger als heute waren, ein Tal. Erosionen flachten es ab.

Drei Seen, der *Turracher-*, der *Schwarz-*, und der *Grünsee* deuten darauf hin und auch Kohleablagerungen in Konglomeratschichten eines Flußkieses. Im 19. Jahrhundert wurden sie noch abgebaut. Jetzt sind um den 1763 m hohen Paß moderne Hotels entstanden. Ein ausgeglichenes Klima, wenig Bewölkung, selten Nebel und eine sommers wie winters große Sonneneinstrahlung, Schneesicherheit bis in den Frühling hinein, leichte Wanderwege und viel Wald förderten den Besuch der Gegend durch erholungsuchende Fremde das ganze Jahr über. Die Seen sind zum Baden allerdings zu kalt. Sie dienen der puren Schönheit und gelten dem Volksmund nach als Tränen Gottes, die der Schöpfer aus Freude über das von ihm geschaffene Stück Erde fallen ließ. Zu den kleinen, nicht auf den ersten Blick bemerkbaren Schönheiten des Gebirges rechnen auch seine Mineralien. Der Besitzer des Hotels ›Zirbenhof‹ sammelte sie und zeigt sie für jedermann in einem Museum.

Westlich der Bundesstraße 95 von Feldkirchen zur Turracher Höhe liegt eine geschlossene Landschaft, wie es sie in Kärnten nicht wieder gibt: **das Nockgebiet.** Runde, bis 2500 m hohe Kuppen und weite Höhenzüge, von sanften Tälern durchfurcht, verleihen ihm einen eigenen Charakter. Da die Berge manchmal ›Nockerln‹, wenn auch überdimensionalen, gleichen, nennt man sie eben ›Nocke‹. Eine ca. 35 km lange Straße erschließt diese wahrhaft herrliche Gegend. Sie beginnt in der Ebene Reichenau und führt in Serpentinen über Almen jenseits der Baumgrenze und durch Böden zu Füßen der Hänge in die Innerkrems. Parkplätze erlauben Blicke auf außergewöhnliche Panoramen, besonders von dem auf der Eisentalhöhe, der mit 2042 m höchsten Stelle der Nockalmstraße.

Solche Parkplätze, aber auch Orte oder Almhütten an der Straße können oft auch Ausgangspunkte für Bergwanderungen auf markierten Wegen sein. Den Wanderern begegnet auf Pfaden die Pracht der Alpenflora. Im Sommer blühen dort Almrausch, Enzian, Blutströpfchen, Silberwurz, Zwergprimel, Gemsheide, Aurikel, Türkenbund, Feuerlilien und viele andere Pflanzen mehr. Alle Gewächse sind gesetzlich geschützt, auch Zirben, Latschen und Eiben. Wer sie abreißt, muß mit einer Strafe bis zu öS 30 000,– rechnen. Aber welcher Freund der Natur tut das schon? 1987 wurde das Gebiet beiderseitig der Straße zum Nationalpark erklärt. Außer der Straße und den ausgewiesenen Parkplätzen darf das Gelände (Forst- und Almwege eingeschlossen) nicht mit Autos befahren, die markierten Wanderwege ebensowenig verlassen werden.

Von der Bundesstraße 95 zweigt bei Pattergassen auch eine andere Straße in das Nockgebiet westlich nach **Bad Kleinkirchheim** ab. Dieses Dorf entwickelte sich in den letzten Jahren zu einem modernen Kur- und Wintersportort mit komfortablen Hotels, Thermalhallen- und Thermalfreibad, Saunen und anderen Einrichtungen. Seine Lage (1100 m), sein Klima und seine seit fünfhundert Jahren bekannte Heilquelle schufen dafür die Voraussetzungen. Über dieser Quelle am Hang oberhalb der neuen Gebäude steht die *Filialkirche St. Katharina im Bade.* Brunnenstube und romanische Unterkirche waren eins. Einem Bericht von 1672 zufolge feierte der Pfarrer täglich die Heilige Messe, wenn »Herren und Frauen sich im Bade befinden«. Seit einigen Jahren sprudelt die Quelle hier freilich nicht mehr aus dem Felsen. Das eigentliche Gotteshaus über diesem Unterbau stammt aus gotischer Zeit. Über einen gedeckten Gang (17. Jh.) an der Außenmauer gelangt man in den Vorraum und durch ein Fenster sieht man von dort aus in das sternrippengewölbte Schiff. Den Blick fesselt sogleich wieder einer jener schönen Kärntner Flügelaltäre: im Schrein die heiligen Katharina, Vinzenz und Barbara, im Gesprenge der gekreuzigte Christus mit Maria und Johannes von Meister Caspar von Friesach (um 1510) und auf den Gemälden der Flügel Geburt, Anbetung, Auferstehung und Pfingstwunder, die Engel der Verkündigung, Ulrich, Christoph, Sebastion und Rochus und Schweißtuch. Das Predellenbild zeigt die Heilige Sippe.

Die *Pfarrkirche St. Ulrich* wurde nach einem Brand 1743 erneuert. Ihre Deckenfresken, die Schlacht auf dem Lechfeld darstellend, malte Jonas Ranter in den Jahren 1926–1928.

Zur Gemeinde Kleinkirchheim gehört auch **St. Oswald**, ein paar Kilometer entfernt in nordwestlicher Richtung gelegen. Mit ihm erhielt sich gleichsam ein Stück urtümliches Kärnten. Der Ortskern mit seinen alten Blockbauhöfen blieb glücklicherweise unangetastet. Die gezimmerten Giebel der Kirchgasse und an ihrem Ende das von einem Friedhof umgebene Gotteshaus mit seinem spitzen Turm bilden immer noch einen der bewunderungswürdigsten, malerischen Winkel des Landes (Farbt. 21).

Die *Kirche* entstand Anfang des 16. Jahrhunderts. Die obere Reihe der Fresken über seinem Südportal – Christus am Ölberg und Kreuzigung – schufen 1514 die Gebrüder Caspar und Paul Werchker, wie eine Inschrift ausweist. Die der unteren Reihe – Kreuztragung, noch einmal Kreuzigung und Auferstehung – sind dagegen 40 Jahre jünger. Weihwasserbecken, Türbeschläge und Schlösser entstammen ebenfalls noch der spätgotischen Zeit, wie auch die Kreuzigungsgruppe im Innern. Auf dem Bild des Hochaltars (bez. 1678) verteilt König Oswald die Speisen seines Festmahles an die Armen.

Wieder auf der Straße in Bad Kleinkirchheim nach Westen fahrend biegt man in *Radenthein,* einem durch Magnesitwerke zur Industriesiedlung gewordenen Dorf, nach Süden um (wenn man nicht einen Abstecher zum Bergdorf Kanig macht, wo an einem Wanderweg fünf noch funktionierende Flodermühlen vom Anfang des 19. Jahrhunderts liegen) und folgt der landschaftlich schönen Straße Nr. 98, bis sie auf die Straße Feldkirchen–Villach trifft. Vorher berührt man jedoch bald hinter Radenthein den *Brenn-* oder *Feldsee* und danach den *Afritzer See.*

An den Außenwänden von *St. Nikolaus* in **Afritz** befinden sich Reste eines Christophorus-Freskos und im Chor wurde 1970 ein Passionsbild (um 1500) freigelegt.

Auch die Wände der *Kirche* im nachfolgenden größeren Ort **Treffen** tragen Fresken, unter anderem eine gute Ölbergszene aus der Werkstatt des Thomas von Villach. Der Bau ist wieder eine romanische Chorturmkirche, was trotz gotischer und barocker An- und Umbauten im Kern noch erkennbar ist. Vor ihr stand hier wahrscheinlich eine zwischen 878 und 906 errichtete Kirche des bairischen Klosters Öttingen, denn König Karlmann schenkte damals den Hof ›Trebina‹ jenem Stift. Seit 1096 gab es dann Grafen von Treffen, Nachkommen schwäbischer Adliger; sie starben 1182 aus.

Die Ruine *Alt-Treffen*, das 1490 zerstörte Stammschloß, blieb die einzige Spur, die das Geschlecht hinterließ. – Eine andere Burg stürzte 1690 durch ein Erdbeben ein. Die damaligen Besitzer der Herrschaft, die Grotta von Grottenegg, erbauten deshalb 1691 ein neues Schloß im Stil norditalienischer Paläste.

Bei Villach erreicht man dann die Autobahn entlang des Wörther Sees nach Klagenfurt. (Im Ortsteil Einöde zwischen Afritz und Treffen ein Museum mit 630 Exponaten der Puppenmacherin Elli Riehl aus Villach.)

Rund um den Millstätter See

Die Nockberge reichen bis an das Nordufer des Millstätter Sees, und zwar neigt sich die 2056 m messende *Millstätter Alpe* mit mehreren Gipfeln über eine Terrasse bei

Obermillstatt allmählich zum Wasser hinab. Diese Hochfläche war vor der Bildung des Sees und des Drautales zusammen mit dem gegenüberliegenden Seerücken ein 300 m höherer Talboden. Das Eis rundete alle Kuppen ab. Die Gletscher der Eiszeit gruben auch das Seebecken gleichmäßig aus, so daß keine Untiefen oder gar Inseln blieben und die Hänge der umliegenden Berge 30 Grad steil einfallen. Die Ausdehnung des **Millstätter Sees** (Farbt. 12) – 11,7 km Länge, 1,5 km Breite und 141 m Tiefe – bestimmen ihn zum zweitgrößten Kärntens. Seine 1213 Millionen Kubikmeter große Wassermenge wird jedoch nirgendwo anders im Land wieder erreicht. Ihre Temperatur, 21–23 Grad Celsius im Sommer, ist ein wenig niedriger als beim Wörther See. Der von den Tauern her wehende Wind durchmischt sie stärker und außerdem fehlen die eine Erwärmung fördernden breiten Uferbänke.

Der Markt **Millstatt** (Farbt. 12) liegt auf einem Schwemmkegel, den der Riegerbach vor etwa 17 000 Jahren mit Material aus den oberen Regionen der Alpe allmählich aufhäufte. Der Ort eignet sich gut als Erholungsplatz und, wegen seiner zentralen Lage auch als Standquartier für Erkundungsfahrten in die Umgebung. Eine internationale Jury bezeichnete ihn wegen Seereinerhaltung und Abwasserbeseitigung, Ortsbildpflege und Restaurierung historischer Bauten, vorbildlicher Bebauungspläne und Landschaftsschutzzonen als Modell für Fremdenverkehrsgemeinden.

Der Name Millstatt wird verschieden gedeutet. Die einen sagen er heißt ›Mühlstätte‹. Andere meinen, er bezöge sich auf eine Stätte am Bergbach nach einem Wort ›Melissia‹ oder auf das slawische ›milstat‹ – Ort der Gnade. Im 12. Jahrhundert ersann ein phantasiebegabter Mönch sogar eine Legende. Kurzerhand verlieh er einem einheimischen Herzog den römischen Kaisernamen Domitian und erzählte, dieser Mann hätte ein heidnisches Heiligtum zerstört, seine Säulen und tausend Statuen (mille-tausend) ins Wasser gestürzt und anstelle des Tempels eine christliche Kirche gebaut. Nun – Römer siedelten in der Gegend gewiß. Eine Kirche wurde auch gebaut, aber nicht von jenem Fürsten, sondern von den Gebrüdern Aribo und Poto aus dem bairischen Geschlecht der Aribonen im 11. Jahrhundert. Die beiden begründeten nämlich damals in Milistat eine Benediktinerabtei. Ihr erster Abt kam aus Hirsau im Schwarzwald. Der Mönch aber erfand seine Geschichte nur aus Empörung über die Görzer Vögte des Stiftes, deren Ahne Aribo war. Trotz dieses Schwindels suchte und fand man um 1280 das angebliche Grab der Familie des Domitian. Lange Zeit, noch im 18. Jahrhundert, pilgerten Gläubige zu ihren Gebeinen und verehrten sie. Zuletzt pflegten besonders die Jesuiten diesen Kult. Nach erst glanzvoller Vergangenheit im 12. und 13. Jahrhundert (berühmte Mal- und Schreibschule und Bildhauerwerkstatt) und nachfolgendem Verfall war das Kloster dem St. Georgs-Ritterorden übergeben worden, und als sich dieser 1518 auflöste, übernahm das Grazer Jesuitenkollegium die Abtei als sogenannte Residenz.

Von der ehemaligen Klosteranlage sind noch wesentliche Teile erhalten. Vor allem ist die *Kirche* eines der großen Monumente im Land. Obwohl – wie immer wieder anderswo auch – im Laufe der Jahrhunderte durch Brände beschädigt, wieder aufgebaut

1 Gurktal mit ehemaliger Domkirche Gurk, 12. Jh. *(Kärnten)*

2 Heiligenblut am Großglockner *(Kärnten)* ▷

4 Wallfahrtskirche Maria Rain mit Karawanken *(Kärnten)*

◁ 3 Burg Groppenstein im Mölltal *(Kärnten)*

5 Stiftskirche Viktring, ›Grablegung‹ im Chor
(Kärnten)

6 Wallfahrtskirche Maria Gail, spätgotischer Flügelaltar (Detail) (Kärnten)

7 Wolfsberg, Annenkapelle, Altardetail (Kärnten)   8 Stiftskirche Ossiach, gotischer Flügelaltar (Kärnten) ▷

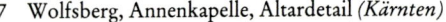

10 Stiftskirche Millstatt, ›Weltgerichtsfresko‹ von Urban Görtschacher *(Kärnten)*

◁ 9 Pfarrkirche Baldramsdorf, Fastentuch, 1555 *(Kärnten)*   12 Millstatt und Millstätter See ▷

11 Stiftskirche St. Paul im Lavanttal, Stifterfresko von Thomas von Villach *(Kärnten)*

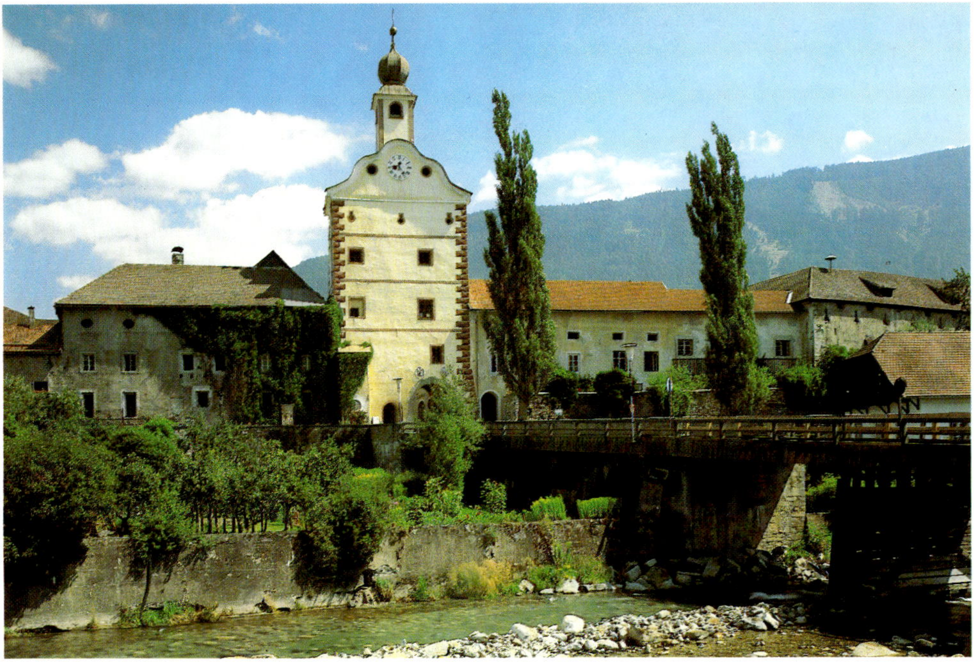

14 Gmünd im Liesertal, Stadttor *(Kärnten)*

◁ 13 Klagenfurt, Dom- und Stadtpfarrkirche, Langhaus und Chor *(Kärnten)*

15 Friesach im Metnitztal *(Kärnten)*

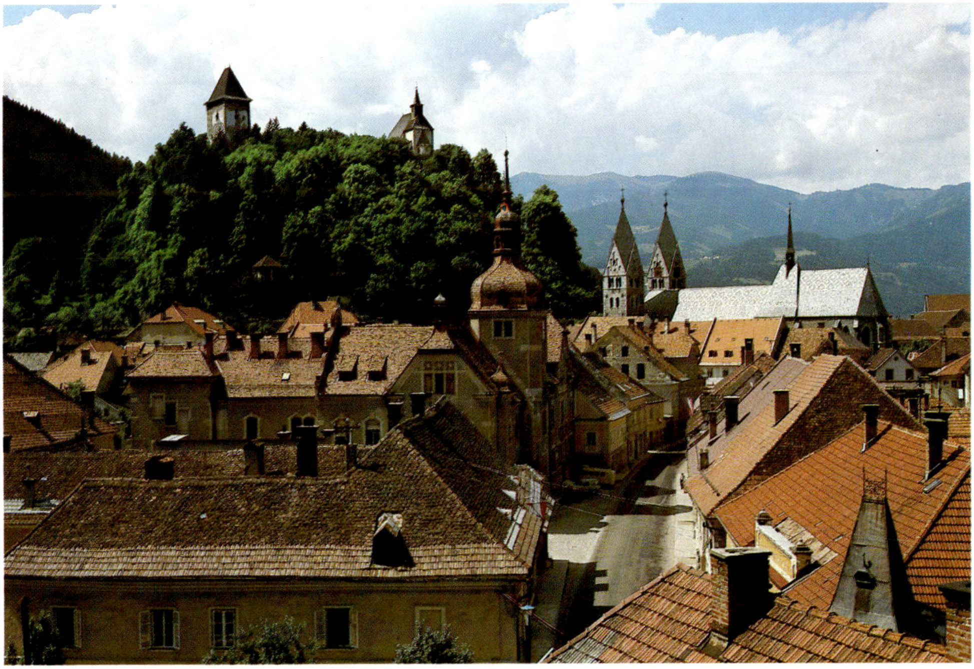

17 Bauernhof aus dem Nockgebiet, Kärntner Freilichtmuseum Maria Saal
◁ 16 Gailtal, Hermagor mit Villacher Alpe *(Kärnten)*
18 Bienenhaus, Kärntner Freilichtmuseum Maria Saal

19 Villacher Alpe (Dobratsch) von Westen *(Kärnten)*

20 Rosental mit Karawanken *(Kärnten)*

21   St. Oswald im Nockgebiet *(Kärnten)*

22   Pürgg am Grimming *(Steiermark)* ▷

23 An der südsteirischen Weinstraße

24 Kürbisernte in der Südsteiermark

25   Weinhof an der südsteirischen Weinstraße

26   Schloß Eggenberg bei Graz, Innenhof *(Steiermark)*

28   Graz, Mausoleum *(Steiermark)* ▷

27   Graz, Portal des Domherrenhofes in der Bürgergasse *(Steiermark)*

29　Stiftskirche Neuberg an
　　der Mürz *(Steiermark)*

30　Abtei St. Lambrecht
　　(Steiermark)

31 Die Riegersburg *(Steiermark)*

32 Stift Admont, Bibliothek *(Steiermark)* ▷

◁ 33 Wallfahrtskirche
Straßengel bei Graz
(Steiermark)

34 Wallfahrtskirche Mariazell,
Gnadenbild *(Steiermark)*

35 Stift Admont, Krippe
(Steiermark)

36 Fasching in Bad Aussee
(Steiermark)

37 Nikolomasken aus
Bad Mitterndorf *(Steiermark)*

38 Lipizzaner im Gestüt Piber *(Steiermark)*

39 Bauernhaus bei Stainz *(Steiermark)*

40   Wallfahrtskirche Mariazell *(Steiermark)*

und durch Zubauten und Restaurierungen verändert, überragen die romanischen und gotischen Elemente. Die Außenansicht dominiert ein im 12. Jahrhundert der bestehenden Basilika vorgesetzter Westbau mit zwei, im Barock mit Zwiebelhelmen versehenen Türmen (Abb. 44). Sein Erdgeschoß war früher in fünf Arkaden geöffnet, wurde aber um 1290 bis auf den jetzigen, mittleren Zugang vermauert und in drei Räume unterteilt. In der Taufkapelle rechts vom Eingang ein Fresko von Friedrich von Villach (1428) mit fünf Szenen aus der Passion.

Bedeutendstes Kunstwerk ist hier jedoch das romanische Stufenportal (Abb. 45, 47, 48) zum Langhaus. Säulen und Pfeiler sind gedreht oder bis in die Bögen verschiedenartig fein ornamentiert und mit Menschenköpfen und Monstern verziert. Die beiden äußeren, glatten Säulen ruhen links auf einer hockenden, geflügelten und bärtigen Figur, wahrscheinlich Luzifer, die in den Krallen ein Lamm hält (Abb. 47) und rechts auf einer von Drachen angegriffenen Gestalt auf Krücken. Das Tympanon-Relief (Abb. 45) zeigt den segnenden Christus. Vor ihm kniet ein Abt mit dem Modell der Kirche in der Hand, und eine Inschrift besagt, daß er Heinrich heißt und daß ein Steinmetz mit Namen Rudger die Darstellung schuf.

Das Innere der Kirche hat drei Schiffe. Die ersten, ältesten vier Joche sind basilikal, die anderen, angefügt während der baulichen Veränderungen auch der Turmhalle, hallenartig ausgebildet. Haupt- und Seitenchöre mit hohen Maßwerkfenstern stammen aus der Zeit der Georgsritter von 1517. Freskenfragmente an den Pfeilern (am zweiten Pfeiler rechts aus romanischer Zeit und am Pfeiler gegenüber Domitian mit der Kirche, wie die anderen aus dem 15. Jh.) lassen die ehemalige Farbigkeit der Wände ahnen. Das Weltgerichtsfresko (Farbt. 10) im rechten Seitenchor gehörte jedoch nicht zu dieser Bemalung. Bis 1963 befand es sich an der Außenmauer des Turmbaues. Die Vorzeichnung ist dort noch zu sehen. Um es vor weiteren Schäden zu bewahren, übertrugen es die Restauratoren an diese Stelle. Urban Görtschacher aus Villach malte es zwischen 1513 und 1519 im Auftrag eines reichen Bürgers von Gmünd. Dieser ließ sich selbstverständlich mit seiner Familie auch darauf abbilden. Ansonsten stellt es den thronenden und richtenden Christus dar, ihm zur Seite fürbittend Maria und Johannes und, auf Wolken schwebend, die Zwölf Apostel. Zwei Engel rufen die Toten aus den Gräbern. Papst, Kardinal, Bischof, ein Georgsritter und Kaiser Maximilian I. führen die Seligen vor das Himmelstor, während unten rechts der Teufel die Verdammten vor der Hölle erwartet. Mit seinem Hauptwerk, einem der wichtigsten Wandgemälde der frühen Renaissance im deutschen Sprachraum, ordnete sich Görtschacher unter die großen europäischen Maler seiner Ära ein.

Die Hochmeister des St. Georgs-Ordens veränderten die Kirche auch durch Grabkapellen: Johann Siebenhirter ließ die seine 1500 dem nördlichen Seitenschiff angliedern, Johann Geumann ließ die seine 1505 erbauen. Beide stellten darin noch zu Lebzeiten ihre Gräber auf. Die Jesuiten entfernten diese jedoch, mauerten aber immerhin ihre Deckel in die Wände ein, so daß wir heute zwei wahrhaft großartige Werke dieses Genres bewundern können. Die Platte des Siebenhirter schuf Hans

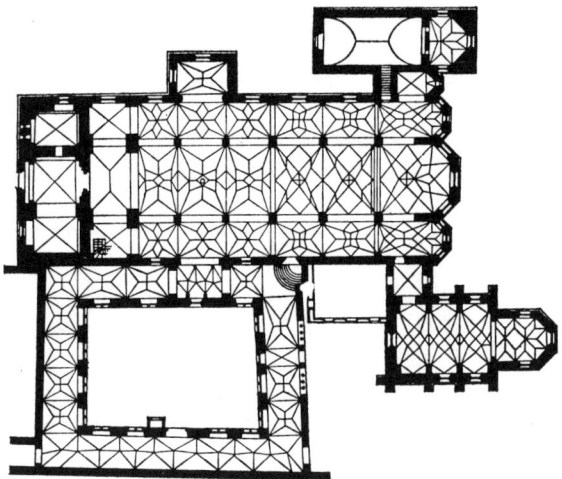

*Millstatt, ehemalige Klosterkirche
St. Salvator und Allerheiligen,
Grundriß*

Bäuerlin aus Augsburg in rotem und die des Geumann der Salzburger Hans Valkenauer in weißem, bemaltem Marmor.

Unter Geumann wurde außerdem die ursprünglich wohl romanische Domitiankapelle – erreichbar durch einen Vorraum der Sakristei – ausgebaut. Ihr jetziges Aussehen verdankt sie aber einer Umgestaltung von 1716. Auf dem Altar in gläsernem Schrein die Knochen des sagenhaften Herzogs und seiner Frau und unter der Empore der Grabstein mit seinem aus der Fabel geschöpften Bild, bezeichnet mit 1419. Im Sinne der Jesuiten erzählen die Gemälde im Joch, an den Pfeilern und über dem gläsernen Sarg anschaulich die erdachte Legende des Mannes, seine Wundertaten und seine Aufnahme in den Himmel. Die ansonsten prächtige Barockausstattung, insbesondere der Hochaltar und die beiden Knorpelwerkaltäre mit ihren großen vergoldeten Figuren, demonstriert die Intensität der hier von den Jesuiten betriebenen Gegenreformation.

Mit der Kirche ist noch die Klosteranlage verbunden. Im Durchgang zum Stiftshof wurden Flechtwerksteine aus dem 9. Jahrhundert vermauert. Deshalb liegt die Vermutung nahe, daß die ›Christus, Salvator und Allerheiligen‹-Kirche von heute eine karolingische Vorgängerin hatte. Die den Hof umgebenden, zweigeschossigen Trakte ließ Siebenhirter unter Verwendung romanischer Teile, die Arkadengänge dagegen Geumann errichten. Siebenhirter ließ auch das anschließende Hochmeisterschloß (jetzt Hotel) im zweiten Hof 1499 erbauen. Die Georgsritter befestigten die ehemalige Benediktiner-Abtei, war sie doch seit 1469 der Sitz ihrer als geistlicher Orden gegen die in Kärnten vordringenden Türken gegründeten Bruderschaft. Der Papst bestätigte sie und stattete sie mit Besitztümern aus, über die der Kaiser Vogtei- und Patronatsrechte ausübte. Der Orden verbrauchte seine Mittel für das von den Benediktinern arg vernachlässigte Stift. Auch als der Orden später von Kaiser Maximilian I. in eine freiweltliche Bruderschaft umgewandelt wurde, blühte er nicht. Die Stiftungen seiner illustren Mitglieder – im Sternrippengewölbe der Kirche zeigen sie 149 Wappen an den Schlußsteinen (u. a. die der Kaiser Maximilian I. bis Karl V. und die der Könige von Böhmen, Ungarn, Burgund, Aragonien, Sizilien, Portugal, Jerusalem, Brandenburg, Flandern, Sachsen, Baiern, Württemberg, Friaul), dankbar angenommen –, verbesserten seine Lage kaum. 1598 löste ein Dekret den Orden nach langdauerndem Verfall schließlich auf.

Übrigens – die gekappte, ausgebrannte und von Eisenringen gehaltene, aber trotzdem grünende Linde vor dem Hochmeisterschloß soll 1000–1200 Jahre alt sein und eine alte Richtstätte bezeichnen.

Vom ersten Hof aus, dessen Baum nur auf 500 Jahre geschätzt wird, gelangt man in den Kreuzgang. Seine Säulchenkapitelle gelten als einzigartig. Einmalig sind auch manche Säulenbasen. Rätselhaft in seiner Bedeutung ist vor allem eine in der östlichen Arkadenreihe (Abb. 46). Auf einem Ungeheuer, vielleicht einem Löwen, reitet ein Männchen und beißt das Tier in den Schwanz. Die anderen beiden an der Tür zur Kirche erklären sich dagegen selbst. Eine Frau mit dem Kreuz auf der Brust als ›Kirche‹ gekennzeichnet, fesselt mit einer Kette den Teufel. Die andere Frau führt einen Heiden am Bart. Beide Steine waren ursprünglich Hochreliefs und befanden sich früher im romanischen, um 1500 abgebrochenen Chor.

Millstatt, am Ende des 19. Jahrhunderts schon durch Villen und Hotels zum vielbesuchten Kurort geworden, hat die Bauten seiner großen Vergangenheit restauriert und belebt sie wieder über die liturgische Verwendung hinaus. So finden in der Stiftskirche schon im April wöchentlich Konzerte des ›Musikalischen Frühlings‹ statt. Ihm folgen die etwa 40 Veranstaltungen der ›Internationalen Musikwochen‹ im Juli und August sowie die nochmals rund 20 Konzerte des ›Musikalischen Herbstes‹ im Oktober. In den Räumen des ehemaligen Stifts dokumentiert außerdem ein Museum die Geschichte und Kunstgeschichte der Millstätter Region.

Rundfahrten um den Millstätter See führen häufig in urwüchsige Gegenden mit prachtvollen Ausblicken und zu versteckten Kulturdenkmälern. Ein solcher Weg ist der nach *Laubendorf* auf dem schon genannten Hochplateau nördlich von Millstatt. Dort stieß man 1957 beim Bau einer Scheune auf die Grundmauern einer frühchristlichen Saalkirche aus dem 5. Jahrhundert, mit Priesterbank in der Apsis und Reliquienschrein im Altarraum. Die Kirche wurde allerdings im 6. Jahrhundert schon wieder zerstört.

Eine andere Sehenswürdigkeit bietet *St. Leonhard* in **Treffling** am Rand der Hochfläche, nämlich Fragmente eines der ältesten gotischen Flügelaltäre Kärntens, mit im Bildaufbau und Ausdruckskraft bewunderten Gemälden auf Goldgrund des Thomas von Villach (Dornenkrönung, Christus vor Pilatus, Geißelung und Kreuzigung). Die geradezu dramatisch wiedergegebene Geißelung rührt den Betrachter besonders an. Mit dieser Malerei kontrastiert stark die mit Schwertern durchbohrte, aber trotzdem maniriert geschnitzte Schmerzensmutter aus dem Barock im Schrein. Vielleicht stand einmal an ihrer Stelle der sitzende Leonhard, jetzt auf dem neugotischen Hochaltar. Er gehört, wenn auch überarbeitet, jedenfalls ins 15. Jahrhundert. Von der Kirche aus faßt der Blick nach Süden den in der Ferne glänzenden See und die über 2000 m hohen Gipfel der Goldeck-Gruppe bei Spittal zusammen.

Auf dem Weg von Millstatt oder Treffling nach Spittal lohnt ein kleiner Umbogen zur *Kirche Maria Himmelfahrt* in Lieseregg, um wieder einen jener ausnehmend schönen spätgotischen Flügelaltäre zu besichtigen. Im Schrein das Relief der Herabkunft des Heiligen Geistes. An den Flügeln innen gemalt Tod der Maria, ungläubiger Thomas, Christus auf dem Meer, Auszug der Apostel, außen vier Heilige. Das Wappen des Georgsorden deutet auf die Stiftung des Altars durch Siebenhirter hin.

Bevor man Spittal erreicht, liegt am Westende des Millstätter Sees *Seeboden*, ein reiner Bade- und Ferienort (dort Kärntner Fischereimuseum mit Booten und Gerätschaften).

Spittal liegt am Zusammenfluß der Drau und Lieser unterhalb des Goldeckmassivs. Da das Hügelland am Südufer des Millstätter Sees zum Stadtbereich rechnet und da keine internationale Eisenbahnstrecke den nur 4 km entfernten See berührt, halten die Expreßzüge im Bahnhof ›Spittal – Millstätter See‹.

Als Metropole des Bezirkes ist Spittal ein Verwaltungs- und Schulzentrum und eine lebhafte, sich ständig vergrößernde, moderne Stadt mit Handel, Gewerbe und Industrie, aber auch mit einer 800 Jahre alten Vergangenheit. Im Jahr 1191 stifteten hier an der Kreuzung wichtiger Straßen und am Lieserübergang die aus Freising gebürtigen Grafen von Ortenburg (die Ruine ihres Stammschlosses am Fuß des Goldeck) ein Spital für Pilger und andere Reisende. Daraus entstand eine Siedlung. Die reichen Ortenburger starben 1418 aus. Die Grafen von Cilli beerbten sie. Dann fiel die Herrschaft an Kaiser Friedrich III. Er verpfändete sie jedoch oft. 1524 erwarb sie der Spanier Gabriel Salamanca. Dieser war Schatzmeister des Landesherren Ferdinand I. (Bruder Karls V. und nachmaliger Kaiser) und ein Finanzgenie seiner Zeit. Und diesem Salamanca verdankt Spittal das schönste Renaissance-Bauwerk Österreichs, ein Schloß. Er begann mit dem Bau 1527. Seine Söhne setzten die Arbeiten daran fort und vollendeten ihn 1597. Als das Geschlecht aber 1639 erlosch, erwarben die venezianischen Kaufleute Gebrüder Widmann die Besitzung, veräußerten sie jedoch 1652 schon wieder an den Fürsten Johann Ferdinand von Porcia (Stammschloß in Pordenone in Oberitalien); er und seine Nachkommen residierten fortan in Spittal bis 1918. Nach ihnen heißt der fürstliche Palast *Schloß Porcia*.

Über einem quadratischen Grundriß erhebt sich inmitten der Stadt ein mächtiger, dreigeschossiger Kubus. Er erinnert an ähnliche Anlagen in Venetien und in der Lombardei. Es ist sicher, daß der Architekt oder die Architekten, die übrigens unbekannt blieben, die Anregungen zu ihrem Entwurf dort empfingen. Schauseite ist die Nordfront. Drei sich nach oben verjüngende Rahmenpilaster gliedern die Fassade in drei Teile. Simse betonen die Stockwerke. Gleichmäßig angeordnete, im Mittelfeld zu dreien gebündelte Fenster mit Balkonen und ein überaus prächtiges Portal beleben und vervollständigen diese organische Komposition. Nur der an der rechten Ecke angesetzte, runde Turm scheint der westlichen Hälfte der Ordnung optisch ein Übergewicht zu verleihen. Aber diesem Turm entspricht aus Verteidigungsgründen ein anderer an der Ostecke, so daß in der Gesamtarchitektur das Gleichgewicht wieder hergestellt wird.

Näherer Betrachtung wert ist das Portal (Abb. 57). Den Torbogen rahmt ein sublim ziseliertes Relief, wie es auch die flankierenden, freistehend Marmorsäulen ziert. Auf deren Kapitellen ruht ein Gesims und darüber prangt das Ortenburger Wappen mit Adlerflügeln und Turm und noch einmal über diesem das Wappen der Porcia mit sechs Lilien, begleitet von lebensgroßen Männer- und Frauengestalten, Jünglingen, Putti und reichem Rahmenwerk. Schließlich schmückt das Ganze noch der Fürstenhut. Diesen barocken Aufsatz schuf der Klagenfurter Stukkateur Kilian Pittner erst 1702. Rechts vom Eingang Fragmente von einer Kassettendecke eines römischen Grabes aus Teurnia (s. S. 199). Die Säule links mit dem eisernen Schwertarm, an die Gerechtigkeit gemahnend, wurde 1964 aus alten Teilen rekonstruiert.

Das so gelungene Äußere des Schlosses erscheint gegenüber dem Innenhof (Abb. 55) jedoch einfach. Dieses fast regelmäßige Geviert fasziniert. Es gleicht einem prunkvollen Saal mit dem Himmel als Decke und man könnte ihn eher in einem florentinischen Palast vermuten als hier. Arkadengänge von Säulen mit korinthischen Kapitellen getragen, die ein aus Balustersäulen gebildetes Geländer verbinden, führen in drei Stockwerken in die Gemächer der Trakte. Nur der Südtrakt bleibt im 2. und 3. Geschoß geschlossen. Aber rundbogige Fenster nehmen dort das Motiv der Säulenlauben wieder auf. Bogenzwickel füllen wiederum Reliefs von Köpfen römischer Kaiser und mythischer Götter der Antike. Pfeilersockel und Türrahmen bedecken Trophäen, musische Allegorien und Medaillons. Am farbigen Stuckwappen von Balthasar Klenka spiegelt sich dann das Antikische noch einmal, denn die lateinische Inschrift lautet übersetzt »Portia oder Porcia/ aus dem Blute der Trojaner/ und der Sicambrer hervorgegangen«. Mit solchen Sprüchen beschworen damals Fürsten eine sicherlich eingebildete, lange Geschlechterfolge. Im ersten Stock schließt ein selten kunstvolles, schmiedeeisernes Gitter aus dem 16. Jahrhundert die Treppe ab.

Dieser Hofraum ist für Feste wie geschaffen und so führt ein eigens dafür gebildetes Ensemble von Schauspielern jedes Jahr von Mitte Juli bis Ende August hier Komödien der Weltliteratur auf. Außerdem liefern die Arkaden auch die Kulissen für Volkstanzfeste und ebenso festliche Konzerte. Unter Kennern genießt der jährliche internationale Wettbewerb für gemischte Chöre hohes Ansehen. Spittal ist durch einheimische Gruppen ein Zentrum der Kärntner Chormusik, wie keine andere Stadt des Landes (s. S. 22 f.).

Im Vergleich zu Fassade und Hof muß man die Innenräume des Schlosses bescheiden nennen. Die Kassettendecke im Ahnensaal wurde 1866 aus dem Stift Millstatt, Spiegel

Spittal a. d. Drau, 1688 (Johann Weikhard von Valvasor)

und Bilder aus dem Schloß Gmünd hierher übertragen. Die Einrichtung ging während der Franzosenzeit um 1800 fast gänzlich verloren. Einige Stücke bewahrt nur noch das Heimatmuseum im Schloß selbst. Diese Sammlung, jahrzehntelang mühe- und liebevoll von Helmut Prasch zusammengetragen, dokumentiert Volkstum und Geschichte Oberkärntens nahezu vollständig. Das Museum benutzt zudem noch das vom letzten Salamanca 1634 im Park erbaute Lusthaus zur Darstellung des Oberkärntner Bauernbergbaus mit Mineralienschau.

Der oder die Baumeister des Schlosses schufen außerdem auch noch ein anderes Gebäude, den ›italienischen Palast‹ gegenüber. Er ist das jetzige *Rathaus*, ehemals Amtshaus der Grafschaft Ortenburg. Seine vierachsige Fassade mit ihrem Turmanbau, das Tor, die Fenster und Laubengänge sind in ihren Formen denen des Schlosses verwandt. Gut erhaltene Fresken im Innern schildern die Zehntabgabe und demonstrieren die Bauerntrachten des 16. Jahrhunderts.

Vom Schloß aus führt der Hauptplatz mit im Kern alten, aber im 19. und 20. Jahrhundert erneuerten Häusern durch das 1950 ziemlich veränderte Osttor hinunter zur Lieser. Jenseits des Flusses trifft man dann auf das ehemalige Spital, von dem die Stadt ihren Namen erhielt. Man erkennt es wegen seiner klassizistischen Schauseite nicht mehr als die älteste Baulichkeit des Ortes. Vergrößerungen schon um 1500, mehrere Brände, Wiedererrichtung, die Verwendung als Gericht, Schule und Kaserne und schließlich die Restaurierung von 1952 beeinträchtigten den ursprünglichen Bestand eben gravierend.

Schön restauriert wurde auch die sogenannte *Petzel-Kaserne* in der Bogengasse (um 1780, mit Pilastern, Masken und Fensterrahmungen aus josephinischer Zeit an zwei Seiten dekoriert). Sie war zuerst Brauhaus, wurde aber 1913 Garnison einer Gebirgshaubitzen-Batterie.

Schließlich veränderten die Zeitläufte auch die 1307 errichtete *Stadtpfarrkirche* bis zur Unkenntlichkeit. Immerhin erinnern Wappengrabsteine an den Außenmauern und zwei Reliefs von einem Sarkophag an Grafen und Bischöfe der Geschlechter von Ortenburg und Cilli.

Größere und vielleicht noch bewegtere Geschichte spielte sich nur vier Kilometer entfernt von der Stadt im kleinen Dorf **St. Peter im Holz** ab. Auf dem teilweise bewaldeten Holzerberg oberhalb des Drauufers liegt unter den wenigen Häusern und der Kirche und am Hang des Hügels die erst norische, dann römische Stadt *Teurnia*. Aus der Zeit der Noriker ist wenig bekannt. Mit der Umwandlung des norischen Königreichs in eine römische Provinz aber erhielt Teurnia das gleiche Statut wie italienische Städte. Das ihm zugehörige Gebiet grenzte an die von Virunum, Aguntum (bei Linz) und Juvavum (Salzburg). Um 400 wurde Teurnia oder Tiburnia Bischofssitz und am Ende des 5. Jahrhunderts anstelle von Virunum sogar Residenz des Statthalters und das Verwaltungszentrum der Provinz. Es lag geschützter als die Metropole auf dem Zollfeld und verfügte über eine starke Mauer, denn wegen der von den einfallenden Germanen verbreiteten Unsicherheit war sie als Fluchtburg befestigt. Wie die Stadt unterging, weiß man freilich auch hier nicht. Ihre Ruinen dienten wiederum auch als Steinbruch. Sie lieferten unter anderem Baumaterial für Schloß Porcia. Erst 1790 erkannte ein Kunsthistoriker in ihnen die Überreste von Teurnia. Aber erst 1910–1915 gruben die Archäologen hier planmäßig. Sie fanden Mauerzüge und Anzeichen von zwei Toren, von Forum und Bad und schließlich am Fuße des Abhanges die Mauern einer *Friedhofsbasilika* vom Anfang des 5. Jahrhunderts. Ihre Untersuchungen ließen eine Rekonstruktion des Baues zu. Danach dürfte er den Handwerkern vieler romanischer Landkirchen Kärntens als Vorbild gedient haben. Die Ausgrabungen sind zu besichtigen. Gut erhalten ist die südliche Seitenkapelle mit Chorschranken und mit einem herrlichen Bodenmosaik (Abb. 69). Mäander, Kreise, Rauten und Hakenkreuze umrahmen zwölf runde oder rechteckige Felder mit fein ausgearbeiteten Bildern, zum Beispiel einem an der Mutter säugenden Rehkitz, einem Reiher, der eine Schlange hält, einem Kelch mit einer Taube und einer Schlange, einem Hirsch, einem Stier, einem Vogelbaum oder einer Ente mit Küken. Eine Inschrift besagt, daß Ursus und seine Frau Ursina wegen eines Gelübdes dieses Werk haben machen lassen. Dieser Ursus war wahrscheinlich Germane und der Statthalter des Landes während der friedlichen Gotenherrschaft. Will man den Bildern einen Sinn unterlegen, so bedeutet etwa der Kelch das Lebenswasser, an dem sich als Schlange und Taube die Seelen der Toten laben oder der Baum mit den Vögeln spielt auf das Paradies an. Ein kleines, mit dem Schutzraum für das Mosaik verbundenes Museum enthält eine Reihe schöner Stein-

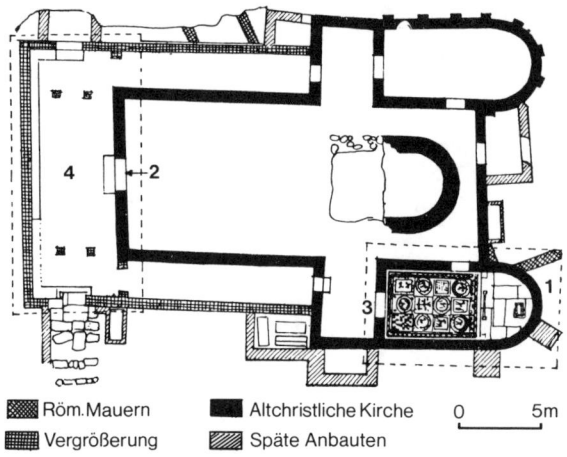

Röm. Mauern | Altchristliche Kirche
Vergrößerung | Späte Anbauten

0   5m

St. Peter i. Holz, Friedhofskirche von Teurnia, Grundriß

denkmale aus der Umgebung. Besonders beachtenswert der Kopf eines verdienstvollen Römers, der Weihealtar der Stadtgöttin von Teurnia, das Relief eines Schreibers, ein Becken mit Weinreben und beerenpflückende Tauben und als Meisterwerk ein Block mit den bewegten Reliefs eines aus einem Kelch wachsenden Weinstocks mit Beeren pickenden Vögeln, einer über einen Zweig kriechenden Schnecke, mit Stelzvögeln, die gemeinsam eine Schlange packen und ein flügelschlagender Storch.

Im Gegensatz zu dieser Friedhofskirche im Tal stand die *Bischofskirche* auf der Bergkuppe. Bei Grabungen 1925 und 1933 entdeckte Mosaiken und Mauern lassen darauf schließen. Der hier amtierende Oberhirte wich in der Not zum, in Laubendorf freigelegten, frühchristlichen Gotteshaus aus. Die heutige Kirche wurde – erstmals beurkundet für 1060–1070, jetzt gotisch und barock verändert – bewußt ins antike Trümmerfeld gebaut. Wertvoll die Wandmalereien. Außen: an der Nordseite des Chores großer Christophorus, 1950 aus dem Turm dorthin übertragen, und neben dem Portal Maria mit Kind, Katharina, Barbara, Petrus, Marienkrönung und Marientod. Innen: 1970 freigelegte Blüten, Petrus, Maria, Engel und Leidenswerkzeuge im Gewölbe (spätgotisch) und an der Nordwand die Leidensgeschichte, Christus in der Mandorla, Maria, Engel, Apostel, Auferstehung der Seligen, Dorotheenlegende.

In Sichtweite von St. Peter im Holz, aber am jenseitigen Ufer der Drau, liegt **Baldramsdorf** mit seiner merkwürdigen *Pfarrkirche St. Martin*. Obwohl spätgotisch, macht sie auf den ersten Blick den Eindruck eines Zentralbaues. Die zweischiffige Halle ist fast quadratisch. Ein einheitliches Netzrippengewölbe überspannt sie. Zudem ist der Chor ebenso lang wie die Halle. Dort bedecken ebenfalls Malereien – Kreuzigungsszenen in einer Landschaft – die Wände. Auf dem Hochaltar eine gute Figur des St. Martin vom Anfang des 16. Jahrhunderts. Als größte Kostbarkeit jedoch besitzt die Kirche ein Fastentuch (Farbt. 9) von 1555 mit 39 Bildern, angefangen bei der Schilderung der

Welterschaffung und beim Weltgericht endend (wird in der Passionszeit gezeigt). Solche ›Hungertücher‹ verhüllten früher die Altarbilder zur Fastenzeit. – Am Fuß der Ruine Ortenburg (s. S. 196) das Kärntner Handwerksmuseum in den Zellen eines Hieronymitaner-Klosters, ehemals Schloß derer von Porcia.

Doch kehren wir nach Spittal zurück. Wir durchqueren die Stadt und folgen der Straße im Drautal nach Südosten in Richtung Villach. In einigen Dörfern an ihrem Rand hinterließ die Geschichte wieder ihre Zeugnisse. In *Baldersdorf* siedelten ebenfalls Kelten und Römer. Eine gotische Kirche mit Vorhalle enthält Wandmalereien aus dem 18. Jahrhundert. Mauern der Kirche in *Molzbichl* verbergen vorromanische Baureste und drei eingesetzte karolingische Flechtwerksteine weisen auf eine Vorgängerin aus dieser Zeit hin. Neuerliche Ausgrabungen, die noch nicht abgeschlossen sind, wiesen das älteste Kloster (im Pfarrhofgarten konservierte Reste) in Kärnten aus dem 8. Jahrhundert nach, dessen Kirche offenbar der Vorgängerbau der heutigen war, denn außer den bis jetzt dort bekannten karolingischen Flechtwerksteinen wurden noch 70 andere zusätzlich entdeckt. Sie stammen von einer großen Chorschrankenanlage, die den Altarraum vom Laienraum trennte. Außerdem fand man eine Grabinschrift aus dem 6. Jahrhundert, heute im Volksaltar eingemauert, die für diese Zeit einmalig ist. Man weiß deshalb noch nicht genau, ob die Molzbichler-Kirche (und nicht die in St. Peter im Holz) jene Kirche des Bischofs Modestus war, von der die Christianisierung Oberkärntens nach dem Slaweneinfall (um 600) ausging. Die Ausgrabungen in der Apsis der Kirche wurden übrigens nicht wieder zugeschüttet, sondern nur mit einem abnehmbaren Holzboden geschlossen. Für 1989 ist darüber hinaus ein Schauraum in einem Häuschen zwischen Kirche und Pfarrgarten geplant. Er soll Einzelfunde der Grabungen zeigen und ihre wissenschaftliche Auswertung veranschaulichen.

Im Markt **Paternion** überdauerten zahlreiche alte Häuser. An der barocken Kirche ein Altar für Mithras und der Grabstein für einen Reiter mit keltischem Namen, der bei den römischen Hilfstruppen diente. Das Schloß selbst besaßen einmal die schon oft erwähnten Familien Khevenhüller, Dietrichstein und Widmann.

An der Landstraße in **Feistritz an der Drau** verrät bei aufmerksamer Betrachtung eine unscheinbare *Kapelle* größere Wichtigkeit als die Pfarrkirche ›St. Georg‹ (Vorhallenturm mit obligatem Zwiebelhelm des Barock) im Dorf. Ein Christophorus-Fresko außen wird Görtschacher zugeschrieben und die Bilderzyklen im Chor innen ›Passion Christi‹ und ›Marienleben‹ sind Arbeiten der Werkstatt des Friedrich von Villach (1440). Als bewundernswerteste Komposition erscheint der Zug und die Anbetung der Heiligen Drei Könige. Getrennt reiten sie vor ihren Mannen aus dunklen Tälern in ein lichtvolles Land mit Bergen, Fluß, Burg und Stadt zur Hütte und beten an.

Etwa 1 km südöstlich, dort wo der Feistritzbach beim Weiler Dual in die Ebene tritt, liegen die überwachsenen Steine eines um 400 errichteten und um 600 zerstörten römischen *Kastells*. Nur die Grundmauern seiner Kirche sind noch sichtbar.

In Feistritz biegen wir nach Norden ab. Dann gelangt man nach **Fresach** mit seiner romanischen, in der Gotik verlängerten Wehrkirche. Unterhalb von ihr das ehemalige evangelische Bethaus von 1784, jetzt als evangelisches *Diözesanmuseum* eingerichtet.

Die Straße nähert sich durch eine reizvolle Landschaft wieder dem Millstätter See. Auf der Höhe von *Glanz* bietet sich die prachtvollste Aussicht. Über dem die Berge spiegelnden See rechts hinter den Nockkuppen die *Reiseck-Gruppe* (2959 m), über dem Mölltal in der Mitte der *Tauernhauptkamm* und links die *Kreuzeck-Gruppe* (2544 m) mit dem vorgelagerten *Goldeck-Gebiet*. Danach neigt sich der Weg hinunter nach Döbriach und von hier aus erreicht man entlang des Ufers wieder Millstatt.

Gmünd und das Maltatal

Eine der großen europäischen Routen, Nord-Südverbindung aus der Bundesrepublik Deutschland über Salzburg an die Adria und nach Oberitalien und als Autobahn bis Spittal an der Drau ausgebaut, erreicht mit dem 5,4 km langen Tunnel am *Katschberg* das Tal der Lieser und damit Kärnten. Diese neueste Straße über die Tauern ist ein wahres Wunderwerk der Technik, besonders die 16,5 km lange Strecke zwischen Rennweg und Gmünd. Wegen seiner geologischen Beschaffenheit war bisher kein Autobahnabschnitt in Österreich so schwierig zu bewältigen wie dieser. Von 10 km führen 7,8 km über 13 Brücken (Mit 2,6 km ist die Kremsbrücke auch die längste Hängebrücke Österreichs). Ihre Pfeiler mußten durchweg in rutschgefährdete Hänge fundiert werden. Trotzdem steigt die Straße nirgendwo mehr als 5 % an.

Auf dieser *Tauernautobahn* gelangt der Autoreisende schnell nach Kärnten oder wieder in die Heimat. Die Fahrzeit von München bis Spittal beträgt ungefähr drei Stunden. Bei solchem Tempo durcheilt er ein Gebiet, dessen Schönheit eigentlich eine geringere Geschwindigkeit und auch Aufenthalte verdient. Von hochalpiner Welt bis zu Nockkuppen und romantischen Flußtälern, von Almwiesen bis zu wildreichen Wäldern bietet es, was das Herz begehrt. Erholungsorte rundum für Sommer und Winter, einschließlich schnee- und lawinensicheren Skizentren mit Liften, verlocken.

Die Autobahn ist sozusagen die moderne Variante der mehr als 1500 Jahre alten Straße durch das *Liesertal*. Sie verband erst römische Städte und dann im Mittelalter die Handelszentren Nürnberg, Regensburg, Passau, Salzburg, Udine und Venedig miteinander. Diesem Warenweg verdankt das Städtchen Gmünd an der Mündung der Malta in die Lieser seine Gründung und Bedeutung. Außerdem förderten in der Umgebung frühe Berg- und spätere Hammerwerke Eisen, Gold und Silber. In *Eisentratten*, nördlich der Stadt, ist noch ein mittelalterlicher Hochofen zu besichtigen und im südlich liegenden *Trebesing* veranstaltet das Gmündener Fremdenverkehrsamt halbstündige Führungen in den Stollen eines ehemaligen Goldbergwerkes.

Zum Schutz und zur Kontrolle des Verkehrs erbauten die Salzburger Erzbischöfe im 13. Jahrhundert auf einem Hügel in **Gmünd** eine Burg. Unter ihr wurde der Markt

Gmünd 1791
(Johann Fercher)

planmäßig als Geviert um einen langgestreckten Platz angelegt, ummauert und nach dem althochdeutschen Wort für Mündung ›Gemunde‹ genannt. Zahlreiche Orte der Umgebung tragen dagegen keltische und slawische Namen. Die *Burg* (Abb. 51) wurde 1487 von den Ungarn stark beschädigt, aber 1502–1506 vom Erzbischof Leonhard von Keutschach wieder aufgebaut, im 17. Jahrhundert von einem Erdbeben abermals beeinträchtigt, noch einmal verändert, bis sie 1886 völlig ausbrannte und verfiel. Die noch immer imposante Ruine, ein Klotz über den Dächern, beherrscht das Stadtbild.

Die Befestigung des historischen Gmünd umschließt die Stadt noch heute fast unversehrt. Auch vier Tore sind noch erhalten. Das schönste, das *Untere Tor* (Farbt. 15), öffnet seinen Durchgang auf die Maltabrücke. Sein geschwungener Giebel und der Dachreiter wurden dem Turm am Ende des 17. Jahrhunderts aufgesetzt. Das *Obere Tor*, um die gleiche Zeit ebenfalls erneuert, verbanden die Grafen von Lodron mit ihrem 1651–1654 von Anton Riebler erbauten *Neuen Schloß*. Dieser schwere, viergeschossige Bau um einen rechteckigen Hof repräsentiert als Pendant zur Alten Burg noch einmal Salzburger Macht.

Im Zug der Gegenreformation erwarb Hans Rudolf von Raitenau, der Bruder des Erzbischofs Wolf Dietrich von Raitenau, die Herrschaft Gmünd und verkaufte sie wiederum 1639 an Christoph Lodron, den Bruder des Erzbischofs Paris Lodron. Diese aus Südtirol stammende Familie war bis 1932 in Gmünd begütert. Einer der ihren brachte aus dem Mirabellgarten in Salzburg auch die steinernen Barocklöwen nach Gmünd, damit sie den Eingang zu ihrem Schloßpark verschönern. Der Garten wurde inzwischen in Professor-Porsche-Park umbenannt. Ein Bronzekopf erinnert an den Erfinder des Volkswagens. Porsche unterhielt sein Konstruktionsbüro von 1944–1950 in der Stadt. Er war mit seinem Stab und 300 Arbeitern auf höhere Weisung von Stuttgart nach Gmünd umgesiedelt worden. Hier entwarf er den ersten Porsche-Wagen Typ 356, und dessen erste 50 Modelle wurden hier in Handarbeit produziert. Der Antiquitätenhändler Helmut Pfeifhofer sammelte jahrzehntelang Hinterlassenschaften Porsches und eröffnete 1982 ein Museum mit 24 Exemplaren seiner Autos vom legendären Typ 356 über den

VW-Kübelwagen bis zum Rennwagen, mit Motorschnittmodellen, Durchströmturbinen und anderen Exponaten. Archiv, Videofilme und Diaschau ergänzen die Ausstellung. Das Museum ist im ›Marhof‹ (Riesertratte 4) an der Umgehungsstraße nach Malta untergebracht.

Den Hauptplatz im Zentrum der Stadt begrenzt an der südöstlichen Ecke das Neue Schloß. Die Häuser am Platz stammen aus dem 16. bis 18. Jahrhundert, mit z. T. Fassaden aus neuerer Zeit, aber oft auch mit schönen Details. Das *Rathaus* mit seiner Front besteht im ursprünglichen Zustand. Das sogenannte *Millstätter-Haus* am Unteren Tor (Nr. 11) unterstand den Georgsrittern. In ihm verstarb Hochmeister Geumann an der Pest. Er floh vor der Krankheit aus seinem Ordensschloß hierher.

Beim Oberen Tor steht der Pranger von 1576. In der Mitte des Platzes gedenkt eine Dreifaltigkeitssäule dem Erdbeben von 1690, bei dem 38 Häuser einstürzten. Beim Unteren Tor ist eine andere Säule dem Brückenheiligen Johannes Nepomuk gewidmet.

Auch die *Stadtpfarrkirche* (1339) lehnt sich mit ihrem Turm an die Stadtmauer an. Die dreischiffige Halle wurde 1499–1513 mit Netzrippen eingewölbt. 1474 fügte man dem südlichen Seitenschiff eine von einem Rosenhaimer gestiftete Kapelle an. Am zweijochigen Langchor die runde Raitenau-Kapelle (1641–42) mit einer Anzahl guter Wappensteine. Den üppigen, spätbarocken Hochaltar schuf ein Tischler namens Tangerer aus Millstatt, die lebensgroße Heiligenfigur ein Gmündner Bildhauer und das Gemälde ›Himmelfahrt Mariä‹ Jakob Zanusi, der aus der Gegend von Trient stammte.

Ein wenig später als die Kirche entstand der Karner. Seine Wandmalereien, Szenen aus dem Leben des Heilands und Bilder der Schutzmantelmadonna und des Weltgerichts (1370), beeinflußten Künstler aus Friaul.

Mit einer kirchenbaulichen Rarität kann Gmünd aber außerdem noch aufwarten. Am nördlichen Ortsausgang zweigt von der Katschberg-Bundesstraße ein Weg hügelauf ab. Er schneidet eine *Kapelle* in zwei Teile. Ein gesonderter Raum mit Altar und dem Bild einer Kreuzabnahme auf der einen Seite ist mit einem Gitter verschlossen. Für die Gläubigen stehen dagegen die Betstühle im Emporenbau gegenüber (1785).

Als landschaftliche Besonderheit Kärntens gilt das ›Tal der stürzenden Wasser‹. Gemeint ist das durch seine vielen Wasserfälle ausgezeichnete **Maltatal.** Die Straße führt nun von Gmünd aus in die südlichen Hohen Tauern mit den östlichsten Dreitausendern der Alpen in den Reißeck-, Ankogel- und Hafner-Gruppen.

Unter dem 2428 m hohen *Bartelmann* liegt das kleine **Dornbach.** Seine *Kirche* (1461–1463) schmücken wieder beachtliche Fresken und ein salzburgisches Gemälde der ›Vermählung der Heiligen Katharina‹ aus der Erbauungszeit. Salzburgisch ist auch das mit Ringmauern und Steinbrücke versehene *Wasserschloß* talaufwärts.

Hauptort der Gegend ist jedoch **Malta.** Eine Urkunde erwähnt es schon am Ende des 10. Jahrhunderts als Besitz des Bistums Freising. Andere vermerken sein Gotteshaus als Eigenkirche des Bischofs von Trient von 1006–1039. Ihr jetziges Aussehen erhielt die *Kirche* im 13. bis 15. Jahrhundert. Ihre Wände kann man als religiöses Bilderbuch betrachten. An der Pforte in der schindelgedeckten Friedhofsmauer stimmt sich der Betrachter mit Bildern der Maria mit dem Kind und des Erzengel Michael ein (1639). Im

Innern des Karner sieht er eine Kreuzigung (14. Jh.). An einer Außenmauer des Langhauses dann eine gemalte Szene, in der Dorothea das einen Blumenkorb tragende Jesus-
kind am Paradiesbaum mit der Schlange vorbeileitet (13. Jh.). Im Innern zieren Evangelistensymbole und Heiligenköpfe das Gewölbe (15. Jh.) und im Chor schildern große
Wandbilder die Verkündigung und, völlig unüblich, die Wehen der Maria und auch den
Zug der Drei Könige zur Krippe (14. Jh.). Schließlich setzen die Gemälde der Seitenaltäre in den Schiffen diese visuelle Erzählung fort. Willroider malte 1864 ›Christus am
Ölberg‹, ein Unbekannter in der 1. Hälfte des 18. Jahrhunderts ›Antonius und die Gottesmutter‹ und Glaber aus Klagenfurt im 16. Jahrhundert, von venezianischen Kollegen
beeinflußt, eine vorzügliche ›Verlobung der Heiligen Katharina‹. Ansonsten ist die gute
Barockausstattung beachtenswert.

Eine solche kunsthistorische Kostbarkeit vermutet man in dem abgelegenen Tal
eigentlich nicht. Wieder einmal erstaunt man vor der Intensität des Glaubens und der
geistigen Kraft des Christentums vergangener Epochen und ihrer schöpferischer
Menschen. Zugleich vermischt sich diese Überraschung mit der Bewunderung der gerade
hier übermächtigen Natur.

Als beeindruckendes Schauspiel der Natur erscheint unter den zahlreichen ›stürzenden Wassern‹ der *Fallbachfall* bei Koschach. Hundertfünfzig Meter springt das Wasser,
in der Luft zerstäubend, über die Felswand zu einer alten Mühle hinunter und rinnt
schmal durch Wiesen der Malta zu.

Die Werke der Ingenieure aber zeigen sich, obwohl die Natur immer noch
dominiert, alsbald auch. Eine 18,3 km lange, 6 m breite Hochalmstraße (mautpflichtig)
mit neun Brücken und sieben Tunnels überwindet bei einer maximalen Steigung von
12,7 % einen Höhenunterschied von 1085 m und endet bei der gigantischen Mauer der
1920 m hoch gelegenen **Kölnbreinsperre**. Sie ist 204 m hoch, 626 m lang und an der
Basis 41 m und oben 7,6 m breit, bildet den tiefsten See Kärntens, ist bei Vollstau 4,5 km
lang und 800 m breit und umfaßt eine Fläche von 225 ha. Sie speichert 200 Millionen
Kubikmeter Wasser aus einem zum Teil vergletscherten 132 qkm großen Einzugsgebiet
mit den Quelltälern der Malta, Lieser und ihrer Nebenbäche. Sie sammelt das Wasser zur
Stromerzeugung. Zweihundert Meter tiefer treibt es die ersten Turbinen an, bildet danach
noch einmal einen kleinen Stausee und von diesem aus durchstößt ein 20 km langer Druck-
stollen das Hohe Gößkar (3016 m), nützt das über 1000 m hohe Gefälle zur zweiten Kraftstation Rottau im Mölltal und von dort aus speist es in der aufgestauten Möll noch einmal
ein Turbinenwerk bei Möllbrücke.

Die Kölnbreinsperre wurde vor allem angelegt für die Stromversorgung im Winter
(wie eine andere am Schoberboden in der Reißeckgruppe, s. S. 220), und zwar am
Tauernhauptkamm wegen günstiger geologischer Bedingungen und der sowohl aus
dem Norden wie aus dem Süden einfallenden Niederschläge. Sie hält sie zu Regen- und
Schneeschmelzzeiten fest, und wenn die Wärmekraftwerke in der kalten Jahreshälfte
nicht genügend Elektrizität liefern können, arbeiten die Turbinen sie ab. 86 % ihrer
Leistung von 577 Millionen kWh übernimmt das Verbundnetz im Winter. Die

Staumauer der Sperre ist die höchste Mitteleuropas. Ihre Krone ist begehbar. Von ihr aus führt ein Wanderweg mit reizvollen Ausblicken auf die Hochgebirgswelt an den Ufern entlang. Ein eigens angelegter Alpengarten informiert über die Flora der Region. Diesem touristischen Charakter entsprechend, bietet dort oben im Sommer ein in origineller Rundbauweise errichtetes, gut geführtes Hotel mit Aussichtsrestaurant angenehme Gastlichkeit.

Saualpe und Lavanttal

Vor den Toren der Landeshauptstadt beginnt im Osten das *Klagenfurter Feld*, eine zunächst flache, dann von Hügeln unterbrochene Terrassenlandschaft aus Schotter und Sanden, Mulden und Rinnen. Gletschermoränen haben es vor ungefähr 20000 Jahren gebildet und Flüsse und Bäche schnitten sich später ein.

Die Bundesstraße 70 nach Völkermarkt durchquert das Gelände. Sie erschließt dem Reisenden wieder ein anderes Gebiet mannigfacher Geschichte und Kultur. Schon nach zehn, zwölf Kilometern findet man bei **Wabelsdorf** einen vorzüglichen Bildstock, das sogenannte Bettlerkreuz. Diesen schönen Bildstock schuf ein Maurer im 17. Jahrhundert als kräftigen Pfeiler. Ein Maler schmückte ihn mit einem Christophorus-Fresko. Und ein biederer Zimmermann setzte ihm ein sonderbares, dreifach gestaffeltes Schindeldach auf, wie es so kunstvoll eine Rarität ist.

Im Ort selbst trifft man wieder auf einen Christophorus an der Wand des kleinen gotischen Gotteshauses. Die *Kirche* gehörte einmal zum Stift Viktring. Deshalb ist dieser schlichte, ländliche Bau mit dieser überdimensionalen Wandmalerei ausgezeichnet und mit einem Friedrich von Villach zugeschriebenen Zyklus der Georgslegende im Chor und mit einem ›Jüngsten Gericht‹ am Triumphbogen (15. Jh.) dazu. Auch das Portal zählt zu dieser außergewöhnlichen Ausstattung. Aus seinem Kielbogen zeigt die Hand Gottes auf zwei Konsol-Männerköpfe und zwei zwerghafte Rittergestalten. An der West-wand eingemauert, ein Rest eines Rundbogenportals mit lateinischer Inschrift »Lieber sterben als befleckt werden« von 1628.

Den Schönheiten des Landes begegnet man sonst kaum an der vielbefahrenen Bundesstraße. Seiten- und Abwege darf man deshalb nicht scheuen. Ehe man Völkermarkt erreicht, zweigt zum Beispiel einer nach **Tainach** ab, und dort bemerkt man Malerisches mit einem Blick auf den Ort und den Propsteihof nebst Kirche auf der Höhe. Eine überdachte Stiege führt hinauf zur mit Mauern und Türmen bewehrten Anlage. Der breite, wuchtige Bau der Propstei mit Arkadenhof stammt aus dem 17. Jh., die Kirche aus dem 15. Jh. Aber im Laufe der Zeit verheerten sie mehrfach Brände, so daß nicht viel Ursprüngliches übrigblieb. 1974 legten Restauratoren allerdings im Chor schöne Wandmalereien (Anbetung des Kindes, Not Gottes, Valentin) von 1423 frei.

In **Völkermarkt** kommt man wieder an das Ufer der Drau. Sie ist hier wieder gestaut (s. S. 133 f.). Die Stadt liegt oberhalb des Sees auf einer Eiszeitterrasse. Diese schrieb ihr ihren dreieckigen Grundriß vor. Sie war einst Brückenkopf an der Straße aus dem Hüttenberger Bergbaurevier nach Süden und an einem alten Ost-Westhandelsweg, dem die Bundesstraße jetzt folgt. Diesen vom rheinfränkischen Kaufmann Volko 1090 gegründeten Markt schenkte 1147 der Sponheimer Heinrich V. dem Stift St. Paul. Einer seiner Nachfahren, der mächtige Herzog Bernhard, verlangte ihn, der jenseits der späteren Mauern lag, jedoch zurück. Darauf richtete das Kloster einen neuen Markt an der Stelle des jetzigen Zentrums ein. Aber auch diese nahmen im 14. Jh. die Herzöge in Besitz. Sie bauten auch eine Burg. Ihre Reste wurden später für das neue Rathaus (mit klassizistischer Fassade an der nördlichen Stirnseite des Hauptplatzes) verwendet.

Den ersten Ort bezeugt dagegen noch die *Kirche St. Ruprecht* in der nordöstlichen Vorstadt. Sie soll schon 790 geweiht worden sein. Eine Urkunde nennt sie aber erst 1043. Der untere Teil ihres Chorturmes mit Lisenen und Blendbogenfriesen ist noch rein romanisch. Achteckiger Aufbau und Dachhelm wurden 1857 zugefügt. Auch das Langhaus wurde verändert. Aber man erkennt unter Gotischem und Neogotischem noch Romanisches am Westportal (im Tympanon ein Römerstein) und am Ost- und Südfenster. Romanisch ist auch der runde Karner in der Nähe.

Ebenfalls im Kern spätromanisch ist die, im 15. Jahrhundert umgestaltete, doppeltürmige *Pfarrkirche St. Maria Magdalena* in der späteren Stadt. Stern- und Netzrippengewölbe überspannen drei Schiffe und Hoch- und Seitenchöre. Im Gewölbe und an den Wänden erhielten sich gotische Malereien. Die Bilder der Maria, Barbara und Katharina mit den Stiftern im nördlichen Nebenchor werden Thomas von Villach zugeschrieben (Fenster aus dem 19. Jh.). Die sonstige Ausstattung – ausgenommen die Steinmadonna von 1320 an der rechten Seitenkapelle, das steinerne Vesperbild im Nebenchor und ein Kruzifix in der Kreuzkapelle – entstammt hauptsächlich dem 17. und 18. Jahrhundert. Gotisch (1477) ist allerdings wieder die Ölberggruppe außen links vom Eingang (während die Kreuzigung rechts in der Barockzeit entstand) und die Lichtsäule vor der Westfassade der Kirche.

In derselben Zeit wurde auch das Alte Rathaus mit seinem rundbogigen Laubengang am Hauptplatz erbaut. Völkermarkt war nicht nur ein geschäftiger Waren-Umschlagplatz, sondern auch ein bedeutendes Bollwerk gegen die Türken, dokumentiert noch im wuchtigen Rundturm der ehemaligen Befestigung am Eingang zur Stadt.

Dem Schutz vor den Türken diente auch die Kirchenburg Diex am Südhang der Saualpe. Von Völkermarkt aus führt wieder eine Seitenstraße dorthin. Bevor die Straße bis auf 1150 m ansteigt, streift sie **Haimburg** am Fuße des Bergzuges. Am Rand des Dorfes steht eine vorwiegend gotische *Kirche* mit Steinplattldach. Ihr quadratischer Turm, einmal vom Erdbeben beschädigt, und eine noch 2 m hohe Bruchsteinmauer läßt auch ehemalige Wehrhaftigkeit feststellen. Im Gotteshaus bewahrt man ein kostbares Fastentuch aus dem 15. Jahrhundert auf (außerdem gotische Fresken, gotisches Sakramentshaus und barocker Hochaltar).

Die von hier aus sichtbare Ruine auf einem Felsen war einstmals der Sitz der Grafen von Heunburg. 1440 wurde die Burg habsburgisch und verfiel schließlich.

Die Straße führt nun in vielen Windungen hinauf nach **Diex**. Schon von weitem grüßen die beiden Kirchtürme. Aber je näher man kommt, desto deutlicher wird, daß sie eine regelrechte Festung umgibt. Fünf Meter hohe und ein Meter dicke, sechseckig verlaufende Mauern mit Wehrgängen, zwei Türmen und einem starken Tor, alles unversehrt, machten sie uneinnehmbar. Wenn die Türken nahten, flohen die Bauern der Umgebung mit ihrem Vieh hierhin. Anfänglich stand hier eine kleine romanische Kirche. Sie wurde beim Bau der Befestigung gotisch erweitert, im 17. Jahrhundert gänzlich barock und im 18. Jahrhundert noch einmal verändert. Deshalb nimmt sie im Verhältnis zur Wehranlage jetzt viel zu viel Platz ein. Ihre Altäre und die Kanzel, die die Wände gliedernden Pilaster mit ihren Ornamenten und die reichlich aufgestellten Statuen entstammen dem Rokoko. Spätgotische Formen zeigt noch der Bildstock an der Dorflinde, obwohl er mit 1629 bezeichnet ist.

Ehe man von Diex wieder zu Tal fährt, schweift das Auge ein weiteres Mal über eine großartige Landschaft bis ins Klagenfurter Becken und zum Jaunfeld. Statt auf die größere Straße zurückzukehren, folgt man jetzt besser von Haimburg aus einem schmalen Weg zum einsamen, in einem Bachgrund versteckten **Stift Griffen**. Obwohl eine Sehenswürdigkeit, scheint das ehemalige Prämonstratenserkloster vergessen. Dabei bekundet es eine kontinuierliche Kunstentwicklung über fünfhundert Jahre.

Zuerst bestand die alte *Pfarrkirche ›Unsere Liebe Frau‹* inmitten des jetzigen Komplexes. Sie geht entweder auf Salzburgische Bischöfe oder auf die Sponheimer zurück. Ekkebert von Bamberg übergab sie jedenfalls 1236 Mönchen aus Thüringen und diese erbauten sogleich die Stiftskirche als dreischiffige Pfeilerbasilika. Gegen 1500 befestigten die Patres ihr Kloster als Fluchtburg für die Bauern durch eine Wehrmauer. Von ihr sind große Teile, zwei Türme, ein Tor und Fragmente eines Wehrganges, erhalten. Merkwürdigerweise schließt die Mauer nur an die Front der Stiftskirche an. Ihr eigentlicher Baukörper lag also außerhalb der Fortifikation. ›Unsere Liebe Frau‹ wurde gotisch verändert. Anstelle des romanischen Chors stößt z.B. an den romanischen Chorturm nun ein gotischer Chor an. Auch im Innern ist die Vereinigung der Stile unter anderem am gotischen Rippengewölbe und an Maßwerkfenstern und romanischen Rundfenster oder romanischen Triumphbogen zu sehen. Dieses Nebeneinander der Stile läßt sich sogar in der Fresken-Ausstattung nachweisen. Ein Teil, die Kreuzigung mit den drei Frauen, der Kunigunde, Niklas und Georg und dem Kaiser Heinrich ist spätromanisch, die Schutzmantelmadonna dagegen gotisch. Der Hochaltar mit den Figuren der Madonna und der Heiligen Rochus, Sebastian, Norbert, Ruprecht, Wolfgang und dem Erzengel Michael, die Seitenaltäre und die Kanzel sind wieder barock, die Reliefs an der Wand des Chores, Passionsszenen, jedoch noch einmal gotisch (1520). Sie befanden sich früher an einem Flügelaltar. Die Kirche war ursprünglich einschiffig. Das Seitenschiff wurde 1538 angebaut. Die niedrige Vorlaube auf den klobigen Säulen stammt sogar erst vom Anfang des 19. Jahrhunderts.

An der *Stiftskirche ›Maria Himmelfahrt‹* frappiert die farbige Fassade. Wie eine festliche Reliefkulisse dem romanischen Bau vorgesetzt, kaschiert sie gemäß barocker

Auffassung dessen strengen Charakter (Abb. 63). Allerdings bereitet, zwar zaghaft, ihre Pilastergliederung auf die drei Schiffe des Raumes vor. Im geschwungenen Giebel breitet Norbert, der Begründer des Ordens, symbolisch seinen Mantel aus, und die lebhaft bewegte Stukkatur eines Baldachins ehrt den Heiligen und betont seinen Rang. Im Mittelfeld über der Tür bekämpft, von einer stukkierten Gloriole umgeben, die Madonna das Böse in Gestalt eines Drachen mit dem Kreuz, und Augustinus und Hermann Joseph zwischen den Wandpfeilern leisten ihr Beistand. Trotz dieser späteren Zutat, trotz zweier im 17. Jahrhundert zugebauter Kapellen, dem in gleicher Zeit eingezogenen Kreuzgratgewölbe und der barocken Ausstattung konnte das romanische Gefüge der Kirche nicht verborgen werden. In den Proportionen der Seitenschiffe zum doppelt hohen Mittelschiff, in der Entsprechung der Mittel- und Seitenschiff-Joche, im Chorquadrat oder bei den Lichtgaden mit ihren rundbogigen Fenstern behauptet es sich deutlich, obwohl der Hochaltar von 1776 den ganzen Chorraum einnimmt und den Blick auf sich zieht. (Die reich geschmückte Kanzel und die Seitenaltäre mit guten Skulpturen der gleichen Zeit; Stuck und Putten in der Sakristei und das Chorgestühl 50 Jahre früher; zahlreiche figürliche und mit Wappen gezierte Grabsteine vom 14. bis zum 17. Jahrhundert.)

An die Westseite der Kirche schließt als ein Schenkel des fast quadratischen Friedhofsgevierts ein zweigeschossiger Trakt der ehemaligen Stiftsgebäude an. Seine Fenster umgeben von Akanthusranken umspielte Muscheln. Über dem Tor begleiten zwei, wie Landedelleute anmutende Engel den als guten Hirten dargestellten Christus. Im rechten Winkel stößt im Westen parallel zur Straße ein anderer Gebäudeteil an und im Osten umschließen ebensolche den Kreuzgang (eingemauert ein Sandsteinrelief ›Heilige Drei Könige‹ aus dem 13. Jh.).

Der Grundriß der Gesamtanlage bildet so eine aus Quadraten und Rechtecken zusammengesetzte und in den Verhältnissen der Maße spannungsreiche geometrische Figur.

Auf dem Weg von hier wieder zur Bundesstraße kommt bald der Griffener Kalkfelsen in Sicht. Der Markt **Griffen** an seinem Fuß, nichts weiter als ein langer Platz zwischen zwei Häuserzeilen, bietet nichts besonderes, obgleich er schon als Crivina 822 erwähnt wird. Auch seine jetzige Kirche (1863) hat wenig künstlerische Bedeutung.

Die Ruine auf dem Berg aber war einst eine *Burg* der Bamberger Bischöfe, dann die der Heunburger. Schließlich besaß Maria Theresia sie auch einmal.

Im Berg jedoch verbirgt sich die bunteste *Tropfsteinhöhle* Österreichs. Sie entstand in Millionen von Jahren, indem Wasser durch Risse der Steine drang, den Kalk auflöste und die Spalten erweiterte. Regen sickerte danach durch und tropfte an den Höhlenwänden ab. Luft verdunstete die Feuchtigkeit, und der Kalk, nun verbunden mit Eisen, Mangan und anderen Mineralien, färbte sie prächtig. Als man in den letzten Monaten des Zweiten Weltkrieges einen Luftschutzstollen in den Kegel trieb, entdeckte man diese Höhle und zugleich Knochen u. a. von Löwen, Hyänen, Bären, Wollnashorn, Mammut, Riesenhirsch, Wisent und Wildpferd. Auch zwei Feuerstellen und Werk-

209

zeuge von Urmenschen fand man; die Höhle war also schon vor 20 000–30 000 Jahren bewohnt.

Nach Griffen zweigt noch einmal eine Straße von der B 70 über einen bewaldeten Rücken in die Saualpe und wieder zu einer Wehrkirche im 1094 m hoch gelegenen **Greutschach** ab. Seine mit Türmen und festen Torbau bewehrten Mauern umschließen diesmal eine im Kern romanische und gotisch erneuerte Chorturmkirche und einen Karner (14. Jh.) mit Fresken. Auch der Bildstock (1512) fehlt in der Nähe nicht.

Und bevor sich die B 70 nach einem Sattel ins Lavanttal neigt, führt ein Weg zu einem Kleinod auf den Hängen des Gebirges, diesmal zur *Wallfahrtskirche ›Mariä Himmelfahrt‹* in **Pustritz**. Ihre Langhausmauern sind auch romanisch, aber in der Gotik erhielt sie ihre heutige Gestalt. Unter dem schweren, mit pyramidenförmigem Helm bedachten Turm öffnet ein profiliertes, spitzbogiges Portal den Innenraum. Sogleich zieht der den Chor voll bis ins Gewölbe ausfüllende, üppig dekorierte Hochaltar den Blick auf sich; eine beeindruckende plastische Komposition mit Opfergangsportalen, Säulen, Ornamenten und vor allem Statuen ... in der Mitte das spätgotische Gnadenbild der Mutter Gottes mit dem Kind, aber mit barocken Szepter, Krone und Strahlenkranz. Der Altar zählt zu den frühesten des Barock.

Das Auge tastet diese ›Innenarchitektur‹ mit Bewunderung ab. Darüber sollte der Betrachter aber viele andere Einzelheiten nicht außer acht lassen. Bemerkenswert sind zum Beispiel auch die Figuren auf den Seitenaltären (auf einem auch das Bild der Pietà mit Kirchen, auch der von Pustritz) oder ein Wandtabernakel mit Renaissance-Umrahmung, vor allem aber die spätgotischen Fresken an der Langhauswand. Sie stellen Ölbergszenen dar und zeigen die ganze Dramatik des Geschehens ..., wie Judas mit dem Geldsack auf Christus deutet, wie er ihn küßt und wie die Häscher mit ihren Verbrecher-Visagen den Heiland ergreifen. Alle Personen tragen die Kleidung und die Waffen der Entstehungszeit der Gemälde. So verfehlten die Bilder damals ihre Wirkung auf die Gläubigen sicherlich nicht (Deckengemälde dagegen von 1855). Kunsthistorisch bedeutend ist auch ein Sakramentshäuschen von 1523.

Wieder zurück, verläßt man ein Stück weiter abermals die B 70, jetzt aber nach Südosten, und biegt in das obstreiche, idyllische Tal des Gradnitzbaches ein. Er endet in **St. Paul im Lavanttal.** Dort erhebt sich auf einer Anhöhe weithin sichtbar das *Benediktinerstift* gleichen Namens. Es ist neben Millstatt und Ossiach das dritte große Kloster dieses Ordens in Kärnten, der so außergewöhnliche Verdienste um die Kultur des Landes hat. Diese Bedeutung strahlt es heute noch aus – mehr noch als die beiden anderen Abteien – durch die imponierenden Maße seiner Gebäude. Abt Marchstaller erbaute sie, nachdem er mittelalterliche Trakte abreißen ließ, im 17. Jahrhundert nach dem Vorbild des Escorial. Er konnte sie nur zu zwei Dritteln vollenden. Aber bis dahin hatte die Anlage bereits eine lange und bewegte Geschichte hinter sich.

Auf dem Hügel befanden sich schon eine keltische Burg, ein römisches Kastell und im 10. Jahrhundert die Burg Lavant mit einer Ägidiuskirche (die auch Marchstaller erst

Stift St. Paul i. Lavanttal, Mitte 19. Jahrhundert (Markus Pernhart)

1618 beseitigte). Im 11. Jahrhundert bewohnte die reiche bairische Aribonen-Gräfin Richardis die Burg. Sie ehelichte Siegfried von Sponheim aus Sponheim bei Bad Kreuznach (der Stammsitz des Geschlechts heute dort Ruine), und dieser widmete dem Apostel Paulus eine zweite Kirche neben der des Ägidius. Doch Siegfried starb 1065 auf dem Rückweg von einem Kreuzzug in Bulgarien. Sein Leichnam wurde in einem der beiden Gotteshäuser bestattet, und bei diesen Gebeinen seines Vaters begründete Graf Engelbert I. 1091 das Stift. Engelbert wollte es im Zeitalter der Klostergründungen – in 200 Jahren entstanden in dem jetzigen österreichischen Gebiet etwa siebenhundert – anderen Adligen gleichtun und Macht und Reichtum mit seiner Schöpfung demonstrieren. Sein Sohn Engelbert II., nachmals Urheber der Kärntner Herzogsdynastie, half ihm dabei. Er verschaffte St. Paul durch Verhandlungen mit dem damals als Reformator berühmten Hirsauer Abt Wilhelm die ersten Mönche aus dem Schwarzwald. In deren Besitz ging Burg Lavant über, und Engelbert I. schenkte ihnen Güter in Kärnten, Steiermark und Friaul dazu. Die Benediktiner wirkten segensreich durch die Verbreitung von Kenntnissen des Lesens und Schreibens, der griechischen und lateinischen Sprache, durch die Pflege von Geistes- und Naturwissenschaften, durch das Lehren von besseren Arbeitsmethoden für Bauern, durch Arbeiten von Laienbrüdern als Maurer und Steinmetze und durch die Beschäftigung von Handwerkern mannigfacher Art für ihre Bauten und deren Ausstattung. So ließen sie die alte Paulskirche abtragen und im 12. Jahrhundert die jetzige Basilika aufführen und später Neubauten und Befestigungen nach Brand und Türkenbelagerung errichten.

1782 hob Joseph II. das Kloster auf. 1787 verließen es die letzten Mönche. Gebäude und Kirche verfielen. Bücher und Kunstgegenstände verschwanden. Der Benediktiner-Konvent von St. Blasien im Schwarzwald besiedelte jedoch 1809 St. Paul im Lavanttal neu. Seine Abtei war aufgelöst worden. Da St. Blasien bis 1805 zu Vorderösterreich gehörte und von den Habsburgern stets gefördert wurde – z. B. waren 13 Angehörige der Familie Rudolph von Habsburgs dort bestattet –, erbaten sich seine Mönche vom Kaiser ein neues Domizil. Die österreichische Regierung nahm sie, weil unter ihnen angesehene Gelehrte und Pädagogen waren, gern auf. Sie brachten wertvolle Handschriften, Bücher und Kunstwerke und auch die Särge der Habsburger mit, veränderten die Anlage und füllten sie wieder mit Leben. Sie stellten Professoren für Klagenfurter Lehranstalten. Die Güter der nicht mehr bestehenden Stifte Eberndorf und Maria Wörth wurden den Besitzungen von St. Paul zugeschlagen. Wegen der großen Entfernung zu Klagenfurt gaben die benediktinischen Lehrer jedoch ihre Ämter dort auf und gründeten 1897 ein eigenes Gymnasium am Stift. Ihm widmeten sie fortan ihre ganzen Kräfte. Mit siebenhundert Schülern ist es die größte höhere Schule Österreichs in diesen Tagen. Außerdem bildet ein Juvenat den Nachwuchs für den Konvent aus. Laienbrüder leiten Mühlen, Gärtnereien und Sägewerke. St. Paul blüht, nachdem es von 1940–1945 wiederum aufgehoben war, jetzt wieder wie eh und je.

Man betritt den Klosterbezirk durch das Haupttor neben dem 1619 begonnenen Hofrichterbau und steigt darauf den Hügel zur dreischiffigen, 65,5 m langen und 19,5 m breiten *Kirche* (Abb. 65) mit mächtigem Querhaus und Chorquadrat hinauf. Ihre Wände sind in den Sockelzonen schön profiliert und oben mit ebenso schönen Rundbogenfriesen versehen. Rein romanisch erhalten und besonders edel gegliedert sind die Apsiden des Chores mit Lisenen und Halbsäulen und Halbkreisfenster. Ihre Knospenkapitelle tragen profilierte Halbkreisarkaden; darüber verlaufen Rundbogenfriese, schmale Zickzack- und breitere Schachbrettbänder. Lilien und Weinranken schmücken. Ein Flechtbandmuster soll vor Bösem schützen, das Drachen, Löwen, Schlangen und Kobolde am Chor und Querhaus symbolisieren.

Zum Portal an der Südwand führen 15 Stufen. Sein Gewändevorbau entstand erst 1618 aus romanischen, ursprünglich nicht zusammengehörigen Werkstücken. Beim genauen Hinsehen erkennt man, daß manches Kapitell nicht zur Säule darunter paßt. Das Tympanon-Relief (Abb. 66) ist dagegen original. Kleine Figuren der Heiligen Drei Könige bringen dem Kind auf dem Schoß der größeren, majestätischen Muttergottes ihre Gaben dar. Joseph betrachtet den Vorgang und Engel segnen ihn.

Vom gleichen Meister (um 1240) stammt das Bogenfeldrelief am Westportal der Doppelturmfassade. Zu Füßen des segnenden Christus knien rechts Paulus und links

Graf Engelbert, und Engel mit Weihrauchfaß und Siegerkranz umgeben sie (Abb. 67). Beim Betreten der Kirche verblüfft der von der Rokokoeinrichtung unbehelligte Eindruck einer romanischen Raumordnung. Selbst das im östlichen Teil nach einem Brand 1367 eingezogene frühgotische Kreuzrippen- und das spätgotische Netzrippengewölbe von 1468 im westlichen Teil stören ihn kaum. Vier von Pfeilern mit Säulenvorlagen geteilte Joche enden in Vierung und Chor. Die Formen der Knospen-, Blatt- und Würfelkapitelle sind selten anderswo so mannigfach variiert wie hier. Selbst die einfacheren und älteren Würfelkapitelle zeichnen noch Rosetten und Palmetten aus. Eine solche Formenfülle sollte den an strengen Regeln geschulten Erbauern der Kirche, den Hirsauer Laienmönchen, eigentlich fremd sein. Aber die Kirche weicht ohnehin vom Vorbild im Schwarzwald ab. An dieses erinnert nur ein früher durch einen Lettner abgetrennter, vom Querhaus westwärts anschließender sogenannter ›Chorus minor‹ (während die Mönche die Psalmen täglich im Querhaus, dem ›Chorus major‹, sangen, nahmen die Nichtsänger in diesem ›Chorus minor‹ Platz) und das Fehlen einer Krypta. Statt derer liegt unter dem wenig erhöhten Chor nur eine kleine Gruft. In ihr fanden die dreizehn Habsburger aus dem 13. und 14. Jahrhundert ihre letzte Ruhestätte. Vielleicht war sie aber auch die erste für Siegfried von Sponheim und Richardis in der früheren Paulskirche? Richardis starb auf einer Pilgerreise in Santiago de Compostela in Spanien und war zuerst in Sponheim beigesetzt worden. 1096 wurde ihr Leichnam nach St. Paul überführt. Jetzt ruht er in der Nordost-Ecke des Querhauses gemeinsam mit dem ihres Sohnes Engelbert II. und ihrer Schwiegertochter Hadwiga und denen von fünf anderen Kärntner Sponheim-Herzögen, unter ihnen auch Bernhard (1202–1256), der bedeutendste. Die Stelle bezeichnet ein Relief aus dem 14. Jahrhundert mit den Figuren eines Ritters und einer adligen Frau und den Wappen Kärntens, des Stifters und der Sponheimer. An der Wand daneben prangt das Stifterfresko (1493) von Thomas von

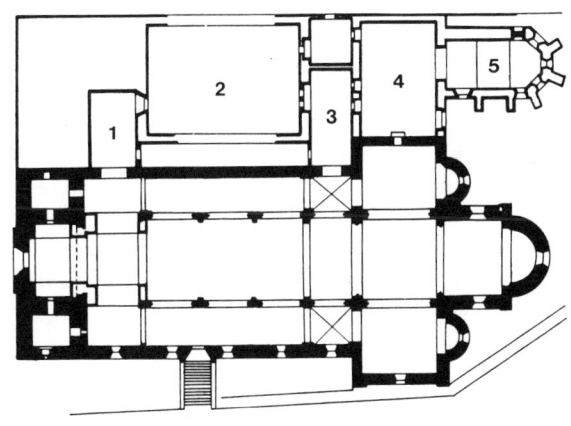

St. Paul i. Lavanttal, Stiftskirche
Grundriß
1 Auferstehungskapelle
2 Ehemaliger Kreuzgang
3 Kapelle der Schmerzhaften
  Muttergottes
4 Sakristei
5 Rabensteiner (ehem. Marien-)
  Kapelle

213

Villach (Farbt. 11). Engelbert und Hadwiga beten kniend unter dem Beistand des heiligen Benedikt und der heiligen Katharina, und im linken Feld, ebenfalls kniend, der Auftraggeber der Malerei, Abt Jöbst von Jöbstelberg mit Wappen und Engeln. An der Ostwand setzen die Darstellungen des Petrus und Paulus und das Schweißtuch Christi das Bild fort. Lineament, zarte Farbkomposition und Charakterisierung der Personen offenbaren die ganz große Kunst des Meisters. Das fröhlich-pfiffige Gesicht seines Selbstporträts lächelt aus der Rankenmalerei über der Szene. Auf dieselbe Wand malte außerdem Lobisser, einmal Mitglied des Konvents, den vom Kreuz niedersteigenden Christus.

Von Thomas von Villach (s. S. 245 f.) stammen auch die Darstellungen der Heiligen Andreas und Dorothea, während unbekannte Meister 1420 und 1460 die anderen Tafeln für diesen Gnadenstuhl-Altar am dritten nördlichen Pfeiler schufen. Außerdem arbeiteten noch zwei andere berühmte Maler, Michael und Friedrich Pacher aus Bruneck in Südtirol, in der Kirche. Sie schufen die Figuren und Ornamente an den Schlußsteinen und Vierpässen des Gewölbes (1468). Auch sie sind Meisterwerke wie die des Villachers, aber sie unterscheiden sich von dessen Stil durch kräftigere Zeichnung und Farben. Von den Grabsteinen ist der des Abtes Ulrich Pfitzing aus grauem Marmor im südlichen Querhaus hervorzuheben (um 1515). Zu ihm gehören das Sakristeiportal im nördlichen Querhaus und die Statuen ›Anna Selbdritt‹ und ›Maria‹ zu beiden Seiten des Triumphbogens, geschaffen vom Eichstätter Loy Hering. Pfitzing wollte für sich ein prachtvolles Fürstengrab. Es wurde jedoch nie vollendet. Der Nürnberger war ein Freund des Kaisers Maximilian I. Er brachte das Kloster an den Rand des Ruins. Erst der Schwabe Marchstaller sanierte es wieder. Altäre, Kanzel und Gestühl aus der Rokokozeit sind von hohem künstlerischen Rang. Zudem verdienen auch die Kapellen – besonders die Rabensteiner-Kapelle, hochgotisch und mit Fresken der Bauzeit ausgemalt – eine aufmerksame Besichtigung.

Die Stiftsgebäude umgeben die Kirche mit drei Flügeln. Ihre Räume sind über zweigeschossige Laubengänge zugänglich. Im Nordflügel das Winterrefektorium von Kilian Pitter stukkiert und von Lobisser ausgemalt, wie das Sommerrefektorium im Westflügel. Säle im Obergeschoß dieses Traktes sind wahre Schatzkammern der Kunst. In ihnen stellen die Mönche ihre, meist aus St. Blasien mitgebrachten Kostbarkeiten aus, wie zum Beispiel ein mit antiken Gemmen und Edelsteinen besetztes Reliquienkreuz (11. Jh.; Abb. 68), ein Elfenbeinrelief (um 900), eine romanische Glockenkasel (12. Jh.) mit 28 gestickten Darstellungen aus der Bibel, ein bestickter Mantel (13. Jh.), emaillierte Bronzekruzifixe (12. und 13. Jh.). Nicht zu vergessen die 72 illuminierten Handschriften aus dem 5. bis 18. Jahrhundert, die über 600 Frühdrucke und 40 000 Bücher sowie zahlreiche, bis ins 9. Jahrhundert zurückreichende Urkunden der Sammlung (Führungen von Mai bis Oktober täglich 10.30 und 15 Uhr oder nach Vereinbarung, ☎ 0 43 57 / 20 19).

Das Stift beeinflußte selbstverständlich auch das Ortsbild zu Füßen des Hügels. So liegen gegenüber dem Portal der Stiftsgarten mit zwei kleinen Bauten, von denen einer Lobisser von 1922–1932 als Atelier diente. Der Meierhof, 1840 erbaut, schließt an, und an den grenzt wieder die Filialkirche St. Erhard, gotisch, aber von Abt Marchstaller ebenfalls verändert. 1889 vermehrten schließlich der neogotische, 1907 erweiterte Konvikt und 1899 das Gymnasium im Neorenaissance-Stil die Stiftsbauten.

Nördlich des Marktes St. Paul weitet sich das Lavanttal zum Becken zwischen *Saualpe* und *Koralpe*. Der östliche Bergzug erreicht mit dem *Großen Speik-Kogel* eine Höhe von 2140 m. Seine Hänge verlaufen steiler als die der Saualpe, sind aber leicht zu erwandern. Von Bergkuppen eröffnen sich schöne Aussichten. Bei 1800 m fangen oft baumlose Almen an. Im Sommer blühen dort Speik, Arnika und Alpenrosen. Im Winter, von November bis April mit Schnee bedeckt, bieten sie gute Abfahrten.

Für Kunstfreunde lohnt ein Ausflug nach **Maria Rojach**. In der *Kirche* dieses Dorfes mit großen Bauernhöfen erwartet ihn wieder ein gotischer Flügelaltar (um 1520) von außergewöhnlicher Güte. In der Komposition von Dürers ›Marienleben‹ beeinflußt, schnitzten hier Meister der St. Veiter Werkstatt im Schrein die Hochreliefs der Geburt Christi und Wurzel Jesse und an den Flügeln die Beschneidung im Tempel, Joachim und Anna an der Goldenen Pforte und Anbetung der Könige und auch das Gesprenge steht in der Qualität diesen Szenen nicht nach. Die ebenfalls guten Gemälde an den Außenseiten der Flügel zeigen Ölberg, Dornenkrönung, Geißelung und Christus vor Pilatus. Auch die Wandmalereien sind beachtlich (besonders selten die Darstellung ›Christus droht den Fastenbrechern mit der Keule‹ neben dem Westportal). Eine Befestigung und ein zum Wohnen ausgebauter Turm sind erhalten, und die Mutter Gottes schützte nach einer Schrift unter einem, die Belagerung durch die Türken darstellenden Bild im Langhaus die hierher geflüchteten Menschen vor den Muselmanen.

St. Andrä, wieder im Tal und an der Bundesstraße, wurde dagegen im Laufe der Jahrhunderte von der Soldateska verschiedener Herren geplündert, zerstört und wieder aufgebaut. Die wechselnden Schicksale der Stadt spiegelt die gotische, jetzt barocke *Pfarrkirche* in ihrer Gestalt und in ihren Kunstwerken verschiedener Zeiten. Ein Gotteshaus von 790 war wahrscheinlich eine ihrer Vorgängerinnen. Dann war sie Dom. St. Andrä war nämlich von 1228 bis 1859 Sitz der Bischöfe von Lavant, bis das Bistum nach Marburg in Krain verlegt und sein Kärntner Teil nach Gurk übertragen wurde. Die Kirchenfürsten residierten zeitweise im voluminösen Gebäude an der Hauptstraße mit der viergeschossigen Pilasterfassade und dem großen Rokokoportal, dem Jesuitenkolleg.

Den Jesuiten gehörte auch die barocke *Wallfahrtskirche ›Maria Loreto‹* am Nordrand der Stadt. Hinter einer zwar klar gegliederten, aber flächig-steifen Front aus der Zeit einer Renovierung ragen zwei hohe Türme mit eleganten Zwiebelhelmen in den Himmel. Die Figuren des Petrus und Paulus in den Nischen der äußeren Achsen sind mit 1775 bezeichnet. Eine Flachtonne überwölbt das saalartige, helle Schiff, und rechts und links fügen sich wie Querhausarme zwei Kapellen an. In ihnen Altäre mit Bildern des Schweizer Malers Deschwanden (1871–75). Interessant ist die Abschlußwand des

Chores mit illusionistischen Malereien als Hintergrund für die Kreuzigungsgruppe des Klagenfurters Markus Antonius Clauss von 1691.

Das Tal der Lavant verengt sich wieder bei **Wolfsberg.** Seit dem 11. Jahrhundert bis 1759 zählte die Gegend zum Bamberger Besitz. Ein Vizedom verwaltete ihn auf der *Burg* am Koralpenhang. Sie fällt wegen ihres einem englischen Tudorschloß mit Zinnen gleichenden Gesichts weithin auf. Es verbirgt allerdings nur die mittelalterliche Anlage. Unter der Fassade und im Grundriß ist sie im wesentlichen noch erhalten.

Wolfsberg war damals eine wichtige Stadt an der über den Packsattel von Graz und der über den Obdachsattel von Judenburg in der Steiermark nach Klagenfurt führenden Straße und anderer, die Koralpe von der Weststeiermark her durchquerenden Wegen. Auf ihnen wurden die Weine von den Salzburger Gütern in der Steiermark in die Bischofsstadt an der Salzach transportiert. Aber im 15. Jahrhundert gediehen Weinstöcke auch in Wolfsberg. Die Truppen der Grafen von Cilli zerstörten sie. Später wurde das Eisenerz aus dem oberen Lavanttal in Wolfsberg verarbeitet, und solche Werke verliehen ihm wieder Wohlstand.

An den Häusern des alten Stadtkernes – von der steinernen Lavantbrücke zum ansteigenden Hohen Platz, dem folgenden Getreidemarkt und der Johann Offner-Straße – kann man ihn an Renaissance-Portalen, Fenstern und Arkadenhöfen noch wahrnehmen. Am Getreidemarkt steht außerdem ein viergeschossiger Bau des 15. bis 16. Jahrhunderts und der Rekturm von der gotischen Befestigung der Stadt. Wohlstand belegt auch das mächtige, historisierende Rathaus von 1888 an der Brücke. Auf dem Hohen Platz dankt eine Mariensäule von 1718 für die Befreiung von der Pest.

Wichtigstes Kulturdenkmal ist freilich die *Markuskirche* auf einer Terrasse unterhalb des Platzes. Romanisch sind Langhaus und Chorquadrat und das Trichterportal (1240) mit Säulchen, Knospenkapitellen, Schellenstreifen und Rundbogenfries. Andere Teile wurden in der Gotik und im Barock zugebaut. Ein römisch aussehendes, in einen Langhauspfeiler eingelassenes Relief des Evangelisten mit dem Löwen (um 1300) gehört in die Bauzeit. Den heiligen Markus mit dem Löwen zeigt auch das Hochaltarbild des im Spätbarock für ganz Österreich bedeutenden Malers Martin Johann Schmidt aus Krems, genannt Kremserschmidt. Ebenso wertvoll ist das die Feuerprobe der heiligen Kunigunde darstellende Gemälde des Antwerpeners J. P. von Rüll (1667) in einer Kapelle des linken Seitenschiffes. Kunigunde und ihren Gatten Kaiser Heinrich II. stellen auch die beiden lebensgroßen Figuren an den Chorwänden dar.

Noch einmal ehemaligen Wohlstand beweist auch die spätgotische *Annen-Kapelle* neben der Kirche. Sie gehört der Bäckerinnung. Ihr profiliertes, mit Fialen versehenes und eisenbeschlagenes Portal ist schon bemerkenswert. Viel mehr noch ist es aber wieder ein Flügelaltar im Innern. Eine bekrönte Madonna, das Kind auf dem Arm und mit üppigem Faltengewand bekleidet, strahlt lieblich die demütige Jungfräulichkeit aus. An den beiden Seitenreliefs die heiligen Georg, Florian, Wolfgang und Hieronymus und auf den Gemälden ›Mariä Verkündigung‹, ›Christi Geburt‹, ›Epiphanie‹ und

›Tod Mariens‹ und die heiligen Katharina, Margarethe, Barbara und Rosalia; an der Predella Christus mit den Aposteln (Farbt. 7).

Und *Schloß Bayerhofen* in der unteren Stadt zeugt noch einmal von großer Zeit. Es gehörte einem bambergischen Pfleger. Dieser verheiratete seine Tochter mit einem reichen Eisengewerken und der baute es im 16. Jahrhundert zu der heute erhaltenen Anlage mit bemerkenswertem Arkadenhof aus (Abb. 62).

Ein paar Kilometer nördlich von Wolfsberg zweigt die seit 1936 ausgebaute, landschaftlich schöne Packstraße in die Steiermark ab. Wieder etwa 20 Kilometer weiter im jetzt wieder engen Lavanttal gelangt man nach **Bad St. Leonhard.** Seine Schwefelquellen kurieren Rheuma, Hautkrankheiten und Metallvergiftungen. Die *Stadtpfarrkirche* liegt seltsamerweise vor dem Ort am Hang der Packalpe. Aber sie ist nicht nur durch ihre Lage eine Besonderheit. Ihr Baukörper schließt den wuchtigen Turm ein. Befremdlich wirken seine vier Eckerker. Sie wurden, um an die ehemalige Wehrhaftigkeit der Kirche zu erinnern, erst nach einem Brand 1930 dort angebracht. Die Strebepfeiler des Chores bekrönen zierliche Fialen. Ein Strebebogen, der einzige in Kärnten, stützt die südöstliche Hochschiffwand. Eine ringsum laufende schmiedeeiserne Kette (1910–1912) sieht aus, als bände sie die Mauern zusammen. Aber sie ist nur ein Attribut des Patrons. Leonhard beschützte das Vieh der Bauern und befreite der Legende nach Gefangene von ihren Fesseln.

Doch im Innern wird noch Ungewöhnlicheres sichtbar. Zuerst bestechen die anmutigen Raumproportionen, besonders im Chor, wie in keiner anderen Kirche Kärntens aus der Zeit (Baubeginn am Anfang, Vollendung am Ende des 14. Jh.), und dann überwältigen 139 Glasgemälde, soviel wie nirgend woanders im Land, den Besucher. Die ältesten im Chor (um 1340–1350) lassen Christus, Maria, Apostel und Heilige erkennen, die im nördlichen Seitenschiff Szenen aus dem Leben Christi, der Leonhardslegende, Majestas Domini und auch Heinrich und Kunigunde und im südlichen Seitenschiff zeigen jüngere den Schmerzensmann, Petrus und Paulus, weibliche Heilige und Engel. Am Triumphbogen steht auf barocker Konsole eine vorzüglich geschnitzte thronende Madonna (1330–1340) und im rechten Nebenchor ein gleichfalls vorzüglicher Flügelaltar von Lorenz Schwaiger und dem Meister Melchior von St. Paul (1513); im Schrein Anna Selbdritt; rührend menschlich, wie Maria das Kind der Großmutter reicht. Schließlich ist noch die barocke Einrichtung von hoher Qualität, voran der Hauptaltar, aber auch ein überlebensgroßes Kruzifix und die Kanzel.

Die Gemeinde konnte eine so prächtige Kirche bauen und ausstatten, weil bis ins 16. Jahrhundert hinein hier Gold- und Silberbergbau und bis zum Ende des 19. Jahrhunderts auch Eisengruben blühten. Der Ort selbst gruppiert sich um den langen Hauptplatz mit schönen Biedermeierfassaden und Mariensäule. An seiner Südwest-Ecke, auf einem steil zum Fluß abfallenden Hügel, die Ruine der *Burg Gomarn* (14./15. Jh.) und als Pendant dazu an der Nordecke *Schloß Ehrenfels*, im Mittelalter der Sitz der

Bamberger Ministerialen. Die Filialkirche *Heilige Kunigunde* zu Füßen der Burg ist ein, anfänglich gotisches, aber nach einem Brand auch barock umgewandeltes Haus.

Von St. Leonhard wendet man sich alsdann wieder nach Westen. Die Paßstraße überquert bei *Klippitztörl* (1642 m, schönes Almgebiet mit gepflegten Gasthöfen und vielen Wandermöglichkeiten) die Saualpe und erreicht nach teilweise starkem Gefälle südlich **Hüttenberg** im Görschitztal die Bundesstraße 92 und das uralte Eisenerzrevier. Auf der Rudolfshöhe bei Hüttenberg wurde bis zum Sommer 1978 noch gefördert, das Erz allerdings im steirischen Donawitz verarbeitet. 1908 blies man den letzten Hochofen der Gegend aus. In Heft im Mosinzgraben und im Lölliggraben sieht man noch die übriggebliebenen Industrieanlagen des vorigen Jahrhunderts.

Die Bergleute begingen bis zuletzt alle drei oder vier Jahre am ersten Sonntag und Montag nach Pfingsten des Laubhüttenfest mit Reiftanz. Jedesmal nahmen viele Besucher am Spektakulum teil. Jetzt will ein Verein ›Freunde des Bergbaumuseums‹ für die Fortführung der Tradition sorgen. Die Sitte ging auf den 1759 ein Jahr lang dauernden Streik der Knappen zurück. Einmal symbolisierten Szenen der Lustbarkeiten und der vielfigurige Tanz manche Vorgänge während der Unruhen. Zum Beispiel zogen die Männer in ihren Trachten ein ›Rad‹ um eine Bruderschaftsfahne von 1777, vor der ihre Kollegen von ehemals sich Beistand in Gefahr und Bergnot versprachen. Die ›Laubhütte‹ stand an der Stelle, an der ein Hauptmann hundert Soldaten gegen die Streikenden kommandierte und das ›Pritschen‹ der hochgestellten Gäste erinnerte sozusagen als späte Rache an die Stockhiebe, die jene aufmüpfigen Bergarbeiter von der Obrigkeit bezogen. Zum anderen verbanden sich damit aber auch segenspendende Maibräuche. So stellte die ›Grubenhaus‹ genannte Figur des Tanzes, in der Knappen mit ihren von Buchsbaum- und Preiselbeergrün umwundenen, haselnußhölzernen Reifen eine Kuppel bildeten, die Maikrone dar, und die Reiftanzjungfrau galt auch als Pfingstbraut. Nach dem großen Streik feierten die Knappen vor Ostern 1760 in der *Pfarrkirche* das ›Anfahrtshochamt‹ zum Dank, daß die Gruben des Erzberges wieder befahren werden konnten. Dieses Gotteshaus beschädigte ein Brand im Jahr 1844 erheblich. Es mußte nach dem Wiederaufbau 1850 neu geweiht werden. Strebepfeiler, Sängerempore mit Netzrippengewölbe, Maßwerkfenster und Westportal, eine Vorhalle am Südportal blieben vom spätgotischen Bau jedoch erhalten.

Interessant sind die Mineralien des Erzbergwerkes; das Bergbaumuseum in Hüttenberg, das Historische Bergbaumuseum (Grubenhaus mit Schaubergwerk) und das Geozentrum in *Knappenberg* stellen herrliche Exemplare aus (außerdem Harrer-Museum mit der Sammlung des Naturforschers und Weltreisenden Heinrich Harrer, der in Hüttenberg geboren ist). Ein montan-historischer Lehrpfad führt zu Mineralfundorten. Das Geozentrum veranstaltet auch Fachkurse für Mineralogie und Geologie, Schleifkurse zur Bearbeitung von Edelsteinen (Auskünfte: A-9375 Marktgemeinde Hüttenberg, ✆ 0 42 63 / 2 47).

Unweit von Hüttenberg, zwischen Görschitztal und Rotteingraben, auf einer allseits steilabfallenden Kuppe bei **Waitschach** einsam gelegen, findet der Reisende aber die sehenswertere und unveränderte *Pfarrkirche Unsere Liebe Frau* als kunsthistorische

Rarität. Eine Überlieferung besagt, Erzbischof Leonhard von Keutschach hätte der Gottesmutter das Haus gelobt am Platz »wo am nächsten Morgen der erste Sonnenstrahl hinfalle«, um einen Abzug der marodierenden Türken zu erreichen. Der Bau wurde, durch eine Jahreszahl an einem Strebepfeiler bestätigt, 1447 begonnen und Anfang des 16. Jahrhunderts vollendet. Befestigt war er auch. Verwunderlich für seine Lage ist seine Größe, die sorgsame Ausführung und die künstlerische Qualität seiner Ausstattung. Doch man muß bedenken, daß der Erzbergbau des Gebietes gute Erlöse brachte und deshalb die Spenden wohl reichlich flossen. Als Turm sitzt ein achteckiger Reiter mit maßwerkgeschmückten Spitzbogenfenstern und einer mit Kreuzblume gezierten Kielbogenkrone unter kleinem Spitzhelm mit Wetterfahne dem Dach auf. Die Fassade reicht auffällig über das unterste Geschoß dieses Reiters. Über dem reich profilierten, von Filialen begleiteten Kielbogenportal eine Fensterrose. Außergewöhnlich sind auch die überaus schmalen Fenster und die vierstufigen Strebepfeiler. Am Langhaus tragen sie Giebel bildende Dächer mit Kreuzblumen. Die gleich breiten Schiffe der Halle und die quadratischen Maße ihrer fünf Joche bewirken einen wohlausgewogenen Raum. Er wird noch einmal durch den in der Breite über das Mittelschiff reichenden Chor akzentuiert. Über hohe Achteckpfeiler aufsteigende Netz- und Kreuzrippengewölbe mit zum Teil Schlußstein-Reliefs schließen ihn harmonisch ab.

Ein beinahe 10 m hohes, mehrgeschossig aufgebautes, spätgotisches Sakramentshaus ist mit seinem Reichtum an Maßwerkreliefs – Bögen, Krabben, Filialen – auch nicht alltäglich, und die Statuen des Hauptaltars von 1660 sind außerdem hervorragend geschnitzt (besonders das Gnadenbild ›Unsere Liebe Frau‹ in der Mitte des Aufbaues). Zu ihm wallfahrten gleich nach der Vollendung der Kirche besonders Gläubige aus Judenburg. Sie brachten das Votivbild mit der Ansicht ihrer Stadt mit. Das gute Bild von der Rast der Heiligen Familie auf der Flucht stiftete ein Judenburger Dechant 1661. Ein großes Weltgerichtsbild stammt ebenfalls aus dem 17. Jahrhundert. Geradezu berühmt ist jedoch der sogenannte ›Landschaftsaltar‹, gestiftet von den Landständen 1626. Dieses große farbige Retabel an der Nordwand der Halle gilt als einer der ältesten Barockaltäre Österreichs. An diesem Altar ist ganz besonders das Mittelrelief von der Verkündigung interessant, und zwar wegen seiner bühnenszenenartigen Komposition.

Eine ebenfalls stattliche, aber nicht so große Kirche besitzt der Markt **Brückl** an der Mündung der Görschitz in die Gurk. Die alte Siedlung gewann Bedeutung durch Hammerwerke für das Hüttenberger Eisen. Ein 1869 begründetes Kettenwerk war Hauptlieferant der k. und k. Marine und exportiert heute noch in alle Welt. Die *Kirche St. Johann d. T.* besteht nur aus einem Schiff mit drei Jochen und einem gleichgroßen Chor (16. Jh.). Selbst die nordwärts angebaute Sakristei ist fast so groß wie das Schiff. Den Hauptaltar schuf Johann Pacher aus St. Veit (1758). Bemerkenswert auch das ehemalige Triumphbogenkreuz an der Nordwand des Chores (1500).

Von hier aus erreicht man auf der B 92 geradewegs wieder Klagenfurt.

Im Mölltal

Eine Fahrt ins Mölltal beginnt man am besten in Spittal. Der Fluß mündet bei **Möllbrücke,** dort wo sich die Straßen aus dem Lurnfeld, von Seeboden und von Sachsenburg her mit der Mölltalstraße treffen. Das Dorf hieß in der Römerzeit Lurno, in einer Urkunde von 891 Liburnia und 1253 Mölnprukke. An diesem strategisch wichtigen Platz kämpften 1809 Österreicher gegen Franzosen und am alten Gasthof ›Zur Post‹ sind Spuren von Kugeln zu sehen.

Die Sehenswürdigkeit des Ortes ist jedoch etwas außerhalb des Zentrums die *Kirche St. Leonhard* und in ihr ein gotischer Flügelaltar von besonderer künstlerischer Güte. In ihm stehen die Figuren des Namenspatrons mit der Kette in der Mitte und seitlich die der heiligen Sebastian und Rochus. Die Bewegungen ihrer Körper und ihr Gesichtsausdruck, die Flammenranken um sie, aber auch der Schmerzensmann im Gesprenge, begleitet von Maria und Johannes unter Fialen, die Heiligen auf den Astwerkkonsolen verraten einen Meister. Meisterhaft sind auch die Gemälde (fast schon Renaissance-Stil): die heiligen Wolfgang und Martin, das Kaiserpaar Heinrich und Kunigunde und der das Christuskind über das Wasser tragende Christophorus an der Schreinrückwand. Leider kennt man weder den Namen des Bildhauers noch den des Malers.

Auf dieser Route stößt der Reisende wie im Maltatal noch einmal in die hochalpine Region der Tauern vor. Nicht weit nach Möllbrücke, kaum einen halben Kilometer nach der aus dem Kölnbreinstausee gespeisten Kraftstation Rottau (s. S. 205), befindet sich in Kolbnitz die Station des von 1947 bis 1961 gebauten Reißeck-Kreuzeck-Kraftwerkes. Von hier aus trägt eine Standseilbahn den Besucher steil aufwärts und in drei Etappen mitten hinein in die Bergwelt des 2237 m hohen *Schoberbodens.* Von dort führt eine andere Bahn noch einmal höher zum *Reißeck-Seenplateau* (Erholungsgebiet mit Hotels und Skiliften in günstigem Höhenklima, Schneedauer von November bis Mai).

Hier wurden sechs Seen aufgestaut und durch Stollen untereinander verbunden. Im früheren, natürlichen Zustand speicherten sie 5,4 Millionen Kubikmeter, jetzt 17,15 Millionen Kubikmeter Wasser. Die Becken sind im Sommer fast leer. Sie füllen sich erst durch Schneeschmelze und Niederschläge und stürzen dann durch Rohrleitungen 1800 m tief zu den Turbinen in Kolbnitz hinunter. Außerdem sammelt in 1300 m Höhe ein anderer Tagesspeicher die Gewässer von drei großen Bächen, die eigene Turbinen in Kolbnitz antreiben.

Vom Schoberboden aus breitet sich als überwältigendes Panorama die Kreuzeck-Gruppe jenseits des Mölltales vor den Augen der Besucher aus. Auch dort nimmt ein Speicher verschiedene Bäche auf und leitet sie dem Kolbnitzwerk zu. Ein Pumpwerk befördert das Wasser sogar wieder zurück auf den Berg, so daß es so mehrfach genutzt werden kann. – Alle Anlagen dienen vor allem wieder der Stromerzeugung im Winter. Sie liefern 305 Millionen kWh im Jahr.

Weiter flußaufwärts erhebt sich auf einer Kuppe mitten im Tal anstelle eines römischen Herkulesheiligtums die ursprünglich romanische, 1516 wiederhergestellte *Kirche ›Danielsberg‹.*

Und wieder weiter in **Stallhofen** ist die *Wallfahrtskirche Maria Tax* zu besichtigen. Ihr Chor wurde 1476 vollendet, das mit Netzrippen gewölbte Schiff 1516 geweiht und mit Wappen und Halbfiguren ausgemalt. Im Chor Fresken ›Wurzel Jesse‹ und ›Maria mit Kind‹. An die Nordseite des Schiffes schließt die Grabkapelle des Grafen von Stampfer an. Die achteckige Kuppel mit Laterne malte Fromiller 1717 mit Heiligen, allegorischen Figuren und Szenen aus dem Leben Christi aus. Die Bilder zählen zu den bedeutendsten des Malers. Stampfer war damals der Besitzer des Schlosses *Trabuschgen* im nahen Obervellach. Die Stampfer-Familie schürfte Kupfer. Sie bauten das schon 1434 bestehende Haus 1716 barock aus und gaben Fromiller den ersten großen Auftrag nach seinen Studien in München, indem sie ihm die Decke des Saales im ersten Stock schmücken ließen. Vom Plafond blicken die Götter wohlwollend auf die Tätigkeit der Menschen herab. Der Künstler war damals 23 Jahre alt. Drei Jahre später heiratete er die Tochter des Obervellacher Marktvorstehers. Sein Aufenthalt im Mölltal beeinflußte also sein Leben in zweierlei Hinsicht. Da das Schloß jetzt als Reiterpension dient, sind diese Bilder und auch die andere Einrichtung für vorbeifahrende Besucher nur schwer zugänglich.

Obervellach, erst Freisinger, dann Salzburger Eigentum, war im 15. und 16. Jahrhundert wieder eines jener Bergbauzentren, an denen es in Kärnten damals nicht mangelte. Sogar das Oberstbergmeisteramt für die innerösterreichischen Länder saß hier. Im oberen Mölltal herrschte seinerzeit eine Art Goldrausch. Auch Silber wurde abgebaut. Bis zu 3000 Arbeiter sollen in den Gruben beschäftigt gewesen und vier Tonnen Gold pro Jahr erbeutet worden sein. Bei der Suche nach Adern mußte man allerdings immer höher in die Berge bis an die Gletscherränder und Eisfelder vordringen. Um 1600 verschlechterten sich die Abbaubedingungen von Jahr zu Jahr. Die Gletscher wuchsen. Über 2500 m hoch liegende, gute Lagerstätten waren nicht mehr zugänglich. In den noch fündigen Stollen wurde Raubbau getrieben. Zudem machte die Einfuhr überseeischer Edelmetalle nach Europa durch die Spanier und Portugiesen die Gruben unrentabel. Viele Betriebe gingen deshalb in Konkurs und ihre Besitzer nebst Knappen und Verhüttungspersonal wanderten ab. Erst um 1690, als in der Nähe, im Fragantgrund, wieder Kupfer gefunden wurde, kam es zur neuen Blüte. Sie dauerte ungefähr bis 1830 an, seitdem gibt es keinen Bergbau mehr.

Immerhin stammen die meisten Häuser am Markt, wenn inzwischen auch verbaut, im Kern aus der alten Zeit. Das Haus Nr. 61 mit schönem Portal und Arkadenhof war das Oberstbergmeisteramt. Die Einrichtung dieser Verwaltung 1509 veranlaßte den Bau der *Pfarrkirche* mit großem, etwas schmaleren Chor und drei Streifen von Wandgemälden (u. a. Kreuzigung, sieben Nothelfer, Heilige und Stifter) und Gewölbemalereien. Baumeister war Lorenz Rieder. Kostbarstes Kunstwerk ist der Altar in der ebenfalls ausgemalten Nordkapelle. Ein Säulenaufbau rahmt das Bild der Heiligen Sippe von Jan van Scorel. An den Seitenflügeln sind Christoph und Apollonia in Landschaften, auf ihren Rückseiten die Geißelung des Herrn und Kreuztragung dargestellt. Das Ganze ist ein wichtiges Werk der früheren niederländischen Malerei und kunsthistorisch überaus bedeutend. Man meint allerdings, daß dieser Altar aus dem Material zweier verschiedener Altären zusammengefügt wurde, da die Flügel arg beschnitten sind und ihre Gestalten andere Größenverhältnisse als die der Mitteltafel haben. Scorel, nachmals in Utrecht berühmt, unterbrach eine Studienreise nach Italien in Kärnten und schuf die Bilder im Auftrag des kroatischen Grafen und kaiserlichen Feldhauptmannes Frangipani und seiner Frau Lang von Wellenburg.

Die Kirche birgt außer diesem Altar noch eine Anzahl vorzüglicher gotischer Schnitzwerke, z. B. ein Ölbergrelief mit einer treffenden Charakterisierung der Jünger und des im Gebet versunkenen Herrn. Aber auch auf die barocke Ausstattung, besonders auf den Hochaltar und die Uhr über ihm im Gewölbe, sei noch hingewiesen.

Im nahen *Flattach* wurde eine neue Panoramastraße gebaut, die bis zur 220 m hohen Talstation, der ›Eisseebahn‹ führt. Von hier aus hat man die Möglichkeit, mit der Bahn über den Mölltaler Gletscher zu fahren. In 2800 m Höhe gibt es ein ganzjähriges Skigebiet mit Schleppliften und bei der Bergstation ein Restaurant.

In Overvellach gabelt die Straße nach *Mallnitz* ab (heilklimatischer Kurort; Bergwandern, Hochgebirgstouren mit Führer, botanische und mineralogische Führungen, geführte Abenteuerwanderungen in den Nationalpark Hohe Tauern, Gondelbahnen und Lifte im Ankogelgebiet). Auch sie ist ein alter Weg nach Salzburg. Seit 1909 begleiten die Gleise der Tauernbahn die Straße und dadurch wurde sie auch wieder für die Touristen wichtig. Von Mallnitz nach Böckstein im salzburgischen Gasteinertal durchstößt sie mit einem 8,5 km langen Tunnel das Gebirge. Durch ihn befördert die Bahn die an den beiden Stationen auf Waggons verladenen Autos der Reisenden in 10 Minuten.

Doch wieder zurück ins Mölltal. In der Nähe der Mündung des Mallnitzbaches in die Möll bekrönt rechts von der Straße die mächtige *Burg Groppenstein* (Farbt. 3) einen Felsen. Ihren romanischen Bergfried (1254) ergänzten ihre Herren im 15. Jahrhundert durch gotische Wohnbauten und Wehranlagen aus kleineren Türmen und Zinnenmauern. Unweit der Burg stürzt in einer Schlucht der Bach wildromantisch zu Tal.

Ein weiteres Naturschauspiel bietet in der Nähe die *Raggaklamm* mit acht Wasserfällen. Ein Bach schnitt sie 800 m lang und 200 m tief ins Gestein und schüttete aus dem Geröll den Schwemmkegel auf, auf dem der Weiler *Schmelzhütten* liegt. Der Name und ein alter Hochofen erinnert an den aufgegebenen Kupferabbau in der Fragant, einem schönen, von Flattach abzweigenden Tal mit dem alten *Mineralbad Badmeister*.

Das Mölltal verändert bei *Winklern* plötzlich seine Richtung. Die Geologen nehmen an, in Urzeiten müsse es zwei Gewässer gegeben haben. Das eine floß vor dem jetzigen Paß Iselberg in die Drau bei Lienz. Von diesem Verlauf trennte sich ein nach Osten tendierendes Rinnsal ab und vereinigte sich mit einem zweiten, in dem damals schon tieferen Talboden nach Osten fließenden Möll. Die Straße wendet sich gegen die südliche Abdachung der Tauern oft stark ansteigend jetzt nach Norden. Das Tal wird eng. Dörfer an den Einmündungen von Bächen tragen slawische, die Weiler und Einzelhöfe an den Hängen deutsche Namen. So manifestieren sich heute noch die erste, breitere Besiedelung aus dem Osten und die nachfolgende Kolonisierung während des Mittelalters aus dem Westen. Vorslawisch, als keltisch, gilt allerdings der Name Möll – Molina – Molna = Bergbach.

Das ›slawisch‹ mit **Döllach** bezeichnete Dorf an der Mündung der Zirknitz war freilich schon früher wegen des Goldes auch ein Römerort. Seinen Rang gewann es aber, auch wegen des Goldbergbaues, im 15. und 16. Jahrhundert. Damals baute ein Gewerke das Schloß Großkirchheim um oder neu. In ihm eröffnete Herr Lindsberger 1956 sein hauptsächlich dem Tauerngold gewidmetes Privatmuseum. Diese sicherlich unter Opfern zusammengetragene Sammlung ist eine Sehenswürdigkeit erster Ordnung, denn sie stellt die Geschichte und Technik des ehemaligen Bergbaues und die Aufbereitung der Erze sehr anschaulich dar. Wertvolle volkskundliche Ausstellungsstücke ergänzen die Schau glücklich. Eine Sehenswürdigkeit sind auch die acht historischen Stockmühlen am Apriachbach beim Dorf Apriach am Osthang des Tales. Mit ihnen bewerkstelligten die Bergleute selbst das Mahlen ihres Getreides.

Das Mölltal nimmt jetzt immer mehr die Form eines asymmetrischen Troges an. Links steigen die Hänge steil auf. Über den sogenannten Jungfernsprung fällt ein Bach aus einer Höhe von 1300 m in den Grund. Rechts neigen sich die Abhänge sanfter zu Tal. Die Wasserläufe, zwar tief eingeschnitten, gelangen mit weniger Gefälle in die Möll. Bei Pockhorn muß aber auch dieses Flüßchens eine Stufe vor dem höheren Heiligenbluter Talboden in einem 50 m-Fall überwinden.

Danach genießt man eines der herrlichsten Panoramen Kärntens. Die Häuser **Heiligenbluts** staffeln sich vor der gewaltigen Kulisse des Glocknermassivs auf einem aus Gesteinsschutt angeschwemmten Sporn hintereinander und der Turm der Kirche ragt, spitz auf die Gipfel zeigend, in das überwältigende Bild hinein (Farbt. 2). Der Ort (1301 m) war bis vor wenigen Jahrzehnten ein kleines Bauerndorf in kaum bewohnter Gegend. Erst in der zweiten Hälfte des 19. Jahrhunderts besuchten es zunehmend Bergsteiger. Ihretwegen entstanden ein paar Gasthöfe. Heute ist er ein im Sommer wie im Winter viel besuchter, moderner Urlaubsplatz mit komfortablen Hotels mit Hallenbädern, Reit- und anderen Sporthallen und Plätzen, mit zehn Liften, die 35 km präparierte Pisten, 1300–2600 hoch, erschließen und mit siebzehn ausgeschilderten Wanderwegen und anderen Einrichtungen mehr.

Dabei gab es bereits im Mittelalter so etwas wie einen Fremdenverkehr. Gläubige pilgerten nämlich hierher zum ›heiligen Blut‹. Damit hat es folgende Bewandtnis. Unter den vom oströmischen Kaiser Konstantin VIII. angeworbenen Söldnern kämpfte gegen die Sarazenen auch der Däne Briccius. Durch seine Tapferkeit avancierte er sogar zum

Feldherrn. Trotzdem packte ihn Heimweh. Er nahm seinen Abschied. Als Gunst gewährte ihm der Kaiser aber vorher noch einen Wunsch. Da Briccius fromm war, erbat er sich ein Fläschchen mit einigen Tropfen vom Blut des Erlösers, das der Patriarch der Sophienkirche in Konstantinopel aufbewahrte. Er bekam es, versteckte es in einer Wadenmuskel, verband die Wunde sorgfältig und zog heimwärts. Dieser beschwerliche Weg endete jedoch jäh am Großglockner. Erschöpft rastete der Mann dort neben dem Pfad über die Alpen. Ein Schneesturm brach herein. Er erfror. Schneeflocken deckten ihn zu. Als Knappen einige Zeit später zu ihrem Stollen aufstiegen, sahen sie zu ihrer Überraschung drei Weizenähren aus dem Eis sprießen. Sie gruben nach, fanden den Toten und meinten, bei solchen seltsamen Zeichen könne es sich nur um einen besonderen Herrn handeln, der ein ordentliches Begräbnis verdiene. Sie luden den Leichnam auf einen Schlitten, spannten zwei junge Ochsen davor und um den Willen Gottes wegen der Ruhestätte zu erkunden, ließen sie die Tiere laufen, wohin sie wollten. Schließlich hielten sie. Die Bergleute bestatteten den Mann. Aber eines seiner Beine durchstieß immer wieder den Erdhügel. Sie untersuchten es näher und fanden unter der Haut den Behälter und ein erklärendes Schriftstück. Darauf erbauten sie eine Kapelle über dem Grab.

Die Geschichte soll 714 passiert sein. Sie sprach sich herum und gefördert vom Erzbischof von Salzburg setzten alsbald die Wallfahrten ein. Die Kapelle wurde von 1273 bis 1301 erneuert und am Ende des 14. Jahrhunderts durch den jetzigen Bau ersetzt. Der Chor war 1430 vollendet, das Langhaus erst 1483 durch Hans Hueber aus Siegmundskron in Südtirol. Solch lange Bauzeit war bedingt durch die Schwierigkeiten das Material heranzuschaffen und durch die wenigen Bauern-Arbeiter, die ihre Kräfte dem Bau zudem nur ein paar Wochen im Jahr zur Verfügung stellen konnten.

Die *Kirche St. Vinzenz* entzückt nicht nur durch ihre Lage, sondern auch wegen ihrer eleganten Gestalt (Abb. 70). Stützpfeiler, schmale Fenster, hohes Satteldach, der schlanke, von besonders spitzem Helm überhöhte Turm – alles aufstrebende Vertikalen und alles in allem ein zierliches Gegenstück aus Menschenhand zu den freilich elementareren Hochgebirgsgipfeln. Der von einer Mauer gehaltene Friedhof mit den Gräbern verunglückter Alpinisten (ein Buch aus Aluminium verzeichnet auf 30 Seiten die Namen der im Großglockner-Gebiet abgestürzten Bergsteiger) schafft dazu noch ein

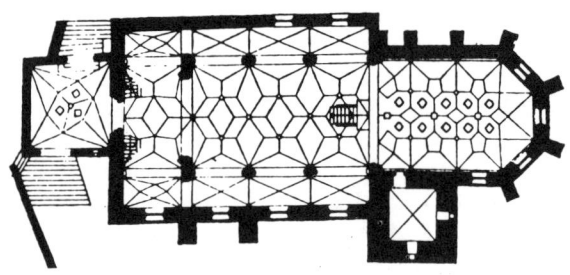

Heiligenblut, Pfarrkirche St. Vinzenz, Grundriß

65　ST. PAUL IM LAVANTTAL　Stiftskirche, Apsiden, 12. Jh.

66–68 ST. PAUL IM LAVANTTAL Stiftskirche, Südportal, Tympanonrelief; Westportal, Tympanonrelief; Reliquienkreuz im Sommerrefektorium

69   ST. PETER IM HOLZ   Frühchristliche Friedhofskirche Teurnia, Bodenmosaik

70   HEILIGENBLUT   St. Vinzenz, 15. Jh.   ▷

72, 73 HEILIGENBLUT   St. Vinzenz, Madonna im Rosenkranz; Veronikaaltar, Schreindetail
◁ 71 HEILIGENBLUT   St. Vinzenz, Hochaltar und Sakramentshäuschen
74 ZWICKENBERG   St. Leonhard, Schrein eines Flügelaltars, 16. Jh.

75   ST. ATHANASIUS bei Berg im Drautal (15. Jh.)

76   GROSSGLOCKNER   Obere Pasterze   ▷

77   GRAZ   Blick vom Schloßberg mit Uhrturm, 1561
(Abb. 77–148: Steiermark)

78 GRAZ Sporgasse

79 GRAZ Maria-Hilf-Kirche und Minoritenkloster

80 GRAZ Palais Attems, 1702–1716

81 GRAZ Landeszeughaus

82 GRAZ Landhaus, Arkadenhof, 1557–1565

83 GRAZ Mausoleum, Kaisergruft

84 GRAZ Leechkirche, Tympanonmadonna

85 GRAZ Schloß Eggenberg, 1625–1635

86 GRAZ ›Gemaltes Haus‹, Fresken von 1742

87　GRAZ　Erzherzog-Johann-Denkmal, 1878

88　GRAZ　Landeszeughaus, Mars-Statue, 17. Jh.

89　GRAZ　Leechkirche, Glasgemälde, 15. Jh.

90　GRAZ　Dom, Ignatius-Altar, Detail

91 PACKALPE

kleines, künstliches, das Ganze noch einmal über die Erde erhöhendes Tableau. Zum Zugang zur Kirche (an der nördlichen Außenmauer ein Christophorus-Fresko aus dem 1. Viertel des 16. Jh.) steigt man von der Dorfstraße hinunter und tritt durch eine sterngewölbte Vorhalle in die dreischiffige hohe Halle mit Empore, die der Eleganz des Äußeren entspricht. Ihre Gewölbe sind mit verschiedenartigen Netzrippen überzogen. An den Schlußsteinen gemalte Heiligenfiguren und Wappen. In den Zwickeln der die Seitenschiffe vom Mittelschiff trennenden Spitzbogenarkaden stellte Meister Joseph Egger aus Lienz 1707 die Legende des Briccius dar. Die Rippen des Chorgewölbes – an den Schlußsteinen Bilder von Engeln, Heiligen, segnendem Christus, Petrus, Paulus und in den Feldern wieder Heilige, Kirchenväter, Symbole – streben aus schön profilierten Wandpfeilern auf.

Ein Juwel ist der *Altar* (Abb. 71). Er reicht 10,60 m hoch. Im Schrein glanzvoll die Marienkrönung durch Vater und Sohn mit Vinzenz und Petrus an der Seite. Die Figurenkomposition ruht auf einem Postament, in dessen Mitte Jesse ruht. Aus seiner Brust wächst der Stammbaum Christi. In den oberen Winkeln des Rahmens ›Mariä Verkündigung‹. Die Innenseiten der Flügel zeigen im Gegensatz zu den vollplastischen Statuen des Schreines links Geburt und Auferstehung und rechts Anbetung der Könige und Himmelfahrt als Reliefs. Während sie offensichtlich Schüler anfertigten, ist das Gesprenge mit seinen Türmchen wieder eine Arbeit des Meisters. Aber welchen Meisters? Stilvergleiche verweisen auf den berühmten Michael Pacher aus Bruneck. Er war einer der größten Bildschnitzer der späten deutschen Gotik und ein vorzüglicher Maler dazu (s. S. 214). Da er aber 1498 verstarb, der Altar aber erst 1520 vollendet wurde, schufen ihn wahrscheinlich aus seiner Werkstatt hervorgegangene Künstler nach seinem Entwurf. Eine Inschrift nennt den Maler Wolfgang aus Aßling im Pustertal als Vollender. Man weiß auch, daß Max Reichlich, der einen Teil der Rückseiten-Bilder malte, Schüler Pachers war und man weiß, daß der Maler der anderen, Simon von Taisten, wiederum aus dem Pustertal stammte.

Außergewöhnlich kostbar ist auch das steinerne Sakramentshaus (Abb. 71, links) und das zweifach. Einmal wird der 13 m hohe Turm wegen seines Detailreichtums und der künstlerischen Ausführung bewundert (Maßwerkzierat und Statuetten u. a. Briccius, eiserne Gittertüren mit der Jahreszahl 1496). Zum anderen bildet er das prachtvolle Gehäuse für jenes Blut und die Ähren. (Grabmal und Altar des Briccius aus dem 17. Jh. in der Krypta unter dem Chor.)

Von den anderen Teilen der Einrichtung verdienen besonders die Rosenkranz-Madonna (barock) im Mittelschiff (Abb. 72) und der Veronika-Altar (15. Jh.) unter der Orgelempore (Abb. 73) aufmerksame Betrachtung.

Reliquien und künstlerische Kleinodien ziehen in unserer Zeit nur wenige Gäste nach Heiligenblut. Die meisten kommen um der Hochgebirgswelt willen, wegen des höchsten Gipfels Österreichs und der Ostalpen, dem **Großglockner** (3798 m; Farbt. 2). Sein Anblick ist von der Terrasse bei der Kirche besonders schön. Vor ihm steigt das Mölltal in Stufen bis in die Gletscherregion an. Der Fluß bezieht sein Wasser allerdings nicht mehr wie früher vom *Pasterzen-Gletscher* (Abb. 76). Er sammelt es jetzt aus unvergletschertem Gebiet. Die Schmelzwasser der Pasterze fängt vielmehr der Margaritzenspeicher auf und ein 11 km langer Stollen führt es von dort aus dem Stausee ›Mooserboden‹ zu, der wiederum das Kraftwerk Kaprun jenseits des Tauernkammes speist.

Um die überwältigende und erhabene Größe des Gebirges zu erfahren, muß man freilich noch höher hinauf. Glücklicherweise ermöglicht das die *Großglockner-Hochalpenstraße* (mautpflichtig) ohne Anstrengung und ohne Gefahr. Zwischen Anfang November und Anfang Mai bleibt sie ohnehin wegen des Schnees und der Lawinen geschlossen. Zeitweilige Sperrungen sind auch in der übrigen Zeit möglich. Benutzer müssen deshalb auch im Sommer jede Bekanntmachung beachten und dürfen die Straße keinesfalls entgegen der Meldungen eigenmächtig befahren, sonst gilt das ›ohne Gefahr‹ für sie nicht.

Diese vielleicht großartigste Hochgebirgsstraße der Welt verbindet die Länder Kärnten und Salzburg und führt durch den Nationalpark Hohe Tauern. Dieser ist die letzte großflächig zusammenhängende Naturlandschaft Österreichs und wurde von den Ländern Kärnten und Salzburg geschaffen. Er ist ein Naturschutzgebiet für alpine Pflanzen und Tiere, eine urtümliche Welt in Fels und Eis bei extremen klimatischen Bedingungen. Sie wurde von 1930 bis 1935, nach den Plänen des Hofrates Dipl.-Ing. Franz Wallack, von 3200 Beschäftigten mit entsprechenden Maschinen erbaut, wobei nur 5 Monate im Jahr gearbeitet werden konnte. Die Straße ist 7,5 m breit. Sie überwindet mit 31 Kehren 2500 m bei einer Höchststeigung von 12%, und Brücken überqueren Wildbäche, Tunnels durchstoßen hartes Gestein und Stütz- und Futtermauern fangen rutschende Hänge ab.

Von Heiligenblut aus quert die Straße langsam ansteigend einen Hang und gewährt an der ersten Kurve eine Aussicht auf den *Hohen Sonnenblick* (3106 m) hinter dem Tal der *Fleiß*. Hier war der südliche Hauptzugang zu den Bergwerken der *Goldberg-Gruppe*. Deren höchstes auf 2900 m mußte nach einem Gletschervorstoß 1620 aufgegeben werden. Ansonsten grub man noch im vorigen Jahrhundert in diesem Gebiet nach Gold. Im historischen Wirtshaus (14. Jh.) an der Kehre rasteten die Knappen.

Auf 1913 m gestattet der Parkplatz Kasereck eine großartige Rundumsicht auf die Großglockner- und Schobergruppe im Westen und die Goldberg-Gruppe und die Sadnig-Gruppe im Osten.

An der Abzweigung Guttal beginnt dann bei 1859 m die Gletscherstraße zur Franz-Josephs-Höhe. Hier gedeihen die letzten Lärchen. Verwitterter Kalkglimmerschiefer bildet einen fruchtbaren Boden für Almwiesen. An den Palik- und Schönwand-Parkplätzen faßt ein Blick die Landschaft vom Großglockner-Gipfel bis zur Sohle des Mölltales zusammen und danach, bei den Plätzen am Glocknerhaus, schweift er über die Zunge der Pasterze, über den Margaritzen-See, die Hang-Gletscher des Glocknerkammes bis zur steilen Freiwand, wo die Hotel- und Restaurant-Gebäude der *Franz-Josephs-Höhe* (2369 m) stehen.

In fünf Kurven schwingt die Straße jetzt hinauf. Vier Plätze und eine mehrgeschossige Garage nehmen zahlreiche Wagen auf. Trotzdem sind die Parkräume in der

Hochsaison oft überfüllt, so daß Aufsichtspersonen gelegentlich schon am Glocknerhaus zum vorübergehenden ›Halt!‹ einweisen. Kein Wunder! Ein Aufenthalt bei der
Franz-Josephs-Höhe bewirkt eine einmalige Faszination. Vor einem liegt der Paster-
zengletscher und dahinter die vergletscherten Berge um den Glocknergipfel. Der
Glockner fällt durch seine steilen Flanken und scharfen Grate auf. Der *Johannisberg*
(3498 m) erscheint dagegen weniger wild. Hier taut der Schnee niemals. Er verwandelt
sich vielmehr in Firn und Eis und bis zu 70 m dicke Firn- und Eisfelder bedecken den
Johannisberg fast ganz. Hauptsächlich sie versorgen die Pasterze. In riesigen Kaskaden
stürzt das Eis 400 m zum oberen Pasterzenboden ab und bildet nun die Gletscherzunge.
Sie drängt sich wenig geneigt zwischen Kleinen und Mittleren Burgstall hindurch und
schmilzt unter der Schneegrenze bei etwa 2800 allmählich ab. Ungefähr ein Drittel der
Eismasse ist von Moränenschutt bedeckt. Er schützt vor Sonneneinstrahlungen und
schmilzt demzufolge, eine Stufe verursachend, weniger schnell als der andere Teil.

Die *Pasterze* ist 9,4 km lang und bis zu 1,2 km breit. Sie umfaßt eine Fläche von
19 qkm. Bei den Burgställen ist sie ungefähr 300 m dick und im Jahr geht sie zwischen
zehn und zwanzig Meter zurück. Seit 1856 wird sie so immer kleiner. Damals war der
Gletscher 11 km lang und 27 qkm groß. Auch sein Volumen verringerte sich seitdem
um etwa die Hälfte. Am gegenüberliegenden Hang kann man 200 m über dem Rand des
Eises eine von Graswuchs gezeichnete Linie über Schutt sehen, bis zu der die Pasterze
damals reichte. Diese Schrumpfung entstand, nachdem sich zwei Seitengletscher
abtrennten und verselbständigten.

Am Geschoß-Parkplatz ›Freiwandeck‹ fährt ein Schrägaufzug 247 m lang zum
Gletscherufer hinab. Mit festen Schuhen und gebotener Vorsicht kann man den
Gletscher hier sogar betreten und vielleicht die Struktur des Eises studieren. Gletscher-
körner sind manchmal faustgroß. Sie setzen sich aus Firnkorn und diese wiederum aus
Schneekristallen zusammen, die durch Druck und Feuchtigkeit gefrieren, auftauen und
wieder gefrieren.

Außerdem führt ein abgesicherter und leicht begehbarer Promenadenweg 150 m über
der Pasterze zunächst durch 2 kurze Stollen zur Hoffmannshütte und den Wasserfall-
winkel. Überall bemerkt man grünes Gestein, einen Chloritschiefer. Aus ihm besteht
die Freiwand und aus einem ähnlichen auch Großglockner und Großglocknerwand.
Sein Gefüge erzeugt deren steile Formen und scharfen Grate. Der Boden um die Hütte
besteht seltsamerweise jedoch nicht aus Stein, sondern aus einer meist ein bis drei Meter
dicken Feinsandschicht, einem Löß. Nordweststürme nahmen Staub und Sand am
Wasserfallwinkelkar auf und lagerten ihn hier wieder ab. Solche Erde ist selbstverständlich ungewöhnlich fruchtbar und so wachsen dort sogar Pflanzen, besonders in der
›Gamsgrube‹, einem Kar oberhalb des Hauses, die nur in Sibirien vorkommen. Die
›Gamsgrube‹ ist durch ihre merkwürdige Flora bei den Botanikern berühmt. Sie ist
deswegen auch umzäunt. Aber auch das Betreten der übrigen Hänge am Weg und erst
recht das Abreißen von Blüten, insbesondere des Edelweißes, ist streng verboten. Für
Naturschänder wurde der Weg ja auch nicht geschaffen. Er wurde für Naturfreunde

geschaffen, weil er ständig den Blick auf die zwölf Dreitausender des Glocknerkammes über der Pasterze ermöglicht.

Solche Wanderungen sind bei entsprechender Geduld auch für das Beobachten von Tieren geeignet. Murmeltiere, Alpendohlen, Kolkraben bemerkt man oft, manchmal auch in Karen äsende Gemsen. Über der Waldgrenze lebt das Schneehuhn, in seiner Art gefährdet wie Birk- und Auerhahn tiefer im Wald. Glück und Aufmerksamkeit ist für die Beobachtung des Steinadlers vonnöten und noch mehr für die von Gänsegeiern. Diese Vögel kommen alljährlich aus den Balkanländern bis in die Tauern und ernähren sich dort vom Aas erfrorener und durch Lawinen getöteter Tiere.

Entlang der Hochalpenstraße und ihrer Abzweigung, der Gletscherstraße, gibt es während der Saison zahlreiche Übernachtungsmöglichkeiten. Sie sind meist auch Ausgangspunkte für hochalpine Skitouren (noch im Juni) – neuerdings stellt eine Tunnelbahn in einem ehemaligen Wasserstollen die Verbindung zwischen Großglocknerstraße und dem Skigebiet Fleißalm her – und Bergtouren. Bergerfahrung ist jedoch notwendig. Statt Geschick und Kräfte leichtsinnig zu überschätzen, vertrauen sich Fremde besser den Führern der Bergsteigerschule in Heiligenblut an (Ausrüstungsverleih). Ein Abenteuer wird ein solches Unternehmen allemal. Es ist freilich nicht mehr mit der Erstbesteigung etwa des Großglockners zu vergleichen. Diese Erstbesteigung gelang dem Generalvikar Sigismund von Hohenwart aus Klagenfurt und vier Einheimischen am 25. 8. 1799. Schon ein Jahr darauf stiegen Hohenwart, diesmal mit seinem Vorgesetzten, dem Fürstbischof von Gurk, Graf Salm und 61 anderen Männern, darunter mehrere Naturforscher, abermals auf. Damit begann im Großglocknergebiet der Alpinismus.

Auskünfte über Bergführungen erteilt der Verkehrsverein in Heiligenblut. Er vermittelt auch eine andere Attraktion: Goldwaschen auf den Spuren der früheren Knappen. Illegales Goldsuchen ist in Österreich laut Gesetz zwar untersagt, doch die Mitgliedschaft in der ›Gold- und Silberschürf-Gemeinschaft‹ Heiligenblut berechtigt dazu. Wer also sein Glück versuchen will, tritt ein. Spaten, Sieb, Kübel und Waschschüssel werden entliehen. Mitzubringen sind nur eine gute Bergsteigerausrüstung, Regenschutz, Gummistiefel und viel Geduld. Eine schriftliche Anleitung liefert die Gemeinschaft oder sie veranstaltet auch regelrechte Exkursionen (mindestens 5 Personen). Ort des Waschens ist gemeinhin das kleine Fleißtal, aus dem ein rühriger und ausdauernder Mann als bisher größte Ausbeute an einem Tag 2,72 Gramm des 21-karätigen, begehrten Metalls mit nach Hause nahm.

Die Großglockner-Hochalpenstraße erreicht am *Hochtor* (2575 m) den Kamm der Tauern und zugleich auch die Landesgrenze Kärnten – Salzburg. Ob man den Urlaub beginnt oder ihn beendet, keiner sollte eines der erstaunlichsten Panoramen der Welt versäumen. Vom Parkplatz ›Fuscher Törl‹ auf der Salzburger Seite der Tauern steigt eine 1,7 km lange Straße zur Edelweißspitze an und von deren Aussichtsturm sieht man zwölf Gebirgsgruppen mit siebenunddreißig Dreitausendern zwischen Großglockner und Dachstein, vorausgesetzt das Wetter erlaubt es. Das gilt übrigens für alle hier genannten Ausblicke. Gute Witterung ist in den Hohen Tauern keineswegs alltäglich.

Im Gailtal und Oberen Drautal

Das *Gailtal* endet in Villach mit der Mündung des Flußes in die Drau. So wie sich die beiden Gewässer hier vereinen, so zweigt das eine Tal mehr als 100 km entfernt bei Sillian in Osttirol vom anderen ab. Von der Kärntner Grenze an heißt es jedoch zuerst Lesachtal. Die Gail kerbt es schmal und tief ein, überwindet eine Geländestufe und drängt bei *Kötschach-Mauthen* durch eine Schlucht in den nun Gailtal benannten 2 km breiten Abschnitt ihres Laufes. Gletscher und Fluß haben das Tal fast geradlinig von Westen nach Osten ausgerichtet. Südlich begrenzen es die *Karnischen Alpen*. Sie sind im Grunde ein altes, schon im Erdaltertum vor 350–400 Millionen Jahren, 200 Millionen Jahren vor den eigentlichen Alpen, aufgefaltetes Gebirge, das durch die spätere Faltung ebenfalls beeinflußt wurde. Die nördlich das Tal abgrenzenden *Gailtaler Alpen* dürften, beurteilt nach ihrem Kalk-Dolomit- und Sandgestein, dagegen um etwa 120 Millionen Jahre jünger sein. Da Lesachtal und Gailtal von besonderem geologischen Interesse sind, wurde dort ein *Geo-Trail Karnische Alpen* eingerichtet, zu dem auch ein Führer mit zahlreichen Fotos und Karten zu den Naturpfaden, Geopunkten und Panoramen herausgegeben wurde (»Vom Urknall zum Gailtal – 500 Jahre Erdgeschichte in der Karnischen Region«). Er ist sehr empfehlenswert, die örtlichen Fremdenverkehrsämter erteilen Ihnen Auskunft.

Wenn man Klagenfurt als Zentrum nimmt, an das die Regionen konzentrisch ansetzen, folgt man von Villach der Gail flußaufwärts. Die Straße verbindet Villach über Tarvisio mit Udine, Triest und Venedig und ist Handels- und jetzt Touristenweg.

Vor **Arnoldstein** zweigt außerdem die Straße über den Wurzenpaß nach Ljubljana und an die Adria ab. Ihn überragt eine Ruine, ehemals Kloster und Burg zugleich. Sie war 1014 Besitz des Bistums Bamberg. Die Eppensteiner Herzöge von Kärnten regierten 1062 von hier aus das Land, und Bischof Otto gründete 1106 die Abtei. Joseph II. hob sie 1782 auf. Sie verwahrloste und brannte 1883 völlig nieder.

Agoritschach, eine Streusiedlung oberhalb der Ruine, ist eine Insel slawischer Protestanten, und hier tauchte 1960 eine jener seltenen slawischen Bibeln auf (jetzt im evangelischen Museum Fresach), die 1584 in nur zweitausend Exemplaren gedruckt und mit deren Übersetzung die Schriftsprache des Slowenischen formuliert wurde.

In der kleinen Dorfkirche des benachbarten *Seltschach* befinden sich zwei wertvolle spätgotische Flügelaltäre aus der Werkstatt des Villacher Meisters Heinrich.

Doch zurück auf die große Straße. Nahe des Grenzüberganges *Thörl-Maglern* steht im Grund des Gailitzbaches, von den meisten Reisenden unbemerkt, die *Pfarrkirche St. Andreas*. Türken zerstörten sie 1476 oder 1478. Langhaus und Turm wurden 1503 neu errichtet. Der Chor aber blieb erhalten und ihn malte Thomas von Villach 1475 und 1480 aus. Mit hoher Wahrscheinlichkeit lebte seine Familie in Thörl, so daß er hier um 1445 geboren sein müßte. Ansonsten ist das Leben des letzten und schon wegen der Zahl seiner hinterlassenen Werke überragenden Tafel- und Wandmalers der österreichischen Gotik wenig erforscht. Der Kanzler des Patriarchen von Aquileja, Santonio, nannte Thomas in seinem Tagebuch von 1485 ›Bürger von Villach‹ und bezeichnete ihn damals schon unabhängig von der Menge seiner Arbeiten als ›ausgezeichneten‹ und ›einzigartigen‹ Maler. Er sei klein, freundlich, rechtlichen Sinnes und arm, da er Arbeiten oft umsonst ausführe und auch die nicht gerichtlich belange, die ihre Schulden nicht bezahlten. Der Künstler scheint um die Jahreswende 1530/31 gestorben zu sein.

Die Fresken (Abb. 58, 59) von **Thörl** sind ein Hauptwerk von ihm, ein Werk, daß eine Fülle von Einzelbildern mit unzähligen Einzelheiten voller ikonographischer Bedeutungen in einer bewunderungswürdigen Ordnung bändigt und sie gewissermaßen ohne viel körperhafte Wirkung, aber bewegt durch den weichen Schwung der Konturen in die Mauern einbindet, statt deren wesenseigene Flächen durch tiefenräumliche Illusionen allzusehr zu verletzen. In Pastelltönen gehaltene Farben unterstreichen diesen Eindruck. Die linke Wand des Westjoches bestimmt das vielfach symbolträchtige Gemälde einer Kreuzigung. Am unteren Arm des Kreuzes bricht eine Faust mit dem Hammer das Tor zum Teufelspfuhl auf und Christus drängt in die Vorhölle. Gegenüber bekämpfen Engel böse Mächte. Am oberen Ende öffnet ein Arm mit einem Schlüssel das Tor zum Himmel. Dort wacht, umgeben von neun Engelschören, Erzengel Michael mit Schwert und Seelenwaage. Über ihm thront Gottvater in der Glorie. Am linken Kreuzarm setzt eine Hand der durch ein Kirchenmodell gekennzeichneten Ecclesia die Krone aufs Haupt. Daneben pflückt Maria eine Frucht vom Lebensbaum. Am rechten Balken durchbohrt eine ebensolche Hand mit einem Schwert die blinde, auf einem Esel reitende Synagoge und dahinter verführt die Schlange die nackte Eva.

Dieses Mittelfeld umrahmt ein Zyklus von Passionsszenen. Er beginnt links unten mit dem Einzug in Jerusalem und setzt sich in einer Reihe darüber fort und endet mit der Himmelfahrt Christi und der Ausgießung des Heiligen Geistes im Streifen links von der Mitte. Deutlicher konnte den damals des Lesens unkundigen Gläubigen der Sinn des Leidens und Kreuztodes Christi nicht begreiflich gemacht werden. Thomas hat sein Werk auf einem Täfelchen neben dem ›Einzug in Jerusalem‹ signiert.

Im rechts anschließenden Abschnitt der Wand malte Thomas die Scheinarchitektur eines grazilen Sakramentshauses und in dessen ersten Stock den Heiland mit Ähre und Weinrebe und Maria und Johannes und oben das Abendmahl und den Christusknaben mit Weltkugel und außerdem die Verkündigung, Abraham und Melchisedek, die Opferung Isaaks, die Mannalese, das Quellwunder des Moses, die Speisung Elias', Daniel in der Löwengrube und nur noch schwer erkennbar in der unteren Zone die Schutzmantelmadonna und Gregormesse. Die Ostseite des Triumphbogens bedeckt das ›Jüngste Gericht‹ und schließlich bemalte der Künstler auch noch das Gewölbe mit den Kirchenvätern, den Symbolen der Elemente, der Madonna mit Kind, mit der Veronika mit dem Schweißtuch und musizierenden Engeln.

Die Malereien im Langhaus stammen dagegen von anderer Hand und sind jünger. Die Altäre wurden im 17. Jahrhundert geschaffen und die schöne Rosenkranzmaria mit Gottvater und Engel vor dem Triumphbogen auch.

Um nun ins Gailtal zu gelangen, muß man abermals zurückfahren. Man erreicht es bei Hohenthurn und folgt der Straße nach **Feistritz an der Gail,** einem Dorf mit wohlerhaltenen, alten Bauernhöfen. Hoch oben auf einem Felsen liegt die *Pfarrkirche,* eine ehemalige Wehrkirche mit Fresken von Friedrich von Villach und mit einem Friedhof, dessen Grabsteine deutsch und slowenisch beschriftet sind.

In Feistritz wird noch der alte Brauch des Kufenstechens gepflegt. Am Pfingstmontag reiten Burschen auf Pferden an einer auf einem Pfahl befestigten Tonne vorbei und zerschlagen sie mit einer Eisenkeule. Wer das letzte Stück herunterschlägt gewinnt. Zum Schluß hält ein Mann die abgefallenen Reifen des Faßes in die Höhe und die Reiter versuchen auch noch diese zu fangen. Der von den heiratsfähigen Mädchen des Dorfes angeschaffte und auf dem Pfosten angebrachte Blumenkranz der Maibraut gebührt dem Sieger. Erinnert der Brauch an die öffentliche Hinrichtung eines türkischen Hauptmannes, dessen Horden 1478 im Gailtal schrecklich hausten? In Wahrheit ist er aber sicherlich ein Relikt ritterlicher Kampfspiele, wie sie früher in Kärnten und auch andernorts abgehalten wurden.

Von Feistritz aus vom rechten auf das linke Ufer der Gail wechselnd kommt man in die beiden miteinander verbundenen Dörfer **Nötsch** und **Saak** am Fuß des Dobratsch. Während des fürchterlichen Erdbebens im Januar 1348, daß ja auch Villach beträchtlich schadete, rutschte der Südhang des Massivs ab, staute den Fluß zu einem kilometerlangen See auf und vernichtete zehn Dörfer. Erst allmählich konnte er sich wieder durch den Schuttriegel winden. Feuchtland blieb zurück.

Diese Katastrophe zerstörte auch eine 1253 erwähnte ›Lewenburch‹ über Saak. *Schloß Wasserleonburg* auf der Terrasse am Dobratsch folgte ihr nach. Trakte aus verschiedenen Zeiten bilden den jetzigen Baukomplex. In seinen Gemächern verbrachte 1937 der Herzog von Windsor und Mrs. Simson ihre Flitterwochen.

Am Fuß des Schloßabhanges schuf an der Wand des Langhauses der spätgotischen, barock eingerichteten *Pfarrkirche St. Kanzian* Anton Kolig 1924 ein außergewöhnliches Werk. Der Expressionist nahm auf seine Weise die Idee des mittelalterlichen Außenfreskos wieder auf. Allerdings malte er nicht Christophorus, sondern in starken Farben die von stehenden Engeln umgebene Muttergottes und den Gekreuzigten. Das Bild wird leider wenig beachtet (daneben Rudimente eines spätgotischen Christophorusbildes). Dabei ist es eine für die österreichische Kunstgeschichte jener Zeit wichtige Arbeit. Die ›Malerschule von Nötsch‹, der neben Kolig auch Franz Wiegele und Sebastian Isepp angehörten, war damals international bekannt und nicht wenige Künstler Österreichs beriefen sich lange Zeit auf sie. Kolig und Wiegele liegen auf dem Friedhof, der um die Kirche angelegt wurde, begraben.

Bei Nötsch mündet der Bach gleichen Namens in die Gail. Er führt meist trübes Wasser und das rührt vom Blei- und Zinkbergbau in **Bleiberg** her. Entlang dem Bach geht der Weg in dieses alte Revier. In ihm wurde bereits 1333 abgebaut und nach mancherlei Unterbrechungen des Betriebes wird auch heute aus zwei bis 850 m abgetäuften Schächten gefördert. Die Bleiberger Bergwerks-Union verarbeitet die Erze in Arnoldstein selbst weiter. Fördertürme, Aufbereitungsanlagen und Halden, dazwischen eine gotische Kirche, aber auch Thermalwasser gespeiste Bäder – Bleiberg ist auch beliebtes Heilbad – bilden eine ganz eigene Atmosphäre. Diesen Abstecher kann man zur Fahrt um den Dobratsch nach Villach zurück benutzen.

Im Gailtal sollte man jedoch fortan auf die alleinige Benutzung der Landstraße verzichten und nach Lust und Laune kreuz und quer fahren. Schöne Auenlandschaften, reizvolle Dörfer und in ihnen manches Kunstwerk lohnen solche gemächlichen Auto-, wenn schon nicht Fußwanderungen. Da ist zum Beispiel **St. Stefan**. Seine *Kirche* soll der Überlieferung nach schon um 800 erbaut worden sein. Jetzt präsentiert sie sich jedoch gotisch. Vielleicht stammt der große Steinkopf im Giebelfeld der Westwand vom Vorgängerbau. Beachtenswert sind zwei in den barocken Hochaltar eingepaßte Reliefs von einem gotischen Flügelaltar, die die Steinigung des heiligen Stephan und die Marter des heiligen Lorenz auf einem glühenden Rost drastisch schildern. Das *Schloß* neben der Kirche wurde von der in Kärnten angesehenen Familie der Grafen Aichelburg 1552 erbaut, ist aber nach Bränden zuletzt 1965 vollständig restauriert. Südlich der Kirche steht ein selten gut erhaltener *Bildstock* von 1525 (siehe vordere Umschlagklappe). Die Fresken in den Nischen – Maria auf der Mondsichel, Christophorus, Kreuzigung und Steinigung des Stephan und die kleineren Bilder in den Zwickeln über den Bögen werden dem Schöpfer des Millstätter Weltgerichtsbildes, Urban Görtschacher, zugeschrieben.

Da sind *Vorderberg* mit einem spätgotischen Flügelaltar in der Pfarrkirche und Wandmalereien in der Filialkirche ›Maria im Graben‹ oder *Görtschach, Latschach, Paßriach* oder *Dellach* mit je einem gotischen Gotteshaus.

In ›St. Gertraud‹ zu *Mellweg* stellte ein Tiroler Wanderkünstler in einem Fresko die ›Anbetung der drei Könige‹ ein wenig naiv, aber stilistisch wie ikonographisch interessant dar. Einer der Fürsten küßt den Fuß des Kindes.

Da ist der **Pressegger See** (an seinem Nordufer eine gotische Kapelle), in einer durch eine Mure verursachten Mulde entstanden und hauptsächlich von Quellen in seinem Grund gespeist. Diese Zuflüsse sorgen für besonders reines und gesundes Wasser. In der Fremdenverkehrssaison ist er ein beliebtes Badebecken. Da er aber einmal doppelt so groß wie heute war, umgeben ihn im Westen und Osten große Schilfmoore und die sind wegen ihrer Pflanzen und Tiere geschützt. Die idyllische Auenlandschaft bleibt also auch dort erhalten.

In *Untervellach* gibt es wieder eine gotische Kirche mit Wandmalereien. Da ist aber auch **Egg** näher am Fluß. Auf *Schloß Khünegg* saßen die Herren von Khünburg, von denen Sigmund salzburgischer Pfleger in Gmünd war. Santonio, der Thomas von Villach lobende Kanzler des Patriarchen von Aquileja, nächtigte auf seiner Reise 1485 auch in dieser Burg und beschrieb sie als wohlausgestattet mit ›schönsten Wohnräumen‹ und nach ›deutscher Art‹ mit kostbaren Hölzern ausgetäfelten Zimmern. Die Khünburger waren demnach offenbar reich und die Patrone der *Kirche zum Heiligen Michael* nebenan. Jedenfalls gibt es in diesem Gotteshaus eine Khünburg-Kapelle. In zwei Maßwerkfenstern sind gute gotische Glasbilder von 1490 erhalten; im dreiteiligen die Kreuzigung, Maria, Johannes und Barbara und kniend die Stifter Gandolf von Khünburg und seine Frau – und im zweiteiligen Bartholomäus und Judas Thaddäus, gestiftet vom Sohn der beiden und seiner Gemahlin. Auf dem Altar als wunderschöne Frau ›Maria Königin‹ mit goldener Krone und Szepter und bekröntem Kind. Wappengrabsteine des Gandolf und Christoph Khünburg. Eine gute Konsolfigur des Heiligen Martin an der Wand. Vor allem aber der Betstuhl der Khünburger; auf seinem Aufsatz gemalt die ganze Familie des Gandolf, groß und klein in einer Halle kniend. Weiter das ergebene Lächeln einer Maria in wieder einer anderen Kapelle während ihrer Krönung durch Gottvater und Jesus (1648)! Und schließlich auch noch das Antlitz Christi, ein Freskofragment neben einem Wandbild der Geburt an der Langhauswand. Die Augen Jesu blicken den Betrachter so eindringlich an als trieben sie Gewissenserforschung und man verwundert sich, daß ein Maler des 15. Jh. eines solchen Ausdrucks fähig war. Aus der gleichen Zeit (1488) stammen Fresken (Verkündigung, Johannes Evangelista) an der Außenwand des Chores. Ein Fensterausbruch zerstörte leider die Komposition.

Ebenfalls mit Schloß und Kirche folgt dem Dorf Egg im Talboden zum Beispiel auch der Ort **Möderndorf**. Das *Schloß*, heute das Gailtaler Heimatmuseum, wechselte seine Besitzer oft. Irgendwann gehörte es auch den Fürsten Porcia aus Spittal. Die kleine gotische *Kirche* schmückt an der Südwand ein wieder Görtschacher zugeschriebenes Christophorus-Fresko mit einem Renaissanceformen-Rahmen. Auch zwei Altäre im Inneren: einmal die Schnitzfigur des heiligen Martin aus einer St. Veiter Werkstatt um 1510 und zum andern die Gruppe der Heiligen Familie mit Heiligem Geist und Gottvater aus der 1. Hälfte des 18. Jahrhunderts. Die auf die Flügel der Altäre gemalten Heiligen und Szenen von großer Qualität zeigen trotz ihres noch gotischen Stils schon eine Hinwendung zur Renaissance. Die Anregungen dazu kamen aus dem Kunstzentrum Augsburg. Als sie am Anfang des 16. Jahrhunderts geschaffen wurden, florierte der Handel zwischen dieser Stadt nach Venedig über Kärnten. In Villach unterhielten die Fugger nicht nur ein Kontor, sie beuteten auch die Bleiberger Gruben aus.

Von Möderndorf ist man gleich in **Hermagor** (Farbt. 16), der Behörden- und Einkaufsstadt des Bezirks. Sie gehörte im 13. Jahrhundert dem Herzog Meinhard von Görz und im 14. Jahrhundert Friedrich II. von Ortenburg. Türken brandschatzten und Ungarn plünderten sie. Unter Napoleon beherbergte sie die Verwaltung eines Kantons. Dann brannte sie mehrmals ab, so daß ein historischer Stadtkern heute fehlt.

Die *Pfarrkirche St. Hermagor und Fortunat* war zu Zeiten Karls des Großen eine Urpfarre der Diözese Aquileja. Nur, sie mußte nach dem Türkeneinfall erneuert und nach einem Brand 1904 renoviert werden. Mittelschiff und Seitenschiffe des Langhauses sind gleich hoch, die Seitenschiffe halb so breit wie das Mittelschiff. Dagegen ist der Chor wesentlich niedriger. Er blieb bei den Zerstörungen vom Vorgängerbau übrig. An ihn schließt eine Kapelle an. Ein Altar trägt dort eine Maria mit Kind aus einer Villacher Werkstatt. Langhaus-, Chor- und Kapellengewölbe zieren Malereien, die Wände des Chores außerdem – jetzt fragmentarisch – Szenen einer Heiligenlegende und einen Apostelzyklus. Den verzückten Hermagor und die Marienkrönung zwischen den gewundenen Säulen des spätbarocken Hochaltars schnitzte der Osttiroler Johann Paterer 1749.

Bei Hermagor münden zwei Bäche in die Gail. In ihren Gräben gehen die Straßen zu Pässen hinauf, die einmal in nördlicher Richtung über die *Gailtaler* und zum anderen Mal in südlicher Richtung über die *Karnischen Alpen* führen. Die eine erreicht über Weißbriach im Gitschtal (spätgotische Pfarrkirche mit Wandmalereien aus dem 17. Jh.) bei Greifenburg die Drau. Hinter dem über 1000 m hohen Kreuzbergsattel passiert sie erst den **Weißensee,** den höchsten Badesee Kärntens. Er entzückt durch seine zwischen Türkis und Tannengrün spielende Farbe. Lichtbrechungen und die Reflexion der im Wasser treibenden, winzigen Kalkpartikel rufen sie hervor. Aus Kalken, Dolomit und Mergel bestehen nämlich die Berge der Umgebung. Zwischen ihnen schürfte in der Eiszeit eine aus dem Drautal überfließende Gletscherzunge eine schon vorhandene Talung gründlicher aus. Der Weißensee mißt immerhin eine Tiefe von 99 m. Winde mischen ihn aber kaum durch. Langandauernder Sonnenschein kann seine Oberfläche deshalb im Mittel auf 22 Grad Celsius erwärmen und diese Temperatur hält meist bis Ende September.

Sein Nordufer ist nur bis knapp zur Hälfte der Seelänge, bis *Neusach,* befahrbar. Zum gegenüberliegenden *Naggl* überspannt schon seit 800 Jahren eine Brücke seine engste Stelle bei *Techendorf.* Am fjordähnlichen Ostteil kann man sich also nur zu Fuß fortbewegen bis der Steig an der Spitze des Sees wieder auf eine von Paternion an der Drau heraufführende und endende schmale Straße trifft. Bei solchen Verkehrsverhältnissen muß man die unberührte Natur mit vielen Wandermöglichkeiten nicht extra erwähnen. Erwähnt werden soll aber der Fischreichtum des Gewässers. Im See tummeln sich Hechte, Zander, Karpfen, Schleie und Regenbogenforellen. Viele Urlauber wissen es (Angelkarten beim Verkehrsamt und im Reisebüro Koch in Techendorf).

Die andere Straße erreicht beim *Naßfeld* in 1530 m Höhe zwischen dem Gartnerkofel (2195 m), dem Roßkofel (2240 m) und dem Garnitzen (1950 m) die österreichisch-italienische Grenze und nach vielen Kurven in ungefähr 10 km Pontebba. Auf dieser Sonnenalpe entstand ein von Wintersportlern bis ins Frühjahr hinein gern besuchtes Skizentrum und eine geschätzte Hotellerie (Hallenbäder, Saunen und Tennisplätze).

Hier gedeiht auch eine rätselhafte Pflanze – die ›Wulfenia caranthiaca‹, nach dem Botaniker Wulfen benannt, der sie 1779 zum ersten Mal beschrieb. Zu deutsch heißt sie Kuhtritt. Im Frühsommer leuchten ihre blauen Blütentrauben aus hellgrünen Blättern auf den Almwiesen am Gartnerkofel. Sie kommt nur noch in Montenegro, Albanien, im Taurisgebirge, in Afghanistan und im westlichen Himalaja-Gebiet vor. Man weiß, daß sie in der Zwischeneiszeit des Tertiär nach Kärnten einwanderte. Aber es ist unerklärlich, warum sie nur in diesem Teil der Karnischen Alpen die Jahrtausende überstand.

Doch bevor man aus der Gailtalsohle zum Plateau des Naßfeldes hinauffährt, liegt beim Weiler Schlanitzen einsam im Wald *St. Leonhard.* Das Schiff dieses kleinen, spätgotischen Saales schließt nach oben eine flache, von einer Säule gestützte Holzdecke ab. Sie wurde 1485 mittels Schablonen mit Blumen, Fabel – und anderen Tieren und vielförmigen Ornamenten eigenartig bemalt. Um dieselbe Zeit weihte man auch den rechten Flügelaltar, dessen heiliger Leonhard aus der sogenannten älteren Villacher Werkstatt des Lukas Tausmann stammt. Der linke Altar mit dem in bäuerlicher Manier gemalten Leonhard, Hochaltar und Kanzel dagegen im 17. Jahrhundert, wie der lebensgroße Schmerzensmann im Chor und ein wenig jünger die Kreuzigungsgruppe im Langhaus.

Der Gail weiter nach Westen folgend trifft man immerfort wieder auf Kunstwerke von Rang. In *Rattendorfs* spätgotischer Kirche befinden sich wieder Wandmalereien und ein guter barocker Altar. **Kirchbach** zeichnen wertvolle bemalte Friedhofsportale aus. Im Bogenfeld des südöstlichen (1490) teilt Sankt Martin zu Pferde seinen Mantel mit dem Schwert für zwei Bettler. Zwei Engel setzen ihm die Bischofsmütze auf. Je zwei Heilige rahmen das Bild rechts und links ein. Am anderen Tor die ›Beweinung‹ Christi‹ (17. Jahrhundert). Auch das Deckengemälde im Langhaus der *Kirche* (barock) zeigt noch einmal des Motiv des Martin. Der Krüppel, dem er hilft, dick, halbnackt und verwundet, ist so realistisch gemalt, daß man sich das Modell vorstellen kann. Einem schönen Mädchen in natura gleicht die Maria auf dem Fresko ihrer Krönung im Chor. Und der goldene, barocke Hochaltar und die Kanzel sind nicht weniger beachtlich.

In **Reisach** begegnet man gleich zwei Bildstöcken mit gotisch bemalten Nischen. In dem am Westrand des Dorfes ist eine römerzeitliche Grabplatte für einen Zöllner vermauert. An der spätklassizistischen Pfarrkirche vorbei führt eine schmale Straße zum schon 150 Jahre alten ›Bauernbad‹ am Reißkofel, heute ein beliebtes, modernes Kneippkurhaus. Oberhalb beginnen die Wände und Schrofen des mit 2371 m höchsten Gipfels der Gailtaler Alpen.

Grafendorf verfügt über eine romanisch-gotische *Pfarrkirche* mit barocken Zubauten (spitzbogiges Westportal mit eisenbeschlagener Tür, spätgotisches Weihwasserbekken, im Chor Wandmalereien ›Jüngstes Gericht‹ – ›Michael‹ – ›Maria mit Kind‹, 1514) und außerhalb des Dorfes abgeschieden hochoben am Weiserberg über die in ihrem romanischen Charakter fast unberührtes Filiale *St. Helena.* Nur ein Christophorus an ihrer Südwand und neben Rundbogenfenstern eingebrochene Spitzbogenfenster und der angefügte Turm sind gotisch. Er aber verdeckt schon einen romanischen Christophorus (in Sakristei und Turmkammer zu sehen). Ihn ergänzen geometrische Muster an der Apsis und noch überzeugender dokumentieren die Fresken im Inneren die Malerei der romanischen Epoche. Sie zählen neben denen in der Maria Wörther Winterkirche und denen der Deutschordenskirche in Friesach zu den gewichtigsten ihrer Zeit (Ende 12. Jh.). Auch der Altartisch – auf ihm eine barocke Kreuzigungsgruppe – ist noch romanisch. Die Statuen auf dem Seitenaltar stammen dagegen aus dem 16. und 17. Jahrhundert.

In der Einöde erstaunt eine solche Kirche. Doch sie liegt inmitten einer vor- und frühgeschichtlichen Wallanlage und das besagt, daß die Gegend schon sehr früh Bedeutung erlangte. Außerdem lag *Gurina* in der Nähe, seit der Hallstattzeit bis in Spätantike und Frühmittelalter besiedelt. In der Latène-Zeit war es wahrscheinlich der Hauptort eines keltischen Stammes, der Zinkerze am Jauken abbaute. Es gab dort einen Römertempel. Urgeschichtliche Funde aus Gurina verwahrt das Landesmuseum in Klagenfurt. Es stellt auch eine Felsinschrift von der gegenüberliegenden Würmlacher Alm aus. Veneter verfaßten sie in einem auf dem Altetruskischen fußenden Alphabet. Das Volk der Veneter wurde im 3. Jahrhundert vor Chr. von Oberitalien über die Paßpfade vordringend im oberen Gailtal seßhaft.

Auf Bergbau verweist auch der Name des Dorfes **St. Daniel.** In der Umgebung heißt ein Berg ›Goldberg‹ und eine Ruine ›Goldenstein‹, und auch Sagen erzählen vom gelben Metall in der Gegend. St. Daniel war der Schutzpatron der Knappen vor allem im Gebiet des Patriarchats Aquileja, und da die gleichnamige *Kirche* um 1040 Urpfarre der Diözese für das obere Gail- und das damals noch unwegsame Lesachtal war, dürfen hier Bergwerke im Mittelalter als gesichert gelten. Die alte Anlage zerstörten zwar wieder einmal die Türken. Aber die jetzige, spätgotische hat ein besonders aufwendiges Netzrippengewölbe mit Rankenmalereien, und Urban Görtschacher malte auf die Süd- wand ein jetzt leider ziemlich beschädigtes Weltgericht.

Mit dem Bergbau in Verbindung bringen muß man auch **Kötschach-Mauthen.** Knapp an Mauthen vorbei verlief der Handelsweg der Veneter von der Bergbausiedlung Gurina über den Plöckenpaß nach Norditalien. Später ließen die römischen Kaiser Valentinian und Valens die Straße ausbauen. Die Straßenstation Loncium entstand. Aus ihr wurde, 1276 zum ersten Mal genannt, die einträgliche Mautstelle und 1377 der dadurch ebenso lohnende Markt Mauthen. Was Wunder, daß *St. Markus,* in der Roma- nik begonnen, immer wieder bis zum Barock verändert, geschmückt und eingerichtet wurde. Die Fresken an den Außenwänden beschäftigten im gleichen Jahr 1514 sogar zwei Künstler. Der ›modernere‹ malte den ›Schmerzensmann‹ und den ›Marientod‹ mit Renaissance-Arkaden und versuchte Körperlichkeit der Personen und Raum naturali- stisch darzubieten. Der andere dagegen faßte die anderen Szenen, die ›Anna Selbdritt‹, den ›Erzengel Michael‹ und den ›Christophorus mit Stiftern und Landschaft‹ noch ›abstrakt‹ gotisch auf. Die Ranken und Blüten im Langhausgewölbe stammen aus der gleichen Zeit wie die Außenfresken. Die Schutzmantelmadonna an der inneren Südwand ist dagegen mit 1641 datiert und dürfte mit der anderen Barock- und Rokokoausstattung gefertigt worden sein.

Inzwischen wuchs Mauthen mit Kötschach zusammen, nicht zuletzt durch die Ent- wicklung des Tourismus in den letzten Jahrzehnten (im Rathaus heeres- und zeitgeschicht- liches Museum). Wie Mauthen für den Plöckenpaß nach Italien ist Kötschach der Fußort für den Gailbergsattel ins Drautal. In Urkunden erwähnt wurde es jedoch erst 1308. Kötschach ist also jünger als Mauthen und seine *Pfarrkirche Unsere Liebe Frau* ist es

Kötschach mit Polinigg, um 1890 (Hugo Charlemont)

ursprünglich ebenfalls. Wieder die Türken brandschatzten 1478 eine schon gotische Vorgängerin. Ihre Ruine verwandte Barthelmä Firtaler aus Innichen im Pustertal 1518–1527 für den jetzigen, neuen Bau, weswegen das eine Seitenschiff nur ein Achtel der Mittelschiffbreite mißt, während das andere halb so breit wie jenes ist. Da alle Schiffe gleich hoch sind und der Chor nur wenig niedriger, entsteht trotzdem der Eindruck eines weiten, lichten Raumes. Aber sein eigentlicher Zauber geht von den Gewölben aus. Firtaler überzog sie mit einem wundervollen Geflecht aus farbigen Netz- und Sternrippen. Sie wachsen wie die Äste von Bäumen erst eng zusammengebunden mit steinernen Seilen aus den Säulenvorlagen der Pfeiler, ranken empor, verschlingen sich in immer neuen Variationen zu einem Laubendach und an den Enden der Zweige blühen Lilien und Rosen und reifen Früchte wie Eicheln und Weintrauben. Das ist nicht mehr nur Dekoration, das ist aus schöpferischer Phantasie geborene, große Kunst ohne Beispiel in Österreich und Deutschland. An den Diensten beginnen die Rippen in Stein und setzen sich dann in Stuckmarmor in den Gewölben fort. Bedauerlicherweise schlug man sie im Chor ab, als Michael Strickner 1750/51 sein Gewölbe ausmalte. An der nördlichen Chorschrägwand deckten Restauratoren Fresken von 1499 auf. Der Chor war also nicht zerstört. Firtaler gliederte ihn vollständig in seine Architektur ein. Der Hochaltar (1842) ist ein gutes Exempel für die Kirchenkunst des vergangenen Jahrhunderts, die anderen dagegen solche des heiteren Rokoko (um 1750). Ein bißchen grotesk mutet heute der Altar an der Triumphbogenwand an. Aber in der Zeit seiner Entstehung (1780) liebte man solche deutlichen Veranschaulichungen von Wundern, wie es hier in einer Vitrine durch Wachsfiguren dargestellt wird. Der heilige Peregrin sitzt vor dem Kreuz und ein Engel wickelt ihm eine Binde vom Schenkel, da ihn Gebete von einem Beinleiden befreiten.

Am Außenbau, das Servitenkloster von 1715 grenzt an, beachte man das reichprofilierte Kielbogen-Portal in dem rippengewölbten Untergeschoß des mächtigen Turmes, das ebenfalls von Strickner geschaffene Sonnenuhr-Fresko und das wieder gut profilierte Südportal. Um die Kirche fällt außerdem der erhöhte Erdboden auf. Ihn schwemmten gewaltige Unwetter von den Gailtaler Alpen vor die Türen des Gotteshauses. Ihm gegenüber der Sitz des Pflegers der Fürsten Porcia mit einem Wappen des Geschlechts und einem ›Engelssturz‹ an der Wand.

Kötschach-Mauthen ist noch immer eine wichtige Station des Reiseverkehrs. Die Gailtalstraße bildet mit den Abzweigungen über den Plöckenpaß (dort der Hochgebirgsfront 1915–1918 gewidmetes Freilichtmuseum mit ca. 3000 Exponaten und mit als ›Friedenswege‹ neuerschlossenen, vorher nicht begehbaren Pfaden zu den ehemaligen Stellungen; außerdem ein ›Plöckenmuseum‹ im Rathaus von Kötschach-Mauthen) nach Italien und über Osttirol nach Salzburg und Süddeutschland und ihrer Fortsetzung ins Lesachtal ein Wegekreuz. Seine Arme werden allerdings mehr beansprucht als das Balkenende. Sie verbinden den Norden mit dem Süden, während die Straße nach Westen ins Lesachtal nicht den rechten Anschluß an die Verkehrsströme findet. Sie steigt zwischen steilen bewaldeten Bergflanken in vielen Windungen oft mit siebzehn, achtzehn Prozent an und überquert bis zur Grenze zu Osttirol zweiundsiebzig, von Bächen tief ins Gestein gefressene Gräben. Deshalb ist sie auch eine der romantischsten Straßen in Kärnten. Warum das Tal der Gail hier Lesachtal heißt ist unerfindlich. ›Lesach‹ soll aus dem Keltischen stammen und ›Holz‹ bedeuten. Belege für eine keltische Besiedlung wurden bisher aber nicht gefunden, obwohl sie wegen des nahen Gurnia nicht unwahrscheinlich wäre. Das Gebiet wird wohl zu unwirsch gewesen sein. Kärntner Grundherren und das Stift Brixen fingen im 11. Jahrhundert an, in den Wäldern zu roden, und aus dem Hochmittelalter datieren auch Schriften, die die Orte des Lesachtals zum ersten Mal nennen.

Der erste größere nach der Straßengabelung in Kötschach-Mauthen, **St. Jakob,** wird 1376 erwähnt. Seine Kirche wurde Anfang des 16. Jahrhunderts erbaut und die Heiligenfigur auf dem Hochaltar zur selben Zeit geschnitzt. Über einem Hügelrücken im Westen des Dorfes zieht sich ein besonders schöner Kalvarienberg aus einzeln aufgemauerten Nischen (18. Jh.).

Birnbaum, über 1000 m hoch gelegen, entwickelte sich zur Sommerfrische mit angenehmem Klima. Selbst die Wintermonate sind sonnenreich und warm, wärmer oft als im Klagenfurter Becken.

Von der Terrasse der Pfarrkirche des nahen **Kornat** (spätgotisch, neugotische Einrichtungen) genießt man selten schöne Ausblicke auf die Karnischen Alpen und die mit Einzelhöfen und Weilern besetzten Terrassen. Gipfel reiht sich an Gipfel, von Osten nach Westen der *Gamskofel* (2526 m), die *Hohe Warte* (2780 m), der *Seekopf* (2554 m), die *Wolayer Köpfe* (2470 m). Dort oben liegt der einsame *Wolayer See*. Seine

Eisdecke schmilzt meist erst im Juni. In der Umgebung fanden im Ersten Weltkrieg heftige Kämpfe statt. Verfallene Unterstände, Schützengräben und verlassene Kriegerfriedhöfe gemahnen daran.

In **Liesing** steht wieder eine gotische Kirche des 14. Jahrhunderts mit gotischen Statuen, Reliefs und einer bemerkenswerten Vesperbild-Gruppe.

In **St. Lorenzen** fallen stattliche Bauernhöfe auf. Malerische Fenstereinrahmungen, Heilige und Medaillons schmücken die Fronten. Alte Ein- und Paarhöfe in Blockbauweise mit flachen Dächern, denen in Tirol ähnlich, und bemalte und gezimmerte Getreidespeicher und Heuständer erhielten sich überhaupt im ganzen Tal. In der unübersehbaren *Pfarrkirche* dominiert dagegen eine ältere Malerei. Künstler aus gotischer Zeit malten in den Feldern der Gewölbe zum Beispiel Kirchenväter, Schweißtuch der Veronika, Heilige und Evangelistensymbole, an eine Chorwand Christus und die Apostel und an eine Langhauswand das ›Jüngste Gericht‹. Es erinnerte an das Bild Görtschachers in Millstatt. Dramatisch veranschaulicht es die Vorstellung der Zeitgenossen vom Welttribunal des thronenden Christus. Nach seinem Urteil durchschreiten drei Päpste, drei Kardinäle, zwei Bischöfe und Kaiser Friedrich III. mit seiner Gemahlin die Himmelspforte. Dagegen schleifen kleine Teufel die Verdammten durch den Höllenrachen vor den Fürsten der Finsternis.

Unweit dieser Kirche schwingt eine 1964 erbaue Brücke über die Tuffbachschlucht, und dort im Grund steht unterhalb der Ortschaft Wiese die vermutlich älteste Kirche des Lesachtales, *St. Radegund.* Das äußere Bild zeigt einen spätgotischen Bau aus der zweiten Hälfte des 15. Jahrhunderts. In ihm stecken aber romanische Mauern. Ein an die südliche Außenwand gemalter Christophorus, der Heilige noch ganz gotisch gefaßt, das Rahmenwerk aber schon im Stil der italienischen Renaissance, wird abermals Urban Görtschacher zugeschrieben und bestätigt wieder die Stellung des Künstlers an der Stilwende. Aber auch innen bedecken Fresken, Fragmente einer Anbetung aus einer früheren Zeit die Langhauswand. Im prachtvollen Knorpelwerk-Altar von 1680 steht die spätgotische Figur der Radegund.

In *Tuffbad* auf einer Terrasse über dem Radegunder Graben kurieren seit 1765 vor allem Rheumakranke ihre Leiden im warmen Wasser einer Natrium-Magnesium-Quelle.

Auch im knapp vor der Osttiroler Grenze gelegenen, von den Gipfeln der Karnischen Alpen und der Lienzer Dolomiten überragten **Maria Luggau** benutzen Kranke und Rekonvaleszenten eine Eisen- und Magnesium-Quelle. Aber mehr noch suchen Pilger dort Hilfe. Nach einer ersten hölzernen Kapelle (1513) und einem weiteren steinernen Bau begann man die heutige, größere *Wallfahrtskirche Maria Schnee.* Am klobigen Westturm mit der aufgesetzten Barockhaube verzeichnen Jahreszahlen die einzelnen Bauabschnitte beginnend mit 1520 und bis zum fünften Stockwerk weiter 1536, 1540, 1550 und 1552. Unten vermerkt eine Inschrift ›Paumayster Mayster Partelmä Viertaller‹. Die Zahlen beziehen sich nur auf den Turm. Das fünfjochige Schiff der Kirche war 1544 vollendet, wurde aber schon 1536 geweiht. Firtalers Werk charakterisiert nur noch wieder ein kunstvoll geschwungenes Sternrippengewölbe im Untergeschoß des Turmes. Im Innern des Schiffs beseitigte man es zur Barockisierung 1736. Statt seiner überzieht nun ein dichtmaschiges Netz von Stukkaturen des Franz Hannibal Pittner aus Spittal die Gewölbe und umspielt im Chor die Gemälde ›Gnadenbild als Zuflucht der Kranken‹ und ›Sieben Schmerzen Mariä‹ und im Langhaus die von Szenen aus der Wallfahrtsgeschichte und über der Orgel das Bild ›Maria mit den Stiftern und Seligen des Servitenordens‹. Das Hauptbild im Chor schuf Christoph Brandstätter 1803, die anderen Franz Delajo aus Bozen 1740.

Stukkaturen, Malerei, die die Wände gliedernden Pilaster mit korinthischen Kapitellen, Rokokokanzel, Orgelempore, Seitenaltar und nicht zuletzt der Hochaltar sind prunkvoll. Sogar das einfache Gnadenbild, eine Pietà, der Helena bekleiden inzwischen prächtige Brokate. Der reichlich gold-, silber- und messingglänzende Tabernakel (1770) stammt von Anton Müller aus Lienz, das Gemälde ›Himmelfahrt Mariä‹ (1834) von Cosroe Dusi aus Venedig.

Diese Veränderungen des ehemals gotischen Baues veranlaßten die Serviten. Sie übernahmen 1635 Kirche und Kloster von den Franziskanern und erbauten das Kloster nach einem Brand 1640–1661 neu. Ein anderer Brand erzwang 1738–1741 abermals eine Erneuerung. Wie früher besuchen noch viele Wallfahrer Maria Luggau, insbesondere zu den Prozessionen am Sonntag nach Fronleichnam, am Tag Maria Himmelfahrt, am Siebenschmerzensfest (3. Sonntag im September) und am Erntedankfest. Der Erntedank liegt den Bauern der Umgebung, sie müssen ihre Felder bis 1500 m hoch mit Mühe bestellen, besonders am Herzen. Sie richten deshalb diese Prozession außergewöhnlich liebevoll aus. Eine Erntekrone, ein ungefähr 1×2 m großes Gebinde, wird mitgeführt, das Gnadenbild selbstverständlich auch. Kurzum, nirgendwo anders in Kärnten wird das Fest zum Dank Gottes so schön und echt gefeiert wie in Maria Luggau. Die Einheimischen wehren sich gegen Touristen, die in ihm eine Attraktion sehen wollen. Fremde kommen selbstverständlich oft zu den Prozessionen, aber auch zu anderen Jahreszeiten ins Lesachtal. Nicht weit von Maria Luggau entfernt, beim österreichisch-italienischen Grenzübergang Sillian (Osttirol), beginnt auch der *Karnische Höhenweg*, ein alpiner Weitwanderweg über den Grenzkamm nach Thörl-Maglern. Er ist ca. 110 km lang und kann in etwa 12 Tagen bewältigt werden (Schlafsäcke empfohlen, obwohl die Unterkünfte und Notunterkünfte mit Matratzen und Decken ausgestattet sind).

Ein Werk Firtalers, und zwar das einzige unverändert gebliebene Werk des großen Architekten aus Innichen, findet man in der Nähe auf dem Weg von Kötschach nach Oberdrauburg in **Laas** am Gailberg. Schon auf den ersten Blick erkennt man an *St. Andreas* das Vortreffliche. Der außerordentlich harmonische Kirchenbau zieht zuerst wegen seiner Lage auf einer Kuppe neben der Straße den Blick an. Ein vierjochiges Langhaus verwächst mit einem etwas niedrigerem, dreijochigem Chor und ein schlanker Turm, mit seinem Spitzhelm die Form der Spitzbogenfenster aufnehmend, steigert vollendend den Baukörper. Strebepfeiler und Fensterleibungen aus rotem Sandstein akzentuieren die weißen Wände und ihre Einzelheiten. Wappen, Dämonen und Zeichen, bekrönende Fialen zeigen eine erstaunliche Sublimierung des Materials. Auch die Portale sind phantasievoll gestaltet. Und schließlich reicht zwischen zwei Streben an der Südwand auch ein großes Christophorus-Fresko bis unter das Dach (1520–1530). Im Innern faszinieren wieder die Gewölbe. Wieder ranken sich, vielleicht noch graziöser als in Kötschach, die Rippen aus Runddiensten empor, schlingen sich ineinander, wuchern scheinbar wie wilde Pflanzen, aber bei näherem Hinsehen doch geordnet, über die Decken und enden in Dreiblattornamenten. Wo sich Rundungen berühren, blühen manchmal feingemalte Blumenstengel. Wappen, unter ihnen die der Khevenhüller, Dietrichstein, Lodron, schmücken Schlußsteine. An der östlichen Chorschlußwand hat Firtaler das Werk mit seiner Namensinschrift und der Jahreszahl 1516 signiert. Damit die Einheit gewahrt bleibt, wiederholt die Sakristeitür die Motive des Rankenwerks und der Fialen, und auch das rotsteinerne Sakramentshäuschen gleicht sich an, obwohl die Fialbekrönung fehlt. Auch das Wandbild, auf dem Gott seinen Sohn umarmt, paßt sich gut ein. Sigmund Khevenhüller und seine Frau Katharina von Gleinze ließen es 1535 malen. Der Künstler bildete das Ehepaar in der unteren Zone wie üblich kniend ab. Nur der barocke Hochaltar, Seitenaltäre und Kanzel, obwohl Qualität, beeinträchtigen ein wenig den Gesamteindruck des gotischen Raumes. Doch die zwei gotischen Figuren des Florian und Georg auf Wappenkonsolen, die Statue des Erlösers über den Sakramentshaus und das Kruzifix (1520) im Langhaus reichern ihn wieder mit Plastiken aus der Bauzeit an.

Die Straße nach **Oberdrauburg** überwindet den *Gailberg-Sattel* in einer Höhe von 982 m und führt in scharfen Kehren zu diesem Markt am ›Tiroler Tor‹. An dieser Enge begegnen sich, getrennt durch das von Gletscher und Fluß geschaffene Tal, die Lienzer Dolomiten und die Ausläufer der Kreuzeck-Gruppe. Das ›Tor‹ bildet die Grenze zwischen Kärnten und Osttirol. Schwemmkegel von beiden Seiten der Gebirge boten in der sumpfigen Niederung Siedlungsraum und die Möglichkeit einer Furt. Deshalb waren schon frühgeschichtliche, römerzeitliche und frühmittelalterliche Niederlassungen in Oberdrauburg vorhanden, eine spätere Zollstation und eine Burg als Ortskern (Reste noch erkennbar) folgerichtig und der Besitz des Ortes erstrebenswert; zumal außerdem in der Umgebung auch wieder einmal Gold-, Silber-, Kupfer- und Eisenbergbau betrieben wurde. So erwarben die Mächtigen des Landes auch Oberdrauburg: zuerst die Grafen von Görz, dann 1500 die Habsburger, fünfundzwanzig Jahre später Gabriel Salamanca, dann die Widmanns und 1662 Johann Ferdinand Porcia. Selbstverständlich war es auch umkämpft, z. B. von den Grafen Görz, Cilli und Tirol und dem Erzbischof von Salzburg. Ein Bombardement im letzten Krieg beschädigte es schwer. Die *Kirche St. Oswald* erbauten unter Benutzung gotischen Mauerwerks die Brüder Michael und Josef Köfler von 1805–1809 im barock-klassizistischen Stil und Christoph Brandstätter malte sie volkstümlich aus. Zwischen den religiösen Motiven findet sich auch eine Ansicht des Marktfleckens von 1809. Im Besitz der Grafen von Cilli war auch einmal die Hohenburg im zu Oberdrauburg gehörenden Rosenberg. Ihre Ruine wurde kürzlich renoviert. In ihr finden alljährlich Oberdrauburger Kulturtage statt.

Oberdrauburg war sicherlich einmal ein wohlhabenderes Städtchen als heute. Vielleicht trifft die Feststellung überhaupt für das ganze obere Drautal zu. Die reichlich mit bedeutenden Kunstwerken ausgestatteten Gotteshäuser, mehr auf den Hangterrassen liegend als im Uferland, lassen diesen Schluß zu.

So steigt aus dem Ort eine Straße eng, steil und romantisch an der Flanke des Kolm an und erreicht über Buckel und Mulden in etwa 1000 m Höhe das Dorf **Zwickenberg,** eine Idylle zwischen Wiesen und Wäldern in der Hügelwelt der nach Süden auslaufenden Kreuzeck-Gruppe. Die *Kirche St. Leonhard* darf man zuerst zu jenen Schatzkammern der Kunst in diesem Bezirk zählen. Besonders wertvoll sind bereits die Fresken an ihrer Außenwand. Zwei Streifen erzählen die Leonhards-Legende (Anfang 15. Jh.), und daneben stellen gleich zwei Bilder Christophorus dar. Das ältere, blassere stammt aus dem 13. Jahrhundert und das gut erhaltene – der Heilige trägt das Kind auf seiner Schulter durch einen von Ungeheuern, Fischen und Nixen bevölkerten See – ist mit der unvollständig erhaltenen Jahreszahl 150.. gekennzeichnet. Auch in Langhaus- und Chorgewölben des Innern schmücken Malereien die Schlußsteine und Vierpässe (15. Jh.). Kostbar ist die Rosenkranzmadonna vor dem Triumphbogen (17. Jh.). Im Kreis thront eine mädchenhafte, köstlich geschnitzte Gottesmutter in gold-blauem Gewand, und in ihren Strahlen tummeln sich wie Gefährten des Jesusknaben vier Engelskinder. Kostbar sind ebenfalls die Madonna mit dem Kind (1420) und die spätgotische Konsolfiguren der Heiligen Georg und Florian in silbernen Rüstungen im Langhaus. Am kostbarsten jedoch ist der, den kleinen Chor fast sprengende, Flügelaltar (15. Jh.; Abb. 74); im Schrein die Statuen der Heiligen Erhard, Lorenz und Leonhard und an den Flügelinnenseiten die Reliefs der Heiligen Katharina, Barbara, Dorothea und Margarethe und außen gemalt die Heiligen Christophorus und Sebastian. Diese Gemälde, geschaffen von Simon von Taisten, rechnen die Kunsthistoriker zu den bedeutendsten spätgotischen Tafelmalereien in Kärnten.

Wieder in der Talsohle fällt weiter flußabwärts rechts auf einer Felsnadel 200 m über dem Wasser unweigerlich die **Burg Stein** auf. Der eine Fels trägt den Bergfried, der andere Palas und Kapelle, beides so angelegt, daß der Turm den durch eine leichte Brücke mit ihm verbundenen Wohnbau gut schützen kann. Der interessanteste Bauteil ist die aus zwei Räumen bestehende Kapelle. Bemerkenswerterweise wölbte den oberen Firtaler 1505 ein. Nur, seine in Laas, Kötschach und Maria Luggau offenbare Schöpferkraft wird hier nicht erkennbar. Wahrscheinlich ist die dem Heiligen Martin geweihte Kapelle ein Werk des noch jugendlichen, wenig gereiften Meisters. Dagegen sind die Kirchenvätermedaillons, Evangelistenzeichen und Schlußstein-Wappen wie die an den Kreuzungsstellen der Rippen rankenden Blüten wieder gelungene Arbeiten des Simon von Taisten (1505). Die Wappen sind die von Österreich, Kärnten, Görz-Tirol und Gonzaga und beziehen sich auf den damaligen Besitzer des Schlosses Leonhard von Görz, der mit einer Gonzaga aus Mantua verheiratet war (s. S. 194).

Die Gegend um **Irschen** begünstigte, abzulesen an römischen, slawischen und deutschen Ortsnamen, schon früh Ansiedlungen. Auch ein römisches Kastell gab es.

Urkunden sprechen noch 1081 von einem ›castrum uorsen‹. Mit dem Bau von *St. Dionys Martyr* in Irschen muß um die gleiche Zeit wie mit dem des Schlosses Stein begonnen worden sein, denn die Kirche wird wie Stein 1190 zum ersten Mal genannt. Dem romanischen Chorquadrat mit Halbkreisapsis paßt sich ein zweischiffiges, gotisches Langhaus an. Seine Sternrippengewölbe wurden in der 2. Hälfte des 15. Jahrhunderts eingezogen, als auch die Fenster in die Chorapsis und Schiffswände gebrochen wurden. Neben der Vorhalle steht auch ein schlanker, gotischer Turm. Das Gemälde ›Christophorus‹ an der äußeren Südwand scheint freilich älter zu sein. Die Wände des Chores überziehen dagegen Fresken verschiedener Epochen: eine ›Krönung Mariä‹ von 1330, ein fragmentarisches ›Weltgericht‹ aus dem 16. Jahrhundert und ›Christi Geburt‹, ›Anbetung‹, ›Verklärung‹ und ›Mariä Himmelfahrt‹ gar erst von 1800. Der linke Marienaltar wurde um 1760, der mit der großen Kreuzigungsgruppe ein paar Jahrzehnte früher geschaffen. Obwohl beide schöne Werke sind, übertrifft sie doch wieder der spätgotische Flügelaltar (16. Jh.) in der Apsis. Der strenge Ausdruck der Figuren – im Schrein Dionysius, Johannes, Leonhard, an den Flügeln Andreas und Oswald – läßt vermuten, daß er von einem Tiroler geschnitzt wurde. Die Statuette im Gesprenge ergänzte den Altar erst im späten 19. Jahrhundert.

Eine weitere sehenswerte Kirche des Oberen Drautales überragt das auf einem gewaltigen Schuttkegel weiter östlich liegende **Berg.** Man steigt aus dem durch viele blühende Hausgärten schmucken Dorf zu *Maria Geburt* über eine überdachte Treppe hinauf. So ruhig wie heute ging es dort nicht immer zu, denn die spätromanische Kirche wurde im 15. Jahrhundert zur Verteidigung gegen die Türken eingerichtet. Im Dachboden befand sich ein Wehrgang. Schießscharten öffnen jetzt noch die Wände. Wahrscheinlich begründete das Bistum Salzburg das Gotteshaus 1267. Chorteil, Unterbau des Turmes und Teile des Langhauses entstammen dieser Zeit. Romanische Details, Rundbogenfenster, besonders aber das schöne Westportal mit Kapitellsäulen im Gewände und der Madonnenmalerei im Tympanon, belegen die Erbauung im 13. Jahrhundert. Rechts von dieser Tür zeigen zwei Felder die Kreuzigung und Maria und Johannes (14. Jh.). An der Südwand ein nicht mehr ganz erhaltener Christophorus (15. Jh.). 1960–1965 restaurierte man dazu im Chor wertvolle Fresken (Ende 13. Jh.). Sie sind die Reste der ursprünglich vollständigen Ausmalung und stellen an den Wänden zahlreiche Ereignisse aus dem Leben Christi, in der Apsis den segnenden Christus in der Mandorla und Engel und zwischen den Fenstern die Apostel dar. Außergewöhnlich erscheinen im Gewölbe die vier Evangelisten und geflügelte Halbfiguren und am Gurtbogen zwischen Chorquadrat und Apsis die acht Propheten. Diesen Fresken muß noch die in der Vorzeichnung erhaltene Marienkrönung im Schiff zugeordnet werden. Aber auch die Zwölf Apostel auf den Schlußsteinen des Langhausgewölbes sind nicht unbedeutend (Ende 15. Jh.). Auf dem barocken Hochaltar steht eine köstliche, farbig gefaßte Steinstatue der bekrönten Maria. Voller Ernst und leicht geneigt gegen das Gewicht des Kindes zeigt sie ihren ebenfalls bekrönten Sohn stolz der gläubigen Gemeinde. Der sogenannte ›Weiche Stil‹ der Plastik datiert sie ins frühe 15. Jahrhundert und deutet auf eine salzburgische Herkunft hin. Ein Rundkarner neben der Kirche entstand gleichzeitig und die Rippen seines Obergeschosses gleichen denen des Chorgewölbes der Kirche. Aber die reiche Bemalung – Verkündigung, Engel, Apostel, Christus als Weltenrichter und Weltgericht – ließ das Stifterehepaar Kupiteller, wie eine Inschrift meldet, erst 1423 auftragen.

Wieder unten auf der Hauptstraße, stößt der Reisende sogleich auf die *Wallfahrtskirche St. Anthanasius* (Abb. 75). Der Bau auf freiem Feld macht einen sonderbaren Eindruck, denn der von Pfeilern gestützte Chor mit überaus steilem Dach und spitzem Reiter überragt das Langhaus unverhältnismäßig hoch. Ihn weihte 1485 der Bischof von Caorle dem Heiligen Nonosius, dem zweiten Patron des Domes von Freising. Freising hatte viele Beziehungen zu Kärnten. Das Langhaus ist beträchtlich älter und sollte einmal dem Chor angeglichen werden. Warum es nicht dazu kam ist unbekannt. Eine offene Vorhalle beschirmt ein Rundbogenportal. Eine flache Holzdecke schließt das Schiff nach oben ab. Eine seiner Wände bedecken Bildstreifen mit einem Zyklus ›Christus und die Zwölf Apostel‹. Besser bewahrt haben sich die Fresken im Chorgewölbe; auf den Schlußsteinen Christushaupt, Sonne, Mond, Sterne und Wappen, in den Feldern Apostel, Heilige und die Vierzehn Nothelfer. Ihrer Malweise nach (1481) schufen sie Meister einer der berühmten Pacher-Schule in Tirol nahestehenden Werkstatt.

Bei Berg begann in vorgeschichtlicher Zeit der Pfad aus dem Drautal über den Jaukensattel zur Bergwerkssiedlung Gurina im Gailtal. Der jetzige Weg übers Gebirge dorthin fängt dagegen in **Greifenburg** an, läuft am Weisensee vorbei und endet in Hermagor. Wieder ein Schwemmkegel drängte den Fluß an die Südseite des Tales und ermöglichte wie in Oberdrauburg einen leichten Übergang. Eine Herzogsburg (1166) schützte ihn zuerst. Im Osttrakt des heutigen, bis ins 19. Jahrhundert hinein veränderten *Schlosses* existierte noch der Kern eines gotischen Baues. Unter dieser Burg entstand 1230 der Markt. Auch die *Pfarrkirche* ist in der Substanz spätgotisch (1521 von Lorenz Rieder vollendet). Aber sie wurde ungefähr 180 Jahre später barockisiert und auch noch im 18. und 19. Jahrhundert mit Altären, Kanzel und Figuren ausgestattet. Das voluminöse Denkmal am Hauptplatz symbolisiert die Drau (1869). Bei Greifenburg entstand übrigens zum Segen für den Fremdenverkehr der 1271. See (alle vorhandenen Gewässer gezählt) in Kärnten mit einer 2,5 ha großen Wasserfläche.

In der Nähe von **Steinfeld**, dem nächsten größeren Ort, findet man dann wieder zwei, man ist versucht zu sagen, beispiellose Kleinodien der Kunst, und man fragt sich immer wieder, was sie in den meist abgelegenen Orten des Oberen Drautales ermöglichte. Nun – Steinfeld war seinerzeit das Zentrum des oben schon angemerkten einträglichen Gold- und Silberbergbaues und vom 16. Jahrhundert bis zu Maria Theresia der Sitz des Berggerichts (jetzt Kinderheim im Singerhof).

Das eine Kunstwerk schuf Thomas von Villach (s. S. 245 f.) 1470 im Weiler **Gerlamoos** nordöstlich von Steinfeld in der *Filialkirche St. Georg*. Wald verbirgt das kleine, ursprünglich romanische, später gotisch abgewandelte Gotteshaus. Ein Fußpfad führt durch Obstgärten hinauf in einen dichten Fichtenbestand. Plötzlich steht man vor dem mit einem Dach geschützten Portal. Grobe, verblaßte Fresken, eine Art Bauernmalerei, an der Mauer daneben vom Ende des 14. Jahrhunderts, Bilder der heiligen Anna, Christophorus und Georg und die Kreuzigung dämpfen zunächst die Erwartung des Kunstfreundes. Aber dann schließt er die Tür auf und vor seinen Augen entfalten sich herrliche Malereien. Dreißig Bilder füllen in drei Reihen die ganze Nordwand aus, brechen ihr Flächenwesen durch vielfältige Raumperspektiven, heben sozusagen die Materie durch Geist auf und beschreiben visuell im oberen Band die Georgslegende und im mittleren und unteren das Leben Christi von der Verkündigung bis zur Himmelfahrt erzählfreudig charakterisierend und angereichert mit vielen Einzelheiten, aber ungemein klar und in harmonischer Farbigkeit wie es Worte niemals vermögen. Die Kunsthistoriker nannten früher Thomas von Villach den ›Meister von Gerlamoos‹. Als er den Zyklus schuf, stand er im Zenit seines Künstlertums. Wegen ihm allein lohnt sich schon die Fahrt ins Obere Drautal.

Bei Steinfeld bietet sich sogleich auch der zweite Kunstschatz, diesmal am anderen Ufer des Flusses im ebenfalls stillen **Gajach**, zur Besichtigung an. Die kleine *Kirche St. Andrä* am Dorfrand bewahrt gleich drei wertvolle spätgotische Flügelaltäre. Im Schrein des mittleren steht Andreas mit Buch und dem ihn bezeichnenden Kreuz mit schräg gestellten Balken. Flachreliefs des Peter und Paulus auf Goldgrund flankieren ihn. Neben ihnen wachsen wie Äste zwei Konsolen für Schreinwächterfiguren auf, die allerdings fehlen. Die Baldachine für sie leiten mit ihren feingliedrigen Fialen zum in zierlichen Fialen endenden Gesprenge über. Es umrahmt die Statuette des Schmerzensmannes. Auf den Flügeln außen die ›Verkündigung‹ und Rochus und Sebastian und auf der Rückseite des Schreines Thomas und Bartholomäus und ein schönes Bild des Christophorus, wie er einen von Nixen, Enten, aber auch vom Teufel bevölkerten Teich durchschreitet. Darunter halten zwei Engel das Schweißtuch der Veronika, während die Predella-Nische auf der Vorderseite zwischen den Büsten des Simon und Matthäus leer ist. Der linke Altar ist Anna Selbdritt gewidmet. Die Schreinstatue aus dem 16. Jahrhundert stahlen Einbrecher (die Betrachtung der Kunstwerke ist jetzt nur noch durch einen Einblick im Portal möglich). Den Altar »von neuem hat aufrichten und machen lassen« Frau Anna Maria Rauhin aus München 1621, und das Predellenbild verewigt auch die in ihrer Kammer kniende Stifterin. Der rechte Seitenaltar ist leider nicht mehr vollständig. Gesprenge und rechter Flügel sind verloren. Doch auch der Rest ist noch von hoher Qualität. St. Georg treibt dem sich aufbäumenden Drachen gelassen die Lanze ins Maul. Vom erhaltenen Flügel blickt der heilige Papst Gregor der Große den Betrachter eindringlich an, und das Predellagemälde vereinigt die beiden Johannes, Johannes den Täufer und Johannes Evangelista. Auf der Rückseite durchwatet noch einmal

Christophorus ein Gewässer, und seine Tritte zeichnen ein feines Lineament auf dessen Oberfläche.

Doch von der südlichen Seite des Tals wieder auf die nördliche. Nach etwa zehn Kilometern zweigt ein Weg wieder den Hang hinauf nach **Obergottesfeld** ab, und dort besetzt wieder eine romanische Kapelle, *St. Ruprecht* (z. Z. geschlossen; Auskunft beim Pfarramt Sachsenburg), eine Kuppe am Anfang des Ortes. Im 15. Jahrhundert malte sie ein Freskant in der Apsis mit dem Bild des segnenden Christus und im Langhaus mit Schutzmantelmadonna und Aposteln aus. Als eigentliche Kostbarkeit des Gotteshauses muß aber zum anderen Mal ein Flügelaltar gelten. Er entstand um 1520 in der Älteren Villacher Werkstatt und seine beiden Flügel ›Verkündigung‹ und ›Maria Geburt‹ und ›Marientod‹ in der Predella lassen in der Komposition der Figuren zueinander, in den Mienen ihrer Gesichter, den Gebärden ihrer Hände, im Schwung der Kleiderfalten und sogar im umrahmenden Rankenwerk die Hand eines großen Meisters erkennen. Zur Vollendung des Ganzen bedürfte es nur noch der ›Marienkrönung‹ im Schrein. Sie wurde jedoch in den zwanziger Jahren gestohlen. Eine fremde, ausdruckslose St. Ruprechtsplastik ersetzt sie. Für diesen Mangel entschädigen vielleicht die gemalte ›Mariä Heimsuchung‹ auf den Außenseiten der Flügel.

Im abseits der großen Straße gelegenen, anheimelnden Dorf versuchen Gicht- und Nervenkranke seit 1800 ihr Leiden ebenfalls mit einem kräftigen Wasser zu heilen. Das ›Kurhaus‹, den vielen alten Bauernhäusern des Ortes gleichend, kann freilich ›mondäne‹ Zeitgenossen kaum anlocken. Eher befriedigt es weniger anspruchsvolle, sich nach Ruhe sehnende Leute.

Von Obergottesfeld ist es nicht weit nach **Sachsenburg** (von der B 100 auf Nebenstraße abbiegen). Bevor die Drau hier ins Spittaler Becken eintritt, beschreibt sie eine Schleife und zwängt sich durch nahe aneinandergerückte, steile Berge. Diese bilden einen natürlichen Riegel. Wegen dieser strategischen Lage siedelten hier schon die Römer und schützten ihre Straße von Teurnia und Aguntum (Lienz in Osttirol). Spätere Burgen übernahmen dieselbe Aufgabe. Sie und die befestigte und durch den Bergbau reich gewordene Stadt, bis 1803 salzburgisch, wurden oft hart umkämpft. Die Franzosen zerstörten zuletzt die Verteidigungsanlagen, so daß nur noch Ruinen einer Ringmauer und ein Torturm zu sehen sind. Die gotische Pfarrkirche, obwohl außerhalb der Mauer, blieb allerdings erhalten und Häuser aus der gleichen Zeit am Marktplatz auch.

Die Straße trifft alsbald nach Sachsenburg bei Möllbrücke auf die Straßen aus dem Mölltal, dem Liesertal und von Spittal. Über Spittal und Villach erreicht man dann leicht wieder Klagenfurt, die Kapitale Kärntens, um die sich die in diesem Buch beschriebenen Routen konzentrisch gruppieren.

Steiermark

Graz

Graz ist die Metropole der Steiermark und mit rund 250 000 Einwohner nach Wien die zweitgrößte Stadt Österreichs. Sie nimmt, aufgeteilt in 17 Bezirke, eine Fläche von 128 qkm ein, und ihre Querschnitte messen 13 km von Norden nach Süden und 11 km von Westen nach Osten. Graz gilt als günstiges Einkaufszentrum. Auf seiner ›Südost‹-Messe bieten rund 2000 Aussteller zweimal im Jahr ihre Waren an. Seit 1906, früher als jede andere Messe in Österreich, vermittelt sie Geschäfte hauptsächlich zwischen den mitteleuropäischen Staaten und den Ländern des Balkans. Die Grazer Industrie exportiert in alle Welt vorzüglich Zweiräder, Motoren und Maschinen, Elektrogeräte, Textilien und Kleider, Schuhe, Skier, Lebens- und Genußmittel und anderes mehr. An die 13 000 Studenten hören an der Karl-Franzens-Universität, der Technischen Universität und der Hochschule für Musik und darstellende Kunst. Und wenn die Stadt auch längst nicht mehr so betont wie ehemals ›Pensionopolis‹ heißen kann, noch genug Pensionisten verbringen gern ihre Tage in ihren Mauern.

Die Bürger des großen Graz treibt augenscheinlich keine Unrast. Graz ist eine heitere, charmante, fast südländische Stadt, zumindest im Kern. (An den Rändern franst sie manchmal in Dorfreste, Fabrikgebiete und neue Wohnsiedlungen ebenso wie andere Großstädte aus.) Das liegt einmal an ihrer Farbigkeit. Häuser sind oft gelb, lachsrot, orange, lichtblau und lichtgrün angestrichen. Nicht selten beleben je nach Saison Freiluft-Cafés und nicht zu vergessen Passanten in Dirndlkleidern und Steireranzügen das Straßenbild. Zum anderen liegt die Stadt nicht im Gebirge. Die Alpen laufen um sie in freundlichen, grünen Hügeln aus und gehen nach Süden in eine Ebene über. Sie war die seichte Bucht eines Tertiärmeeres, aufgefüllt mit Flußschotter aus den höheren Regionen und später wieder zerfurcht von Bächen. Das Klima ist auch deutlich milder als in den von Tausendergipfeln umgebenen Landstrichen. Außerdem trägt die mitten durch die Stadt fließende Mur mit ihren Brücken und die auch mitten in der Stadt liegenden Parks zu jener Heiterkeit bei.

Ein Park, freilich einer auf einem einzelnen stehenden Dolomitfelsen, besser der Schloßberg, stellt sozusagen auch den Mittelpunkt der Stadt dar. Ihn besetzt der Uhrturm (Abb. 77), das Wahrzeichen von Graz. Er ist von überall her sichtbar. Man blickt auf seinem überdimensionalen Zifferblatt (Minutenzeiger kleiner als der Stundenzeiger) quasi der Zeit unmittelbar ins Gesicht.

In vor- und frühgeschichtlicher Zeit diente diese natürliche Festung als Flucht- und Schutzburg an der Kreuzung zweier uralter Handelswege. ›Kleine Burg‹ bedeutet auch, abgeleitet vom slawischen Gradec, der Name Graz. Die Römer allerdings scheinen den Fels nicht beachtet zu haben. Funden nach zu urteilen bewohnten sie um 200 ziemlich entfernt, im jetzigen II. Bezirk St. Leonhard, ein kleines Areal. Ihre Straße vom Verwaltungssitz Flavia Solva bei Leibnitz (s. S. 29, 301) nach Norden verlief weit westlich davon bei Straßgang und Gösting.

Die erste Siedlung unter dem Schloßberg entstand um 800 in der Gegend der heutigen Spor- und Hofgasse. In Urkunden genannt wird die Stadt jedoch erst 1115. Im Jahr 1172 wird sie als Markt bezeichnet und 1189 als Civitas. Der Traungauer Markgraf Otakar III. von Steyr ließ sie planmäßig anlegen. Die Ufer der Mur wurden damals bewohnbar gemacht. Der letzte Traungauer vermachte sie den Babenbergern (s. S. 49). Böhmen und Ungarn stritten sich danach um sie, bis sie 1276 an die Habsburger kam. Inzwischen umschloß sie eine Mauer. 1379 wurde sie Residenz der leopoldinischen Linie der Habsburger. 1480 standen die Türken zum ersten Mal vor Graz, 1497 zum zweiten und 1532 zum dritten Mal. Die Folge – der seinerzeit bekannteste Baumeister Domenico dell'Allio baute es in der zweiten Hälfte des 16. Jahrhunderts zur Hauptfestung Innerösterreichs aus.

Nach der zweiten habsburgischen Erbteilung 1564 herrschte Erzherzog Karl II. und dann sein Sohn Ferdinand von Graz aus über Steiermark, Kärnten, Krain und Istrien. Es waren unruhige Zeiten. Landstände und die meisten Bürger der Residenz hingen der lutherischen Lehre an. Die Landesfürsten waren Katholiken. Aber trotz der religiösen und wohl auch sozialen Spannungen wandelte Graz sein Aussehen. Es verlor seinen mittelalterlichen Charakter. Italienische Architekten bauten. An der protestantischen Stiftsschule unterrichteten Gelehrte von hohem Ruf, unter ihnen Johannes Kepler, der berühmte Astronom. Jesuiten gründeten die erste Universität. Als Ferdinand schließlich 1619 Kaiser Ferdinand II. wurde, zog der Hof nach Wien um. Aber das schadete Graz wenig. Nach dem endgültigen Sieg über die Türken und nach einer abermaligen, fürchterlichen Pestepidemie erblühte die Stadt im Barockzeitalter wiederum. Graz brachte so bedeutende Männer wie den Schöpfer der österreichischen Barockarchitektur Johann Bernhard Fischer von Erlach oder den Bildhauer Joseph Thaddäus Stammel hervor.

Kaiser Joseph II. erkor die ehemalige Residenz zum Sitz seines ›innerösterreichischen Guberniums‹ und veranlaßte 1784 die Beseitigung der Stadtbefestigungen und die Bepflanzung der Glacis mit Bäumen. 1797 zog Napoleon höchstselbst mit seinen Truppen durch Graz. Vom November 1805 bis November 1806 besetzten es die Franzosen sogar und 1809 griffen sie es noch einmal an. Dank des ›steirischen Prinzen‹ Erzherzog Johann (s. S. 404 f.) überwandt man jedoch diese Krisenzeiten schnell. Auch die Revolution von 1848 verursachte keine bemerkenswerten Änderungen. Die Gründerzeit begann. Ein selbstbewußtes Bürgertum schuf sich repräsentative Viertel. Dann brach der Erste Weltkrieg aus. Die Donaumonarchie zerfiel. Die Hauptstadt Innerösterreichs sank zu einer Stadt nahe der Grenze ab, avancierte schließlich zur ›Stadt der Volkserhebung‹., wurde im Zweiten Weltkrieg bombardiert (und verlor ein Sechstel seiner Wohnungen), wurde von den Russen, später von den Engländern besetzt und genoß nach alledem endlich neuerlich Aufschwung und Wachstum.

Graz 1649 mit den Befestigungen dell'Allios aus der 2. Hälfte des 16. Jahrhunderts (Matthäus Merian) ▷

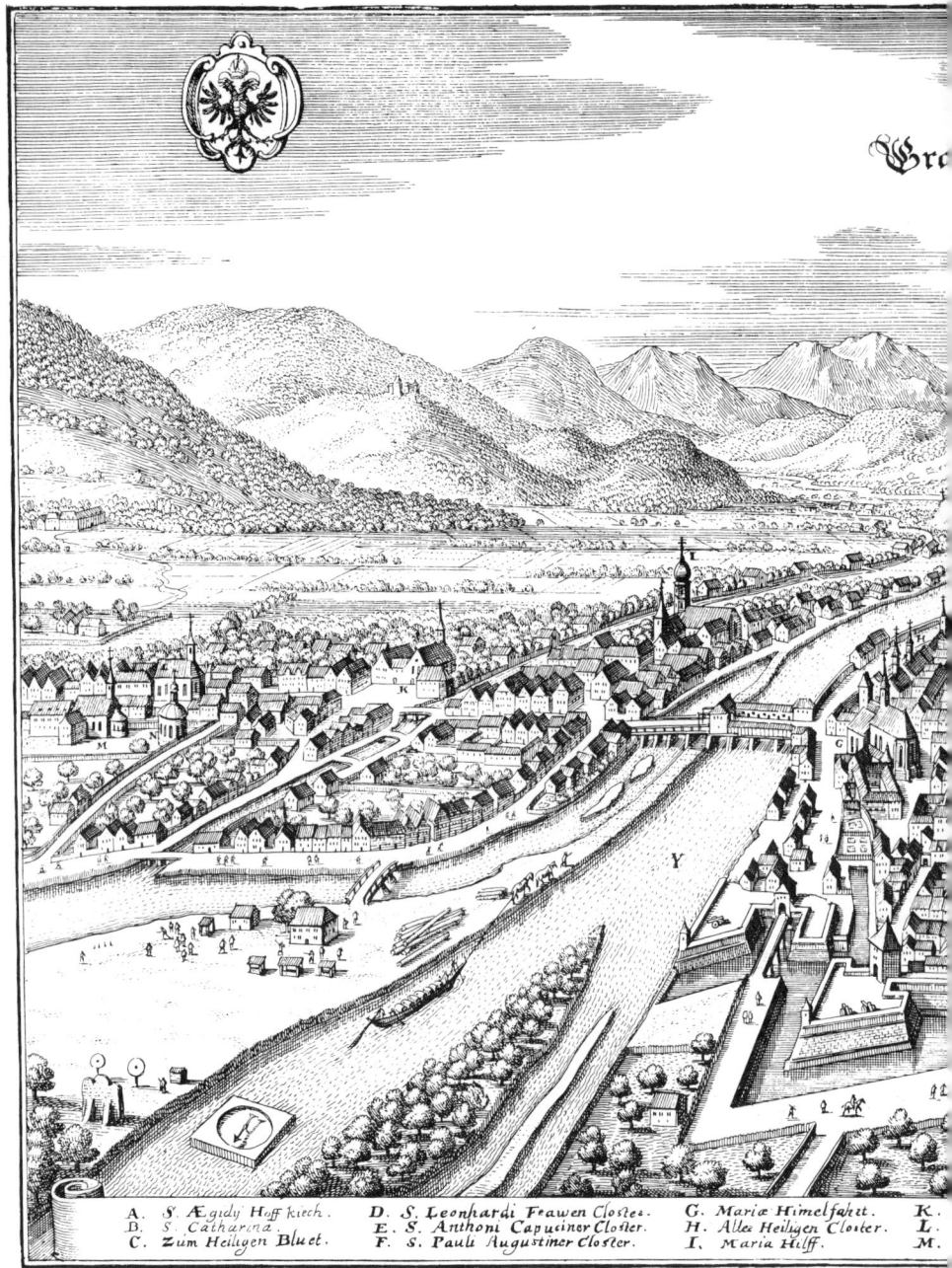

A. S. Ægidy Hoff kirch.   D. S. Leonhardi Frawen Closter.   G. Mariæ Himelfahrt.   K.
B. S. Catharina.   E. S. Anthoni Capuciner Closter.   H. Allen Heiligen Closter.   L.
C. Zum Heiligen Bluet.   F. S. Pauli Augustiner Closter.   I. Maria Hilff.   M.

Dem Reisenden ist ein gemäßigter Wohlstand offensichtlich. Am einfachsten und besten verschafft er sich zunächst ein Bild von der Stadt durch einen Rundblick vom 473 m hohen und 123 m über dem Wasser der Mur aufragenden Schloßberg. Es führen mehrere Wege zu ihm hinauf; vom Karmeliterplatz aus oder über den ›Kriegssteig‹ vom Schloßbergplatz aus. Am bequemsten erreicht man sein Plateau mit der Standseilbahn (Kaiser Franz Josefs-Kai Nr. 38).

Der Felssporn trug nach den vor- und frühgeschichtlichen Befestigungen im Mittelalter ein regelrechtes Kastell mit Palas, Bergfried, Ringmauern und Ecktürmen. Domenico dell'Allio ließ es wegen des Baues seiner Fortifikationen niederreißen. Nur wenig blieb erhalten. Doch auch von seinen Bastionen blieb kaum etwas übrig. Sie wurden zwar niemals erobert, auch 1809 von den Franzosen nicht. Doch sie mußten nach den Artikeln des Friedensvertrages von Schönbrunn geschleift werden. Um den Glocken- und den Uhrturm zu retten, zahlten Grazer Bürger 2987 Gulden und elf Kreuzer an die Besatzung.

Schließlich entstand auf dem Schutt der Festungswerke von 1839–1842 der heute so gepflegte Park mit Blumenrabatten, Ruheplätzen und selbstverständlich auch einem beliebten Aussichtsrestaurant. Es steht auf der ehemaligen Fernbergerbastei. Die Seilbahn endet vor seiner Tür. Nördlich davon ehrt ein Löwendenkmal den Major Hackher, der den Schloßberg gegen die Übermacht der Franzosen verteidigte. Eine schmiedeeiserne Brunnenlaube in der Nähe kennzeichnet die Festungszisterne, die dell'Allio anlegen ließ. Dort überspannt ein Brückenbogen die jetzt efeuüberwachsene Ruine des Schloßhauptmannshauses. Sie dient inzwischen als Freilichtbühne. Daneben ragt der achteckige Glockenturm auf (Museum; Modell der Festung und Bilder aus ihrer Geschichte). Erzherzog Karl II. ließ ihn 1588 errichten. Er war Gefängnis. Im obersten Geschoß hängt die größte, 4200 Kilo schwere Glocke von Graz, ›Liesl‹ genannt, in Erinnerung an die der heiligen Elisabeth geweihte Kapelle in der mittelalterlichen Burg. Gegossen hat sie Martin Hilger aus Dresden. Die erst vor ein paar Jahren freigelegten Grundmauern neben dem Turm sind die der frühromanischen Rundkirche St. Thomas im Walde.

Bergabwärts gelangt man zu den noch mächtigen Überresten der Stall- oder Kanonenbastei. Unweit davon trieben 1554–1558 deutsche Bergleute den Türkenbrunnen 94 m tief bis zum Grundwasserspiegel durch den Fels. Das nahe Starckehäuschen über der Felswand (nach einem berühmten Dresdner Hofschauspieler benannt, der im vorigen Jahrhundert öfter seine Sommerferien in ihm verbrachte) war ein Pulverturm von 1572, den freilich ein Grazer Original in ein Winzerhaus verwandelte, weil er dort Weingärten angelegt hatte.

Und schließlich erreicht man weiter bergabwärts den *Uhrturm* (Abb. 77) und die ihm vorgelagerte Bürgerbastei. Er entstand 1561 unter Verwendung eines früheren gotischen Turmes aus der mittelalterlichen Burg. Schon 1569 trug er eine Uhr. Die jetzige schuf Hofuhrmacher Funk 1712, ein anderer namens Geist erneuerte sie 1822. In einem Erker an der Südseite des Daches hängt seit 1820 eine 1382 gegossene Glocke, die

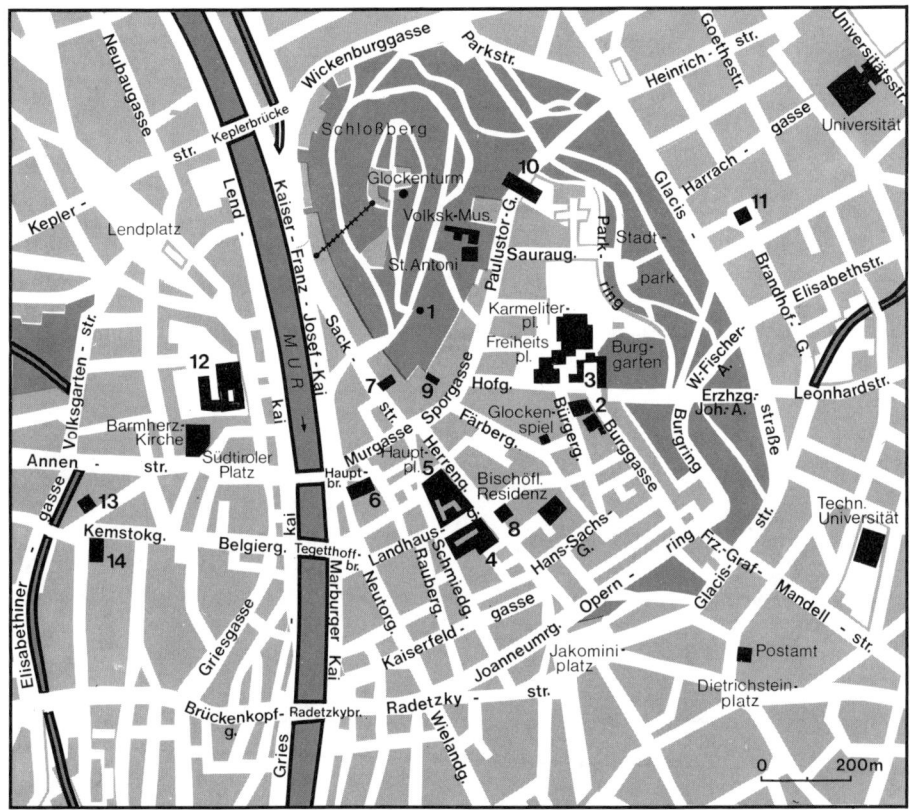

Graz *1 Uhrturm 2 Dom 3 Burg 4 Landhaus 5 Rathaus 6 Franziskanerkirche 7 Palais Herberstein (Neue Galerie) 8 Stadtpfarrkirche 9 Stiegen-Kirche 10 Paulustor 11 Leechkirche 12 Maria-Hilf-Kirche (Minoritenkloster) 13 Heilig-Geist-Kirche 14 St. Andrä*

einmal Feuerglocke hieß, weil sie Brände meldete, dann Armesünderglocke, weil sie zu Hinrichtungen geläutet wurde und dann auch wiederum Lumpenglocke genannt wurde, weil sie die Sperrstunde der Gaststätten verkündete. Die Wappensteine um den Uhrturm stammen von den ehemaligen Festungstoren und zeigen einen Adler aus der Zeit Ferdinands I. (1552), ein Pantherschild mit Herzogshut aus der Zeit Karls II. (1570) und den Doppeladler aus der Zeit Maria Theresias (Mitte 18. Jh.).

Von hier aus erschließt sich nun die Anlage von Graz den Augen des Besuchers. Glücklicherweise ist die gewachsene Altstadt unversehrt, so daß er eine seltene Dachlandschaft genießen kann. Rotbraune Kegel schachteln sich über- und ineinander. Kupfergrüne Kuppeln und spitze Türme ragen daraus hervor. Das Bild beherrscht die

269

›Stadtkrone‹, jene Bautengruppe aus Dom, Mausoleum, Burg, alter Universität und Schauspielhaus. Manchmal gestatten die Einschnitte von Straßen einen Blick auf eine barocke, biedermeierliche oder Gründerzeit-Fassade. Das breite Band der Mur trennt die Vororte vom Zentrum und sieben Brücken verbinden sie wieder. In der Ferne verschwimmen die Grenzen des Häusermeeres im Dunst und gehen in Hügelhänge und Ebene über.

Die Betrachtung dieses Panoramas reicht selbstverständlich nicht aus, um Graz zu ›erfahren‹. ›Erfahren‹ heißt allerdings, wie anderswo auch, nicht fahren, sondern gemächlich spazierengehen.

Als Achse der unter dem Schloßberg gelegenen Altstadt können die Herrengasse und die Sackstraße gelten. Beide bindet der *Hauptplatz* wie ein Knoten zusammen und tatsächlich ist er auch der Knotenpunkt für das Straßenleben. Er ist es seit dem Mittelalter, nämlich ein Ort für den Pranger, für Hinrichtungen, Trauerzüge, Prozes-

Graz, um 1695 (Ausschnitt), mit Hauptbrücke, Franziskanerkirche Mariä Himmelfahrt und Hauptplatz (Andreas Trost)

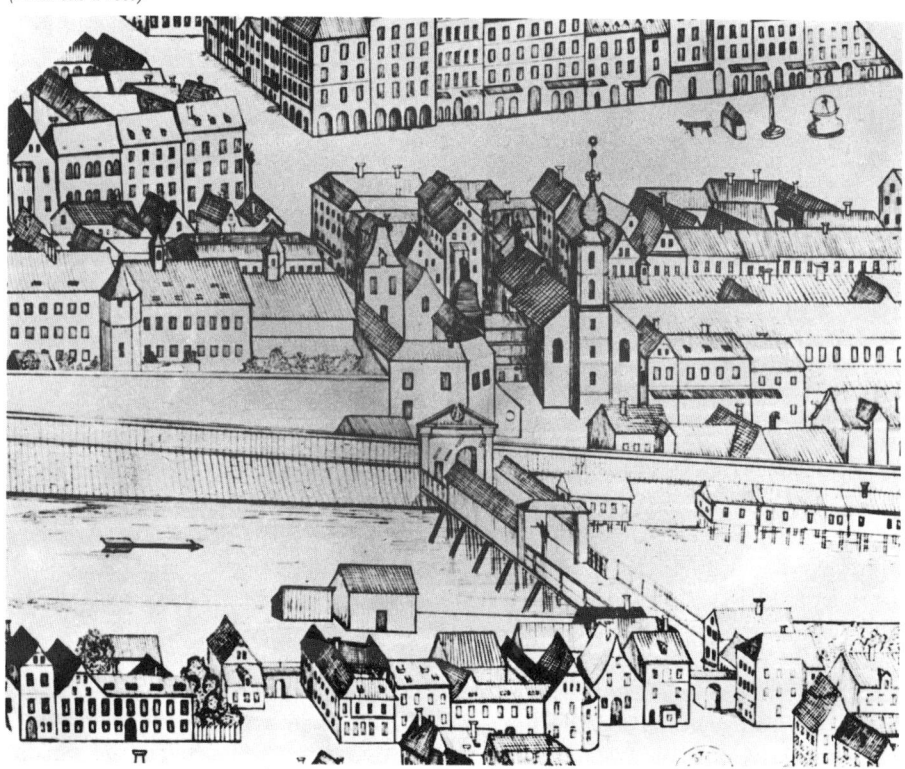

270

sionen, Huldigungen an Landesfürsten und Marktplatz. Auch heute kaufen die Hausfrauen an jedem Wochentag dort ihr Obst, Gemüse und ihre Blumen an bunten Ständen ein.

Trotz der verschiedenen Stile der Fassaden ist unter ihnen ringsum die alte Bebauung bemerkbar. An der Westseite stehen zum Teil noch alte, schmale Giebelhäuser der frühen Zeit. Die Ostseite zeigt sich geschlossener. In den Renaissance- und Barock-Epochen wurden hier die mittelalterlichen Fronten durch Um- und Neubauten vereinheitlicht.

Härter dagegen veränderte das Gefüge das *Rathaus* von 1888–1893 an der Südseite. Es ist das dritte an dieser Stelle. In ihm befinden sich noch die Mauern des ersten von 1550 und das zweiten von 1806. Ansonsten sind betrachtenswert zuerst das Weißsche Haus (Nr. 3) von 1710. Seine Fassade soll Fischer von Erlach entworfen haben. Dann ist unübersehbar das große Steigeregg (Ecke Sporgasse – Sackstraße).

Am schönsten jedoch ist das Lugegg (Hauptplatz Nr. 11 u. 12) mit Laubengängen, erbaut im 16. Jahrhundert und 1690 mit einem prachtvollen Stuckdekor überzogen. Schweift der Blick von diesem Rankenwerk um den Platz, entdeckt man manche schöne Einzelheit, hier einen Renaissance-Erker, dort ein Christophorusfresko aus dem 18. Jahrhundert oder eine barocke Madonna oder das Wappen einer adeligen Familie. Inmitten des unregelmäßigen Vierecks ehrt ein von der k. u. k. Erzgießerei in Wien nach einem Entwurf von Pönninger in Bronze gegossener und 1878 enthüllter Brunnen das Andenken des Erzherzogs Johann (Abb. 87; s. S. 404 f.).

An der Westseite des Hauptplatzes führen schmale Gassen mittelalterlichen Charakters zum Kapaunplatz (wo früher Kapaune, also Masthähnchen verkauft wurden) und zum Franziskanerplatz mit der Kirche ›Mariä Himmelfahrt‹ und dem Franziskanerkloster. Kleine Läden, auch an die Kirche angelehnt und mit Obst- und Gemüseauslagen bis auf die Straßen, gemütliche Gastwirtschaften, aber auch die alten Hausfronten, Barockfassaden mit Stuckornamenten, Nischenmadonnen oder originelle Geschäfts- und Wirtshausschilder schaffen eine anheimelnde Kleinstadtatmosphäre inmitten der großen Metropole.

Das *Kloster* begründeten die Minoriten im 13. Jahrhundert. 1277 war die Kirche, aber erst 1643 ihr Turm an der Murseite vollendet. Er sollte damals die Befestigung der Hauptbrücke über den Fluß verstärken. Das dreischiffige Langhaus wurde freilich später umgebaut und ihm ein heller, höherer Chor beigegeben. Seine Fenster schuf nach Kriegsschäden der Grazer Franz Fellner neu. Von der barocken, 1883 regotisierten Umgestaltung erhielt sich nur die Antoniuskapelle, von einem Gitter abgeschlossen (1650) und mit einem Bild des Heiligen von 1640 und einer Pietà von Marx Schokotnigg (1710). In einer Altarnische der linken Chorwand steht eine Statue der unbefleckten Maria vom Sohn Joseph Schokotnigg von 1742. Durch eine Tür des linken Seitenschiffs gelangt man in den gotischen Kreuzgang des Klosters mit zahlreichen spätgotischen bis barocken Grabsteinen und Fresken von 1530–1540, vor allem aber in die Jakobi-Kapelle. In zwei Perioden (um 1270 und 1320) erbaut, zeigt sie ihren ursprünglichen Zustand:

einen fast quadratischen, zweijochigen Raum und einen einjochigen Chor und Fresken in den Feldern des Kreuzrippengewölbes und an den Schlußsteinen Evangelisten-Symbole und Christushaupt. Zur ursprünglichen Einrichtung gehört allerdings nicht der gotische Flügelaltar. Sogar seine Echtheit wird bestritten. Vielleicht war die Kapelle einmal der Kapitelsaal der Minoriten. Diese beherbergt das Kloster jedoch nicht mehr. Seit 1515 gehört es den Franziskanern. Damals bestrafte Kaiser Maximilian die Minoriten wegen Ungehorsams, indem er sie zur Übergabe an die Patres des anderen, verwandten Ordens zwang.

Die vom Hauptplatz als nördlicher Teil der Achse unter dem Schloßberg verlaufende *Sackstraße* entstand, als um die Mitte des 12. Jahrhunderts die versumpfte Mur reguliert wurde. Durch Tore der mehrmals vergrößerten Stadtmauer war sie ehemals in einen ersten, zweiten und dritten ›Sack‹ unterteilt. Im ersten, dem ›Herrensack‹ wohnten Adlige und reiche Bürger und im zweiten und dritten betrieben die Handwerker ihre Werkstätten. Von den Toren ist längst nichts mehr vorhanden bis auf kümmerliche Mauern am Schloßbergfelsen am Ende der Straße. Sie blieben vom dritten Tor (1625) übrig. Die Häuser des ›Sack‹ spiegeln ihre einstigen Bewohner. Links vom Hauptplatz fängt es mit dem Hotel ›Erzherzog Johann‹ an. Es entwickelte sich aus einem Gasthof des 18. Jahrhunderts zum feudalen Absteigequartier mit so illustren Reisenden wie Kaiser Maximilian von Mexiko, Erzherzog Friedrich, aber auch berühmten Künstlern von Alexander Girardi über Béla Bartók, Leo Slezak, Robert Stolz bis Zarah Leander. Im Wintergarten erkennt man noch den Innenhof, in dem die Kutschen der hohen Herrschaften einfuhren. Noch länger, nämlich 440 Jahre, versorgte der ›Krebsenkeller‹ gegenüber Gäste. Der vordere Teil des Hauses bestand schon 1402. An den Verbindungstrakt von 1416 schließt rückwärts ein anderer an, den der kaiserliche Rat Jörg von Klaindienst zu Wachsenegg 1538 errichten ließ. Er schenkte dort Eigenbauwein aus und »Feste, Schmausereien und Zechgelage in den Trankstuben, aber auch Raufhändel mit den Landsknechten nahmen kein Ende«. Dieser Adlige war also der erste Wirt in diesen, zwei Höfe mit Arkaden umschließenden Gebäuden. Die Übermütigen pokulierten in den jetzigen Extrazimmern im Hof links und die Fässer lagerten in Felsengewölben. Inzwischen ißt und trinkt man im Freien im Hof und in anderen Räumen (hier gibt es zahlreiche Porträtskizzen von Grazer Persönlichkeiten vom einheimischen Maler und Bildhauer Robert Foit). In ihnen vereinigen sich Bürger und Studenten mit Touristen und mit zum Einkauf in der Stadt weilenden Landleuten zur behaglich genießenden Gesellschaft. Ein Kaufhaus befindet sich ohnehin nahebei, übrigens das älteste Österreichs in der Art heutiger Kaufhallen, mit Namen ›Kastner u. Öhler‹. Ein Herr Kastner versäumte 1898 auf einer Reise nach Zagreb in Graz den Zug und als er deswegen durch die Straßen spazierte, entschloß er sich zu dessen Gründung.

Der Merkantilismus hinterließ in der Sackstraße ansonsten wenig Spuren. Adliges dominiert. Mit der Hausnummer 16 wird zum Beispiel das mit zwei Portalen versehene *Palais Herberstein* gekennzeichnet. In der ersten Hälfte des 17. Jahrhunderts faßten die Fürsten von Eggenberg drei bürgerliche Bauten zu ihrem Stadtpalais zusammen

(s. S. 289). In der zweiten Hälfte des 18. Jahrhunderts erbten es die Grafen Herberstein. Schmiedeeiserne Geländer, laternentragende Rokokoputten und ein Deckenfresko von Carl Laubmann, den Olymp der Götter und die vier Jahreszeiten darstellend, schmücken das Stiegenhaus. Es führt in die Nobeletage, und dort befinden sich prachtvolle Räume mit Rokokodekorationen an Decken und Wänden. Besonders beeindruckt der Große Spiegelsaal mit seinen Kristall-Lüstern. Manchmal beeinträchtigt dort zwar eine Ausstellung moderner Kunst die Raumwirkung des eleganten Festsaales. Aber wenn die Spiegel an den Wänden die Gestelle mit den Bildern zurückwerfen, entsteht auch eine faszinierende Raumillusion. Dieses zweite Stockwerk benutzt die ›Neue Galerie‹, die Sammlung für Kunst des 19. und 20. Jahrhunderts, für die Präsentation ihres Besitzes, aber auch für Wechselausstellungen und Vorträge.

Auch das Haus nebenan, Nr. 18, beherbergt ein Museum, das *Stadtmuseum* mit Museumsapotheke und Robert-Stolz-Sammlung. Früher war es die Stadtwohnung der Khuenburger, der Herren der Burg Deutschlandsberg in der Weststeiermark. In ihm wurde der 1914 in Sarajewo ermordete Erzherzog Franz Ferdinand geboren. Die Khuenburger bauten ein zum Hof des Stiftes Rein zählendes mittelalterliches Gebäude im 17. Jahrhundert zum barocken Palais um und versahen es mit dem bemerkenswerten, balkonbekrönten Portal und mit Einfahrt und Stiegenhaus.

Der *Reinerhof* selbst ist dagegen das anschließende Haus Nr. 20. Da Markgraf Otakar III. dem Stift 1164 hier drei Hofstätten schenkte, dürfte es das älteste erhaltene Haus von Graz sein. So wie heute sah der Hof freilich nicht aus als die Zisterzienserfratres von Rein (s. S. 294 f.) hier Wein und andere Waren zum Verkauf in der Stadt lagerten und die Ordensherren hier Quartier nahmen. Aber wie er damals aussah, weiß man nicht genau. Er wurde mehrfach verändert und diente vielfachen Zwecken. Im hinteren Trakt existiert noch eine kleine, spätgotische Halle, im 1. Geschoß eine Holzbalkendecke aus dem 16. Jahrhundert mit Kerbschnitzornamentik. Haydn dirigierte 1787 hier ein Konzert. Die klassizistische Fassade stammt von 1825.

Auf der anderen Straßenseite liegen wieder zwei beachtenswerte Barockbauten nebeneinander; Nr. 15, das sogenannte kleine Palais Attems, und Nr. 17, das bedeutendere, das eigentliche *Attems-Palais* (Abb. 80). Es ist ein Palast, der in seiner Bausubstanz und seinem Interieur die Zeiten unverändert überdauerte und der vom Anfang an bis zur Übernahme durch das Land Steiermark 1969 immer im Besitz der gleichen Familie, eben der Attems, war. Sie lebten anfänglich in Friaul. Da sie sich aber nicht der Republik Venedig beugen wollten, wanderten im 16. Jahrhundert Angehörige nach Graz aus. Ignaz Maria Graf Attems erbaute sich anstelle von sechs Bürgerhäusern und nach dem Abriß des Tores zum ›vorderen Sack‹ von 1702–1716 diesen repräsentativen Wohnsitz. Die Schaufront des Baukörpers ist klar gegliedert. Ein Gesims faßt die beiden unteren Halbgeschosse wie zu einem Sockel zusammen. Er trägt dann die beiden oberen mit großen, durch Pilaster voneinander getrennten und von Amphoren, Bögen und anderen Zierrat begleiteten Fenstern. Ein Portalvorbau, der einen breiten Balkon trägt, wirkt in dieser Einheit unorganisch. Er öffnet jedoch das in die ganze Tiefe des

Gebäude reichenden Vestibül. Aus ihm steigen zwei Treppen in prächtige, mit Stukkaturen von Domenico Bosco und C.F. Casagrande und auf Leinwand gemalten Bilder von Franz Carl Remp in den Decken- und Wandfeldern, mit geschnitzten Vertäfelungen, Öfen und Kristallüstern ausgestattete Räume.

Die Straße weitet sich jetzt zum Schloßberg-Platz. Er war einmal der Fischmarkt. Den an der steilen Wand als Zickzackband zum Uhrturm führenden ›Kriegssteig‹ legten 1916–1918 k.u.k. Pioniere an. Auf der anderen Seite der Ausbuchtung bildet die geschwungene, von Halbsäulen geteilte Fassade der Ursulinenkirche ›Heilige Dreifaltigkeit‹ einen starken Gegensatz zu den eckigen Formen der Treppe. Von Bartholomäus Ebener 1696–1700 erbaut, dokumentiert sie den italienischen Einfluß auf den Stil des Grazer Barock.

Ehe die Sackstraße auf den Kaiser Franz-Josefs-Kai mündet, fällt unter den verschiedenen Häusern die *Alte Münze* (Nr. 22) auf. Ab 1756 war sie Prägestätte. Der Kaiserliche Doppeladler mit den Initialen M.T. für Maria Theresia über dem Torbogen zeigt an, daß es sich um ein Amtsgebäude handelt. In dieser Gegend übten früher die Lederer ihren Beruf aus. Jetzt haben sich Antiquitätenhändler hier niedergelassen, was zu wissen für interessierte Fremde sicherlich wichtig ist.

Zwischen Sackstraße und Mur befinden sich aber noch zwei weitere geschichtsträchtige Komplexe. Der eine war der *Admonter Hof* (Zugang durch die Passage des Kaufhauses Kastner und Öhler), 1280–1290 vom Abt Heinrich dieses Stiftes im Ennstal erbaut. Er wurde freilich wieder vielfach verändert. Der zweite heißt ›*Paradeis‹* und war ebensolchen Veränderungen unterworfen. Zuerst, im Mittelalter, errichtete der Eggenberger Balthasar hier ein Spital. 1568 kauften dann die Landstände einem seiner Nachkommen den Platz ab. Francesco Marmaro richtete jene evangelische Schule ein, an der u. a. Kepler lehrte. Aber die Gegenreformation erzwang 1598 die Auflösung des Instituts. Die Landstände mußten die Trakte der frommen Maria von Bayern, Witwe Erzherzogs Karls II. und Mutter Kaiser Ferdinands II., schenken und die gründete in ihnen ein Klarissinenkloster. Sie trat selbst ein und starb dort auch. 1787 hob Joseph II. das Kloster auf. Zuletzt wohnten Grazer Bürger im Konvent. Heute gebraucht das Kaufhaus die innen modernisierten Gebäude. Immerhin verblieb ein stiller Hof mit einer reizvollen Fassade josephinisch-klassizistischen Stils und Arkaden, die einmal die des Klosterkreuzganges waren.

An der linken Seite des Rathauses am Hauptplatz verläuft die *Herrengasse* als das andere Stück der angenommenen Stadtachse in südlicher Richtung. Sie ist Fußgänger-Zone – obwohl dort noch die Tram fährt – und Hauptgeschäfts- und Flanierstraße. Unter den Häusern auf der Ostseite, manche mit barocken Pilaster-Gliederungen, sticht sogleich das sogenannte ›*Gemalte Haus‹* ins Auge (Abb. 86). Bis 1450 war es Lehenshof steirischer Herzöge. Anläßlich eines Umbaues 1742 überzog Johann Mayer die Mauern bis unters Dach mit einer Haut von Fresken, mit Bildern allegorischer Reiter- und anderer Figuren und Türkenkriegstrophäen.

Graz, Herrengasse mit Landhaus, 1681 (aus Georg Matthaeus Vischer: ›Topographia Ducatus Stiriae‹)

Die andere Seite beherrscht dagegen das Landeszeughaus und das *Landhaus der steirischen Stände*, eine Gruppe von mehrere Höfe umschließenden Gebäuden aus verschiedenen Zeiten. Sie nehmen ein Geviert ein, das neben der Herrengasse auch die Landhaus- und die Schmiedgasse begrenzen. Ältester Teil ist ein Trakt an der Schmiedgasse. Für ihn kauften die Adligen um 1510 alte Bürgerhäuser an. Alsbald schloß sich ein anderer Trakt (1527–1531) um die Landhausgasse an, bis 1557–1565 der Haupttrakt Ecke Landhausgasse – Herrengasse folgte. Mit dem Bau dieses repräsentativen Ständehauses beauftragte man den Festungsbaumeister Domenico dell'Allio. Er schuf damit den bedeutensten Renaissancebau der Steiermark. Manche Schloßbaumeister im Lande ahmten seinen Stil in der Epoche des Frühbarock nach, ohne seine Qualitäten jedoch erreichen zu können. Dell' Allio gestaltete seinerseits wiederum nach dem Typus lombardisch-venezianischer Palazzi. Seine Front in der Herrengasse ist horizontal streng disponiert. Gekuppelte Rundbogenfenster mit Balustersäulchen öffnen die Mauer wie nach einem, nach strengen Maßen gebildetes Muster. Den Akzent setzt in der Mittelachse ein kräftiges Portal; darüber eine axial eingeteilte Reihe von kleinen und wiederum darüber eine Reihe von größeren Fenstern mit Dach und Balkon in der Art einer venezianischen Loggia.

Nach dem Tode dell'Allios verlängerten Francesco und Antonio Marmaro 1581–1584 den Bau um vier Fensterachsen nach Süden. Außerdem setzten sie, um das Zentrum der Fassade zu betonen, dem Dach ein Uhrtürmchen auf. Der steirische Panther als Wetterfahne auf der Haube ist eine vorzügliche Arbeit des Goldschmiedes

Graz, Landhaus, Innenhof, 1681 (aus Georg Matthaeus Vischer: ›Topographia Ducatus Stiriae‹)

Zwigott (1887). Wie ›italienisch‹ dell'Allio seinen Bau dachte, erweist sich aber erst richtig und eindringlich im Hof, den auf zwei Seiten dreigeschossige Laubengänge in toskanischer Pilasterordnung und Balustradenbrüstungen umgeben. Ein offener Bogengang (1886–1890) von Hermann Scanzoni schließt ihn anstelle eines abgetragenen Gebäudeteils zumindest optisch ab, so daß sich der festliche-heitere Charakter der Arkaden nicht verliert. In der Nordostecke des Hofes fügt sich eine gekuppelte Kapelle und eine überdachte Freitreppe von di Bosio (1630–1631) gut ins Bauensemble ein (Abb. 82), und eine Brunnenlaube, ein zierliches Gewebe aus Bronze, 1589–1590 von Thoman Auer und Marx Wening gegossen, schmückten den Freiluft-Festsaal ungemein.

Die Landesregierung unterhält im Landhaus Büros, und der Landtag hält in der Landstube seine Sitzungen ab. Diese Landstube ist ein überaus prächtiger Saal. Beim Umbau 1740–1741 gab ihm Georg Kraxner das jetzige Aussehen (Prunktüren, Prunköfen, Supraportenmalereien, Stuckplafond von Johann Formentini). Auch der Rittersaal, einst Schauplatz großer Empfänge und Bankette wurde 1744–45 umgestaltet (die Stukkaturen, Tierkreiszeichen und die vier Elemente, stammen diesmal von Pietro Angelo Formentini) und bei einem nochmaligen Umbau 1963–65 den heutigen Bedürfnissen angepaßt. Diese Räume können zusammen mit dem ›Steinernen Saal‹, einer gewölbten Halle im Haupttrakt und der Kapelle bei einer Stadtführung des

Fremdenverkehrsamtes besichtigt werden. Aber auch der Portier schließt sie interessierten Besuchern auf.

Die Fassade des Landhauses setzt in der Herrengasse das *Landeszeughaus* fort. Das Rundbogenportal mit Wappen vier adliger und eines geistlichen Ständevertreters, dem Panther im Sprenggiebel und den Statuen der Kriegsgötter Mars (Abb. 88) und Bellona (von Giovanni Mamolo) in den Nischen daneben erinnern nun nicht mehr an italienische Architektur. Als sich verschiedene Rüstkammern, auch eine im Landhaus, als zu klein erwiesen, ließen es die Stände vom aus der Schweiz eingewanderten Anton Solar erbauen. Der schmale, sich in die Tiefe ausdehnende Bau enthält in vier Stockwerken ein vollständiges, in der Welt einzigartiges Arsenal (Abb. 81; zirka 29 000 Stück) von Harnischen, Helmen, Schildern, Schwertern, Lanzen, Büchsen und Geschützen für die hauptsächlich die Türken bekämpfenden Truppen. Im 16. und 17. Jahrhundert war es das wichtigste Magazin Innerösterreichs. 1699 verwahrte es 185 700 Ausrüstungsstücke. Maria Theresia wollte 1741 das Zeughaus auflösen und das noch Brauchbare nach Wien überführen. Doch auf Bitten der Steirer verzichtete sie auf das Waffenlager. Den bis dahin bestehenden Landhaus-Landeszeughaus-Komplex ergänzte 1889 das sogenannte Kleine Landhaus mit dem Landhaus-Keller, der jetzt ein beliebtes Restaurant mit Grazer Fluidum ist (Eingang Schmiedgasse).

Die Straßenflucht der Herrengasse überragt und vollendet schließlich der Turm und die Fassade der *Haupt- und Stadtpfarrkirche ›Zum Heiligen Blut‹*. Diese Fassade mit Säulen-Portal-Vorbau und Statuen von Aposteln von Joseph Schokotnigg wurde erst 1742 einer gotischen Halle vorgeblendet und 1780–81 mit den schön geschwungenen, kupferbedachten Türmen überhöht (Joseph Stengg und Franz Windisch). Die Kirche entstand aus einer Kapelle, die Kaiser Friedrich III. 1440 errichten ließ und 1466 den Dominikanern übergab. Das kreuzrippengewölbte Joch im südlichen Schiff der jetzigen Kirche war dieser Kernraum. Die Mönche verlängerten ihn um vier Joche mit Netzrippen und bauten 1492 auch noch die drei übrigen Schiffe und, in der Manier der Bettelorden, den langen Chor an. Nach einer Barockisierung regotisierte man von 1875–1883 den Innenraum zum Schaden einer harmonischen Einrichtung. Die jetzige stammt hauptsächlich vom Neugotiker Jakob Gschiel und ist von ungleicher Qualität. Neogotische Glasfenster im Chor zerstörten Bomben. Für diese Fenster entwarf der Salzburger Albert Birkle 1950 neue Bilder vom Weltgericht, der Anbetung des Lammes, von St. Michael und eine Passion. Unter die Verfolger Christi reihte er Hitler und Mussolini ein. Künstlerisch am wertvollsten ist die Altartafel in der Nepomuk-Kapelle von Jacopo Tintoretto. Erzherzog Ferdinand II. schenkte diese, im Todesjahr des berühmten venezianischen Meisters gemalte ›Mariä Himmelfahrt‹ 1594 der Stadtpfarrkirche.

Am ›Eisernen Tor‹ endet die Herrengasse. An diesem Platz stand bis zum Abbruch 1860 das südliche Stadttor. Die Mariensäule erinnert an einen Sieg über die Türken 1664 bei Mogersdorf. Das *Palais Welsersheimb* an der Ecke zur Hans-Sachs-Gasse erbaute

Joachim Carlone im Auftrag von Sigmund von Stubenberg 1689–1694. Wegen seiner reich gegliederten und mit Fruchtgehängen verzierten und vorzüglich restaurierten Front und dem großzügigen Stiegenhaus (Stuck und Malereien von Matthias Echter) zählt es zu den schönsten Adelspalästen der Stadt.

Nachdem der Besucher von Graz nun sicherlich mit Vergnügen über die Herrengasse spazierte, nachdem er sich wahrscheinlich in einem seiner Cafés oder einer Gaststube stärkte, verlockt ihn die Neugier vielleicht zu weiteren Gängen in die angrenzenden Viertel.

Zur Murseite hin lohnen die Schmied- und die Raubergasse einen Bummel mit offenen Augen. Die Schmiedgasse war im Mittelalter das Quartier der Stellmacher, Spengler, Büchsenmacher und eben der Schmiede. Heute säumen sie mehr oder weniger Wohlstand bezeugende Bürgerhäuser aus der Barockzeit, erkennbar am schmucken Beiwerk der Fassaden (Pfeilergliederung, Portale, Madonnenstatuen). Hier wurde in einem allerdings nicht mehr existierenden Haus der Operettenkomponist Robert Stolz 1880 geboren. In der Reihe der Bürgerhäuser bildet das *Palais Kollonitsch* eine Ausnahme. Graf Kollonitsch erbaute es 1642 im Renaissance-Stil. Man beachte die reizvollen Erker auf Säulen, die Wappentafel oberhalb des Mittelfensters und den großen Arkadenhof mit offener Treppenanlage.

Auch unter den alten Häusern der Raubergasse zeichnet sich ein Bau besonders durch seine Front mit Rustikaportal aus. Über der Tür steht ›*Joanneum*‹. Das heißt, es gehört zu jenem ›Innerösterreichischen Nationalmuseum‹ (jetzt ›Steiermärkisches Landesmuseum‹), das Johann Baptist, Erzherzog von Österreich (s. S. 404 f.), 1811 zur Förderung der Kunst und Wissenschaften gründete. Als Grundstock stiftete er seine eigenen Sammlungen, und für sie kauften die Stände damals diesen ehemaligen, zwei Binnenhöfe umschließenden Stadthof des Stiftes St. Lambrecht. Sein Baumeister Domenico Sciassia errichtet ihn von 1665–1675 anstelle eines Sitzes der Ritter von Rauber. In diesem ›alten Museum‹ sind jetzt die Abteilungen für Botanik, Zoologie, Geologie, Paläontologie und Bergbau und für Mineralogie untergebracht. (Sehenswert vor allem die letzteren, weil sie u. a. anschauliche Kenntnisse über die steirischen Bodenschätze und ihre Gewinnung vermitteln.)

Kunst und Kunstgewerbe birgt dagegen das ›*Neue Museum*‹, nach Plänen von August Gunolt 1890–1895 in der Neutorgasse erbaut. Es ist eine wahre Schatzkammer für Kostbarkeiten von der Romanik bis zum Barock aus dem ganzen Land und für Zeugnisse der Wohn- und Lebenskultur seit dem 15. Jahrhundert, insbesondere für Kollektionen von Musikinstrumenten und Kunstschmiedearbeiten.

Zwischen ›Altem‹ und ›Neuem Museum‹ liegt ein kleiner Park, Teil vom einstigen, ebenfalls von Erzherzog Johann geschaffenen botanischen Garten, sowie die Steiermärkische Landesbibliothek mit zirka 500 000 Bänden.

Interessanter als Schmied-, Rauber-, Neutor- und andere Gassen westlich der Herrengasse dürfte sich freilich das Viertel östlich dieser Straße erweisen. In der abzweigenden Stampfergasse Nr. 6 (eindrucksvoller Renaissance-Hof) lebte Kepler, mit einer steirischen Adligen verheiratet, von seiner Hochzeit 1597 an bis zu seiner Ausweisung 1600. Am Glockenspielplatz tanzt im Giebel eines Hauses täglich zweimal ein Steirerpaar nach volkstümlichen Melodien des den Platz benennenden Spielwerks. Verschiedene Fassaden verbergen reizvolle Laubenhöfe; hervorragend der des Palais D'Avernas (Nr. 5). Den Bischofsplatz zieren wieder Hausfronten des 18. Jahrhunderts. An diesem Platz fallen das rosafarbene Palais Inzaghi (1775) und die Residenz der Fürstbischöfe von Seckau (1781–82) auf, deren Sitz von der Abtei bei Knittelfeld 1780 nach Graz verlegt wurde. Das Haus bestand schon 1254 als Stadtquartier des Stiftes (im Innern nach Kriegsschäden aufgefundene mittelalterliche Fresken).

Über die zum Dom ansteigende Bürgergasse nähert man sich dem Architektur-Ensemble, das die Grazer als ›Stadtkrone‹ bezeichnen. In diesem Bereich schuf sich der steirische Herzog Friedrich V., später als Kaiser Friedrich III., von 1438–1452 eine Residenz. Nachfolger bauten um und zu, so daß bis 1600 Trakte aus verschiedenen Zeiten zu einem einheitlichen Gebilde zusammenwuchsen. Karl II., seit 1564 Regent von Innerösterreich, und sein Sohn Ferdinand füllten die Räume mit glanzvollem Leben, bis der Hof nach der Kaiserwahl Ferdinands 1619 nach Wien übersiedelte.

Am Ende des 18. Jahrhunderts begannen dann einschneidende Veränderungen des Komplexes. Maria Theresia trat den Landständen ein Stück Gelände für den Bau eines Schauspielhauses ab (1776 eröffnet, 1823 abgebrannt, später Kino, 1952 aus baupolizei-lichen Gründen geschlossen, jetzt, neuerlich umgebaut, Spielstätte der Vereinigten Bühnen). Teile des Hofgartens wurden aufgelassen. Mit dem Abbruch des Vizedomhofes entstand der jetzige Freiheitsplatz. Wegen Baufälligkeit fielen 1853/54 andere Gebäude u. a. mit einer Prunktreppe, die dell'Allio entworfen hatte. Und als 1950–1952 die Landes-regierung dort ein Amtshaus errichtete, war der Burg- und Schloßcharakter der Bauten endgültig dahin. Übrig blieben der gotische Torturm von der in die Burg einbezogenen Stadtmauer (eines der zwei erhaltenen Stadttore von einstmals elf) und das angrenzende Gebäude, ein verstümmeltes Portal und darüber vermauerte Reste des sogenannten Trompeterganges und im Friedrichsbau eine nicht zugängliche Kapelle und glücklicher-weise der Turm mit der gotischen Doppelwendeltreppe (1499–1500). Die allerdings ist ein unvergleichliches Baudenkmal. Über ellipsenförmigen Grundriß winden sich zwei Treppen gegenläufig um zwei Spindeln und treffen sich in der Mitte. Ab dem zweiten Stock staffeln sich dann die Stufen frei ohne jede Unterstützung weiter nach oben. Dabei schmückt noch vorzügliches Blendmaßwerk die Treppenspindeln.

Ein 1854 abgerissener, mehrstöckiger Gang über die Hofgasse verband einmal die Burg mit dem Dom. Auch die Kathedrale ließ Friedrich III. 1438–1462 als *Hof- und Pfarrkirche St. Ägyd* vom schwäbischen Baumeister Hans Niesenberger aufführen. Vorher nahm ein romanisches Gotteshaus seinen Platz ein. Als Karl II. zur Gegenrefor-mation die Jesuiten berief, übergab er ihnen die Kirche. Stadtpfarrkirche wurde die ›Zum Heiligen Blut‹ in der Herrengasse. Nach Aufhebung des Ordens wurde St. Ägyd 1786 Dom der Bischöfe von Seckau (s. S. 376). Turmlos, nur mit einem Dachreiter ver-sehen, mit vier in der Barockzeit angebauten Kapellen macht er äußerlich keinen großen

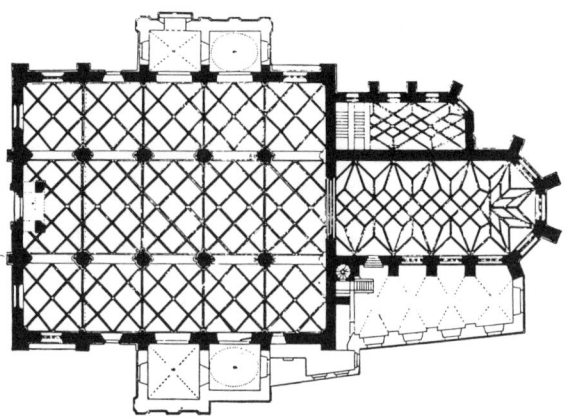

Graz, Dom St. Ägydius, Grundriß

Eindruck. Anfänglich waren seine Wände reichlich mit Fresken bemalt. An der Südseite verblaßt als Überbleibsel leider mehr und mehr das schon jetzt fast unkenntliche Landplagenbild von Thomas von Villach (1480). Bedauerlicherweise läßt es sich wegen eines Wachsüberzuges nicht restaurieren. Das Bild zeigt die damalige Ansicht von Graz, das die Gottesplagen Heuschrecken, Pest und Türken heimsuchen. Auch das Hauptportal stammt aus dem 15. Jahrhundert (die Figuren erst um 1880). Über seinem schön geschwungenen, gotischen ›Eselrücken‹ die Schilder mit Reichsadler, steirischem Panther und portugiesischem Wappen, da die Gemahlin Friedrichs III. eine portugiesische Königstochter war, und Schriftbändern mit der Devise des Kaisers: AEIOU. Mit diesen Lettern signierte der Herrscher alle von ihm veranlaßten Objekte. Sie bedeuten »Austria est imperare orbi universo« – alles Erdreich ist Österreich untertan.

Der Innenraum wirkt, unbeeinflußt von der Einrichtung, ein wenig herb. Von seinen künstlerischen Schätzen seien nur die wichtigsten erwähnt. Der großartige Hochaltar (1730–1733), vom Jesuiten Kraxner entworfen, prangt von verschiedenen Marmorsorten aus Afrika, Frankreich und Italien. Das Bild vom heiligen Ägyd mit den vierzehn Nothelfern von Flurer begleiten die Statuen der Katharina und Barbara. Über dem Gemälde eine meisterliche Gruppe der Marienkrönung von Schoy und die göttlichen Tugenden Glaube, Liebe, Hoffnung und die vier Evangelisten. Die Figuren der Jesuiten-Heiligen auf den Umgangsbögen schuf der junge J. Th. Stammel. Vom gotischen Altar blieb die Tafel ›Kreuzigung im Gedränge‹ erhalten, so genannt, weil Konrad Laib aus Salzburg auf dieser 3 × 3 m großen Fläche 1457 etwa 300 Personen und dreißig Pferde malte. Und wie er sie malte! Sein Werk zählt zu den bedeutendsten Österreichs.

An der gegenüberliegenden Wand hängt ein wiederum bemerkenswertes Bild, eine Votivtafel. Sie stellt Karl II. und seine Frau Maria von Baiern mit ihren fünfzehn Kindern und deren Schutzpatronen dar (Jakob de Monte 1591). Von hohem künstlerischen Wert sind auch die beiden Reliquienschreine an den Wänden des Triumphbogens. Sie waren ursprünglich Brauttruhen der Gräfin Paola Gonzaga und gehörten wie die im Klagenfurter Landesmuseum befindliche zu ihrer Aussteuer. Ihr Gatte Leonhard von Görz vermachte sie den Georgsrittern in Millstatt (s. S. 194) und von dort brachten sie die Jesuiten nach Graz. Sie wurden 1477 in Mantua gefertigt und ihre Bein- und Elfenbeinreliefs entwarf Andrea Mantegna. Auch die Kanzel darf nicht übersehen werden (1710 von Linenmeier und Marx Schokotnigg mit Bildern von Hauck). Als bekanntester Prediger seiner Zeit erklärte der einige Jahre in Graz tätige Abraham a Sancta Clara bei einer Hochzeit von ihr herab den Wahlspruch Friedrichs II. mit »Allen ersprießlich ist Österreichs Urteil«. Obwohl die Kapellen durchaus sehenswerte Kunstwerke bergen (u. a. Bilder des Hofmalers Pietro de Pomis vom Anfang des 17. Jahrhunderts; Abb. 90) wird hier nur noch auf die ›Schmerzhafte Muttergottes‹ hingewiesen. Zu diesem Gnadenbild beteten die Grazer, als die Türken 1664 wieder einmal an der Grenze zur Steiermark standen und die kaiserlichen Truppen diese scheinbar nicht verteidigen konnten. Alsbald traf aber die Nachricht vom Sieg bei Mogersdorf ein und die Stadt war gerettet.

Bevor man den Dom verläßt, sollte man noch einen Blick auf die zwei Christophorus-Fresken (um 1500) werfen, denn nach mittelalterlichen Glauben stirbt der nicht eines plötzlichen Todes an dem Tag, an dem er den Heiligen erblickte. Angeblich zeigt eines der Bilder die Gesichtszüge Friedrichs III.

Man tritt aus dem Dom, um eigentlich sogleich das künstlerisch noch anziehendere *Mausoleum* Kaiser Ferdinands II. unmittelbar an der Südmauer der Kirche zu betrachten (Farbt. 28). Seine imposante Fassade sprengt den kleinen Platz davor. Er bietet ihrer Wirkung zu wenig Raum. Oder wirkt sie vielleicht gerade wegen dessen Enge so stattlich? Jedenfalls handelt es sich um eine außergewöhnliche Architektur, die zahlreiche Kunsthistoriker schon seit dem 19. Jahrhundert auf Herkunft, Zusammenhänge und anderes untersucht und interpretiert haben. Da stehen vier ionische Säulen auf hohen Sockeln, streben aufwärts. Aber dann lastet auf den beiden inneren Säulen auch ein Segmentbogen, während Pilaster die beiden äußeren fortsetzen. Doch dann beschwert wieder ein Dreiecksgiebel, über die volle Breite der Front reichend, das Ganze, und einen über die oberen Schenkel gewölbter, großer Bogen verstärkt die Last noch einmal, obwohl Pilaster und Fenster das Dreiecksfeld öffnen. Doch drei überlebensgroße Figuren, die heilige Katharina (vorher stand hier ein ihr geweihter Karner) und zwei Engel nehmen die Vertikalen wieder auf und lassen sie ausklingen. Ein das Mittelfeld aufbrechendes Portal wiederholt die Motive. Zum Schluß belebt das Patina-Grün von zwei Kuppeln und einem Kampanile die Ansicht.

Alles in allem erscheint die Fassade mit ihren Stilmerkmalen des beginnenden Barock als von Italien geprägt und so verweisen die Kunsthistoriker auf venezianische Bauten und auf die Kirche ›Il Gesù‹ in Rom. In der Tat ist das Mausoleum auch das Werk von Italienern, von jenem Pietro de Pomis und von Pietro Valnegro, seinem Bauleiter, der die Arbeiten nach de Pomis Tod (1633) fortführte. De Pomis (geb. 1569) stammte aus Lodi bei Mailand und war als Hofkammermaler nach Graz gekommen. Doch er war

weit mehr als das. Er war auch Plastiker, Medailleur, Ingenieur, der die innerösterreichischen Grenzbefestigungen beaufsichtigte. Er gründete die Grazer Malerbruder-
schaft. Gefördert von der verwitweten Erzherzogin Maria, der Mutter Ferdinands II.,
bestimmte er sozusagen die Grazer Kunstszene seiner Zeit. Vor allem aber war er
Architekt. Das Mausoleum bezeugt seine Meisterschaft. Der Bau dauerte von
1614–1638. Er hat die Form eines lateinischen Kreuzes mit Halbkreisapsis, Tonnengewölbe, 47 m hoher Vierungskuppel und Turm. Den südlichen Kreuzarm verlängert die
ellipsenförmige, ebenfalls von einer Kuppel bekrönte Grabkapelle. Das Monument
verblieb jedoch jahrzentelang in rohem Zustand, obwohl der von Wien überführte
Leichnam des Kaisers schon 1637 dort beigesetzt wurde. Erst 1687 entwarf der
berühmte Johann Bernhard Fischer von Erlach, beauftragt von Kaiser Leopold I., die
Innenausstattung. Die Einweihung und Konsekration der Altäre fand sogar erst 1714
statt. Fischer von Erlachs Stukkierungen, von drei italienischen Handwerkern ausgeführt, ist von lebendiger, bestechender Vielfalt. Sie überspielt die Fresken von Franz
Steinbichler und Mattias Echter, die – ohne viel tiefenräumliche Illusionen – im
Wesentlichen das Haus Habsburg verherrlichen. Der Hochaltar mit seiner hervorragenden, vergoldeten Katharinen-Statue von Marx Schokotnigg, gleichfalls nach Plänen
von Fischer von Erlach, vervollständigt die Ausstattung angemessen. Beachtenswert
auch das Bild ›Eva mit totem Abel‹ von Antonio Belucci (1699) auf dem linken
Seitenaltar. Daneben übrigens eine Reproduktion des erwähnten Landplagenbildes.
Die Grabkapelle ist heute Bischofsgruft. Durch eine schmiedeeiserne Gittertür (1695)
gelangt man in die Kaisergruft. In der Mitte des Raumes der rotmarmorne Sarkophag
des Erzherzogpaares Karl II. und Maria von Baiern von Sebastiano Carlone (Abb. 83).
Er wurde aus den Klarissinnenkloster nach dessen Aufhebung hierher übertragen.
Allerdings ruhen in ihm nur die Gebeine der Maria. Karl II. wurde in einem eigenen
Mausoleum in der Stiftskirche zu Seckau begraben (s. S. 378). Links vom schlichten
Altar (Terrakotta-Engel von Carlone) befindet sich unter zwei Marmorplatten das
Grab des Kaisers, rechts davon das seiner ersten Gemahlin Maria Anna von Baiern und
rechts von der Stiege das ihres mit 14 Jahren verstorbenen Sohnes Johann Karl. Am
Stiegenaufgang weist eine Inschrift auf die hier begrabene Maria Theresia, Gattin
Karls X., König von Frankreich, hin, die 1805 in Graz verstarb. Schließlich wurden in
sechs Urnen einer vergitterten Nische noch die Herzen von Erzherzögen, Kaisern und
ihren Frauen beigesetzt.

Vorplatz und Freitreppe am Mausoleum erhielten 1831 ihre Gestalt. Damals wurde
ein Verbindungsgang zwischen Dom und Jesuitenkolleg abgebrochen. Die Gebäude
des Jesuitenkollegs und der Alten Universität (Bürgergasse 2 u. 2a) bilden einen
Komplex. Im ersten eröffneten 1585 die Jesuiten ihre erste Universität (großer
Arkadenhof, Prunkstiege im Südflügel), und als die Räumlichkeiten zu klein wurden,
erbaute man 1607–1609 das zweite Kolleg (Portal!). Die Jesuiten besaßen anfänglich
auch das jetzt als *Domherrenhof* (1762–64) bezeichnete Gebäude schräg gegenüber. Es
war ehemals ein adliges Konvikt, wurde aber bei der Verlegung des Bistums den

Domherren überlassen. In der schön gegliederten Front nimmt sich besonders das reiche Portal (Farbt. 27) gut aus, mit dem von den Allegorien Religion und Wissenschaft flankierten Porträtrelief des Erzherzogs Karl II., geschaffen 1786 von Veit Königer, wie der Herkulesbrunnen im Hof auch.

Bei Wanderungen durch dieses Viertel stößt man unweigerlich auch auf den Freiheitsplatz weiter hangaufwärts. Dessen Gelände zählte zur Burg. Auf dem von Maria Theresia geschenkten Grundstück erbauten die Stände 1776 das Schauspielhaus. Es brannte 1823 völlig ab. Die Stände verkauften einige Kanonen aus dem Zeughaus und finanzierten mit dem Erlös den Wiederaufbau. Bei dieser Gelegenheit schufen sie durch die Beseitigung anderer Gebäude den heutigen Platz. Anstelle des Vizedomhauses entstand 1838 das Palais an der Nordseite, ›Lambrechter Hof‹ geheißen, da es dem Stift St. Lambrecht gehört. 1831 wurde das vom Mailänder Pompeo Marchesi entworfene Kaiser-Franz I.- Denkmal aufgestellt. In der nahen Hofgasse Nr. 6 die 400 Jahre alte Hofbäckerei und Nr. 10 der ›Taubenkogel‹, ein schmales Gebäude, das die Klöster des Landes als Erweiterungsbau für die Jesuitenschule 1618 aufführen ließen (im Hof beachtlicher Treppenturm).

Am Karmeliterplatz fing Karl II. an, eine damals noch außerhalb der Stadtmauer liegende ›Neustadt‹ zu gründen. Das Karmeliterkloster (Nr. 3) und seine Kirche (1633), im jetzigen Landesarchiv noch erkennbar, war ein Teil davon. Das Haus mit dem Renaissance-Erker (Nr. 1) diente von 1614–1621 als Nuntiatur des päpstlichen Gesandten am Grazer Hof. Die Dreifaltigkeitssäule dankt für das Erlöschen der Pest. Ihr gegenüber führt ein Durchgang zum Schloßberg. Nach Norden verläuft die Paulustor-Gasse. Dort steigt man links über die Stufen zur Kirche St. Antonio von Padua hinauf. Ihr Hochaltargemälde von de Pomis ist eine Apotheose der Gegenreformation und bildet deren Verfechter Ferdinand II. und das damalige Graz ab. Ein anderes Bild, ebenfalls von de Pomis, zeigt die Stiftung des Klarissinnenklosters mit Maria von Baiern, die ein Modell hält.

Gleich daneben, im ehemaligen Kapuzinerkloster, das ›Steirische Volkskundemuseum‹ mit einer Fülle hervorragender Exponate bäuerlichen Hausrats und Geräten, Trachten und Zeugnissen des Brauchtums und Volksglaubens. (Wer sich für Volkskunst interessiert, findet hier eine Lehrschau allerersten Ranges.)

Zu Kirche und Kloster wurde der Grundstein am 10. 8. 1600 gelegt. Am 8. 8. jedoch verbrannte man dort noch 10000 von den in den Schoß der katholischen Kirche zurückgekehrten Bürgern abgelieferte protestantische Bücher. Die anschließende Rampe wurde 1933 geschaffen. Dort Haus Nr. 15 bemerkenswert; schloßähnlich mit Erkertürmchen, vielfach verwendet, z.B. als Militärhospital, Irrenanstalt, Krankenhaus, jetzt Gericht; da es 1601–1618 dem Lavanter Bischof von Palmburg gehörte, auch Palmburg genannt.

Eine prachtvolle Barockfassade (großzügige Gliederung durch Halbsäulen) zeigt wieder das Palais Wildenstein gegenüber, erbaut um 1700 vom gleichnamigen Grafen. Und schließlich erreicht man das Paulustor. Es ist das einzige noch erhaltene Tor zum

Wall von der Renaissance-Befestigung der Stadt und wurde 1582 begonnen. Seine Außenseite zieren von Pacobello 1605 vorzüglich ausgeführte Wappen Ferdinands II. und seiner Gemahlin Maria Anna von Baiern.

Um zum Ausgangspunkt der Besichtigungsgänge, dem Hauptplatz zurückzukehren, geht man vom Karmeliterplatz die Sporgasse abwärts. Sie erhielt ihren Namen von den Sporern, den Waffenschmieden, und ist die zweite Flanier- und Einkaufsstraße im Fußgängerbereich der Innenstadt. Im Hof des Palais Saurau-Göß (Nr. 25) tafelte 1532 der türkische Feldherr Ibrahim Pascha. Plötzlich flog ihm eine Kugel vom Schloßberg in die Schüssel. Darüber arg verstimmt soll er gesagt haben: »Wenn ich den heißen Ofen (die Festung) nicht haben kann, will ich auch die kalte Stube (die Stadt) nicht.« Mit anderen Worten, er verzichtete auf eine weitere Belagerung und zog ab. Als Erinnerung ragt die Halbfigur eines Türken aus einer Dachluke.

Trotz der verlockenden Auslagen der Geschäfte mannigfacher Art sollte man jedoch auch das Gasthaus ›Zur goldenen Pastete‹ aus der Renaissancezeit, das Deutschritter-Ordenshaus (Nr. 22) mit teilweise gotischem Arkadenhof, die spätgotische Fassade des Hauses Nr. 12 und die des Jugendstils am Haus Nr. 3 beachten (Abb. 78). Am merkwürdigsten erscheint aber das Haus Nr. 21. Es öffnet die Häuserfront mit einem Treppenaufgang und ist die Stiegenkirche ›St. Paul im Wald‹. Hier am Schloßbergabhang, über der Urzelle der Stadt, errichteten die Augustiner von 1619–1627 Kloster und Kirche. Bis 1957 betreuten sie die Jesuiten. Bei der Neugestaltung im Jahre 1984 wurde der Innenraum mit einem abstrakten Altarbild von Gottfried Mairwöger und einem Gobelin von Helga Schegula – der Entwurf dazu stammt von Werner Augustiner – versehen.

Manche Straße in diesem Viertel östlich der Herrengasse geleitet wie zur Erholung für Pflastermüde ins Grüne, in den *Stadtpark* nämlich. Die Bürger von Graz sind stolz auf ihn. Mit Recht! Letzten Endes haben sie ihn sich selbst geschaffen. Er war einmal das Glacis der Festung. Das Vorfeld sollte eine unbemerkte Annäherung des Feindes verhindern. Der fortschrittliche Kaiser Joseph II. hob die Festung 1784 auf. 1787 zog Landesbaudirektor Ritter von Formentini eine Kastanienallee durch das Areal. Ansonsten diente das Gelände als Exerzierplatz …, bis 1867 dem Bürgermeister Ritter von Franck die Idee kam, daraus etwas Besseres zu machen. Ein Verschönerungsverein wurde 1869 gegründet. Seine Mitglieder brachten 24 000 Gulden auf. Eine Sparkasse stiftete 25 000 Gulden. 1874 war der Park vollendet. Heute präsentiert er sich als große wohlgepflegte gärtnerische Anlage mit seltenen Bäumen wie Amberbäumen, Judasblattbäumen, Tulpenbäumen, mit Ziersträuchern wie Feuerdorn und Goldregen und selbstverständlich mit Blumen über Blumen. Unzählige Eichhörnchen bevölkern ihn.

Zahlreiche Denkmäler erinnern an vorzügliche Männer. Seit 1874 plätschert am Rondell der von der Wiener Weltausstellung weggekaufte Stadtpark-Brunnen und auch dafür griff die Bevölkerung wieder in die Tasche und spendete den halben Preis, 15 000 Gulden. Im über hundert Jahre alten Musikpavillon wird an Sommersonntagen immer noch konzertiert, und aus einem Café von 1876 entstand das inzwischen im deutschen Sprachraum als Kulturinstitution weithin berühmte ›Forum Stadtpark‹. Damit hat es eine besondere Bewandtnis. In der Begeisterung über die Umwandlung des militärischen Übungsplatzes in einen englischen Garten wünschte man sich einen ›Kursalon‹. Jedoch das Geld reichte nur für das Café. Nach dem letzten Krieg war es baufällig. 1960 sollte es abgebrochen werden. Aber da ergriffen junge Avantgardisten die Initiative. Sie suchten Ausstellungs- und Vortragsräume für ihre neue Kunst. Sie wollten die Konfrontation mit der geruhsamen, überkommenen, gutbürgerlichen Kunstszene. Mehrere Gruppen schlossen sich zum Künstlerverein ›Forum Stadtpark‹ zusammen. Das Café wurde völlig neu wieder aufgebaut und war fortan das Zentrum weithin in Architektur, Malerei, Film und Fotografie, Theater und Musik wirkender Impulse und Aktivitäten. Vor allem wirkte ›Forum Stadtpark‹ mit seinen Lesungen und seiner Zeitschrift ›manuskripte‹ auf die Literatur ein. Was einst als Hausblatt konzipiert war, ist heute eine wichtige deutschsprachige literarische Zeitschrift. Warum weiß man, wenn man einige Forum-Autoren nennt, zum Beispiel Alfred Kolleritsch, Peter Handke, Barbara Frischmuth und Wolfgang Bauer.

Auch den als Gegenpol zu den konventionellen Sommerfestspielen seit 1968 veranstaltete ›Steirische Herbst‹ regte das Forum an. Dieses internationale Avantgarde-Festival ist allein der progressiven Kunst gewidmet. Nach einem komplizierten Auswahlverfahren spiegelt es zwei Monate lang im Jahr die zeitgenössische Moderne im ›Musikprotokoll‹, Literatursymposien, in Opern- und Schauspielaufführungen, in der Begegnung von Wissenschaftlern in der ›Steierischen Akademie‹ oder etwa in einen ›Non verbal-Theater‹, im ›Open-House‹ für die Jugend (Theater, Jazz, Pantomime, Chanson, Literatur, Film) oder zur Kunstbiennale ›Trigon‹. Künstler aus aller Welt wirken mit, auch solche der Ostblockländer. Das Publikum ist international und es kommt nicht selten auch aus Osteuropa. Namhafte Rezensenten angesehener Publikationen verbreiten die Ideen der Aufführungen, Animationsprogramme, Workshops, Diskussionen. Der ›Steirische Herbst‹ nimmt so die Tradition der Stadt, eine Kulturbrücke zwischen West und Ost zu sein, wieder auf und bereichert sie durch die Funktion eines Katalysators für neue und neueste Kunstäußerungen (neuerdings auch mit Veranstaltungen in Mürzzuschlag und Deutschlandsberg).

Zu den Spielstätten des ›Steirischen Herbst‹ gehört auch die Oper am nach ihr benannten Ring. Die Straße verläuft auch über das ehemalige Glacisgelände, und streng genommen fängt hier der Stadtpark an. Beim Bau des Hauses 1899 ahmten die Wiener Architekten Fellner und Helmer den Stil Fischer von Erlachs nach, so daß es nun als gutes Beispiel des Historismus gilt. Das hinderte die Intendanten freilich nicht, schon früher die ›Moderne‹ zu pflegen. Werke zum Beispiel von Pfitzner, Britten, Milhaud begannen auf ihrer Bühne ihren Weg durch die Musikwelt.

Auch den Burggarten (Eingang beim Café ›Promenade‹, dem Quartier der Burgwache von 1837, an der Erzherzog Johann-Allee) mit seinen Basteiresten und Schanzgraben kann man zum Stadtpark rechnen. Auch ihn benutzten die Organisatoren des

›Steirischen Herbst‹ zuweilen als Freilicht-Theater, und der in der reizenden Anlage aufgestellte ›Freiheitsadler‹ (1956) von Walter Skala, dem Abzug der Besatzungstruppen aus Österreich gedenkend, bezeugt die moderne Kunst.

Ganz in der Nähe sollte ein wahres Kleinod nicht verfehlt werden: die *Leechkirche*, die älteste Kirche von Graz und eines der wichtigsten gotischen Baudenkmäler des Landes. Man erreicht sie in der Höhe des ›Forum‹ von der den Stadtpark begrenzenden Glacisstraße aus durch die Rittergasse. Auf dem Hügel erbaute Herzog Leopold II. 1202 als Eigenkirche eine der heiligen Kunigunde geweihte Kapelle. Der letzte Babenbergerherzog Friedrich der Streitbare übergab sie 1233 dem Deutschen Ritterorden. 1250 zerstörten sie die Ungarn. Die Ritter errichteten deshalb zwischen 1275 und 1293 eine neue Kirche, den heutigen Bau. Geht man ein paar Stufen zu ihm hinauf, lächelt einem in einem abgetreppten, spitzbogigen Portal vor dem Grund eines Freskos im Tympanon eine schöne, frühgotische Madonna entgegen (Abb. 84). Die zackigen Falten ihres Kleides deuten auf die Entstehungszeit zwischen Romanik und Gotik hin (Ende 13. Jh.). Seltsamerweise zeigt ihr Kind das Gesicht eines Erwachsenen.
Der einschiffige Raum der Kirche zeigt Anklänge der französischen Hochgotik. Aus schmalen Wanddiensten zwischen großen Maßwerkfenstern entwickelt sich ein elegantes Rippengewölbe. Einige Fenster sind zwar inzwischen zugemauert, ihre Einfassungen blieben jedoch erkennbar. Die anderen füllen herrliche Glasgemälde; ein Passionszyklus (Abb. 89) und Heiligenfiguren von vielleicht noch größerer künstlerischen Güte (um 1330) von einem ›Ruger der Glaser‹ genannten Meister.
Neben dem spätbarocken Hochaltar mit einer Muttergottes des 15. Jahrhunderts befinden sich in der Kirche außerdem Schilder mit Namen und Wappen von Adligen des Ordens. Seine Aufgabe war und ist – denn er besteht noch und die Leechkirche ist sein Besitz – die Krankenpflege und die Verteidigung des Glaubens. Deshalb sah Herzog Friedrich die Ritter wohl auch gern in der Stadt. Sie sollten ihre Sicherheit erhöhen. Trotzdem wäre die Kirche 1662 fast geschleift worden. Das Gubernium vermutete Türkeneinfälle und fürchtete, die Osmanen würden sie als Stützpunkt nutzen.

Doch kehren wir zum Hauptplatz, dem Mittelpunkt der Altstadt, zurück. In gewissem Sinn zählt auch die Murvorstadt jenseits des Flusses zu diesem großen Bereich. In der Fortsetzung der Sporgasse führt die kurze Murgasse über die Hauptbrücke zum Südtiroler Platz. Die jetzige Brücke von 1965 hatte seit dem Mittelalter einige Vorgängerinnen. Eine davon riß einmal ein Hochwasser weg. Ursprünglich lag die Siedlung westlich der Mur nicht an deren Ufer, sondern auf einer vor Überschwemmungen sicheren Terrasse weiter auswärts. Erst im 16. Jahrhundert legte man die Straßen nahe dem Wasser an. Unregulierte Flußarme bestimmten ihren Verlauf. Die Namen Lendkai oder Lendplatz erinnern zudem an die Schiffahrt auf der Mur. Bis vor hundert Jahren landeten hier Plätten und Flöße. Sie beförderten Eisen,

Graz, Mitte d. 19. Jahrhunderts, mit 1845 erbauter Franz-Karl-Kettenbrücke (jetzt Hauptbrücke), Grieskai, Schloßberg und Franziskanerkirche

Holz, Salz aus der Obersteiermark ins Unterland und umgekehrt südsteierische Weine nach Norden. Sogar eine Art Personenverkehr gab es, bis 1889 ein Passagierdampfer gegen einen Pfeiler der Hauptbrücke fuhr und unterging.

Die wichtigste Sehenswürdigkeit dieser Gegend ist die *Wallfahrts-, Kloster- und Pfarrkirche ›Mariahilf‹*. Seyfried von Eggenberg (s. S. 289) schenkte den von den Franziskanern abgespalteten Minoriten 1525 hier einen Sommersitz mit Kapelle. Doch Erzherzog Ferdinand, unterstützt von Ulrich von Eggenberg, ließ durch de Pomis von 1607–1611 die Kirche mit einer San Giorgio Maggiore in Venedig nachgebildeten Fassade aufführen. Diese Front wurde allerdings 1742–47 von Josef Hueber durch die jetzige, zweitürmige ersetzt. De Pomis malte auch das Hochaltarbild. Während der Arbeit daran stritt er sich jedoch schon mit den Patres um den Preis. Da erblindete er plötzlich. In seiner Not rief er »Maria hilf! Maria hilf!« und gelobte, das Blatt umsonst zu vollenden, wenn er wieder sehen könne. Tatsächlich gewann er das Augenlicht zwei Tage später wieder, und als er sein Bild ansah waren – nach der Legende versteht sich – die Gesichtszüge der Maria und des Kindes bereits schöner gemalt als er es vermocht hätte.

Außerdem ereignete sich ein zweites Wunder. Einem Grazer Adligen erschien in türkischer Gefangenschaft die Gottesmutter und befreite ihn von seinen Fesseln. Zugleich gebot sie ihm nach seiner Heimkehr vor einem Bild zu opfern, das ihrer Erscheinung im Kerker glich. Der Mann suchte und fand das Bild schließlich bei de Pomis. Beeindruckt von der Erzählung stellte er ihn auf seinem Gemälde dar. Aus dem Altarbild wurde ein Gnadenbild. Nach seiner Aufstellung pilgerten und pilgern bis heute unzählige Gläubige zu dieser ›Stadtmutter von Graz‹. Unzählige Nachbildungen in allerlei Material wurden in Kirchen, Kapellen oder Wohnungen angebracht. Mariahilf zu Graz war schon im 17. Jahrhundert nach Mariazell (s. S. 388 ff.) das am meisten aufgesuchte Ziel der Wallfahrer.

Der tonnengewölbte Innenraum hat nicht mehr das ursprüngliche Aussehen. Ihm fehlen die früheren Fresken. Doch das Werk de Pomis, auf dem Hauptaltar pompös in Silber gerahmt, leuchtet in seinen warmen Farbtönen wie eh und je.

Giovanni Pietro de Pomis wurde am ersten Pfeiler der Kirche 1633 begraben, die Fürsten von Eggenberg – unter ihnen der bedeutendste, Hans Ulrich – in einer eigenen Gruftkapelle. Vom Kreuzgang aus ist die Schatzkammerkapelle (1769) zugänglich, deren Deckengemälde eine Ansicht von Graz zeigt. Im hinteren Trakt des Klosters befindet sich einer der schönsten Säle der Stadt, das herrlich ausgemalte Sommerrefektorium (Grundsteinlegung 1691, erbaut von Joachim Carlone, Fresken von Antonio Maderni [1702] und ein Ölbild ›Speisung der Fünftausend‹ von R. B. Raunacher d. Ä. [1732]). Auch das Diözesanmuseum ist hier untergebracht. Beim Durchstreifen dieses Viertels trifft der Tourist noch auf andere Kulturdenkmäler. Abgesehen davon, daß manches Palais und Wohnhaus schöne Einzelheiten – Madonnen- und Heiligenstatuen, Reliefs und andere Schmuckformen – aufweist, sind es hauptsächlich Gotteshäuser.

In der Annenstraße fällt die Barockfassade von ›Mariä Verkündigung‹ auf. Ferdinand II. berief die ›Barmherzigen Brüder‹ nach Graz, weil sein Bruder durch Angehörige dieses Krankenpflegeordens geheilt wurde. Sie gründeten die Kirche mit sechs Kapellen ums Hauptschiff und Kloster und Spital. Am Herz Jesu-Altar das Gemälde ›Das letzte Abendmahl‹ vom Kremser Schmidt. Der Hochaltar eine meisterliche Arbeit von Joseph Schokotnigg (1752/53) ursprünglich mit einem Gemälde ›Maria Verkündigung‹ von Carrado Giaquinto, das allerdings durch einen Brand zerstört und bisher nicht ersetzt wurde. Meisterhaft die Kanzel von Matthias Leitner (1739) sowie das Kruzifix des Nürnberger Georg Schweigger auf dem Kreuzaltar. Die Wand- und Deckenfresken schuf Johann Mayer, dessen Bilder auch das ›Gemalte Haus‹ in der Herrengasse überziehen.

In der Dominikanergasse findet man die Bürgerspitalskirche ›Zum Heiligen Geist‹, einen gotischen Bau, auf vom Kaiser Friedrich III. gestifteten Grund. Im Innern u. a. eine gotische Madonna aus Stein und eine ikonographisch interessante Gruppe ›Vision des heiligen Bernhard von Clairvaux‹.

Nahebei, in der Kernstockgasse, erbauten die Dominikaner, die in der Stadtpfarrkirche den Jesuiten weichen mußten, von 1616–1627 eine neue Kirche ›St. Andrä‹, die der früheren gleichen sollte. Alsbald schlossen sich die Klostergebäude an. Auf einem Seitenaltar die Sitzfigur des Namensheiligen von 1480. Das Hochaltarbild, sein Martyrium darstellend, vom Brixener Maler Stefan Kessler. Die Kanzel von Marx Schokotnigg. Am Griesplatz schließlich schuf sich 1721 die italienische Kolonie, jene seit der Mitte des 16. Jahrhunderts zugewanderten Künstler, Handwerker und Kaufleute, die sogenannte ›Welsche Kirche‹. Wie selten sonst bilden Altäre, Deckenfresken, Plastiken und Stukkaturen, hinter einer einfachen Fassade, eine künstlerische Einheit, obwohl Altäre aus dem aufgehobenen Klarissinnenkloster im ›Paradeis‹ hier wieder aufgestellt wurden. Besonderes Augenmerk verdient das Bild von F. C. Remp im barock-theatralischen Hochaltar. Es zeigt den Patron der Kirche, den kalabrischen Volksheiligen Franz de Paula.

Wer mit dem Wagen unterwegs ist, kann leicht seine Eindrücke von Graz durch die Besichtigung einiger großartiger Bauwerke im Weichbild der Stadt ergänzen. Öffentliche Verkehrsmittel ermöglichen solche Exkursionen selbstverständlich, nur weniger bequem, auch.

Schloß Eggenberg (Abb. 85) am westlichen Stadtrand muß der Fremde sogar sehen, denn es ist das voluminöseste und prächtigste Barockschloß der Steiermark. Die Eggenberger zählen zu den bedeutendsten Geschlechtern des Landes. Sie entstammen einer in Radkersburg beheimateten Kaufmannsfamilie, aus der drei Linien hervorgingen. Durch Finanzgeschäfte mit Adligen und Landesherren erlangten sie bald politischen Einfluß und einige ihrer Angehörigen beeinflußten sogar die Politik in Europa. So war einer zum Beispiel Münzmeister Kaiser Friedrichs III. Ein anderer war ein anerkannter Offizier erst in spanischen Diensten, dann Heerführer gegen die Türken. Ein anderer war Bürgermeister von Graz und ein Günstling Kaiser Ferdinands I. Der gewichtigste aber war Hans Ulrich von Eggenberg. Er begann seine Laufbahn als Freund und Berater Erzherzog Ferdinands. Er förderte dessen Wahl zum Kaiser Ferdinand II. Als eine Art Minister des Souveräns bewog er im Dreißigjährigen Krieg den abtrünnigen Wallenstein, das Kommando über die Reichstruppe noch einmal zu übernehmen. Er war Präsident der Grazer Hofkammer, Landeshauptmann der Steiermark und Statthalter von Innerösterreich. 1623 erhob ihn der Kaiser in den Reichsfürstenstand. Wohl mit der Absicht, seinen neuen Rang zu repräsentieren, beauftragte er den Architekten Laurenz van de Sype und als Bauleiter Pietro Valnegro mit dem Bau des Schlosses. Er hat es nur im Rohzustand gesehen. Vollendet und bewohnt wurde es erst um die Mitte des 18. Jahrhunderts.

Das mächtige Geviert des Schlosses mit seinen 365 Fenstern und den über die Dächer ragenden Ecktürmen ist durch umlaufende Horizontalgesimse gegliedert. Nur die Ostseite wird mit den Halbsäulen und Wappenschild des dreitürigen Portals dekorativ betont. Zu ihm hin überspannt eine Brücke den Graben, der den ganzen Komplex umgibt. Den inneren Bereich teilen Zwischentrakte in drei Höfe mit Arkaden (Farbt. 26). Der Mittelturm mit Barockhaube blieb von einer älteren Anlage übrig. In den unteren Räumen sind die Abteilung für Vor- und Frühgeschichte (Kultwagen von

289

Hans Ulrich Fürst von Eggenberg (1568–1634), die bedeutendste Persönlichkeit des gleichnamigen Geschlechts

Strettweg!) und die Münzsammlung und im 1. Stock das Jagdmuseum (mit Gemälden, Waffen und Trophäen) des Johanneums untergebracht. Die einmaligen Prunktürme befinden sich dagegen im zweiten Obergeschoß (nur mit Führer zu besichtigen). Sechsundzwanzig Räume und einen riesigen Festsaal schmücken ungefähr 600 Deckenbilder und Stuckrahmen. Im Spiegelsaal feierte der Hofmaler der Eggenberger, Hans Adam Weißenkircher, die Größe des Fürstengeschlechts mit ›Apollo im Sonnenwagen‹ und Allegorien. Raunacher dekorierte später einige Zimmer mit auf Wandbespannungen gemalten Jagd-, Theater-, Spiel- und Tanzszenen.

Vor allem das Interieur läßt Eggenberg aus dem Kranz der steirischen Schlösser herausragen, desgleichen sein beträchtlicher englischer Park. Ihn bevölkern jetzt Rehe, Wildschafe, Pfauen, Fasane, Perlhühner und anderes Getier. Seine weitläufigen Wege führen auch zu einer Römerstein-Sammlung (Grabsteine mit Porträtreliefs, Relief einer Weinlese) und zu einem Gartenpavillon (1763–64), in dem man im Sommer jausen kann. Um die gleiche Zeit entstanden auch die Parktore und die überlebensgroßen vier Figuren vor der Schloßfront. Eine von ihnen trägt das Herberstein-Wappen. Die Grafen Herberstein erbten das Schloß nämlich 1747 nach dem Aussterben des Eggenberger Mannesstammes durch Heirat.

Eggenberg liegt im XIV. Grazer Stadtbezirk. Im XVI. südlich davon findet man auf einem landschaftlich reizvollen Hügel des Buchkogel (657 m) wieder ein Schloß, *St. Martin*. Ein Peter Vasol baute es im Stil des italienischen Frühbarock um. Er erbaute anstelle der Schloßkirche auch das dem heiligen Martin geweihte Gotteshaus nebenan. Es ist wegen des ›Pferdealtars‹ berühmt. Pferdealtar deswegen, weil Josef Thaddäus Stammel den Hochaltar mit drei lebensgroßen Reiterschnitzgruppen ausstattete und damit ein Hauptwerk des österreichischen Barock schuf. Sie stellen den heiligen Martin, den stürzenden Paulus und Eligius dar, der ein abgetrenntes Pferdebein heilt.

Im gleichen Bezirk liegt auf einer Zunge des Florianiberges die *Pfarrkirche ›Maria im Elend‹*. (Hier verlief die alte Römerstraße. Die Römer überwachten sie durch ein Kastell auf dem Berg.) Im niedrigen Schiff und dem Chorquadrat sieht man noch die romanische Anlage, die, erst eine Eigenkirche der Aribonen, 1055 an das Bistum Salzburg kam und 1074 vom Kloster Admont übernommen wurde. Dem romanischen Turm setzte Stengg 1743 eine barocke Haube auf. Schon 1738 hat Joh. Jakob Schoy, der Bildhauer auch des Hochaltars im Dom, den Dreifaltigkeitsaltar geschaffen, an dem besonders die Schutzmantelmadonna von 1519 Beachtung verdient. Ebenfalls beachtlich das Bild ›Antonius und Maria‹ von Weißenkircher in der linken, in der Barockzeit angefügten Kapelle.

Am Nordwestrand der Stadt vermittelt das eingemeindete Dorf *Gösting* – älter als Graz, der Namen vom slawischen Gestnic abgeleitet – gleich zwei Kunststätten. Unmittelbar am rechten Ufer der Mur ragt ein Grünschieferfelsen auf, der seit dem 17. Jahrhundert der *Kalvarienberg* ist. Den alten Prozessionsweg kennzeichnen, angefangen beim Haus Zeillergasse 25, sieben Säulen, die die sieben Schmerzen Marias symbolisieren. Er endet vor der Hauptkirche (1654, bewegte Szene ›Christus vor Pilatus‹ auf der Balustrade). Im Vorbau wird zur Fastenzeit eine Heilige Stiege geöffnet. Die Gläubigen dürfen auf ihr nur auf den Knien zu einer Christusstatue (von Schoy, 1722) rutschen. Mehrere Kapellen bilden Kreuzwegstationen. Höhepunkt ist eine Kreuzigungsgruppe auf der Kuppe (schöne Aussicht!) mit einem aus Kupfer getriebenen und vergoldeten Corpus Christi von Karl Elßner (1775).

Schloß Eggenberg, 1681 (aus Georg Matthaeus Vischer: ›Topographia Ducatus Stiriae‹)

Das zweite Baudenkmal ist das graziöse *Schloß Gösting*. Graf Ignaz Maria Attems ließ es 1724–28 erbauen. Es öffnet sich zum Garten hin hufeisenförmig vom Mittelpavillon (fantasiereich gegliedert, dreiachsige, geschweifte Fassade) mit niedrigen Seitenflügeln, die in kleineren Pavillons ausklingen und die Motive des Mittelbaues wieder aufnehmen. Attems brauchte dieses Schloß, nachdem seine obere Burg auf einer Felsnase 1723 ausbrannte. Entstanden in der Mitte des 11. Jahrhunderts, beherrschte sie als landesfürstliches Kastell die Murenge. Zur Ruine kann man aufsteigen und von dem zum Aussichtsturm gemachten Bergfried das Panorama genießen. Neben dem Schloß steht die Kirche St. Martin mit dem beachtenswerten ›Pferdealtar‹, 1738–1740 von Josef Thaddäus Stammel geschaffen (Schlüssel in benachbarter Gärtnerei).

Ein noch weiterer Rundblick ist vom ›Fürstenstand‹ des Bauernkogel, ebenfalls in Gösting, möglich. Das Auge reicht bis zur Riegersburg im Südosten, zum Weizer Bergland im Nordosten oder den Stubalpezug im Westen. Im Volksmund trägt dieser dicht bewaldete, höchste Gipfel (763 m) eines Höhenrückens aus Dolomit den Namen ›Plabutsch‹. Bei schönem Wetter ist er das Ziel vieler Grazer Wochenendwanderer. Wer weniger gut zu Fuß ist, kann auch mit einem Sessellift (Göstinger Straße) hinauf zum Restaurant auf dem Plateau fahren.

Den Kranz der Sehenswürdigkeiten an der Stadtperipherie vervollständigt die *Wallfahrtskirche Maria Trost* (Abb. 96) etwa 5 km vom Zentrum in nordöstlicher Richtung entfernt. Ihre Fassade leuchtet von einer Bergzunge gelb-weiß über das Grün der Landschaft und verbindet sich gleichsam als Krönung mit ihr. Zwei Türme rahmen einen Mittelteil mit geschwungenem Giebel ein. An sie wiederum setzen rechts und links die niedrigeren Giebel der Klostergebäude an. Und alles fügt sich zu einer edel proportionierten, von den Türmen vertikal akzentuierten, breiten Front zusammen. Das Gotteshaus ist einschiffig und je drei Kapellen auf jeder Seite weiten es aus. Eine Kuppel überwölbt die Vierung. Den Bau begann Andreas Stengg 1714. Sein Sohn Johann Georg führte ihn weiter. 1716 war die Kuppel, 1724 die ganze Kirche im Rohbau fertig. Doch erst 1735 begann Lukas von Schramm mit der Innenausmalung, und 1752–54 beendete J. B. Scheidt die Arbeiten. Zusammen mit der Einrichtung verleihen sie dem Raum festlichen Charakter, obwohl bei genauem Hinsehen die Bilder wegen der langen Entstehungszeit einen Stilwandel zeigen. Sie verherrlichen den Sieg der Kirche und die Gottesmutter in lebendigen Szenen. Die von steirischen Adligen gestifteten Seitenaltäre tragen Statuen von Joseph Schokotnigg und Veit Königer und sind in den Farben ihres Marmors wechselseitig aufeinander abgestimmt. Sockel, Säulen und Architrave des Hochaltars bestehen aus diesem wundervollen fast blaugrünen Stein. Er schafft die Stimmung, den Rahmen für das grüngoldene Gewand des Gnadenbildes (1465), die Figur einer bekrönten Maria mit dem bekrönten Kind im Strahlenkranz, beide mit auffallend liebreizenden Gesichtszügen. Zur Verehrung dieses Bildes pilgern die Gläubigen aus der Steiermark, aber auch aus Ungarn und Kroatien seit mehr als dreihundert Jahren. Anfangs stand ein Schlößchen mit einer Kapelle auf dem Berg. In der befand sich diese Maria. Wegen ihrer Schönheit kaufte

1689 Franz Caspar Conduzi von Heldtenfeldt das Schlößl samt Kapelle. 1693 verlangte ein unbekannter Pilger vor ihr seine Andacht zu verrichten, und dieser Mann behauptete, die Stätte sei dem größten Gnadenort gleichzusetzen. Angebliche Wunder verbreiteten alsbald den Ruf des Bildes. Wallfahrten setzten ein. Aber der Bischof von Seckau, Generalvikar des Erzbistums Salzburg, zu dessen Diözese Maria Trost damals gehörte, verbot sie, weil ein Laie keinen Wallfahrtsort verwalten könne. Da schenkte Conduzi Schloß und Heiligtum ungarischen Paulinern. Aber der Erzbischof anerkannte weder Schenkung noch Niederlassung. Als die Mönche staatliche Macht zu Hilfe riefen, exkommunizierte er sie sogar. Die Pilger nahmen jedoch keine Notiz von diesem Streit; im Gegenteil ihre Zahl vergrößerte sich, so daß die Exkommunikation aufgehoben werden mußte und die Pauliner, durch den Andrang veranlaßt, eben jene jetzige Kirche errichten ließen.

Land um Graz

Das oft idyllische, grüne Hügelland um Graz mit seinen Wiesen, Wäldern und auf Hängen gelegenen Ortschaften lädt einen Besucher der Landeshauptstadt freundlich und vielversprechend zu manchem Ausflug ein. Ein auch von den Grazern bevorzugtes Ziel ist ihr ›Hausberg‹, der 1445 m hohe *Schöckl* im Norden der Metropole.

Wahlweise führen zwei, über weite Strecken romantische Straßen zum 17 km entfernten **St. Radegund.** In dem kleinen, sozusagen von einem Naturpark umgebenen Kurort behandeln seit hundert Jahren Herz-, Kreislauf- oder Schilddrüsen-Kranke ihre Leiden in Kneippbädern und mit dem Wasser einer radioaktiven Quelle. Das Wasser dürfte schon vor unserer Zeitrechnung genutzt worden sein. Der Grabstein eines norischen Ehepaares an der Außenmauer der Pfarrkirche (1490–1513, in der Turmkapelle Fresken von 1506) bestätigt die erste Besiedlung. Auch eine zeitlose Legende berichtet von der Wunderkraft einer Quelle am Fuß des heutigen Kalvarienberges (1768–1773). Von St. Radegund aus brechen Wanderer zu ihren Touren in die Region der Vorgipfel des Höhenrückens auf, oder eine Gondelbahn transportiert sie zum Hauptgipfel. Ein wieder selten schönes Panorama bis zur weißen Hochschwabkette im Norden belohnt für die Mühen.

Auf der *Burgstaller Höhe,* einer anderen Kuppe des Gebirgszuges (1218 m), vermehren sich die vor einigen Jahren ausgesetzten Mufflons in erfreulicher Weise. In der kalten Jahreszeit frönen übrigens im Schöckl-Gebiet die Grazer dem Wintersport. Ausgebaute Abfahrtsstrecken, Loipen (Schlepplifte) und Rodelbahnen machen ihn vergnüglich.

Geschichts- und Kunstfreunde pilgern statt in die freie Natur vorzüglich wieder zu einem wahren Juwel der deutschen Hochgotik, zur **Wallfahrtskirche Straßengel** (Farbt. 33). Sie krönt einen Hügel am Rand der Murebene ein wenig abseits der Bundesstraße 67 und etwa 10 km nördlich von Graz entfernt. Ihr schlanker Turm, schöner als alle anderen seiner Zeit in der Steiermark, wächst aus der Pfeiler- und Gewölbekonstruktion des

Chorabschlusses erst achteckig in festem Mauerwerk, dann aber durch Maßwerkfenster geöffnet und schließlich sich zu einer durchbrochenen Spitzhaube mit Kreuzrose verjüngend, empor. So edel wie der Turm erscheint das ganze Bauwerk. Seine Portale wiederholen die Eleganz der Formen des Turmes. Doch die Reliefs ›Mariä Verkündigung‹ an der Westfront und das ergreifende der ›Beweinung Christi‹ (Abb. 93) an der Südfront verhindern durch ihre starke Expressivität, daß sie nicht nur Fassadenschmuck bleiben, sondern daß sie auch eindringlich Glaubensinhalte mitteilen.

Durch eine Länge von 28,75 m, eine Breite von 13,65 m und eine Höhe von 13,90 m wirkt auch der dreischiffige Innenraum mit Abschluß harmonisch. Ein gedämpftes Licht fällt durch Maßwerkfenster im südlichen Seitenschiff, durch die Rosette in der Westwand, durch die Chorfenster auf den rötlichen Stein der Pfeiler (feingearbeitete Kapitelle und ebensolche Schlußsteine im Kreuzgewölbe). Die kostbaren Glasgemälde stammen aus dem 14. und 15. Jahrhundert und ein Teil davon ist wahrscheinlich in der Werkstatt entstanden, die auch für die Stephanskirche in Wien arbeitete. Der Bau wurde überhaupt von der dortigen Kathedrale beeinflußt. Errichtet haben ihn die Zisterzienser des Stiftes Rein zwischen 1346 und 1366. Vorher stand hier ein slawischer Wachtturm (slawisch Strazelnik, dann Strazinola – jetzt Straßengel) und später eine Kapelle für die auf den Feldern der Umgebung werkenden Brüder des Klosters. Ihnen brachte Markgraf Otakar III. 1157 von einem Kreuzzug ein Marienbild mit. 1255 fand ein Hirte in der Nähe ein Wurzelkreuz, als seine Tiere an einer Tanne niederknieten. Es stellte den Corpus Christi realistisch dar. Eine Nachbildung dieses Kreuzes halten Engel am Schalldeckel der Rokokokanzel. Das Original, ehemals auf dem Hochaltar, wird inzwischen sicher verwahrt. Pflanzenphysiologische Untersuchungen wiesen nach, daß es niemals bearbeitet wurde. Es veranlaßte die ersten Wallfahrten. Die Stiftung des Markgrafen ist dagegen verloren. Das zweite Kultbild, die ›Madonna im Ährenkleid‹, hatte mit ihr nichts zu tun. Es war dessen Kopie von 1500, die 1976 allerdings gestohlen wurde. Das jetzige Bild ist also eine Kopie von der Kopie. Ein dritter Kultgegenstand, die überlebensgroße Statue einer Anna Selbdritt (1723), wird zudem in der später, den Grundriß barock verändernden Annakapelle verehrt (Abb. 94). Erwähnenswert auch die beiden Blätter ›San Sebastian‹ und ›San Johannes Nepomuk‹ vom berühmten Kremser-Schmidt (1718–1801) an den neugotischen Altären der Seitenchöre.

Die Hügelkuppe umzieht eine wehrhafte Mauer und schließt neben dem Gotteshaus drei andere Gebäude ein. Die Propstei (1480) bewohnten die Ordensleute, die Kirche und Wallfahrer betreuten. Der Gasthof (1582) gegenüber versorgte die Pilger. Und die Prälatur, barock, diente dem Abt als Alterssitz. Von fernher wirkt der ganze Komplex als mächtige Kirchenburg.

Das **Stift Rein** liegt ein paar Kilometer weiter nordwestlich umgeben von Wäldern und Äckern am Fuß des Ulrichsberges, den der 1063 m hohe Plesch überragt. Es ist das älteste noch existierende Zisterzienserkloster der Welt. Sein Name geht auf eine slawische Flurbezeichnung zurück. Slawen siedelten also auch auf diesem fruchtbaren Boden. Bei der Landnahme durch die bairischen Kolonisten muß der Grund in den Besitz der aus Baiern stammenden Eppensteiner, der damaligen Herzöge von Kärnten, geraten sein. Einem gehörte jedenfalls 1050 der Hof Rein. Nach dem Aussterben der Eppensteiner erbten ihn die Traungauer Markgrafen, und Leopold I. der Starke begründete 1129 das Kloster. Die ersten Mönche kamen aus der deutschen Zisterze Ebrach. Sie erbauten die ersten Gebäude aus Holz, bis sie diese 1138 durch steinerne mit einer ebenfalls steinernen Kirche ersetzten. In der jetzigen Anlage finden sich noch allenthalben alte Mauern. Die heutige Ansicht prägen hauptsächlich barocke Um- und Neubauten von 1710–1771. Ihnen fiel auch die romanische Kirche zum Opfer. Abriß und Bau der neuen Kirche dauerte zehn Jahre. Die Arbeiten leitete der Grazer Hofbaumeister Johann Georg Stengg. Er orientierte das Gotteshaus um, indem er den Hochaltar aus dem Osten des Innenraums nach Westen verlegte und die in den Hof eingepaßte kunstvolle östliche Schaufront schuf. In drei Achsen gegliedert mit vier vorgekröpften Säulen auf Sockeln, Gesims und geschweiftem Giebel ›bewegt‹ sie eine konkav-konvexe Plastizität. Gerahmte Fenster und drei Portale brechen sie auf und zieren sie zugleich (im Giebel die Attrappe eines Hornwerkes), und die Statuen des heiligen Bernhard, die Figuren der göttlichen Tugenden von Johann Matthias Leitner (1743) bereichern sie noch einmal (Abb. 95). Gleichsam vollendet wird sie aber durch den Turm (Joseph Stengg, 1782) hinter ihr; Fassade und Turm spielen selten harmonisch zusammen.

Im Innern verkörpert die Kirche deutlich den Typus der barocken Wandpfeilerkirche, bei der die Pfeiler mit ihren Bögen zur Mitte geöffnete Kapellen bilden. Beim Betreten erstaunt man vor der überwältigenden Pracht, in der sich Architektur und Ausstattung ungestört vereinigen. Die Emporen schwingen ein wenig in den Raum vor. Starke Gurtbögen tragen das Gewölbe und dort nehmen Fresken die Architekturmotive illusionistisch wieder auf und beleben sie visuell noch einmal. Wie der Wiener Joseph Adam Ritter von Mölk bedacht auf Wirkung malte, zeigt, daß die Perspektive der drei westlichen Joche (Bilder von der Kreuzvision des Bernhard, vom Tempelgang Mariens und ägyptischer Joseph) die Blicke der Eintretenden fesselt, die des ersten Joches (der heilige Bernhard als Einsiedler) aber auf den die Kirche Verlassenden ausgerichtet ist.

Wenn die Deckenmalereien wohl auch der wertvollste künstlerische Schmuck sind, so sind andere Bilder jedoch auch nicht zu verachten, z. B. das Hochaltarblatt (Plastiken von J. Peyer), ›Anbetung der Hirten‹ von Kremser-Schmidt oder St. Bernhard und St. Benedikt rechts und links am Triumphbogen von Joseph Amonte (1747) oder die ›Anna Selbdritt‹ von Joh. Veit Hauck (1731) am Annenaltar.

In der noch gotischen Kreuzkapelle (1406–1409), vom Chor aus erreichbar, ruhen in einer Tumba Erzherzog Ernst der Eiserne (Vater Kaiser Friedrich III.) und seine Gemahlin. Das vorzügliche rotmarmorne Epitaph ist eine Salzburger Arbeit. Außerdem befindet sich hier die Grabplatte des in Rein beigesetzten Markgrafen Otakar III. Die Landesfürsten waren mit Rein immer besonders verbunden. Die Äbte waren oft Berater und Hofkapläne und gehörten der ›Landschaft‹ an. Einmal, 1276, betrieben Adlige der Steiermark und Kärntens von Rein aus sogar Reichspolitik. Sie kündigten dem

Böhmenkönig Přemysl Ottokar den Gehorsam auf und schwuren Rudolf von Habsburg ihre Treue. Aber Kaiser Friedrich III. befahl einem Abt auch, das Stift gegen die Türken zu befestigen. Das hinderte diese freilich nicht, das Kloster gräßlich heimzusuchen. Derselbe Kaiser erwirkte beim Papst jedoch auch, daß die in Rein für andere Kirchen geschaffenen Altäre auch in Rein geweiht werden durften. Das Kloster war also im 15. Jahrhundert auch ein Kunstzentrum. Wahrscheinlich pflegte man im Mittelalter auch die Buchmalerei. Jedenfalls birgt die Bibliothek über 300 Handschriften, zirka 300 Inkunabeln und 80 000 Bände. Ihre Decke bemalte übrigens wieder Amonte, wie er auch die Mythologien und biblischen Szenen im doppelgeschossigen Huldigungssaal im Nordtrakt schuf. Auch J. A. von Mölk war noch einmal im Kloster tätig, im durch den Renaissance-Konventhof erreichbaren Sommerrefektorium. Führungen durch das Stift sind sonntags um 15 Uhr oder nach Voranmeldung möglich, ✆ 0 31 24 / 51 62 10.

Der dem Stift nächstgelegene Markt **Gratwein** besitzt in *St. Ruprecht* eine eindrucksvolle, dreischiffige gotische Pfarrkirche (um 1400). Kreuzrippen setzen unmittelbar ohne Dienste an achteckigen, mächtigen Pfeilern an und tragen das hohe Gewölbe. Das von Phil. Carl Laubmann um 1770 gemalte Bild vom Patron bei der Aufnahme in den Himmel fällt durch eine realistische Darstellung alles Stofflichen und noble Farbgebung auf. Vormals füllten die Chorfenster, anstelle der heutigen Darstellung von Evangelisten im nazarenischen Stil, wertvolle Glasgemälde aus dem 15. Jahrhundert (jetzt Joanneum, Graz).

Eine Sehenswürdigkeit ganz anderer Art liegt nur einige Kilometer weiter nördlich. Sie versammelt neben den vielen, überall im Land verstreuten Zeugnissen der Hochkunst auf einen Fleck konzentriert gerettete Denkmale der Volkskunst. Das **Österreichische Freilichtmuseum Stübing** nimmt rund 50 ha eines Naturschutzgebietes ein, und in dieser unberührten Landschaft stehen zirka 60 Gehöfte, Sägen, Schmieden, Holzknecht- und Köhlerhütten und ihre Zubauten aus allen österreichischen Bundesländern. Ehe die technische Entwicklung gewichtige Beispiele bäuerlicher Architektur nutzlos machte, wurden die Exponate an ihren ursprünglichen Standorten genau vermessen, sorgfältig abgetragen und nach Instandsetzung zerstörter Einzelteile in Stübing wieder aufgebaut. Inventar, Hausrat und Schmuckstücke blieben erhalten. Wenn die Begonien, Fuchsien, Geranien auf den Balkonen, andere Blumen in den Gärten blühen, wenn auf den Feldern ringsum Hafer, Weizen oder Korn reift und auf den Wiesen die Schafe weiden, meint man fast – für etwa drei Stunden, so lange dauert die Besichtigung der Siedlung –, die dörfliche Welt bleibe unverändert.

Von Friesach aus, jetzt jenseits der Mur, zweigt von der Bundesstraße 67 eine vielgewundene Straße durch den Rötschgraben nach **Semriach** ab (in der Nähe die wildromantische Kesselfallklamm). Von diesem Ort auf einer Hochebene erschließt sich das Schöckelgebiet vom Norden, wie von St. Radegund aus im Süden (Sessellift zum Berg, Skilifte).

Seine für ein Dorf sehr große *Kirche St. Ägyd*, eine spätgotische Halle (1439–1455) mit Sternrippen im Gewölbe des Langhauses und der lange Chor mit Netzrippen, zeigt, daß Baumeister des Grazer Doms Einfluß ausübten. Auch die künstlerische Qualität ihrer barocken Plastiken ist beachtlich, vor allem die der Heiligen Dismas und Johann Nepomuk an den Pfeilern. Drei Steine an der Kirchenaußenmauer sind wahrscheinlich Dokumente einer Besiedlung des Plateaus durch die Römer; die Gegend war allerdings schon viel früher bevölkert.

Zwischen Semriach und dem 5 km entfernten Peggau im Murtal breitet sich ein großes labyrinthisches Höhlensystem aus; hier fanden Forscher zahlreiche Spuren von Frühmenschen. Vor 120 000–150 000 Jahren schweiften hier Jäger und suchten Unterschlupf. Steinzeitgeräte und Scherben von Tongefäßen aus der Steinzeit (8000–6000 v. Chr.) bekunden erste Seßhaftigkeit. Dann barg man in einer der Höhlen auch einen Kupferdolch (um 4000 v. Chr.) und weitere Funde. 1894 drangen Mitglieder der steirischen ›Gesellschaft für Höhlenforschung‹ von Semriach aus in den Berg ein, um über die bisher bekannten Vorräume ins Zentrum des Systems zu gelangen. Sie entdeckten dabei Grotten und Dome voller schönster Tropfsteinbildungen und viele Knochen von Höhlenbären. Doch beim Ausstieg versperrte Hochwasser den Rückweg. Neun Tage lang harrten die Männer aus, bis Pioniersoldaten einen Abfluß sprengten und Rettungsmannschaften sie befreiten. Heute ist dieses Naturwunder entweder von Semriach (Eingang zur *Badlhöhle* bei Badl-Semriach), besser von Peggau *(Lurgrotte)* aus gut begehbar. Hallen, Grotten, Gänge, Stiegen mit fantastischen Tropfsteinformen tragen entsprechend märchenhafte Namen.

Im mehrfach umgebauten *St. Margarethen* zu **Peggau** schuf Ritter von Mölk die Bilder der heiligen Margarethe am Hochaltar und der heiligen Barbara im Chor und Johann Cyriak Hackhofer aus Vorau die Decken- und Wandmalereien (um 1725) in den Seitenkapellen. Auf dem Stift Vorau gehörendem Grund entstand der Ort, und noch heute hat Vorau hier Besitztümer.

St. Margarethen ist die Filiale von *St. Martin* in **Deutschfeistritz** am anderen Ufer der Mur an der Mündung des Übelbaches. Die Mutterkirche ist älter (2. H. des 13. Jh.), was Kenner an Chor und Turm sehen. Diese frühgotischen Bauteile blieben von einer spätgotischen Verbreiterung (1512–1515) des Schiffes unberührt. Der schon 1543 mit Handelsrechten ausgestattete Markt bezog frühen Wohlstand von seiner Lage an der alten, römischen Nord-Südverbindung und einer Abzweigung über den Gleinalpesattel nach Knittelfeld (auf dem Kugelsteinhügel eine Herkules und Viktoria geweihte Kultstätte) und dem Kupfer- und Silberbergbau der Gegend. Die Erze wurden noch im vorigen Jahrhundert im Ort verarbeitet.

Am Fuß des Kirchberges erbaute Freiherr von Thinnfeld, reicher Abkömmling einer Hammergewerkenfamilie, 1761–1764 anläßlich seiner Erhebung in den Ritterstand ein *Schloß*, vielleicht die reizvollste Rokokoanlage der Steiermark. Er ließ es mit Stukkaturen von Formentini und allegorischen Malereien von J. A. von Mölk ausstatten. Die Kapelle steht dem Interieur des Schlosses nicht nach. Veit Königer schnitzte ihre Kreuzigung.

Weiter talaufwärts begegnet einem dann unterhalb einer älteren Burgruine das **Schloß Waldstein.** Von der romanischen, später gotischen Kapelle der alten Anlage verblieben Reste des Chorbogens, der Apsis und ein Stück Gewölbe. Nach einem kleineren Bau aus der Reformationszeit gab Seyfried von Eggenberg 1667 dem Schloß das jetzige Gesicht einer regelmäßigen Vierflügelanlage um einen Arkadenhof. Zwei Stockwerke des Südflügels nimmt die Kirche ›Mariä Empfängnis‹ ein. Fünfzig Jahre später wurde ihr Saal mit Stuck versehen (an der Decke besonders empfindsam ausgeführt) und bekannte steirische Maler hinterließen in ihm Meisterwerke. So schuf Hans Adam Weißenkircher das Altarblatt und Philipp Carl Laubmann illusionistische Chorwandfresken, aber auch Ölbilder von der heiligen Barbara als Patronin des Bergbaues und vom Johannes Nepomuk als dem Schützer der Reviere. Doch auch die Heiligenfiguren der Altäre in der Art des Joseph Schokotnigg sind sehenswert. Nicht vergessen werden darf auch der Gartenpavillon mit seinen die Schöpfungsgeschichte darstellenden Fresken von 1773.

Nicht zuletzt lohnt im sehr eng werdenden Graben der Besuch des Fleckens **Übelbach.** Er war schon 1230 Markt und später, bis ins 19. Jahrhundert hinein, der Sitz wohlhabender Gewerkefamilien eines Bergwerksbezirks. Ein schönes Sgrafittohaus kündet noch davon. Kunsthistorisch interessanter ist freilich die *Pfarrkirche* (1527–29). Sie exemplifiziert besonders deutlich die Bemühungen spätgotischer Baumeister nach ganz neuen Raumwirkungen. Es hat den Anschein, daß der Raum sich in Richtung Chor ausweitet, obwohl die Maße diesen Eindruck nicht bestätigen. Er wird vielmehr hauptsächlich visuell durch den Verlauf der Rauten im Netzgewölbe hervorgerufen. Im Schiff betonen diese Rauten eine Quer- und im Chor eine Tiefenbewegung. Die Ausstattung besteht allerdings hauptsächlich aus bemerkenswerten barocken Gemälden und Figuren.

Die alte Straße über die Gleinalpe löste inzwischen ein Autobahnteilstück mit einem fast 7 km langen Tunnel ab. In diesem Text kehren wir aber ins Murtal zurück, um mit einem Besuch von Frohnleiten den Ausflug ins Land nördlich von Graz abzuschließen. Auf dem Weg dorthin fällt auf einer Klippe über der Mur *Burg Rabenstein* ins Auge. Ihr oberer Teil ist Ruine, der Haupttrakt 1670–1680 ausgebaut, dient als exklusives Gästehaus mit antikem Mobiliar.

Im nahen *Adriach,* das übrigens während der Römerzeit eine Poststation war, besitzt die Gemeindeverwaltung eine ursprünglich romanische, in der Spätgotik jedoch vergrößerte Kirche mit barocker Einrichtung. Während der josephinischen Kirchenreformen 1785–1786 wurde die Kirche versteigert und vom Käufer der Gemeinde übergeben.

Alsbald erreicht man **Frohnleiten.** Kommt man auf der Bundesstraße an, entzückt es durch sein malerisches, der Mur zugewandtes Ortsbild. Eine alte Brücke überquert den Fluß und führt durch einen Torbau hinauf ins Zentrum, zu den auf einer Schotterterrasse liegenden Markt – ein typischer, langgestreckter Straßenmarkt, dessen Grundriß unversehrt erhalten blieb. Die Grafen von Pfannberg gründeten ihn 1306. Geschickt verstanden sie den Verkehr von der ehemaligen Römerstraße durch ihren befestigten Platz zu leiten.

1763 brannte Frohnleiten ab. Dabei wurden auch Turm, Dach und Inneneinrichtung der *Pfarrkirche* zerstört. In schlichter Weise wieder aufgebaut, erfreut ihre recht einheitliche Rokokoeinrichtung. An ihr waren wieder von Mölk mit Fresken und Bildern am Hochaltar und zwei Seitenaltären und Veit Königer mit Hochaltarfiguren beteiligt. Seit dem Brand fehlt der Kirche ein Turm. Ein Turm mit Zwiebelhelm steht dagegen in der Nähe des Tores. Nur dem fehlt die Kirche. Aus ihr wurde ein dreigeschossiges Wohnhaus.

Ins südliche Umland von Graz lockt die Kunstfreunde vor allem die *Pfarr- und Wallfahrtskirche Maria Trost* in **Fernitz** (abseits der Bundesstraße 67 in der Nähe von Kalsdorf). Sie pilgern inzwischen in größerer Zahl dorthin als Gläubige, obgleich Fernitz viel früher als Maria Trost in Graz eine Gnadenstätte für die ganze Steiermark war. Ein Bild im Chor (1850) erzählt die Gründungslegende von der wunderbaren Auffindung einer Marienstatue im nicht weit entfernten Vasoldsberg. Für sie erbaute ein Freiherr von Pranckh eine Kapelle, dann Herzog Friedrich der Schöne eine Kirche. Doch die jetzige stiftete Kaiser Friedrich III. Aber erst nach seinem Tode begannen offenbar die Meister der Hütte des Grazer Domes mit ihrem Bau (Weihe 1538). Sie ist das Ziel der Interessierten wegen ihrer besonderen Eigenart. In ihr verspannt sich ein dreischiffiges Langhaus raffiniert mit einem als Zentralraum ausgebildeten Chor, wobei das dritte von vier Pfeilerpaaren, aus je acht Stäben gebündelt, den Anfang des Chores andeutet und sich daraus die Rippen des Gewölbes achtstrahlig entfalten. Mit ihnen korrespondiert der in der Achse stehende Mittelpfeiler des Chores, aus dessen Schaft die Gurte und Rippen sechsfach ins Gewölbe ausstrahlen. So ermöglichte er einen Chorumgang für Prozessionen. Grundrisse der Stützen, die Dienste, Kapitelle und das Maßwerk der Fenster variieren immer wieder und beleben auf ihre Weise den einheitlichen, hochaufstrebenden Raum. Turmreste der ersten Kirche von 1314 sind an der Nordseite in den Bau einbezogen. Über der netzrippengewölbten Vorhalle erhebt sich ein Turm von 1609. An einem Turmpfeiler ein Christophorus-Relief (1515) und an der südlichen Langhauswand ein Kielbogenportal mit fein ausgearbeiteten Krabben und Fialen um ein Relief ›Mariä Verkündigung‹ im Tympanon. Am Hauptportal Plastiken von Joseph Schokotnigg (1734). Eine Annenkapelle wurde 1630 zur Grabkapelle der Familie von Galler. Von einer wertvollen Barockausstattung blieben nur das Langhausgestühl, Apostelbilder und sechs Reliefs von Schokotnigg von der ehemaligen Kanzel. Alles andere gehört, einer Regotisierungsmode folgend, zur schwachen neogotischen Einrichtung vom Ende des 19. Jahrhunderts. Allerdings behauptet sich auf dem neogotischen Hochaltar die ›Fernitzer Madonna‹, eine spätgotische Holzskulptur in alter Fassung aus dem Schrein eines Flügelaltares. Sie soll einem Feldhauptmann zu einem, zwar historisch nicht belegbaren, Sieg über die Türken verholfen haben.

Wenn man von Graz aus nicht die Südautobahn, sondern die Bundesstraße 67 benutzt, befindet man sich in Fernitz fast schon im Weinland. Aber dem soll das nächste Kapitel gewidmet sein.

Fahrt ins Weinland

Für die Fahrt ins Weinland wählt man am besten von Graz aus entweder die Südautobahn oder die auch als E 59 numerierte Bundesstraße 67. Beide sind Teile einer wichtigen Nord-Süd-Verbindung und demzufolge, besonders zur Reisesaison, als Weg zur Adria viel befahren. Da sich jedoch für den Besuch einer mannigfach gesegneten Landschaft Eile von selbst verbietet, sollte der Reisende alsbald auf das Rennen mit den weiter nach Süden rasenden Kraftfahrern verzichten und halten, die große Autostraße verlassen und Autowandern. Man kann zum Beispiel in Wildon damit anfangen (alter Markt, in der Umgebung zahlreiche Burgen und Schlösser).

Spätestens in Leibnitz muß man es aber, denn dort betritt man überaus geschichtsträchtigen Boden in des Wortes wahrster Bedeutung. Um den Ort liegen nämlich in der Erde die Reste illyrischer und keltischer Siedlungen und vor allem die von *Flavia Solva*, der einzigen Römerstadt in der Steiermark (2 km südöstlich entfernt, in der Ebene zwischen Sulm und Mur bei Klein-Wagna). ›Solva‹ war der illyrische Name für den Fluß Sulm, und ›Flavia‹ verweist auf die Flavier, deren Dynastie Kaiser Vespasian angehörte, der um 70 n. Chr. die Stadt gründete (s. S. 29). Durch systematische Ausgrabungen in den Jahren 1877–78 und 1911–18 und Forschungen in den letzten Jahren kennt man ihre genaue Lage und ihr ungefähres Aussehen. Sie war wie üblich in rechteckigen Häuserblocks mit Höfen nach Innen und Läden nach außen an rechtwinkligen Straßen um ein Forum mit öffentlichen Gebäuden und Tempel angelegt. Es gab ein Amphitheater und Gräberfelder. Einwohner waren aus Italien zugewanderte Römer, romanisierte einheimische Kelten, aber auch freigelassene, frühere griechische Sklaven. Militär lag in Flavia Solva nicht. Aber es war das Verwaltungs-, Wirtschafts und Kulturzentrum für Dörfer und Güter eines großen Landbezirks. Seine Grenzen reichten etwa bis zum Mürztal im Norden, im Westen bis zum Gebiet von Virunum an der Koralpe, im Süden bis nach Cilli und Pettau in Jugoslawien und im Osten bis zum jetzigen Burgenland. Hauptverkehrsader war die schon mehrfach erwähnte Straße entlang der Mur. Sie vermittelte die Beziehungen zur damaligen ›großen, weiten Welt‹. Vom Geschehen des römischen Weltreiches wurde das abseits liegende Municipium ansonsten zunächst wenig berührt... bis die Markomannen und andere Germanen über die Donau und Alpen nach Oberitalien vordrangen und dabei auch das nicht befestigte Flavia Solva 166 niederbrannten. Doch die Bürger bauten auf den Trümmern neu. Gegen Ende des 3. Jahrhunderts blühte das Gemeinwesen wieder. Die nachfolgenden Generationen erlebten aber keine langen Friedenszeiten. In der Epoche der Völkerwanderung fielen fremde Stämme immer wieder ein und brandschatzten. Goten des Königs Radagais vernichteten 405 oder 406 Flavia Solva endgültig. Die Überlebenden flüchteten in die Berge. Die Ruinen verfielen. Auf den Feldern pflügen die Bauern manchmal Scherben von Gefäßen, Ziegelbrocken und Mauersteine zutage.

Leibnitz selbst hat keine unmittelbare römische Vergangenheit. Nachdem König Ludwig 860 das Schuttfeld von Flavia Solva dem Erzbischof von Salzburg geschenkt hatte, vermehrte Kaiser Otto die Gabe mit Grundbesitz in Leibnitz. Um eine Kirche entstand eine Marktsiedlung, im 13. Jahrhundert ein richtiger Ort. Da ihn Feuer 1829 völlig zerstörte, fehlt der Stadt heute eine geschichtsbestimmte Atmosphäre (St. Jakob: romanisch, gotisch, barock; Kapuzinerkirche von 1634).

Dafür ›webt‹ sie dicht auf dem von der Sulm umflossenen Seggauberg im Westen über der Stadt. Hier erbauten die Salzburger frühzeitig eine *Burg*. Bei der Gründung des

Schloß Seggau und Schloß Polheim, 1681 (aus Georg Matthaeus Vischer: ›Topographia Ducatus Stiriae‹)

Bistums Seckau 1218 (s. S. 375 ff.) trat der Erzbischof einen Teil an Seckau ab. Zwei Schlösser entwickelten sich nebeneinander. Nach der Gegenreformation vereinigt und baulich einander angeglichen, ergänzen ein dreigeschossiger Bogengang (Mitte 17. Jh.) und ein unvollendet gebliebener, offener Bogengang (1690) die Anlage. Aus der Ostseite der Schloßmauer schwingt im zweiten Geschoß der Altarraum einer erst gotischen, später barock umgewandelten Kapelle wie ein Erker aus. Außerdem prächtig ausgestattete Fürstenzimmer (Stuck von Formentini). In den Wänden sind zahlreiche guterhaltene Reliefs aus dem Flavia Solva des 2. Jhs. vermauert (Abb. 99).

An Seckau kam 1595 auch der ehemalige Sitz der Salzburger Ministerialen, das Schloß Polheim (einfacher Bau, zweiflüglig, aus der Renaissance) auf einem Sattel zwischen Seggauberg und dem höheren Frauenberg. Frauenberg wird die Anhöhe wegen der *Wallfahrtskirche ›Mariä Himmelfahrt‹* genannt. Das kleine Gotteshaus erhielt im ausgehenden Barock sein jetziges Aussehen mit einer überraschend einheitlichen Innenausstattung (lebensgroßes Gnadenbild der gekrönten Maria mit Kind; gute Fresken in drei, fast quadratischen Gewölben, im mittleren die Himmelfahrt Mariens von 1768). Wahrscheinlich wurde am gleichen Platz die Gottesmutter schon in einer Kapelle der ersten Christianisierungszeit verehrt. Vermutlich zerstörten die Missionare einen Isis-Noreia-Tempel der Römer (Ausgrabungen und Museum mit Funden hinter der Kirche), die an den Hängen der Hügel in Villen und Landhäusern lebten, weil ihnen das Klima der Stadt auf dem Leibnitzer Feld nicht recht behagte. Nach den neuesten Forschungen darf man sogar annehmen, daß der Frauenberg eine keineswegs kleine keltische Siedlung trug, deren Bewohner vielleicht später auch Flavia Solva bevölkerten.

Von Leibnitz aus kann man sich außerdem das Weinland auf vielfache Art ›erobern‹. Eigentlich sollte man sich die bukolische Landschaft hügelauf, hügelab erwandern ... im Frühling, wenn das Obst, vor allem Pfirsiche, blühen, im Sommer, wenn die Kirschen reifen und natürlich im Herbst zur Lese der Trauben und Ernte der Edelkastanien. Weingärten und Mischwald wechseln einander ab. Hundszahn, Trollblumen und Orchideen blühen versteckt. Gelegentlich klappert monoton ein ›Klapotez‹ (Windrad) und vertreibt die Vögel aus den Beeren. An geschützten Plätzen gedeihen Feigen. In den Auen der Flußtäler wächst Mais. Die Luft fühlt sich ›seidig‹ an. In den Dörfern laden viele Gasthöfe und Buschenschenken inmitten der Weinfelder zur Rast. Die Kost ist deftig. Spezialitäten sind Back- und Brathendl, Bauernbrot mit Selchfleisch und Verhackertes, ein Brotaufstrich aus fasciertem, luftgetrocknetem Bauernspeck, der, gesalzen und gepfeffert und mit ein bißchen Knoblauch angereichert, drei Wochen in einem irdenen Topf reift. Die Weine – weißer Burgunder, Gewürztraminer, Muskateller, Welschriesling zum Beispiel – sind süffig, aber doch schwer.

Die Landschaft, der keine andere in ganz Österreich gleicht, durchfließen Sulm, Saggau, Laßnitz und unzählige Bäche, meist mäanderhaft gewunden. Ausgeformt wurden die Geländewellen von den sich gegenseitig ablösenden Kalt- und Warmperioden vor zirka 120 000 bis eine Million Jahren. Ungefähr in der Mitte des ganzen Gebietes liegt das *Sausalgebirge* westlich von Leibnitz. Sein höchster Gipfel, der Demmerkogel, mißt allerdings nur 670 m, so daß das Wort ›Gebirge‹ ein wenig täuscht (in der Nähe Kitzeck – s. Umschlagrückseite –, mit 564 m Europas höchste geschlossene Weinbaugemeinde mit einem Museum zur Geschichte des Weinbaues in einem Winzerhaus von 1726). Der Autoreisende oder Wanderer befindet sich hier wieder auf altem Kulturboden. Gegenstände illyrischer Herkunft oder keltische Gräber wurden etwa bei Kleinklein oder Heimschuh im Saggautal gefunden. Selbstverständlich bezeugen oft römische Steine frühgeschichtliche Landgüter. Kirchen, im Mittelalter begonnen und danach verändert oder überhaupt später errichtet, stellen wiederum beachtliche Kunstdenkmäler dar. So zum Beispiel *St. Martin im Sulmtal* (1244, spätgotisches Tor, Altarbild von Laubmann) oder *St. Johann im Saggautal,* ein gelungener Bau von 1750–1758, in die Landschaft hineinkomponiert. Der Raum gruppiert sich um ein von einer elliptischen Kugel überwölbtes Oval (Altarblatt wieder

Ehrenhausen a. d. Mur, Mitte d. 19. Jahrhunderts, mit Schloß und Mausoleum der Eggenberger und Pfarrkirche zur schmerzhaften Mutter Maria (C. Reichert) (s. S. 304)

von Laubmann). Schlösser gilt es zu entdecken, etwa *Waldschach* am gleichnamigen See am nördlichen Fuß des Demmerkogels (Laubenhof 1631), *Dornegg* an der Laßnitz (Spätbarock) oder *Burgstall* an der Weißen Sulm (Renaissance).

Wer solche Streifzüge verschmäht, erobert sich das Weinland über eine andere Strecke. Er fährt auf der B 67 von Leibnitz weiter nach Süden. In **St. Veit am Vogau,** ein wenig abseits von der Straße, erbaute der Grazer Stadtbaumeister Josef Hueber im 18. Jahrhundert in der Murebene weithin sichtbar die *Wallfahrtskirche* (Abb. 100). Sie ist in ihrer Kombination von Zentralraum und Langhaus ein Meisterwerk barocker Architektur. Die Einrichtung steht dieser nicht nach (Skulpturen von Joseph Schokotnigg und seinem Schwiegersohn Veit Königer).

Ein paar Kilometer weiter führte die Straße bei **Spielfeld** über die österreichische Grenze nach Jugoslawien (*Schloß Spielfeld* – Muster eines Renaissancebaues mit besonders schönen, viergeschossigen Bogengängen).

Vorher zweigt eine andere Straße nach **Ehrenhausen** ab, hier beginnt die sogenannte steirische Weinstraße. Den Markt beherrscht die *Pfarrkirche zur schmerzhaften Mutter Maria* (1752–1755), ein ebenso beeindruckendes Haus wie St. Johann im Saggautal vom selben Baumeister Johann Fuchs aus Marburg, mit einer beeindruckenden Einrichtung (Heiligenfiguren, große Gemälde, Fresken) von Philipp Jakob Straub und Veit Königer. In ihm wurden Grabsteine von Eggenbergern (s. S. 289) aus einem früheren Gotteshaus wieder aufgestellt. Diese Ehrenhauser Eggenberger, Verwandte der Grazer Familie gleichen Namens, kauften eine Burg aus dem 12. Jahrhundert auf einem Hügel über der Kirche und bauten sie 1545 zu einem Renaissanceschloß aus. Details daran sind dem Landhaus dell'Allios in Graz entlehnt. Aber wichtiger als dieses Gebäude ist das *Mausoleum* (Abb. 102) auf einer Terrasse davor. Es gehört in die Reihe der großen Grabkirchen für Ferdinand II. in Graz (s. S. 281) und Karl II. in Seckau (s. S. 378). Auftraggeber war der in den Türkenkriegen berühmt gewordene Ruprecht von Eggenberg. Den Bau begann Johann Walter 1609–1614 nach einem Entwurf von Pietro de Pomis. Alsbald wurde Ruprecht und einer seiner Neffen darin beigesetzt. Vollendet wurden Gewölbe, Kuppel und die Fassade mit den majestätischen Grabwächtern aber erst 1681–1682 und die Stukkaturen im Innern erst 1688. Dieses Innere (Engelchor unter der Laterne) vermittelt eher eine Heiterkeit als Trauer und spiegelt das Lebensgefühl des Feudalen am Anfang des Barockzeitalters.

Nahe bei Schloß und Mausoleum steigt der Weg zum Platsch hinauf und schwingt fortan 30 km weit über den Höhenrücken, neigt sich in Mulden und steigt wieder an zwischen Rebenhängen, Obstgärten und Gehölzen (Farbt. 23). Man wähnt sich in der Toskana oder in Umbrien. Die Augen schweifen nach allen Horizonten über herrlichste Panoramen. Streckenweise verläuft die Straße neben oder sogar auf der jugoslawischen Grenze. Aber kein Posten verlangt irgendwelche Dokumente. Bei klarem Nachthimmel sieht man den Widerschein der Lichter von Maribor. An schönen Wochenenden sitzen die Ausflügler aus Leibnitz oder aus Graz oft bis in die Nacht hinein an den von den Winzern vor ihre Häuser gestellten Tischen und verkosten deren

92 ST. ERHARD i. d. BREITENAU Westportal, Tympanonrelief, um 1400

93 STRASSENGEL Wallfahrtskirche, Südportal, Tympanonrelief, um 1400

94 STRASSENGEL Annenaltar

95 STIFT REIN Stiftskirche, Portalfassade, 1742–1747

96 MARIA TROST Wallfahrtskirche, Westfassade, 1714–1724   97 PIBER Lipizzaner-Gestüt ▷

98 RIEGERSBURG Bollwerk

99 SCHLOSS SEGGAU Vermauerte Römersteine aus ›Flavia Solva‹

100   ST. VEIT IM VOGAU   Wallfahrtskirche

101 HOLLENEGG Schloßkirche,
Grabstein Friedrich von Hollenegg (1528)

102 EHRENHAUSEN
Mausoleum der Eggenberger, 1609–1614

103 RADKERSBURG Stammhaus der Eggenberger

104   RADKERSBURG   Torbogen am Hauptplatz, 17. Jh.

105 STAINZ Schloß, 17. Jh.

106 VORAU Augustiner-Chorherrenstift, Innenhof, 17. Jh.

107 VORAU Stiftskirche, Detail vom Hochaltar, 1704

108 HARTBERG Ansicht mit Stadtpfarrkirche ▷

109 HARTBERG Karner, 1167

110 PÖLLAUBERG Wallfahrtskirche,
Westfassade

111 STUBENBERG St. Nikolaus, Epitaph der Grafen Herberstein

113 UTSCH St. Ulrich, Gruppe vom Martin-Altar, 1520

◁ 112 PÖLLAUBERG Wallfahrtskirche, Gewölbe, 14. Jh.   114 HERBERSTEIN Schloßhof, 1680 ▷

goldgelb schimmernden Tropfen oder probieren den hier ›Sturm‹ genannten Most aus den frisch gelesenen Trauben. An solchen Tagen, vor allem zur Zeit der Lese, drängen sich die Autos über die schmale Straße, so daß ihre sonst echte Romantik leider verloren geht. Man genießt den ganzen Reiz der Landschaft also besser an anderen Tagen oder außerhalb der Saison.

Die Weinstraße endet in Leutschach (Schloß Trautenburg). Hier trifft sie auf die ebenfalls schöne Straße im Gamlitz-Grund. Man verfolgt sie weiter nach Westen und erreicht über Arnfels (auf Berghang Schloß des 12. Jahrhunderts; im Tale neoklassizistisches Schloß, in dessen Park Freilichtaufführungen im Juni und Juli; barocke Pfarrkirche) schließlich **Eibiswald** (B 69). Der Ort entstand im Mittelalter als Markt an einer Wegkreuzung. Schon die Römer gingen über den Radlpaß ins jetzt jugoslawische Drautal. Westwärts führte eine Straße über die Soboth (1065 m) zum kärntnerischen Lavamünd, heute eine landschaftlich schöne, gut ausgebaute, waldreiche Autostraße.

Bei der Besetzung der Südsteiermark durch die Jugoslawen nach dem 1. Weltkrieg kämpften die Bauern der Gemeinden Soboth, Laaken, Rothwein und St. Lorenzen gegen die Eindringlinge und erreichten bei der Kommission der Alliierten eine Volksabstimmung, in der die Bevölkerung für Österreich votierte.

Über Eibiswald thront eine jetzt arg verbaute landesfürstliche Burg (Arkadenhof). Ihre Lehnsherren waren tüchtige Leute. Sie gründeten Sensenwerke und Eisenhämmer, die mit der in ihren Wäldern gewonenen Holzkohle betrieben wurden. 1888 fand man in der Umgebung dann Kohle, so daß die noch größere ›Walzwerk- und Gußstahlhütte‹ entstand. Aber die Industrie ist längst eingegangen. An ihre Blütezeit erinnert nur noch ein zur Schule verwandelter Bau und ein hier deplaziertes Rathaus im Wiener Ringstraßen-Stil und an die vorhergehende große Zeit nur noch die einst gotische, barock erweiterte Kirche.

Eibiswald ist ein stiller Fremdenverkehrsort und Einkaufszentrum für die Umgebung (Heimatmuseum und Gedächtnisstätte für den Dichter Hans Kloepfer).

Von Eibiswald wendet man sich auf der Bundesstraße 76 nun in Richtung Graz wieder nach Norden. An oder neben ihr berührt man wieder manche Sehenswürdigkeit, zum Beispiel Schloß Limberg, einen Wehrbau des 14./15. Jahrhunderts, oder die Pfarrkirche und das Schloß im Moorbad Schwanberg.

Größte Aufmerksamkeit verdient jedoch **Schloß Hollenegg**. Die Hollenegger waren schon im 12. Jahrhundert Ministerialen des Salzburger Erzbischofs. Abel allerdings war auch ein wortgewaltiger Vertreter des Protestantismus. Er begann die alte Burg im 16. Jahrhundert in ein Schloß umzuwandeln, und sein Sohn Friedrich, der letzte des Geschlechts und Rat des Gegenreformators Karl II., ließ das von zwei Kanonentürmen flankierte große Geviert vollenden, versah die Wohntrakte mit Bogengängen und verband sie durch ein in sie eingebautes Treppenhaus. Das Grazer Landhaus war Vorbild und dell'Allios Nachfolger dort, Francesco Marmaro, soll der Baumeister gewesen sein. Friedrich hatte aber wohl seine Kräfte überschätzt. Seine

Schloß Hollenegg, Mitte d. 19. Jahrhunderts (C. Reichert)

Erben konnten die Herrschaft nicht halten und verkauften sie 1653 dem Grafen Saurau, und dieser wiederum veräußerte sie 1687 weiter an die Freiherren von Khuenburg. 1821 erwarben die Fürsten Liechtenstein das Schloß und teilten den Hof durch einen Quertrakt. Die Khuenburger statteten die Innenräume prächtig aus. Da sie aber die Familie Liechtenstein bewohnt, sind sie nicht zugänglich.

Die Khuenburger ließen auch die Kirche im zweiten Hof von Johann Fuchs (Weihe 1778) erbauen. Er präsentierte mit einem schmalen elliptischen Raum, dessen Wände auf beiden Seiten je zwei Nischen eintiefen und dessen Bewegung ein querelliptischer Chor auffängt, wieder eine meisterliche Leistung (Altarblätter von Laubmann). Vier Grabsteine, unter ihnen der des Friedrich von Hollenegg (Abb. 101), an der Außenmauer der Kirche und eine Tumbaplatte in den Arkaden an der Westseite des Hofes gelten als vorzügliche Arbeiten der Renaissance. Bei einem Spaziergang durch den ausgedehnten Park zeigt sich übrigens der besondere Reiz der Schloßarchitektur immer wieder anders.

Auch das Gebiet um **Deutschlandsberg** gehörte seit dem Jahr 1000 bis 1803 zum Salzburger Erzbistum. Herr von Lonsperch (deshalb ›Landsberg‹, seit 1822 ›Deutschlandsberg‹, um den Ort vom ›windischen Landsberg‹ zu unterscheiden), war im 12. Jahrhundert sein Ministeriale. Von der Mitte des 13. Jahrhunderts verwaltete ein Burggraf (Ruine einer Burg von 1153 zu Hotel und Museum ausgebaut) die salzburgischen Besitzungen an der Laßnitz und auf der Koralpe. Dieser Zug der Koralpe aus

Gneis und Glimmerschiefer mit seinen bis zu 2000 m hohen Gipfeln schützt das ganze Weinland vor Westwettern und ist mitbeteiligt am günstigen Klima (die steirischen Hänge der Koralpe werden aber von Skifahrern geschätzt).

Übers Gebirge führt seit alters auch eine Handelsroute, jetzt schöner Touristenweg aus dem Kärntner Lavanttal nach Deutschlandsberg, und ihm verdankt die Stadt ihre Gründung als Markt und Handwerkersiedlung unterhalb der schützenden Burg. Am Hauptplatz blieben noch barocke und biedermeierliche Häuser erhalten. Schmuckstück ist das ›Judsche Haus‹, seit 1925 Rathaus. Ein Administrator des Erzbistums namens Jud vergrößerte ein altes Gebäude, indem er ein zweites Stockwerk und eine Turmhaube aufsetzte und es barock fassadieren ließ, damit es bei Besuchen des Fürstbischofs als standesgemäße Unterkunft dienen könne.

Markt, das heißt Handelszentrum (und Verwaltungs- und Gerichtsplatz) für den Bezirk ist Deutschlandsberg auch jetzt noch. Besonders deutlich wird das an den viel frequentierten Kirtag-Jahrmärkten am ›Tag der vierzig Märtyrer‹, dem Laurentzitag und an Allerseelen. Da werden allerlei Waren gehandelt, auch Erzeugnisse des Landes und darunter auch das grünliche Kürbiskernöl. Früher war dieses Öl ein Fett für Arme. Heute ist es teuer. Aber sein herbwürziger Geschmack ist, zumindest in der südlichen Steiermark, allseits beliebt. Zum Beginn des Herbstes werden die Kürbisse, die meist an den Rändern von Maisfeldern wachsen, geerntet und am Feld oder im Bauernhof aufgespaltet und entkernt (Farbt. 24). Das Fleisch kommt als Futter in den Schweinetrog. Die Kerne röstet und preßt man. Drei Kilo Kerne ergeben ungefähr einen Liter Öl.

Auch in Deutschlandsberg kann man wieder nur empfehlen, von der großen Straße abzuweichen und auf schmalen Wegen und auf Hügelrücken und in Bachgründen kreuz und quer und ohne jede Hetze das Land und die Leute kennenzulernen. Sehenswürdigkeiten begegnen einem sowieso, oft idyllisch gelegen und überhaupt nicht für Besichtigungen herausgeputzt. Es können wieder Schlösser wie Frauenthal oder Wildbach sein. Oder es könnten die Kirchen von Gams (Eisenheilquellen) oder St. Stefan sein.

In den ebenso idyllisch gelegenen Weilern, Streusiedlungen und auseinandergezogenen Straßendörfern haben sich gerade in der nördlich anschließenden Gegend um Stainz auch bewundernswerte Bauernhäuser erhalten (Farbt. 39). Die ländlichen Handwerker errichteten nicht nur zweckmäßige Bauten. Sie schmückten sie auch mit aus dem Zirkelschlag der Zimmerleute entwickelten Mustern, mit farbigen Initialen der Besitzer, Jahreszahlen und Segenssymbolen und bemalten, mit geschmiedeten Beschlägen versehene Fenster und Türen mit Rauten und Blumen. Den Kunstsinn der Handwerker beweisen auch die Maßverhältnisse dieser Türen und Fenster und ihre Lage in den Wandflächen. An gemauerten Häusern tragen manchmal Säulen und Pfeiler klassizistisch aussehende Giebel. Selbst manche aufgemauerten Wirtschaftsgebäude zieren noch Lüftungsgitter aus Ziegeln in variablen Formen. Viele der Dörfer sind regelrechte Weingartensiedlungen, denn auch in Deutschlandsberg und Stainz gedeihen ja Trauben, andere zwar als im Sausal oder am Platsch, aber nicht weniger berühmte wie dort. Sie liefern den Schilcher. Ihn zu trinken ist in den letzten Jahren fast modisch geworden. Er ›schilchert‹ – schillert – im Glas leicht rot, schmeckt frisch und ›riegelt auf‹. Mit anderen Worten, er macht die Starken schwach und die Schwachen stark. Obwohl ihn die Winzer in ihren Buschenschenken überall im Bezirk kredenzen, gibt es von Eibiswald bis Ligist, nördlich von Stainz, eine ausgeschilderte sogenannte Schilcher-Straße.

Die Marktgemeinde **Stainz** ordnet sich um einen rechteckigen Platz, den Bürgerhäuser des 16. und 17. Jahrhunderts umgeben (Erker, breite Tore, Heiligenfiguren). Aus dem Ort steigt eine Treppe zum *Schloß* (Abb. 105) auf. Es hat eine bewegte Geschichte. Zuerst stand auf dem Hügel eine Burg. Dann gründete Luithold von Wildon 1229 ein Kloster mit Kirche; dieses Augustinerchorherrenstift wurde im 16. und 17. Jahrhundert in mehreren Etappen umgebaut. Zwei Höfe entstanden, der größere mit dreigeschossigen Bogengängen. 1782 aufgehoben, diente es als Militärhospital. Später veräußerte man es an einen Privatmann, und 1840 kaufte Erzherzog Johann Schloß und Herrschaft Stainz. Auch hier war er segensreich tätig. Er lehrte den Bauern den Kartoffel- und Hopfenanbau und förderte den Anbau von Schilcher-Reben. Die Stainzer wählten den ›steirischen Prinzen‹ schließlich 1850 zum Bürgermeister. Heute unterhält das nach ihm benannte Joanneum im Schloß eine Außenstelle mit einer volkskundlichen Sammlung für Wirtschaft, Arbeit und Nahrung (prunkvoller, barokker Festsaal).

Eine kunsthistorisch höhere Bedeutung als den ehemaligen Klostertrakten wird jetzt der *Kirche* beigemessen. Während der baulichen Veränderungen wurde auch sie völlig umgewandelt, zumal sie auch die Funktionen der abgerissenen Pfarrkirche im Ort übernahm. Außen erscheint sie einfach. Um so mehr überrascht ihr Inneres. Nach Plänen von Domenico Sciassia schufen zwei seiner Schüler eine Wandpfeilerkirche mit breiten Pilastern, starken Gesimsen, flachem Tonnengewölbe und Kapellen mit Emporen darüber. Sie schufen einen heiteren Raum. Indirekt geleitetes Licht füllt ihn. Der breite, helle Chor (1620 von Osten nach Westen verlegt) steigert die Wirkung. Hervorragende Stukkaturen und Deckenmalereien verleihen dem Raum zusätzlichen Glanz. Ein zweistöckiger, vorzüglicher Hochaltar (1689) mit einem Blatt des von den Grazer Eggenbergern bevorzugten Hans Adam Weißenkirchner und weitere Altäre und eine Kanzel (Figuren von Veit Königer) ergänzen den Eindruck vom festlichvollkommenen Barock.

Ihn gewiß noch vor Augen, trifft man nach etwa 25 km wieder in der Landeshauptstadt ein, es sei denn, man riskiert vorher noch eine Fahrt (vielleicht sogar als Amateur-Lokführer) mit dem ›Flascherlzug‹, einer Schmalspurbahn von Stainz nach Preding-Wieselsdorf (von Mai bis September an Wochenenden).

In und um Bruck an der Mur, Mürzzuschlag, Leoben

Das Mur- und Mürztal bei den Städten Leoben, Bruck, Kapfenberg und Mürzzuschlag ist seit jeher ein wesentliches Stück des Weges von Wien nach dem Süden, seit der Eröffnung der Südbahn 1857 über den Semmering nach Triest auch des Schienenweges. Verkehr fördert bekanntlich auch Industrialisierung. Aber nicht nur er, auch Erz- und Kohlelagerstätten bewirkten, daß ebenfalls schon frühzeitig Betriebe in diesen Städten und ihrer Umgebung entstanden. Heute ist die Gegend *das* steirische Industriegebiet und eines der wichtigsten Österreichs überhaupt. Die Bevölkerungsdichte beträgt 1000 Personen pro Quadratkilometer (im Durchschnitt aber nur siebzig in der ganzen Steiermark), und fast 65 % der Bevölkerung verdient Lohn und Brot in diesen Wirtschaftszweigen. Doch der Tourist braucht nicht zu erschrecken. Die Städte bieten durchaus bedeutende Kunstdenkmäler und ihre unmittelbaren Umgebungen offenbaren überraschende Schönheiten. Nach Norden führen Stich- und Durchgangsstraßen zum Ennstal und in die Hochschwabregion mit ihren Zweitausendern und im Südosten durch die Fischbacher Alpen mit halb so hohen Gipfeln, Wäldern, Almen und reizenden Tälern in die Oststeiermark.

In diesem Kapitel wird Bruck an der Mur als Mittelpunkt des Bezirks genommen. Bevor man hier von Graz aus muraufwärts eintrifft, werden noch Abstecher von der Murtalstraße empfohlen. Einmal kann man von Mixnitz aus auf einem Steg die *Bärenhöhle* erreichen. Sie ist etwa 500 m lang und 60 m breit und war in der Vorzeit erst von vielen Tieren und später auch von Menschen bewohnt. Zum anderen kann man in einer Wegstunde in die *Bärenschützklamm*, die schönste Klamm Österreichs, einsteigen. Der Mixnitzbach wusch eine 1300 m lange Schlucht aus und stürzt über 24 tosende Wasserfälle und Kaskaden ungefähr 350 m tief hinab. Kühn angelegte Leitern, Brücken und Stege ermöglichen die Begehung. Am Ende gelangt man nach 20 Minuten zum Gasthof ›Guter Hirte‹ auf der *Harter Alpe* (Blick auf den Hochlantsch, 1722 m) und nach wiederum einer halben Stunde zum Wallfahrtsort *Schüsserlbrunn* mit einer idyllisch gelegenen Waldkirche.

Bei *Pernegg* (Schloß, 1578–1582 erbaut; Kirche, 1774/75 umgebaut, mit Marienleben-Fresken von Mölk) zweigt dann noch eine schöne Straße in die Breitenau zur **Wallfahrtskirche St. Erhard** ab. Den Bau bestimmt ein barocker Turm, aber sonst gehört er der Hochgotik (14. Jh.) an. Obwohl über die Stiftung und Weihe der Kirche keine Nachrichten vorliegen, dürfte der mittelalterliche Gold-, Silber-, Mangan- und Arsen-Bergbau (heute wird noch Magnesit unter Tage gewonnen) die Mittel dafür geliefert haben. Stilistisch zeigte die Kirche einen Zusammenhang mit Straßengel (s. S. 293) und Werken der Wiener Bauhütte. Auch das Tympanonrelief am Westportal (Abb. 92) – Bischof Erhard auf dem Sessel, Engel, die segnende Hand Gottes darstellend – läßt auf eine Verwandtschaft mit den Portalbildern von Straßengel schließen. Aus der Wiener Herzogwerkstatt stammen die bedeutenden Glasmalereien im linken Chorfenster mit Bildern aus der Passion und im rechten aus dem Marienleben. Die untere rechte Scheibe verewigt Albrecht III., Herzog von Österreich, Steiermark und Kärnten, mit seinen Frauen. Am prächtigen Hochaltar rahmen Säulen ein Gemälde des heiligen Erhard (1646). Zwischen den Säulen und auf den Opfergangportalen vervollständigen Figuren anderer Heiliger und auf dem Aufsatz die Krönung Mariens das vom Grazer Philipp Jakob Straub 1744–1746 geschaffene Werk. Auf einer Säule inmitten des Raumes steht dann wiederum der heilige Erhard (1746 von Antonio Carlone), und Opferstock und Votivkerzen aus der Biedermeierzeit verweisen darauf, daß Pilger in dieser Statue den Rodungs- und Viehpatron, der im 7. Jahrhundert Bischof von Regensburg war, verehrten. Beachtenswert auch die dem anderen Viehpatron St. Leonhard geweihten Altäre in der Nord- und Südkapelle, der Kreuzaltar an der Südwand mit einem gotischen Kruzifix, das schmiedeeiserne Gitter (1720–1730) vor der Opferkammer und die Orgel (1732), eine der ältesten in der Steiermark.

In **Bruck an der Mur** siedelten schon die Römer. Es erscheint sogar als ›Poedicum‹ auf einer alten Weltkarte. Im 9. Jahrhundert gehörte es zum Erzbistum Salzburg. Doch es lag damals bei der heutigen Friedhofskirche *St. Ruprecht* außerhalb der Stadt. St. Ruprecht war Pfarrkirche. Der jetzige Bau ist ein spätgotisches Gotteshaus mit romanischem Kern (im Innern Weltgerichtsfresko, um 1420; Abb. 119 und schmerzhafte Muttergottes aus dem 18. Jh.). Der Karner daneben ist ebenfalls romanisch.

Přemysl Ottokar, der böhmische König, verpflanzte die Niederlassung unter den Felsen an der Mündung der Mürz in die Mur und schützte den Ort durch eine Burg (1268), von der sich Mauerreste und ein zum Uhrenturm umgebauter Befestigungsturm erhalten haben. Er gewann Wohlstand als Stapelplatz im Handel mit Venedig. Ein Brand richtet jedoch in der Stadt erheblichen Schaden an. Seitdem ist zwar die Burg auf dem Felsen Ruine. Andere Bauten aber retteten sich, zumindest teilweise, über die Zeiten und einige sind sogar für die Kunstgeschichte ganz Österreichs wichtig.

So ist das sogenannte *Kornmesshaus* am Hauptplatz der bedeutendste gotische Profanbau des Landes (Abb. 118). Der Hammerwerkbesitzer und Großhändler Pankraz Kornmesser ließ es sich 1499–1505 errichten. Sein verzierter Laubengang (Kielbögen, Rankenwerk) im Erdgeschoß und die Loggia darüber sagen deutlich aus, daß er die Pläne dazu aus der Lagunenstadt mitbrachte. (Außerdem im Apothekerhaus geschlossener Arkadengang von 1520–1530 und im Rathaus, der ehemaligen herzoglichen Burg, der Rest eines solchen Hofes.)

Auch die schmiedeeiserne Laube des Brunnens auf dem Platz ist eine der schönsten weit und breit. Ein seltenes Kunstwerk ist auch die Sakristeitür (1500) in der Pfarrkirche ›Mariä Geburt‹ nördlich vom Hauptplatz. Auch sie gilt als eine der besten Schmiedeeisen-Arbeiten Österreichs (dort auch Fresken aus dem 16. Jh., Altarblätter von Philipp Carl Laubmann von 1751 und ein spätgotischer Taufstein vom Ende des 15. Jh.).

Und schließlich gehört das Fresko ›Marter der Zehntausend vom Berg Ararat‹ von 1380–1390 in der ehemaligen Minoritenkirche am östlichen Rand der Altstadt ebenfalls zu den Hauptwerken der österreichischen Malerei der Epoche.

In Bruck an der Mur beginnt auch eine jener oben angemerkten, überraschend schönen Straßen, und zwar die ins Tal der Laming. Sie endet in Tragöß, in einer für Wanderer idealen Alm- und Waldlandschaft mit mehreren Seen. Die Kirchen in *Pichl* mit Glasgemälden von 1290 oder in *Oberort* mit Außenfresken aus dem 15. Jahrhundert sind beachtenswert.

Hauptort an der Laming ist jedoch **St. Katharein**, und dort liegt am Hang im Wald versteckt die eigenartige *Filialkirche St. Alexius* (15. Jh.). In einem quadratischen Langhaus breiten sich aus einem Mittelpfeiler aufstrebend Rippen sternförmig ins Gewölbe aus. Dem breiteren Chor teilen dagegen drei Säulen in zwei, in polygonalen Schlüssen endende Schiffe. Zudem schmücken gemalte Ranken und Tier- und Evangelistensymbole die Gewölbe. Chöre dieser Art sind selten.

Im Bruck benachbarten **Kapfenberg** lassen Industriewerke und die von ihnen verursachten Gebäude und Siedlungen vergessen, daß es sich um eine alte Stadt handelt. Unter der Burg (1197) der Grafen von Stubenberg, heute ein Hotel, entstand ein sich durch Eisenhämmer und Handel entwickelnder Markt. Brände äscherten ihn mehrmals ein, zuletzt 1814, so daß in ein paar Gassen nur noch verbaute Rudimente aufzufinden sind (klassizistisches Rathaus). Das Eisen sorgte dann in der Mitte des vorigen Jahrhunderts für neuen Aufschwung. Er hielt durch Edelstahl-, Ketten- und Chemieunternehmen bis in unsere Tage an.

Auf den ersten Blick scheint es, als hätte die industrielle Entwicklung des Mürztales die Zeugnisse der Vergangenheit beseitigt. Wer jedoch aufmerksam die große Straße flußaufwärts verfolgt, entdeckt bald eine Vielzahl interessanter Dokumente: Schlösser zum Beispiel in *Krottendorf* (17. Jh.), in *Spiegelfeld* (16./17. Jh.), *Nechelheim* (18. Jh.), *Oberlorenzen* (16.–19. Jh.) oder in *Hart* (16. Jh.) ... oder Kirchen in *St. Marein* (14./15. Jh., mit Karner), in *St. Lorenzen* (älteste, 875 erwähnte Pfarre an der Mürz), *Mürzhofen* (romanisch-gotisch, Altarblatt von Mölk) oder in *Allerheiligen* (15. Jh.).

In **Kindberg**, einem Straßenmarkt mit Häusern des 17. und 18. Jahrhunderts, erwarben die Grafen Inzaghi von den Herbersteins das Schloß Oberkindberg und bauten es 1670 aus. Die gotische Pfarrkirche wurde 1773–1774 barock verändert.

Weiter nördlich ist wieder Schloß Pichl in *Mitterndorf* sehenswert. In **Krieglach** überragt der wuchtige Turm von St. Jakobus die Dächer des Ortes (15. Jh., in der Sakristei Weltgerichtsfresko). Am Rand des Marktes erbaute sich Peter Rosegger 1877 ein Landhaus. Er lebte im Winter in Graz und im Sommer mit seiner Familie hier. Er verstarb 1918. Auf dem Friedhof von Krieglach wurde er begraben. Arbeits- und Sterbezimmer im Stil der Jahrhundertwende eingerichtet, blieben unberührt. Freunde seines Werkes besuchen das Refugium als Gedenkstätte. Der Dichter war der volkstümlichste Österreichs. Als Sohn eines Kleinbauern, als Hirtenjunge und Schneiderlehrling bildete er sich selbst weiter und gewann am Ende hohes Ansehen. Als erzählerisches Naturtalent schilderte er oft humorvoll und poetisch die Landschaft und die Menschen seiner Heimat und ihren bäuerlichen Alltag. Seine autobiographisch angelegten Geschichten und Romane erreichten ehemals Riesenauflagen. Sie wurden in zehn europäische Sprachen übersetzt. Mit der Ehrenbürgerschaft der Stadt Graz, der Ehrendoktorwürde der Universität Wien und der Ehrenmitgliedschaft der Royal Society of Literature in London ausgezeichnet, verhinderte nur eine Pressekampagne die Verleihung des Nobelpreises an ihn. Rosegger wurde auf dem Kluppeneggerhof in **Alpl** geboren. Er nannte die Gegend ›seine Waldheimat‹. Aus dem literarischen Namen wurde inzwischen eine geographische Bezeichnung, die auf jeder Karte erscheint.

Die Straße führt von Krieglach steil bis auf über 1000 m hinauf in dieses von stillen Tälern durchzogene, wenig besiedelte und für Wanderungen wie geschaffene Gebiet der Fischbacher Alpen. In der Saison ist es freilich von Ausflüglern überlaufen. Sie spüren der von Peter Rosegger beschriebenen Welt nach. Zirka 30 000 Personen besuchen jeden Sommer sein armseliges Geburtshaus und erinnern sich durch Stube, Rauchküche und kargen Hausrat an Passagen seiner noch immer beliebten, das steirische Wesen spiegelnde Erzählungen. Sie besichtigen auch Roseggers Waldschule. Für ihren Bau 1902 beschaffte der Dichter die Mittel, damit die Kinder der umliegenden Höhenweiler nicht mehr stundenlang zu Fuß nach Krieglach oder St. Kathrein am Hauenstein gehen mußten. Das Gebäude dient als Gedenkstätte für Rosegger und als österreichisches Wandermuseum, das die Entwicklung des Wanderns von den Wallfahrten über die Jugendbewegung bis zur Rolle im jetzigen Tourismus dokumentiert.

Doch wieder zurück ins Mürztal. Am Zusammenfluß von Mürz und Fröschnitz liegt um den ehemaligen langen Straßenmarkt die Stadt **Mürzzuschlag.** Sie wurde vom Frachttransport über den Semmering und vom Eisen, dessen Verarbeitung um 1300 begann, reich. Pest und Türkennot hoben den Wohlstand auf. Doch Eisenbahn und Industrialisierung weckten auch hier wieder Betriebsamkeit. Schlösser in der Umgebung, eine Pfarrkirche, ein aufgehobenes Franziskanerkloster und einige Häuser der Wiener Straße erinnern an frühere Jahrhunderte. Im Haus Nr. 79 erinnert ein Wintersportmuseum an Max Kleinoscheg und Toni Schruf, denn die beiden Männer machten von Mürzzuschlag aus das Skilaufen in Europa populär. Im Haus Nr. 80 befindet sich außerdem ein Bergbaumuseum mit Schaustollen.

Die Bundesstraße steigt nun zum *Semmering-Paß* und zur Grenze Steiermark – Niederösterreich an. Auf halbem Weg gründete Markgraf Otakar III. 1160 ein Spital. Von ihm erhielt das Dorf seinen Namen. Seine Kirche wurde um 1900 stark verändert, enthält aber einen guten barocken Hochaltar im gotischen, wegen seiner Kapitelle und seinem Maßwerk beachtlichen Chor mit einer romanischen Madonna aus einer abgerissenen Wallfahrtskirche.

Aber weiter am Oberlauf der Mürz, die jetzt aus dem Nordwesten kommt, entlangfahrend überrascht bald das ehemalige **Zisterzienserstift Neuberg.** Seine Gebäude, vor allem die große *Kirche* (Farbt. 29), dominieren im engen Tal zwischen den Ausläufern der Schneealpe (1903 m) und Veitschalpe (1998 m). Man kann sich leicht an der Lage und erst recht bei näherer Betrachtung die einstige geistige und wirtschaftliche Bedeutung der Abtei vorstellen. Herzog Otto der Fröhliche gründete das Kloster 1327. Er berief im gleichen Jahr Mönche aus Heiligenkreuz im Wiener Wald. Diese

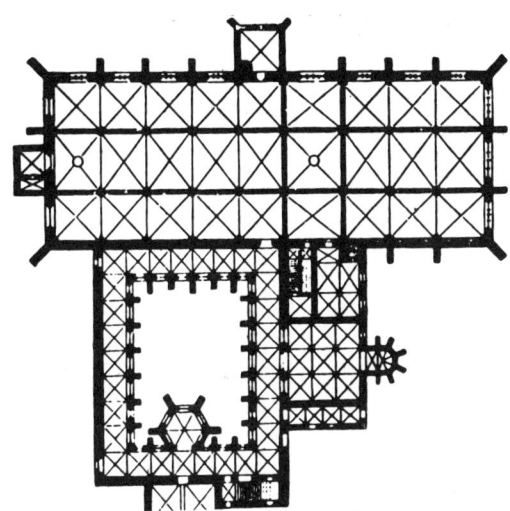

*Neuberg a. d. Mürz, ehemalige
Stiftskirche Mariä Himmelfahrt,
Grundriß*

fingen zu roden an, und während sie in Balkenhäusern lebten, begannen sie mit dem
Bau einer steinernen Kirche. Später folgten Kreuzgang, Kapitelsaal, Refektorium und
Brunnenhaus und andere Räumlichkeiten. Überschwemmungen, Heuschreckenpla-
gen, Pest und Brandkatastrophen störten die Arbeiten. Deshalb blieb die Anlage lange
unvollendet. Erst Kaiser Friedrich III. ließ sie von 1461 bis 1496 fertigstellen. Sein
Zeichen AEIOU findet man in der Kirche an mehreren Stellen. Seit Ende des 17. Jahrhunderts bezog das Kloster reiche Einkünfte aus nahen Eisenerzvorkommen. Hochöfen und Wasserhämmer entstanden. Joseph II. hob das Kloster 1786 auf. Die
Hofkammer in Wien übernahm Berg- und Hüttenwerke. Sie bestanden, unter wechselnden Besitzern vielfach modernisiert, bis 1951 und lieferten Kugeln und Granaten
für das kaiserliche Hauptzeughaus, Material für den Lokomotivbau, Panzerplatten für
die Kriegsmarine und Geschütze für die Monarchie und zuletzt Eisen für andere
Zwecke. Deshalb stößt man im Tal auf Reste von Industriebauten.

Die Abtei verfiel. Kreuzgang und Kapitelsaal wurden zu Holz- und Eisenlagern
degradiert. Sozusagen im letzten Moment, 1870, griff Kaiser Franz Joseph I. ein. Er
verfügte Renovierungen auf eigene Kosten und benutzte einen Teil der Gebäude als
Jagdschloß. Sein Neffe, Thronfolger Erzherzog Franz Ferdinand, wollte die Kirche
innen restaurieren. Schon wurden Gerüste aufgestellt. Aber da setzte der Mörder von
Sarajewo seinem Leben ein Ende. Die Arbeiten konnten nicht fortgeführt werden. 1919
entfernte man die Gerüste. Die Kirche verwahrloste wieder. Doch das Bundesdenk-
malamt rettete sie nach dem 2. Weltkrieg mit neuerlichen Restaurierungen endgültig,
und so blieb der überaus wertvolle, nach strengen Zisterzienserregeln schlicht aufge-
führte Bau rein erhalten.

Er beeindruckt durch seine Größe von 67,50 m Länge, 24,20 m Breite und 19,50 m Scheitelhöhe und eine überwältigende, auf Harmonie beruhende Raumwirkung. Diese voluminöse Halle gliedern acht Bündelpfeilerpaare über neun Joche in drei Schiffe. Mit dem breiteren 6. Joch wird ein Querschiff und mit verstärkten Pfeilern eine Vierung angedeutet. Damit erhält das langgestreckte Rechteck des Grundrisses quasi eine zwar wenig ausgeprägte, aber immerhin bemerkbare Kreuzform. Ein gerader Chor schließt nach Osten ab. Seine Fenster lassen die Mauern leicht erscheinen im Gegensatz zur Westfront, die nur eine, allerdings sehr schöne Fensterrose aufbricht. Ein mächtiges Walmdach beschirmt Mittel- und Seitenschiffe in einem.

Der spätgotischen Einrichtung entstammen zwei Flügelaltäre in barocken Fassungen am dritten Pfeilerpaar mit Christus am Kreuz und Kreuzabnahme in den Schreinen und gemalten Passionszyklen auf den Flügeln (Abb. 123). Außerdem aus der Zeit, leider von der Orgel halb verdeckt, eine Maria mit Kind, Kreuzigung und Heilige darstellendes Fresko auf der Westwand. Von den anderen Altären ist der Marienaltar im rechten Seitenschiff erwähnenswert, weil er die ›Neuberger Madonna‹ trägt, eine Steinstatue von 1330–1340, die im 17. Jahrhundert im Sturm vom Giebel der Westfront stürzte, ohne das sie zersprang. Selbstverständlich ist auch der Hochaltar aus der Zeit der Gegenreformation kostbar. Er erinnert noch an einen spätgotischen Flügelaltar, freilich mit Renaissance-Stil-Einzelheiten und mit Plastiken, an denen man die Nachwirkungen der Spätgotik spürt. Trotzdem bildet er eine Einheit. Den Altar entwarf Giacomo Giovanni Terzano aus Como, aber drei Meister aus Überlingen am Bodensee (das damals zu Vorderösterreich gehörte) arbeiteten mit 18 Gesellen an ihm in den Jahren 1611–1612 (auf der Rückseite Gemälde des herrschenden Christus, Maria und Johannes der Täufer als Fürbitter und die Dreifaltigkeit). Bemerkenswert auch die Oratorien mit Brüstungen im rechten und linken Seitenschiff (1720 und 1734) und die von einem Engel getragene Kanzel (1670). Im 1870–1880 erneuerten Kreuzgang erhielten sich u. a. an den Gewölbekonsolen symbolische Tierdarstellungen und die Bilder von Stiftsäbten und das des Klosterstifters mit seinen beiden Frauen und zwei Söhnen. Der Stifter wurde in einer Gruft unter dem Kapitelsaal beigesetzt.

Um dem ›Dom im Dorf‹ etwas von seiner geistigen Ausstrahlung zurückzugeben, veranstalten die ›Freunde des Neuberger Münsters‹ im Sommer eines jeden Jahres internationale Kulturtage mit Konzerten und Seminaren. Zahlreiche Gäste schätzen sie nicht allein wegen der Darbietungen, sondern auch wegen des Gesamterlebnisses von Landschaft, Geschichte, Architektur und bildender Kunst (zudem Naturkundemuseum, Naturlehrpfad entlang der Mürz und montanhistorisch-geologischer Lehrpfad und Schaustollen).

Der Straße von Bruck in entgegengesetzter Richtung muraufwärts mangelt es ebenfalls nicht an geschichtsträchtigen Orten. Schon wenige Kilometer entfernt von der Stadtgrenze steht auf einem Hügel am linken Flußufer weithin sichtbar die im Kern romanische *Kirche St. Dionysen.* Zu ihrer Einrichtung zählt ein frühgotischer, mit eingekerbten Rosetten und Linienornamenten geschmückter Taufstein und Altäre mit

Bildern von J. A. v. Mölk. Mölk malte auch die Gewölbe aus. Lange vor ihm, im 14. und 15. Jahrhundert, bedeckten aber andere begabte Künstler die Wände mit Fresken (Dionysos-Legende, Propheten, Engel, Verkündigung). Sie wurden 1950 entdeckt und freigelegt.

In *St. Ulrich* in **Utsch** in den Vorbergen des Roßeck (1664 m) gegenüber wurde 1957/58 ein vorzügliches, um 1400 entstandenes Kreuzigungsfresko aufgedeckt (Abb. 120). Darüber hinaus enthält die kleine Kirche noch andere Schätze: eine Wandmalerei der Ulrichs-Legende (um 1520); das Fragment des ältesten steirischen Flügelaltars mit drei Figuren im Schrein, von denen die mittlere Ulrich mit Fisch und Stab darstellt; einen Martinsaltar mit reitendem Heiligen und Bettler (1520; Abb. 113); 19 Scheiben in zwei Chorfenstern (um 1450) mit Passionsszenen und Heiligen; andere gotische Statuen und ein Sandsteinrelief des Ulrich im Kielbogen des Einganges. Man fragt sich, wie solche Kostbarkeiten in die Einsamkeit kamen. Doch im Mittelalter bestand hier ein Hof der Ritter von Utsch. Sie waren als Verwalter der Kapfenberger Stubenberger offenbar reich begütert.

In **Leoben,** mit zirka 40000 Einwohnern die zweitgrößte Stadt der Steiermark, begegnet man dann wieder einem jener Orte, die ihren Ursprung auf frühgeschichtliche Besiedlung, die Römer und das Eisen zurückführen. Hier vereinigte sich eine uralte Eisenstraße (s. S. 334) mit dem nicht weniger alten Handelsweg nach Italien. Sie und einen 982 erstmals erwähnten Flecken schützte eine karolingische Burg (jetzt konservierte Ruine) auf dem Massenberg. Wieder Přemysl Ottokar verlegte den Ort 1262–1263 an einen vom Fluß eng umschlungenen, strategisch besseren Platz. Herzog Ernst der Eiserne bestimmte den im Eisenhandel schon führenden Markt (seit 1173) durch Privilegien 1415 zum Umschlagort für das gesamte Vodernberger Eisen, und seitdem lebt Leoben – wenn man die Holzindustrie nicht berücksichtigt – von Eisen und Stahl bis auf den heutigen Tag (große Werke im Stadtteil Donawitz, außerdem Montanuniversität, die seit 1850 der Ausbildung und Forschung dient und jährlich Hunderte von Fachleuten aus aller Welt zu Kongressen versammelt).

Der Hauptplatz war schon das Zentrum der vom Böhmenkönig gleichmäßig geplanten Stadtanlage. An ihm wohnten die reichen Eisenverleger. Einen mittelalterlichen Haustyp vertritt das Gebäude Nr. 12 mit Erkern, einen der Renaissance der Gasthof ›Zum schwarzen Adler‹ mit auffälligem Portal und einen des Barock das *Hacklhaus* mit der üppig stukkierten Fassade (Abb. 121). Das Rathaus von 1485 wurde im Laufe der Zeiten durch Zu- und Umbauten mehrfach verändert und die anschließende ›Alte Burg‹ ebenfalls. Sie verwandelte sich im 17. Jahrhundert ins Jesuitenkolleg und dieses wiederum wurde 1965 wegen eines Verwaltungsbaues teilweise abgebrochen. Im verbliebenen, jetzt modern hergerichteten Trakt ist ein Museum beheimatet, das sich durch seine Sammlungen zur Vorgeschichte und zur Geschichte des Eisenwesens, zur Mineralogie und durch gotische und barocke Kunstwerke auszeichnet.

Zum Jesuitenkolleg gehörte auch die nahe *Pfarrkirche Franz Xaver*. Ein Besitzer von Schmelzöfen stiftete sie 1659, Baumeister der nüchternen Wandpfeilerkirche war der in Leoben ansäßige Peter Franz Carlone. Diesen Charakter hebt auch die beeindruckende Einrichtung mit dem großen Hochaltar, der Kanzel und den überlebensgroßen Apostelfiguren an den Pfeilern nicht auf.

Die Langgasse der Altstadt führt über das ehemalige Glacis zur *Friedhofskirche St. Jakob*. Auf dem Gottesacker – am Eingang eine Wegekapelle von 1512 mit einer Kreuzigungsgruppe voller Expression – scheinen Angehörige aller Eisenfamilien der Stadt beerdigt worden zu sein. Ihre Grabmäler aus verschiedenen Zeiten spiegeln zugleich Vermögen und Kunstsinn und machen diesen Friedhof wie sonst kaum einen anderen zur Kulturstätte. Die Kirche selbst geht auf ein Gotteshaus der frühen Ansiedlung Leobens zurück und war eine romanische Chorturmkirche. Nach gotischen Veränderungen wurde sie barockisiert. Aus der gotischen Zeit stammen die Sitzfiguren des heiligen Jakobus d. Ä. (um 1510) und Reste eines Gnadenstuhl-Freskos (Ende 14. Jh.) im Chor und aus der Barockepoche ein ebenfalls dort befindliches Bild mit der Ansicht Leobens (1772) vom nicht mehr vorhandenen Hochaltar.

Im wesentlichen gotisch blieb die *Kirche Maria am Wasen*, erreichbar durch das einzige erhaltene Tor der Stadtbefestigung, dem Mauttor an der Brücke zum linken Ufer des Flusses. Vor allem blieben Glasbilder in den Chorfenstern erhalten. Neu zusammengestellt zeigen die älteren im linken Fenster Heilige, Apostel, Szenen aus dem Marienleben und die Stifter aus dem Geschlecht der Tumerstorfer. Die rechten Scheiben, ein Christuszyklus, stiftete dagegen Paul Chren. Sein Wappen in Verbindung mit den Bergwerkspatronen Daniel und Habakuk weisen aus, daß der Mann wohl Bergbau betrieb (Abb. 122).

Das wichtigste Bauwerk Leobens ist die ehemalige *Benediktinerinnenabtei* im eingemeindeten Göß. Sie ist das älteste Kloster der Steiermark. Pfalzgraf Aribo gründete es um 1000. Bereits 1020 war sie Reichsabtei. 1782 fiel das Kloster den Reformen Josephs II. zum Opfer. In der Mitte des vorigen Jahrhunderts befand es sich in üblem Zustand, Trakte wurden abgetragen. Andere übernahm eine Brauerei (Besichtigung einschließlich Biermuseum nach Vereinbarung, ☎ 0 38 42 / 2 26 21–2 13).

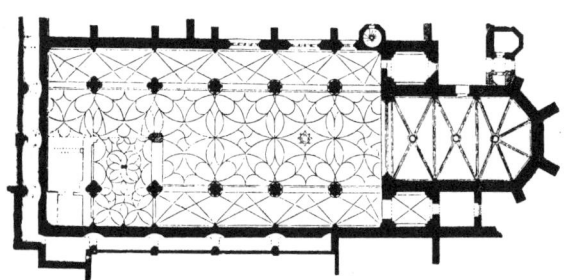

Leoben-Göß, ehemalige Stiftskirche St. Maria und Margaretha, Grundriß

An den beiden Chortürmen der *Kirche* hat sich noch romanisches Mauerwerk erhalten. Unter dem Chor besteht noch die romanische Krypta. Außen am Chor überdauerte ein Freskenzyklus (aus dem 14. Jh.) die Zeiten. Als 1338 ein Brand den alten Bau beschädigte, wurde der alten Basilika vom Anfang des 11. Jahrhunderts dieser gotische Chor angefügt, und nachdem das Übrige dieses frühen Baues abgebrochen war, schuf 1510–1522 ein genialer Meister den jetzigen hohen und weiten Raum. Im Langhaus vereinigen sich ein breites, tonnengewölbtes Mittelschiff mit zwei schmalen, etwas weniger hohen und nur halbgewölbten Seitenschiffen. Aus den Pfeilern auf seltenen sternförmigen Grundrissen aufstrebend, überziehen vorwiegend die mittlere Tonne außergewöhnlich phantasievoll verschränkte und bewegte Schlingrippen. Da der Chor dem Gesamtraum gegenüber aber viel schmaler ist, schraubte der Erbauer die beiden vorderen Säulen gegenläufig empor, so daß die Maße des Mittelschiffs dem Auge beim Blick zum Chor schmaler erscheinen, während umgekehrt das Auge wieder einen gegensätzlichen Eindruck empfängt. Ein kunstvolles Schlinggewölbe trägt auch die Empore für den Nonnenchor. Als wollte der Meister auf das den Innenraum beherrschende Schlingmotiv vorbereiten, band er am Südportal das Stabwerk und den Kielbogen, die Rundung der Tür aufnehmend auch mit eleganten, mit Blättern besetzten Schlingen zusammen. Von der Ausstattung stammen nur noch Fresken im Chor (Marienleben) aus der Erbauungszeit. Doch das berühmte ›Gösser Kruzifix‹, wahrscheinlich um 1180 in Oberitalien entstanden und die Gemälde auf den Seitenaltären vom Kremser Schmidt, 1791 entstanden, sind ebenfalls nicht zu übersehende Meisterwerke ihrer Zeit.

Und nachdem das Stift Göss mit seinem Münster dem Land eines der bedeutendsten spätgotischen Gotteshäuser schenkte, bescherte es ihm auch das älteste gotische Baudenkmal. Südlich an den Chor des Münsters, erreichbar über den oberen Laubengang des Brunnhöfl (Besichtigung nach Vereinbarung im Pfarrhaus), schließt nämlich die doppelgeschossige ›Bischofskapelle‹ an. Die Abtei war von 1783–1804 Sitz eines Diözesan-Bischofs für die Obersteiermark. Sie wurde 1271–1283 als Michaelskapelle erbaut und mit Wandbildern – der Verkündigung der Geburt Mariä, den heiligen Martin und Ulrich, dem ungläubigen Thomas, Szenen aus dem Hohenlied – versehen. In ihrem guten Erhaltungszustand vertreten sie in der Steiermark, wie die in der Bischofskapelle in Gurk für Kärnten, den Zackenstil der frühen Malerei.

Eine der Verbindungen zwischen Mur und Enns ist auch die Bundesstraße 115 von Leoben nach Hieflau. Auf ihr fährt der Reisende nun in das eigentliche steirische Eisenzentrum. Es fängt in Leobens Vorstadt Donawitz an. Durch die Werke der Österreichischen Alpinen Montangesellschaft wurde es zwar ein reiner Arbeiterort ohne Spuren aus dem Mittelalter. Doch man findet dort mit der 1954 fertiggestellten Josephskirche einen gut ins Ortsbild eingeordneten Sakralbau in moderner Gestalt aus neuartigen Architekturelementen. Eine ingenieurtechnische Konstruktion, ein mit rotverputzten Ziegeln ausgemauertes Stahlskelett ermöglichte ihn. Seitdem 1891 die Hochöfen von Donawitz das Erz der Gegend schlucken, verloren die alten Industrieplätze weiter talaufwärts zwar ihre Geltung, aber nicht alle Zeugnisse ihres vergangenen Wohlstandes.

Der Markt **Trofaiach** war beispielsweise einmal für den Eisenhandel und die Verarbeitung wichtiger als Leoben. Sechs Holzkohlenwege aus den Waldgebieten ringsum endeten hier. Mauern einer Hütte, der Laubenhof eines Eisenverlegers, das Rathaus, zwei Kirchen, die eine um 1460 (gute, kürzlich freigelegte Fresken), die andere um 1520 (im Innern barocke Fresken und Schnitzbilder) erbaut, und manches Schloß in der Umgebung deuten den einstigen Reichtum an. (Im Schloß Stibichhofen befindet sich ein Heimatmuseum mit bedeutender Trachtensammlung.)

Am deutlichsten wird er im über 12 km an der Straße entlang gestreckten **Vordernberg**. Im 13. Jahrhundert entstanden hier am Bach die ersten Wasserrad-Gebläse für die Schmelzöfen. Im 17. Jahrhundert arbeiteten vierzehn Radwerke. Im 19. Jahrhundert lösten sie die von Dampfmaschinen bedienten ab. Die Radwerke III (Gebläsehaus) und IV wurden als Museum für Hüttentechnik eingerichtet. Außerdem haben sich noch zwei andere Radwerke, eine Erzröstanlage und Ruinen von Hochöfen erhalten, auch Halden sind noch sichtbar. Stucköfen des Hochmittelalters ruhen noch im Boden. Sie werden ausgegraben. Beim Fremdenverkehrsamt kann man Sommerkurse buchen und unter Anleitung als Amateurarchäologe an den Forschungen teilnehmen.

Das Aussehen des Ortes wird hauptsächlich von den Häusern der Gewerkefamilien bestimmt. So war das Rathaus eines der Schachner (16. Jh., im 17. Jh. erweitert), das in der Hauptstraße Nr. 92 das der Steyer (17. Jh.). Im Pichelhof, auch Ratsherrnburg genannt (mit Turm, 17. Jh.), tagte die Radmeister-Kommunität. Erzherzog Johann rief sie wieder ins Leben und wurde, nachdem er 1822 zwei Werke und das Wohnhaus des Gewerken Stampfer (oberhalb des Marktes, daneben ›Prinzenamtshaus‹ um 1700) gekauft hatte, selbst Mitglied. Er bedachte Vordernberg auch mit dem ersten Schienenweg Europas, einer Förderbahn, die das Material vom Erzberg an die Öfen transportierte. Teile der ehemaligen Strecke und historischen Zahnrad- und Dampflokomotiven können besichtigt werden (Zahnradbahnmuseum im Meranhaus, geöffnet montags bis sonntags 9–12 und 14–17 Uhr). Er trat auch für eine 1840 gegründete Montanlehranstalt ein.

Heute ist Vordernberg der Mittelpunkt einer Urlaubsregion, in der die Denkmäler der Industrialisierung sehenswert sind. Aber beachtenswert sind auch die schmiedeeiserne Laube des Marktbrunnens (1648) und die Kirchen Mariä Himmelfahrt (1660, Einrichtung 18. Jh.) und St. Laurentius (15. Jh., Sakramentshäuschen und Fresken).

Am **Erzberg** in Eisenerz – früher ›Innerberg‹ – wird auch heute abgebaut (Abb. 116). Er ist noch immer der ›Steirische Brotlaib‹, die Rohstoffbasis der österreichischen Eisen- und Stahlindustrie. 90% aller österreichischen Eisenerze lieferte er (mit 55 000 Tonnen Gestein pro Tag). Die Vererzung geschah vor ungefähr 370–400 Millionen Jahren, indem eisenhaltige Wasser aus dem Erdinnern aufstiegen, alte Kalkgesteine umwandelten und deren Kalzium ganz oder teilweise durch Eisen und Mangan ersetzten.

Ursprünglich war sein Gipfel 1532 m hoch. Im Laufe der Jahrhunderte trugen die Bergleute 64 m ab. Die ersten Knappen waren die Römer, nach Funden kleiner

Eisenerz, Abbau am Erzberg, Mitte des 19. Jahrhunderts

Schmelzöfen zu urteilen, am Anfang des 4. Jahrhunderts. In der Völkerwanderungszeit verkam dann der Bergbau. Aber die eingewanderten Slawen nahmen ihn im 6. Jahrhundert wieder auf. Nach der Landnahme der Franken im 8. Jahrhundert gehörte der Erzberg fränkischen Königen, im 11. Jahrhundert den Markgrafen von Steyer. Landesherren kümmerten sich auch weiterhin um ihn. Sie verordneten Regalien für das gesamte Eisenwesen, nicht zuletzt um ihre Finanzen aufzubessern. Im 15. Jahrhundert geriet der Abbau am Erzberg unter Einfluß der Rad- und Hammermeister und Händler. Religiöse Wirren im 15. und 16. Jahrhundert, Pest, Türken, Hochwasser, Franzoseneinfälle führten zu Rückschlägen. 1881 erwarb ihn die Österreichische Alpine Montangesellschaft. Sie verarbeitet jetzt das Erz in Donawitz und Linz.

Gefördert wird mit modernster Technik ganzjährig in 700–1400 m Höhe in 23 von 32, je 24 m hohen Etagen (Führungen von ca. 1½ Stunden Dauer durch geschultes Personal von Mai bis Oktober; neuerdings auch Fahrten mit einem ehemaligen Mannschaftszug im inzwischen stillgelegten Untertagebau). Eine ständige Ausstellung in der Bergbauschule im Ort demonstriert die technische Methode des Abbaues und seine Geschichte.

Solche Sätze klingen nach einem rußenden, lärmenden Industrierevier. Aber **Eisenerz** macht nicht den Eindruck einer verdreckten Industriestadt. Im Gegenteil. Eine grandiose Gebirgslandschaft des Hochschwab einerseits, der Eisenerzer Alpen andererseits mit ihren Kämmen und Gipfeln dominiert, und der Erzberg ist darin nur ein Teil, eher eine landschaftliche Kuriosität als eine der üblichen Gruben.

Eine solche Umgebung macht Eisenerz zum sommerlichen wie winterlichen Erholungs- und Sportzentrum für Disziplinen aller Art. Man nähert sich Eisenerz (10 300 Einwohner) von Vordernberg über eine neue Panoramastraße über den Präbichl (Sessellift auf den Polster, 1910 m – Aussicht auf den Erzberg und die ihn umgebende Gebirgswelt). Noch ehe man Eisenerz bemerkt, zieht die eigenartige Farbigkeit – gelb, orange, rot, dunkelbraun, blau und grau spielen ineinander – der aufgebrochenen Erzbergflanke das Auge auf sich. Durch Arbeitersiedlungen gelangt man dann schnell in den alten Ortskern, den Bergmannplatz. Dort steht ein achteckiger Brunnen mit Knappenfigur (1874) und das ehemalige Rathaus mit vorgestelltem Turm (im Kern 16. Jahrhundert). Umliegende Straßen weisen noch mehr Gebäude aus der Gotik und Renaissance (z. T. mit Arkadenhöfen) auf. Besonders bemerkenswert ein solches in der Karl-Renner-Straße Nr. 4. Ein reicher Gewerke ließ seine Front um 1660–1670 mit wucherndem Figuren- und Ornamentendekor überziehen.

Eine Treppe führt zu *St. Oswald* auf dem ›Vogelbichl‹ genannten Hügel. Hier ließ Friedrich III. eine erste gotische Kirche 1471 erweitern und 1482 befestigen. Sie brannte 1492 ab und unter Maximilian entstand von 1498 bis 1517 die jetzige. Anläßlich eines Türkenüberfalls wurde sie 1532 zur regelrechten Wehranlage ausgebaut. Als erstes fällt das Bogenfeld über dem Portal auf (Abb. 117). Meister Cristoff bildete in ihm 1534 Adam und Eva als Bergleute ab. Die Rippen des Gewölbes bestehen aus Terrakotta und nicht aus Stein und haben keine tektonischen, sondern nur dekorative Funktionen. Und die doppelte Westempore, ebenfalls von Meister Cristoff, ist in ihrer Vielfalt von Maßwerkformen ein glänzendes Stück gotischer Steinmetzkunst. Der Raum wurde im 18. Jahrhundert barock eingerichtet. Doch eine Regotisierung wollte 1911 die Einrichtung ausmerzen. Deshalb befinden sich von ihr nur ein paar gute Bilder von Carl von Reslfeld und Christian Maller in der Kirche. Beachtlich auch der Karner, die Kapelle (15. Jh.) im klobigen Turm in einer Hofecke und die Grabsteine innerhalb der Festung.

Außer St. Oswald gibt es im Markt noch die Liebfrauenkapelle von 1493. Bei einer Erneuerung 150 Jahre später erhielt sie den Schwibbogen über die Straße. Eigentliches Wahrzeichen von Eisenerz ist der viereckige Schichtturm auf einem Hügel über der Stadt. Seine Glocke zeigte den Knappen am Erzberg den Schichtwechsel an. Zudem zeigt das Stadtmuseum Eisenerz/Steirisches Eisenmuseum im Kammerhof – ehemals Jagdschloß des Kaisers Franz Josef I. – in der Schulstraße Exponate zur Kunst, Kultur und Technik des Erzberggebietes (dienstags bis sonntags 9–12 und 14–17 Uhr). Ein Krippenmuseum ist nur nach Vereinbarung zu besichtigen, ✆ 0 38 48 / 36 15 und 37 00.

Einige wohlhabende Gewerkenfamilien repräsentierten auch in Eisenerz ihren Stand nicht nur in der Stadt, sondern auch mit Schlössern in der Nähe. *Geyeregg* zum Beispiel erbaute der Radmeister Geyr 1620, *Leopoldstein* der Hammerherr von Neidhardt 1680 (am gleichnamigen See zu Füßen der Seemauer und des Pfaffenstein, mit Badestrand).

Der nachmalige Besitzer von Leopoldstein, Arnulf Prinz von Bayern, veränderte es aber 1890. Gewerken erbauten auch die *Greifenburg* im interessanten Radmer, zu dem eine schmale Straße im Bachgrund von der Bundesstraße abzweigt, bevor man Hieflau erreicht. Interessant ist es wegen der grandiosen Felskulisse und weil die Gegend bevorzugts Jagdrevier des Erzherzog Ferdinand II. war. Das jetzige Gewerkschaftsgebäude war sein Schloß. Zudem stiftete er die nach einem Entwurf von de Pomis 1600–1603 erbaute Wallfahrtskirche mit gutem Interieur. Kaiser Franz Joseph I. erbaute ein der Jagd dienendes schloßähnliches Landhaus.

Vom Murtal ins Ennstal gelangt man auch von **St. Michael** aus, 10 km weiter südwestlich von Leoben auf der Straße Nr. 113. Auch diese Region des Liesing- und Paltentales zwischen den Eisenerzer Alpen rechts und den Seckauer Tauern links muß man zu jenen Schönheiten in unmittelbarer Nähe der Industrien rechnen. Eine der beiden Kirchen von St. Michael, die *Filiale St. Walpurgis,* ordnen die Kunsthistoriker in der Qualität der Leechkirche in Graz und der Bischofskapelle in Göss zu. Ihre Gewölbemalereien ähneln denen von Göss. Die Glasgemälde im Chor lassen dagegen Zusammenhänge mit denen in der Stadtpfarrkirche von Friesach in Kärnten vermuten. Ihre Darstellungen – die Klugen und die Törichten Jungfrauen, Heilige und Stifter – sind jedenfalls ebenso wertvoll wie diese.

In *Kammern*, das Liesingtal aufwärts, sind Gewölbemalereien um 1300, ein Gemälde an der Chorwand von 1600 und eine Madonnenfigur von 1420 zu besichtigen. Bauten von künstlerischer Güte sind auch die Kirche des Franziskanerklosters (1676) und die Pfarrkirche in *Mautern.* (Durch Sessellift erreichbarer Wildpark mit Hochlandrindern, Mufflons, Schwarzwild und anderen Wildtieren.)

Kalwang, wegen Kupfererz-Lagern und Kupferhämmern einst ›goldenes Kalwang‹ geheißen, wartet mit einer prächtigen, dem Stift Admont inkorporierten St. Oswald-Kirche auf. In ihr hinterließ der Bildhauer der Abtei und Hauptmeister der österreichischen Barockplastik, J. T. Stammel, eine Anzahl großartiger Werke.

In St. Kunigunde zu *Wald am Schoberpaß* (850 m) sind vor ein paar Jahren bei einer Restaurierung im Schiff vorzügliche Fresken aus der Zeit um 1500 aufgedeckt worden. Die im Chor schuf dagegen J. Lederwasch, ein im Salzburgischen bekannter Maler, 1789.

Die Straße hat das Liesingtal verlassen und verläuft jetzt längs des Paltenbaches. Auf ihr wurde übrigens früher das Salz des Salzkammergutes und der Lagerstätten bei Admont zur Handelsstraße an der Mur und weiter zum Süden gebracht. Das erklärt die Zahl der bedeutenden Kunstwerke in der Gegend, denn Handel und Verkehr fördern nicht nur den Wohlstand, sondern auch geistigen Austausch.

Daher verfügt auch *Gaishorn* über eine eigentümliche gotische Kirche. Zwei schlanke Pfeiler trennen ihr breites Schiff in zwei Teile, und von den Pfeilern aus falten sich die Gewölbefelder auf (gute barocke Ausstattung, wieder zwei Engel von Stammel).

Die Straße im Paltental über Rottenmann endet bei Liezen an der Enns. Ihre letzte Strecke ist deshalb Gegenstand der Beschreibung in einem anderen Kapitel.

Bogen 22   1097-8   Kärnten   Februar 81

In der Oststeiermark

Das Land, das im allgemeinen Sprachgebrauch ›Oststeiermark‹ heißt, besteht aus den Bezirkshauptmannschaften Weiz, Hartberg, Fürstenfeld und Feldbach. Im Norden laufen die Alpen im Rücken des Wechsel (Hochwechsel 1743 m) und dem Joglland (von Jackl – Jakob) aus und gehen dann allmählich in ein Hügelland mit Erhebungen von 600–800 m über. Nach Osten und Süden fällt es dann weiter ab. Geologisch gesehen ist es jung. Es entstand vom Tertiär bis über die Eiszeitalter. Einst war es der Fuß des Hochgebirges. Gewässer schwemmte von dort gewaltige Massen von Sanden, Schottern, Tonen und Lehmen in die weite pannonische Tiefebene. Auffaltungen der Erde durch Druck und Erosionen und Flüsse, die in diese Ablagerungen hineinschnitten, formten am Ende die Landschaftsgestalt. Raab, Ilz, Feistritz, Saifen gruben Niederungen hauptsächlich in Nordwest-Südost-Richtung aus, so daß die Hügelzüge meist auch so verlaufen, obwohl Bäche sie wieder in anderen Richtungen einkerben. Scharfe Grate fehlen also in der Oststeiermark. Keine Wand sperrt ein Tal ab, das Gewaltige fehlt.

Mischwald und Obstkulturen bedecken sanft geneigte Hänge und Felder reichen bis in die Auen, durch die sich mäandrisch die Flüsse winden. Es ist ein beschauliches Land, eine seit Jahrzehnten von den Wienern und im zunehmenden Maß auch von Kennern aus anderen Gegenden Europas geschätzte Urlaubsregion ... was nicht wunder nimmt, denn die Gemeinden wetteifern miteinander, dem Gast zu gefallen.

Da die Landschaft im Großen nicht eindeutig gegliedert ist und die Bergrücken, Kuppen und Buckel für Straßen keine besonderen Hindernisse bilden, erlebt man die Oststeiermark am besten hügelauf, hügelab durch Kreuzundquerfahrten. Allenfalls orientiert man sich an den Bundesstraßen 65, 64 und 54, die sich in **Gleisdorf** verknoten. Von Graz aus erreicht man die Stadt an der Mündung der Rabnitz in die Raab über die Straße 65 oder die Autobahn A 2. Der Ort wurde 1229 zum ersten Mal erwähnt. Aber besiedelt war er viel früher. Man fand über zweihundert römische Gräber, einen Töpferofen, einen Bauernhof und sogar ein kleines Amphitheater aus dem 1. und 2. Jahrhundert, schüttete das Grabungsfeld aber wieder zu (Häuser des 17. und 18. Jh., Stadtpfarrkirche aus dem 17. Jh. und ehemalige Piaristenkirche mit beeindruckender Fassade und Kloster aus dem 18. Jh.).

Man kann jetzt der Straße weiter ostwärts im Ilztal nach Fürstenfeld an der Grenze zum Burgenland folgen mit alten, meist in der Barockzeit veränderten Kirchen in den Dörfern und mit Schlössern (z. B. Uhlheim, Kalsdorf, Benndorf) rechts und links des Weges.

Bei **Fürstenfeld** handelt es sich wieder wie bei Bruck an der Mur und Leoben um eine anstelle einer älteren Siedlung planmäßig angelegte Stadt. Herzog Leopold VI. gründete sie um 1200 auf einer strategisch günstigen Schotterterrasse um eine schon von Markgraf Otakar IV. als Riegel für mehrere Täler und zum Schutz von wichtigen

Straßen errichtete Burg. Der Platz gehörte zum ›Hofzaun des Reiches‹, einer Kette von Befestigungen, die nach Osten sicherte. Die mittelalterliche Stadtanlage mit Graben, Bastei und einem Tor ist noch erkennbar. Aus der landesfürstlichen Burg wurde 1736 eine staatliche Tabakfabrik. Beim Aufbau der Stadt ließ sich in ihr auch der Johanniterorden nieder. Seine Kommende und seine Kirche (1773–1779 verändert), jetzt *Stadtpfarrkirche St. Johannes der Täufer,* brannten mit dem Rathaus und 37 anderen Gebäuden während der Häuserkämpfe zwischen Russen und Deutschen im April 1945 aus. Die inzwischen restaurierte Kirche verlor ihre Einrichtung und bringt deshalb nur noch ihre edlen Raumproportionen zur Geltung.

Die etwas abseits gelegene Gegend um Fürstenfeld zieht neuerdings außer den gewöhnlich nur auf Behagen bedachten Erholungsuchenden auch Kranke an. In Loipersdorf, zwei, drei Kilometer südöstlich der Stadt, bohrte man 1972 bei der Erdölsuche eine Mineralwasser-Therme an, die mit 61 Grad Celsius austritt. Das Wasser ist gegen Rheuma und andere Bewegungsschäden wirksam. Deshalb wird es jetzt in großzügigen und modernen Kureinrichtungen genutzt.

Von Gleisdorf führt die B 64 in nordwestlicher Richtung nach **Weiz.** Hier am ›wides‹, dem Weizbach, der in der Nähe eine wilde Klamm durch den Berg sägte, siedelten Menschen in vor- und frühgeschichtlicher Zeit. Funde von Grabsteinen weisen auch die Römer nach. Wo heute die Thomas von Canterbury geweihte Kirche steht, befand sich sicherlich ein Heiligtum. Um das Gotteshaus auf dem Hügel (verschiedene alte Fresken aufgedeckt), im Kern romanisch, 1420–1430 durch einen gotischen Chor erweitert und 1644 eingewölbt und mit den Mauern einer Kirchenburg umgeben, entstand der Ort. Ihn zieren schöne, behäbige Bürgerhäuser aus dem 16. und 17. Jahrhundert. Für das Schloß (1555–1565), jetzt Gericht, ließen die Ratmannsdorfer eine ältere Burg ihres Geschlechtes außerhalb des Marktes verfallen, um mit ihm im Stile des Grazer Landhauses zu repräsentieren.

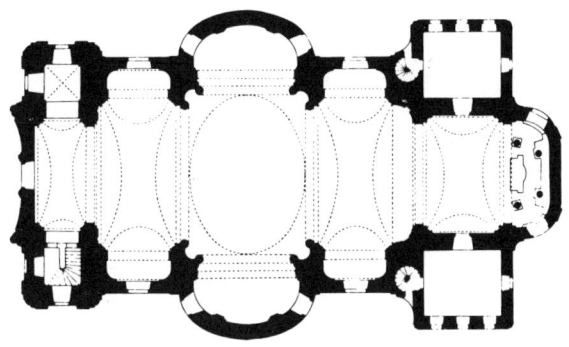

Weiz, Dekanats- und Wallfahrtskirche zur schmerzhaften Mutter Maria auf dem Weizberg, Grundriß

339

Dell'Allio beeinflußte auch den Umbau des *Schlosses Thannhausen* (ursprünglich 1295), im Tal am Rand von Weiz gelegen (Arkadenhof, Ecktürme, Prunktreppe, bemerkenswerte Einzelheiten in den Innenräumen).

Ebenfalls am Rand der Stadt, auf dem Weizberg, erhebt sich jedoch die zweitürmige *Dekanats- und Wallfahrtskirche Zur schmerzhaften Maria.* Sie bietet dort zusammen mit dem Pfarrhof ein prachtvolles Bild als meisterhafte Leistung des Grazers Josef Hueber. Aus den Raumelementen der Eingangshalle mit der Orgelempore, dem ersten, kürzeren Joch des Langhauses, dem größeren Mitteljoch mit einer flachen, elliptischen Kuppel, einem wieder kleineren Joch, an das sich der wieder elliptische Chor anfügt, schuf er eine Einheit. Ihre architektonische Harmonie vervollständigen die ausladenden, im Grundriß eine Kreuzform andeutenden Konchen im Zentrum und die kleineren Altarnischen zwischen den Wandpfeilern der anderen Joche. Vollendet hat sie schließlich J. A. von Mölk mit seinen Deckengemälden (Marienleben in Schiff und Chor, Passionsszenen in der Vorhalle und Kreuzkapelle), mit den in der Sichtperspektive der Besucher geschickt angelegten Scheinarchitekturen und Veit Königer mit seinem Hochaltar (das Gnadenbild ist eine Vespergruppe aus dem 15. Jahrhundert) und den sechs Seitenaltären, deren Blätter wieder Mölk malte. Zum Eindruck eines auch das Gelände benutzenden Gesamtkunstwerkes tragen zudem eine von Steingeländer und Plastiken begleitete Doppeltreppe, die Dechanei und die Anlage des Friedhofes bei.

Ein Aufenthalt in der Bezirkshauptstadt bietet nun eine ideale Gelegenheit, um zu einer jener Kreuzundquerfahrten aufzubrechen. Einmal kann man auf der Straße weiter (nach etwa 10 km am Sattelberg das ›Katerloch‹ und die Grasslhöhle) sich das Gebiet östlich von Frohnleiten oder das der Teichalm zur Breitenau hin erschließen (s. S. 325).

Zum anderen gelangt man – vielleicht am Schloß Kulm (1688–1698) vorbei – ins Feistritztal und dort zuerst nach *Anger,* den Markt der Herrschaft Waxenegg. Nach dem Verfall der Burgen Waxenegg wurde das Freihaus im Ort (im 16. Jahrhundert durch Schwibbogen mit der Kirche verbunden; romanisches Chorquadrat im Ostturm mit gotischen Fresken, ansonsten spätbarocke Ausstattung mit Figuren von Marx Schokotnigg und einem Gemälde von Josef Adam Mölk am Hochaltar; die Figuren an der Kanzel stammen von Joseph Schokotnigg) zum Verwaltungssitz des Viertels.

An der als landschaftlich besonders schön ausgezeichneten Straße liegt *Schloß Frondsberg,* ein beispielhaft erhaltener Adelssitz von 1577–1600. Renaissance-Trakte, als deren Kern noch die Mauern einer mittelalterlichen Ringburg erkennbar sind, umschließen einen dreieckigen Arkadenhof. Die Rundbögen zeigen wieder die Merkmale der Dell'Allio-Schule (ornamentierte Portal- und Fenstergewände, Intarsientüren, Säle mit Kassettendecken, bemalte Wandbespannungen, Öfen, Kapelle im Tor).

Danach erreicht man den Markt *Birkfeld* am Fuß der Fischbacher Alpen, und hier lohnt es sich, den Sitz des Geschlechts der Birkfelder, ›Birkenstein‹, ein seit dem 12. Jahrhundert mehrfach umgebautes Schloß, und die Kirche St. Petrus und Paulus (bemerkenswerte Altarfiguren von Joseph Schokotnigg 1730–1754) anzusehen.

Schloß Stubenberg und Pfarrkirche St. Nikolaus, 1681 (aus Georg Matthaeus Vischer: ›Topographia Ducatus Stiriae‹)

Vor lauter Burgen und Schlössern sollte man jedoch in der Oststeiermark nicht achtlos an den zahlreichen, ursprünglich erhaltenen Bauernhäusern vorüberfahren.

Beabsichtigt man eventuell über den Semmering die Steiermark zu verlassen, so kommt man entweder über Fischbach oder durch die Waldheimat Roseggers ins Mürztal. Doch wer im Lande bleibt, kehrt, nachdem er von Weiz aus auf den Fluß Feistritz traf, nach Südosten um und nähert sich alsbald **Stubenberg**. Am Ortsschild liest man ›Stubenberg am See‹, das allerdings erst seit 1971. Damals wurden unter dem Hang des Ortes die Arbeiten an Mitteleuropas größtem künstlichen Badesee beendet (400 000 qm Wasserfläche, 3 km Badestrand, 100 000 qm Liegewiesen, Parkplätze für 4000 Autos), und das stille Dorf wurde mit einem Schlag zum Touristenzentrum.

Dabei saß in dem, außer wegen seiner vielfach preisgekrönten Würste, sonst kaum bekannten Dorf einst ein bedeutendes Geschlecht mit starker Hausmacht. Es stammte aus Franken, kam um das Jahr 1000 als Wulfinger in den dortigen Rabenwald und erbaute auf einem seiner Vorberge ein festes Haus. Wegen des großen Buchenbestandes im Wald, die Stämme bezeichnete man seinerzeit als ›Stuben‹, nannten sie sich alsbald Herren von Stubenberg. Sie zeichneten sich in Kriegen aus, nahmen an Kreuzzügen teil, gewannen Vermögen und Lehen von Wiener Neustadt bis ins Burgenland und selbstverständlich in ihrer nahen Umgebung. So stößt man bei Besuchen von Burgen in der Steiermark immer wieder auf ihren Namen.

Als sie sich beim Streit zwischen Böhmenkönig Přemysl Ottokar und dem Ungarnkönig Bela um das babenbergische Erbe (s. S. 49) auf die Seite des Verlierers Bela stellten, ließ Ottokar 1269 ›Alt-Stubenberg‹ schleifen. Ein paar Jahre später erhielten sie ihre Besitzungen zurück und erbauten nun eine neue Burg in der Siedlung. Dann gehörten sie wieder einmal der falschen Partei an. Sie wurden Protestanten, und als die Gegenreformation einsetzte, waren sie gezwungen nach Baiern auszuwandern. Neue Besitzer wurden die Drachsler. Sie gaben dem Gebäude seine jetzige Gestalt.

Mit den ersten Mauern dieses Baues entstanden auch die ersten der *Pfarrkirche St. Nikolaus.* Teile einer alten Kapelle bilden jedenfalls das Querschiff vor dem Hochaltar der jetzigen Kirche von 1759–1766. In ihr betrachtet man eine Kanzel, Seitenaltäre, ein Bild ›Mariä Himmelfahrt‹ von J. C. Hackhofer, und an ihr, an den Außenmauern, den Grabstein eines Drachslers, das Grab des Reichsgrafen Wurmbrand-Stuppach, der auch einmal Besitzer des Schlosses war, und vor allem das einzigartige, imposante Grabdenkmal der Grafen von Herberstein (Abb. 111). Es stellt, aus einem einzigen Block carrarischen Marmors gemeißelt, die um ein großes Kruzifix versammelten Stammeltern der Familie und sieben männliche und sieben weibliche Abkömmlinge in Tracht und Rüstung des 16. Jahrhunderts dar. Wahrscheinlich gab der 1554 verstorbene Bernhardin I. von Herberstein das Bildwerk aber für das Schloß in Auftrag. Man errichtete es erst wieder 1865 am gegenwärtigen Platz.

Die Geschichte verknüpfte oft die Familien mancher Grafen von Herberstein mit denen der von Stubenberg miteinander. Zum Beispiel wurde **Schloß Herberstein,** versteckt auf einem nahen Fels über einer Klamm der Feistritz, am Anfang des 13. Jahrhunderts als Glied einer Verteidigungskette von Herwich von Stubenberg erbaut. Ein Stubenberger Dienstmann heiratete 1260 bei den ›Herrichsteinern‹ ein und wurde Herr der Burg. Sein Schwager Otto von Hartberg kaufte sie ihm ab, nicht ohne das Lehen bei den Stubenbergern für 50 Silbermark auszulösen. Fortan nannte sich dieser Otto nicht mehr ›von Hartberg‹, sondern ›von Herberstein‹, und seit diesem Otto bis auf den heutigen Tag blieb das Schloß immerwährend im Besitz der gleichen Familie.

Der jetzige Eigentümer ist wieder, wenn nicht mit den Stubenbergern, so doch mit Stubenberg mehr als ein nostalgischer Pseudo-Patronatsherr verbunden. Als studierter Wirtschaftsfachmann und Praktiker geht Stubenbergs touristischer Aufschwung wesentlich auf seine Initiative zurück. Ihm verdankt es den Zusatz ›am See‹. Er verpachtete das Restaurant ›Seehof‹. Er legte in der Tradition eines ›Thuergarttens‹ einer seiner Vorfahren aus dem 17. Jahrhundert einen Wildpark mit achtzig zum Teil seltenen Tierarten an. Er züchtete dort sogar Geparden und fütterte sie mit einem sogenannten Beutesimulator, einem Lift, der das Fleisch im 70 km-Tempo vor den Großkatzen herzieht und sie zu dem ihnen gemäßen schnellen Spurt animiert. Einen Buschenschank unterhält er, in dem sich Einheimische und Urlaubsgäste an bodenständigen Gerichten, Johannisbeerwein und Wein aus den Fässern des Burgkellers gütlich

Schloß Herberstein, 1681 (aus Georg Matthaeus Vischer: ›Topographia Ducatus Stiriae‹)

tun. Selbstverständlich veranstaltet er auch Führungen in dem von ihm bewohnten Schloß. Und wie ein Touristikunternehmer wirbt er mit Informationsblättern unter dem Titel ›Bei Herberstein ist immer was los‹ für das alles und für ›Fitsport-Disc-Dancing‹ im ›Seehof‹, für Gastgartenkonzert an Sonn- und Feiertagen und für die Musik des ›Herberstein-Trios‹ oder der ›Herberstein-Spitzbuam‹ an Freitagen und Samstagen, für 25 unsinkbare Ruderboote oder für's Angeln im künstlichen See und so weiter und so fort.

Das Schloß wurde niemals zerstört. An den ältesten Bestand, einem Palas und Bergfried, setzen eine Wehr- und Wohnanlage aus dem 16. Jahrhundert und eine gotische Katharinenkapelle einbeziehend, an, und im 17. Jahrhundert schlossen andere Trakte, den ›Florentiner Hof‹ (weil im Stil der italienischen Renaissance) bildend zwei Türme einer Vorburg mitverwendend, den Bau ab (Abb. 114).

Nach der Besichtigung der Räumlichkeiten des Schlosses mit seinen verschiedenen Sammlungen, des Familienmuseums und des Rittersaales mit Ahnengalerie begreift man, daß die Herbersteiner zwar jünger als die Stubenberger sind, diese aber alsbald überflügelt haben. Nachdem die Herbersteiner durch Lehen verschiedener Herren, auch die der Erzbischöfe von Salzburg und der Bischöfe von Bamberg, Seckau und Gurk, und dann durch Kauf und Heirat ansehnlichen Reichtum erlangt hatten, begann ihr Aufstieg erst richtig durch Dienste für Landesfürsten und Kaiser. Sie amtierten für

Sigmund Freiherr von Herberstein (1486–1566), Diplomat im Dienste des Reiches und Verfasser des ersten mitteleuropäischen Buches über Rußland

Johann Joseph Graf Herberstein (1630–1692), der erste wegen seiner Verdienste in den Grafenstand erhobene Herberstein

sie unter vielen Titeln und in vielerlei Funktionen. Kein Krieg, gleich gegen wen, in dem nicht einer der ihren, sei es als Hauptmann oder Marschall, teilnahm. Die Familie stellte außerdem fünf Landeshauptleute der Steiermark und solche für Görz, Breslau und Glogau. Sechs Angehörige wurden Bischöfe, einer Großmeister des Johanniterordens, zwei stifteten Ordensniederlassungen. Als ausgewanderte Protestanten gewannen sie Ämter und Würden in der Republik Venedig, in Kursachsen und Polen. Es reicht hier nicht der Platz, alle wichtigen Männer des Geschlechts aufzuzählen. Ungefähr vierhundert kennt man namentlich. Die im Lauf der Zeit sich verzweigenden Abkommen des ersten Otto ›Herwichstein‹ besaßen schließlich Herrschaften von Istrien bis Schlesien, und die Stammherrschaft mit Gütern in und um Hartberg, Gleisdorf und Fürstenfeld war auch schon beträchtlich. Kein Wunder also, daß man bei alledem dem Namen Herberstein nicht nur in der steirischen Geschichte, sondern in der Monarchie immer wieder begegnet (s. S. 272, 290).

Eines jener von einem Herberstein gegründeten Klöster liegt übrigens in unmittelbarer Nähe. Es wurde wie so viele 1787 aufgehoben. Seine Kirche ist jetzt die *Pfarrkirche St. Johann,* ein Bau im ländlichen Barock, aber mit einem Boulle-Tabernakel im prachtvollen Hochaltar und mit Fresken von J. C. Hackhofer (1730). Die Außenmauern der Kirche bestücken außerdem siebzehn Römersteine. Unter ihnen ist ein Kentaurenrelief besonders bemerkenswert.

Zum äußeren Schutzgürtel der Burg Stubenberg gehörte auch die Burg **Schielleiten.**
Die Dienstmannen der Stubenberger starben aber schon im 13. Jahrhundert aus. 1694
erwarb sie wieder ein Graf Wurmbrand. 1732 begann sein Sohn, ein *Schloß* im Tal zu
bauen. Der Bau blieb unvollendet. Doch 1935 übernahm ihn der Staat, um darin eine
Sportschule einzurichten. Der Architekt Schwarz von Reichenau baute es für diese
Zwecke um und setzte auch den fehlenden Osttrakt als Pendant zum originalen an der
anderen Seite dazu. Bundessportschule mit modernen Zubauten ist das Schloß noch
heute. Trotz dieser Verwendung und der späteren Veränderungen nehmen es die
Wissenschaftler als für die Kunstgeschichte der Steiermark wichtiges Beispiel des
Wiener Hochbarock. Bei diesem Typus verschränkt sich der von einem Risalit mit
Attika betonte Mittelteil um einen ovalen Saal mit den Flügeln. Dieser Saal spiegelt auch
ein wenig vom ehemaligen Glanz bei jetzt dort stattfindenden, festlichen Konzerten.
Von Alt-Schielleiten, seit dem Bau des Schlosses allmählich verfallen, ist vom Park aus
auf dem Berg gegenüber noch die Ruine zu sehen.

Verläßt man das in Jahrhunderten für die Landesgeschichte und in Jahrzehnten für die
touristische Entwicklung des Landes bedeutend gewordene Stubenberg in südöstlicher
Richtung, trifft man auf die Wechselbundesstraße Nr. 54 und dieser nun nordöstlich
folgend auf **Hartberg** (Abb. 108) auf einem Hügel zu Füßen des Ringkogel (790 m).
Auf dessen Kuppe befand sich in vorgeschichtlicher Zeit eine wallbewehrte Fliehburg.
Später siedelten die Römer bevorzugt in der Gegend (Gräberfelder in verschiedenen
Orten).

Ausgrabungen in *Löffelberg* förderten Rundmauern einer ›villa rustica‹ aus dem 2.
und 3. Jahrhundert zutage, die rekonstruiert am Ende eher einem Schloß als einem der
üblichen Gutshöfe glich (Parkplatz, kleines Museum mit Funden aus dem Grabungsbe-
reich).

Auch in Hartberg fand man römische Reste. Siedler aus der Karolingerzeit knüpften
nach der Völkerwanderung wohl an diese Wohnstätten der Römer an. Auf der damals
zu Salzburg gehörenden Kuppe stand 860 die erste urkundlich in der Steiermark
erwähnte Kirche. Aber die Ungarn fielen ein und zerstörten sie. Nach der Rückerobe-
rung errichtete 1125 der Traungauer Leopold I. der Starke am Platz die erste Pfalz
seines Geschlechtes. Die Siedlung mit einer Kirche wurde unter Einschluß der Burg
ummauert (Mauerreste mit zwei Türmen erhalten).

Das ›forum‹ war im 12. Jahrhundert das Zentrum der Kolonisation des Landes und
als alle anderen Orte überragender Markt und Grenzbollwerk überflügelte es eine Zeit
lang Graz. Teil der Befestigungslinie an der Grenze war Hartberg bis ins 17.
Jahrhundert. Unter dieser Rolle litt es und verwandelte sich selbstverständlich.

Von der um 1580 erneuerten Burg gibt es nur noch Rudimente und an der
Stadtpfarrkirche St. Martin kann man solche Entwicklungen ablesen. Ihr Boden deckt
Grundmauern eines römischen Hauses zu. An die dreischiffige, romanische Basilika
baute man 1467 einen gotischen Chor. Dann wurde aus der Flachdecke ein Sternrippen-

gewölbe. 1745–1760 wölbte man Chorquadrat und Chor barock ein, brach die romanischen Seitenschiffe ab, erbaute sie neu und verlängerte sie um die Breite des Turmes, um damit eine Westfassade zu schaffen. 1755 erhielt der Turm eine Glockenstube und den schön geschwungenen goldenen Helm, und nach diesen Arbeiten fügte man 1760 die Orgelempore und die Emporenbrüstungen ein, errichtete 1766 den Hochaltar mit dem Bild des Patrons St. Martin von Hackhofer und ließ 1772–1773 von J. A. von Mölk die Seitenschiffe und den Chor mit Deckengemälden versehen (in der Marienkapelle gotische Pietà, um 1420). Der Kirche eigentlich zugeordnet ist auch der vielgerühmte *Karner* (1167), wahrscheinlich ehemals Taufkapelle. Mit Apsis und steilen Kegeldächern ragt er zweigeschossig wie ein Doppelturm auf (Abb. 109). Säulenbündel mit Knospenkapitellen gliedern ihn im Vertikalen und Rundbogenfriese zeigen die Geschosse an. Eine neu angelegte Treppe führt zum Portal. Innen überziehen Fresken beinahe ganz die Wände, Christus und die Apostel, Allegorien der Weltreiche und in der Altarnische Wurzel Jesse und Heilige darstellend. Doch man darf sich nicht täuschen lassen. Restauratoren ergänzten und entstellten sie 1892 nach Lust und Laune und die der Wölbungen malten sie gleich gänzlich neoromanisch aus. Höchstens in der Apsis kann man ein wenig vom ursprünglichen Zustand erspüren.

In der näheren Umgebung der Bezirkshauptstadt sind noch besichtigungswert die *Filialkirche ›Maria Lebing‹*, barock mit Fresken von Mölk (davor Lichtsäule 1515) und vor allem *Burg Neuberg* (1160 genannt). Ihre Wohnbauten mit Bergfried, bebauten Basteien, Zwinger und Brücke und freistehendem Turm sind wohlerhalten und waren bis 1550 im Besitz der Neuberger, gehören aber seit 1660 wieder ununterbrochen den Grafen Herberstein.

Bevor die Bundesstraße die Steiermark am Wechselpaß (980 m) nach Niederösterreich verläßt, beansprucht noch einmal **Friedberg-Pinggau** die Aufmerksamkeit des Reisenden. Das 1194 begründete Friedberg auf einem Plateau wuchs inzwischen mit dem im Tal liegenden Pinggau zusammen. Über den Dächern der Stadt sieht man die *Pfarrkirche Jakobus major.* In der ersten Hälfte des 15. Jahrhunderts erbaut, blieb im zweischiffigen, hochaufstrebenden Innenraum die Gotik trotz der prunkenden Barockeinrichtung evident. Die äußere Gestalt verhüllt jedoch durch barocken Turm und Anbauten ihren eigentlichen Charakter.

In der *Wallfahrtskirche Maria Hasel* in Pinggau herrscht das Barock dagegen eindeutiger trotz spätgotischem Vesper-Gnadenbild auf dem Hochaltar von 1767. Vor allem brilliert hier der Hofmaler des Stiftes Vorau, J. C. Hackhofer mit Fresken (1718 – im Chor Arbeiten seiner Schüler).

Dieses Augustiner-Chorherrenstift **Vorau** darf ein in der Oststeiermark weilender und am Land interessierter Besucher nicht versäumen; das Stift nicht und einige andere Sehenswürdigkeiten der Gegend nicht. Dazu sollte er nicht geradewegs auf der Bundesstraße nach Graz zurückreisen, sondern wieder eine der schon empfohlenen

Kreuzundquerfahrten versuchen. Bei Rohrbach a. d. Lafnitz zweigt eine schmalere von der großen Straße ins Joglland ab, und auf ihr erreicht man nach zirka 12 km Vorau. Man sieht das Kloster schon von weitem. Nachdem Kaiser Heinrich III. die ins Reich eingefallenen Ungarn 1143 wieder zurückdrängte und der Gau am Wechsel fast menschenleer war, gründete es der Traungauer Markgraf Otakar III. im Jahre 1163. Die ersten Chorherren entsandte das Domstift St. Rupert in Salzburg. Sie rodeten das Waldland, gewannen ihm Äcker ab und besiedelten es. Mit einer Klosterschule zur Ausbildung des eigenen Nachwuchses und dem von Grundherren schufen sie ein geistig ausstrahlendes Zentrum. Seine Zelle war die Bibliothek. Propst Bernhard I. (1185–1202) ließ große Pergamentbände, u. a. eine Bibel, schreiben und schrieb selbst den nachmals berühmten Kodex 276, die sogenannte ›Vorauer Handschrift‹. Sie ist die älteste und umfangreichste Sammlung frühmittelalterlicher Dichtung, eine poetische Kaiserchronik und Bibelerzählung in über 30 000 Versen. Schließlich widmeten sich die Chorherren auch der Seelsorge und richteten deshalb Pfarren ein. In den Jahrhunderten verschafften wechselnde Geschicke dem Kloster Not- und Glanzzeiten. Es brannte ab, wurde wieder aufgebaut. Raubritter setzten ihm zu. Die Bibliothek vergrößerte sich durch Inkunabeln. Eine Schreib- und Malschule blühte.

Über 300 Jahre drohten Ungarn, Türken und Kuruzzen und veranlaßten den Ausbau zur Klosterburg. Durch den Protestantismus verlor es an Geltung. 1542 lebte nur noch ein Chorherr in ihm und am Ende des Jahrhunderts waren es immer nur noch fünf. Doch die Gegenreformation brachte nachfolgend auch einen Aufschwung, von dem die barock umgebaute Kirche und Klostertrakte mit ihren Kunstwerken beredte Zeugnisse sind. Das große Ansehen eines Propstes als Schulleiter und die vorbildliche Seelsorge verhinderten eine Auflösung durch Joseph II. Eine neuerliche glückliche Periode folgte. Dann wurde das Stift 1940 aufgehoben. Eine Parteischule bezog seine Räume. Im April 1945 umkämpften Deutsche und Russen das Stift. Brandbomben und Granaten beschädigten es schwer. Als es die Chorherren zurückerhielten, war kein Zimmer bewohnbar.

Die Schäden sind behoben. Man betritt das Stift durch das Tor der Vorgebäude und sogleich überrascht die klargegliederte breite Front am jenseitigen Ende des weiten Hofes. Der Weg über das Geviert ist auf die *Kirche* ausgerichtet. Ihr Südturm stammt im unteren Teil aus der Romanik. Man erhöhte ihn im 16. Jahrhundert, gesellte ihm den Glockenturm zu. Domenico Sciassia veränderte den alten Bau völlig (1660–1662) zur Wandpfeilerkirche mit Kapellenkranz. Der Raum mit dem ausladenden Tonnengewölbe, mit den die Kapellen voneinander trennenden Pilastern und mit den Bögen der Emporen verschmilzt mit einer Fülle üppiger Details; voller Farbenpracht die Fresken, erstaunlich die Vergoldung aller Figuren, prunkvoll der Hochaltar und die ihm nicht nachstehenden Seitenaltäre, Kanzel und Gestühl unübertreffliche Zierwerke. Kurz, Barock in höchster Vollendung.

Diese Vollkommenheit wurde allerdings in Jahrzehnten erreicht, und zwar von mehreren Künstlern, jedoch nach dem Programm des Propstes Philipp Leisl. Die

Wiener V. Ritsch und J. Grafenstein malten 1700–1703 das Schiff aus (Stifter, Heilige, Himmelfahrt Mariä, Himmelsglorie mit Engeln). J. V. Wageninger bemalte Decken und Wände der Vorhalle und Kapellen und Emporen (Christus im Erdenleben, Christus in der Verheißung) bis auf eine, die ein Schüler Hackhofers freskierte (1722). Im Betchor auf der Westempore stellte K. Unterhuber 1750 David, Christus und Jünger und Gottvater dar. Die Stukkaturen stammen von Domenico Bosco. Und mit dem Jüngsten Gericht an der Decke der Sakristei schuf Hackhofer 1716 sein Hauptwerk. Dieser hier schon oft genannte Maler, 1675 in Innsbruck geboren, in Italien ausgebildet und in Wien tätig, kam um 1710 nach Vorau und starb dort 1731. An der künstlerischen Ausstrahlung des Stiftes im weiten Umkreis hat er wesentlichen Anteil. Er lieferte u. a. auch die Gemälde für einige Seitenaltäre. Den Hochaltar (Abb. 107), der in einer Vereinigung von Architektur, Plastik und Bild (im Oval vom Venezianer Belucci) die Aufnahme Mariens in den Himmel verherrlicht, entwarf M. Steinl und die Bildhauer Caspar aus Würzburg und Niedermayer aus Ebenburg führten ihn 1701–1704 aus. Steinl entwarf auch die Kanzel.

An die Westfassade der Kirche schließen links die Klausur (1625–1635) und rechts die Prälatur (1688–1733) an. Übereinstimmender Stuck an den Wänden und abschließende Türme an den Ecken gleichen die Gebäude harmonisch einander an. Beide öffnen sich mit Arkadenhöfen nach innen (Abb. 106). Außer der Kirche kann nur noch die *Bibliothek* des Stiftes besichtigt werden. Der 24 m lange und zwei Stockwerke hohe Saal nimmt in der Reihe der großen österreichischen Klosterbibliotheken einen hervorragenden Rang ein. Decken und Wände schmücken Stuck und Gemälde. Die Bilder fordern den Betrachter auf, über Philosophie und Theologie zur Lebensweisheit zu kommen. In den Schränken stehen 17 000 Bände. 415 Handschriften, 206 Inkunabeln und wertvolle Urkunden ruhen in feuersicheren Gewölben.

In der Umgebung des Stiftes lohnen eine Betrachtung die von Heiligen umgebende Pestsäule mit der unbefleckten Maria (1720), das Gartenhaus mit gut restaurierten Fresken von Hackhofer, die im Kern romanische Kirche St. Johann unter den Linden im Friedhof, in der seit 1810 die Pröpste und an der die Chorherren begraben werden (schöne Eisenkreuze). Daneben befindet sich ein beachtliches Heimatmuseum mit Holzbauten, die mit bäuerlichem Hausrat und Erntegeräten ausgestattet sind.

In der Marktgemeinde ist *St. Ägydius* mit Resten romanischer und gotischer Fresken und Wand- und Altarbildern von Hackhofer sehenswert. Vor der Kirche wurde der Maler übrigens begraben.

Doch abgesehen von Kirchen und Schlössern, deren es durchaus beachtenswerte im Umkreis des Stiftes gibt (z. B. Festenburg, Kastell und Vorauer Andachtsstätte zugleich mit bedeutenden Bildern Hackhofers in der Katharinenkapelle), behielt das Land um Vorau noch weitgehend sein bäuerliches Wesen. Zahlreiche Holzhäuser betonen diesen Charakter. Bei Fahrten etwa nach Wenigzell, St. Jakob im Walde, Waldbach, Mönnichwald kann man bei einigermaßen Geschick am Leben der Bevölkerung partizipieren. Es äußert sich vielfältig: in den Gaststuben der Einheimischen, in

Vereins- und Dorffesten, in Gebräuchen. Wer zum Beispiel zum Fasching die Oststeiermark besucht, kann vielleicht den ›Foast Pfingsta‹ genießen. ›Pfingsta‹ hat nichts mit unserem Pfingstfest zu tun. So heißt der Donnerstag. Der ›foast‹ aber, der feiste Donnerstag, ist ein großer Schlemmertag, bevor sechs Tage später die Fastenzeit anfängt.

Außer dem Stift Vorau gehören zu den eben erwähnten, auf dieser Kreuzundquerfahrt unbedingt anzusteuernden Zielen **Pöllau** und **Pöllauberg**. Eine wieder als landschaftlich besonders schön ausgezeichnete Straße führt von Vorau aus südlich dorthin. Aus dem Grün des Talkessels hebt sich farbig der behäbige Komplex des ehemaligen Chorherrenstifts ab. Hans von Stubenberg (s. S. 341) verkaufte hier 1459 dem Heinrich von Neuberg eine Veste. Dieser Heinrich gelobte auf einem Kreuzzug eine Kapelle am Ort, starb aber vor Erfüllung des Gelübdes. Sein Sohn verfügte 1482 testamentarisch die Gründung eines Augustiner-Chorherrenklosters unter Verwendung von Haus, Veste, Markt und Gut. Sein Schwager vollstreckte das Testament 1504. Doch Notzeiten verhinderten einen Bau. Die Veste diente deshalb als Kloster. Gottesdienst hielten die Konventualen in der Pfarrkirche. Erst 1690–1696 entstanden anstelle der Burg die Stiftsgebäude und von 1701–1712 die Stiftskirche. 1785 löste Joseph II. das Kloster statt des Vorauer Stiftes auf.

Vorbauten des Stiftes von 1747 auf früheren Befestigungsanlagen mit einem bemalten und mit Statuen von Veit Königer besetzten Giebel, davor die Mariensäule (1681) und die sie überragende Kirche mit Turm und Kuppel machen an der Nordseite des Hauptplatzes (alte Bürgerhäuser aus der Zeit der florierenden Tuchmacherzunft und Rathaus und Prangersäule, um 1600) ein eindrucksvolles Bild.

Die eigentlichen Stiftsgebäude umschließen zwei Höfe. Im Mitteltrakt verwendet die Gemeinde die ehemalige Bibliothek jetzt als Festsaal. Seine mit Einlegearbeiten, feinen Beschlägen verzierte Tür öffnet einen langen schmalen Raum. Seine Flächen bemalte 1699 Antonio Maderni. Dabei ahmte er nicht eben gelungen die Fresken im römischen Palazzo Barberini nach. In einem anderen, kleineren Saal im Südtrakt der jetzigen Musikschule huldigte Matthias von Görz der Malerei. Derselbe, als Waisenknabe im Stift aufgewachsene, Künstler schuf auch die farbenfrohen Gewölbe- und Kuppelfresken in der *Stiftskirche* (Kirchenväter, Augustiner, Apostel, Himmelfahrt, die heiligen Veit und Augustinus und Maria, Engelssturz, Engelchor). Er vereinigte in der Komposition bei Studien in Italien Gelerntes mit der steirischen Liebe zum fein ausgeführten Detail.

Ganz und gar italienisch erscheint dagegen die Architektur der Kirche. Auf Wunsch seiner Auftraggeber schuf Joachim Carlone im verkleinerten Maßstab sozusagen eine zweite vatikanische Peterskirche (halbkreisförmige Abschlüsse des Chores und der Querschiffarme, 47 m hohe Tambourkuppel über der Vierung). Und zur Ausstattung der Altäre versammelten sich quasi alle bedeutenden steirischen Barockmaler, nämlich außer Görz auch von Mölk, Hackhofer und Altomonte. Doch Görz triumphierte noch einmal mit herrlichen Fresken in der Sakristei.

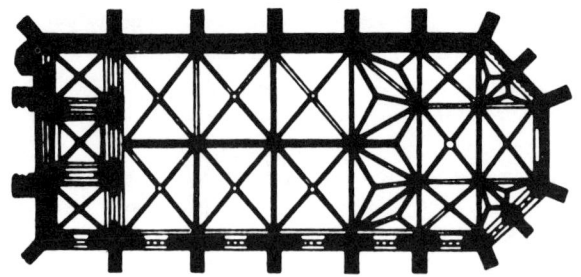

Pöllauberg, Wallfahrtskirche St. Maria am Sabbatberg, Grundriß

Gegenüber der Gottesburg in der Marktgemeinde erscheint die *Wallfahrtskirche* ›*Maria am Pöllauberg*‹ auf ihrer Kuppe (752 m, Ausläufer des Masenberges, 1261 m) über dem Tal wie ein Wachtturm. Wie sie entstand, ist ungewiß. Einmal heißt es, eine erblindete Marktgräfin von Mähren wäre hier wieder sehend geworden und hätte sie 1290 begründet. Zum anderen soll am 2. 8. 1290 an der Stelle, an der sie steht, Schnee gefallen und liegengeblieben sein, obwohl es ringsum grünte. Eine andere Version besagt, die Witwe eines Stubenbergers hätte 1339 ein Gut bei Wien geschenkt, um den Bau zu ermöglichen. Die letzte Meinung ist sicherlich die richtige, denn die Kirche ist zweifellos ein Bau des 14. Jahrhunderts, und man ist wieder – zum wievielten Male? – versucht zu sagen, einer der schönsten und eigenartigsten der Steiermark. Als solle sie den naturgewachsenen Gipfel bekrönen, führt eine Treppe, das Bauwerk mit dem Gelände verbindend, höher hinauf zum Portal unter dem Turm (Abb. 110). Leider wurde er nach einem Brand barock erneuert. Er mindert deshalb das Aufstrebende, das der gotische gewiß expressiver ausdrückte. Am tief ins Mauerwerk eingetreppten Türgewände, an den Bögen und großen Wimpergen, aber auch an dem aufstrebenden Maßwerk der Blendarkaden erkennt man die Tendenz.

Im Innern jedoch ist das himmelwärtige Streben ungebrochen, wobei man nicht recht weiß, ob das nur das Kunstwollen der Gotik oder die Beschränkungen durch den Bauplatz bewirkte. Aus einer niedrigen, dreigeteilten Vorhalle steigt man noch einmal über sieben Stufen ins zweischiffige Langhaus. Es erweitert sich vorm Altar durch vier, einen Chorumgang bildende Säulen quasi wieder zu drei Schiffen. Der Chorumgang entspricht logisch einer liturgischen Funktion, verehrte man doch das Heiligtum schon in frühen Zeiten durch Umschreiten. Das Langhaus kommt dagegen der früheren, strengen Trennung von Männern und Frauen im Gottesdienst entgegen. Mit den Säulen drängt der Raum nun unaufhaltsam über 17 m ins Gewölbe empor (Abb. 112). Schäfte vertikalisieren die Wände, damit ihre Flächen den Aufschwung optisch nicht beeinträchtigen. Und zugleich rhythmisiert die Ordnung drei-zwei-drei den Raumorganismus in raffinierter Art. Zudem weitet den Raum illusionistisch eine überraschende Lichtfülle, die merkwürdigerweise nur von den Fenstern in der Südwand und von dreien des achteckigen Chorabschlusses herrührt. Die Nordwand versah wohl der übrigens unbekannte Baumeister nicht mit Fenstern, weil nicht selten Stürme aus dieser Richtung auf das Bauwerk treffen. Unter den Fenstern bereichern Sitznischen mit Blendbögen und Baldachinen, mit Kopf- und Blattkonsolen plastisch reich dekoriert, den Chor. Doch diese vortrefflichen Steinmetzarbeiten verbirgt der barocke Hochaltar mit der gotischen Madonnenstatue als Gnadenbild. Ihn schuf Marx Schokotnigg 1710. Sein Sohn Joseph vergrößerte ihn 1730. Dieser Aufbau und die eingezogene Orgelempore stören aber das Raumgefüge so entscheidend, daß man auf beide trotz ihrer Qualitäten verzichten möchte.

Trotz der Enge auf der Kuppe fand man noch Platz für eine Annenkapelle (1532) mit guten Altarbild ›Anna Selbdritt‹ von 1644. Der Pfarrhof mußte dagegen schon auf den Hang ausweichen. Am Ende verhindern aber weder Einbauten noch Nachbarschaften die Bewunderung der Kirche. Dieser Bewunderung folgt unweigerlich die der Landschaft: vom Gipfel herrliche Aussicht zur Seite des obstreichen Pöllauer Kessels wie zum Masenberg.

Vielleicht nimmt man ein bißchen wehmütig Abschied, wenn man auf der Straße am Saifenbach entlang und ab Kaindorf auf der B 54 nach Graz zurückkehrt oder noch Touren in die angrenzende Region anschließt.

Von der Riegersburg nach Radkersburg

Eine Fahrt in die in diesem Kapitel behandelte Region beginnt man am besten wieder am oststeiermärkischen Straßenknotenpunkt Gleisdorf. Nur diesmal folgt man der B 68 im breiten Tal der Raab nach Südosten. Der Fluß war im ›Hofzaun des Reiches‹, jener Verteidigungslinie gegen den Osten, ein mächtiger Balken, und deshalb reihen sich rechts und links der Ufer Schloß an Schloß wie zum Beispiel das in *Kirchberg* (1704, nur Mitteltrakt erhalten), das klobige, quadratische, mit vier Flügeln einen Arkadenhof umschließende Schloß bei *Hainfeld* (Prunktreppe, teilweise Barockausstattung in den Räumen, Bibliothek des Orientalisten und Goethe-Freundes von Hammer-Purgstall), *Johnsdorf* (17. Jh.), *Bertholdstein* (13. Jh., im 19. Jh. umgebaut, seit 1918 Benediktinerinnen-Abtei) oder *Hohenbrugg* an der Grenze zum Burgenland.

Auch die Bezirkshauptstadt **Feldbach** gehört als befestigter Markt (Reste eines Tabors und solche von Bastionen erhalten; Wahrzeichen ist die ›Steinerne Metze‹, ein altes Getreidemaß) zu den Bollwerken. Zuletzt im April 1945 wieder einmal zerstört, gewinnt es als Fremdenverkehrsort gerade neue Bedeutung. Es ist vor allem bei Sportfischern beliebt. Da in der Raab über dreißig Fischarten leben, kommen die Angler von weither. Sinnvoll ist deshalb, daß in Feldbach 1979 das zweite Fischerei-Museum Österreichs mit Fanggeräten von 8000 v. Chr. bis in die Neuzeit und Präparaten des Fischbesatzes geschaffen wurde.

Stärkster Pfeiler des Verteidigungsgürtels war jedoch die **Riegersburg** (Farbt. 31), 10 km nördlich von Feldbach. (Auf dem Weg dorthin Schloß Kornberg mit sieben Türmen, fünfeckigem Arkadenhof und Kapelle.) Die Türken nannten sie »die stärkste Festung der Christenheit« und belagerten sie nach 1412 niemals wieder. Obwohl manche der ihr zugehörigen Bauten inzwischen verschwanden, macht die Riegersburg auf ihrem kantigen, 200 m hohen Felsklotz schon von weitem und erst recht beim Näherkommen einen imponierenden Eindruck.

Der Berg war wie fast alle solche Plätze in Kärnten und Steiermark schon Fluchtburg der Kelten und dann der Römer. In der Völkerwanderung ging sie unter. Eine Karolingersiedlung vernichteten die Ungarn. Aber um 1100 stand hoch oben schon eine Burg. In späteren Urkunden ist sogar von ›peden vesten ruggerspurg‹, also von zweien die Rede. Die eine gehörte dem Geschlecht, daß sich nach dem Umzug ins Grazer Feld ›von Wildon‹ nannte. Die andere war landesfürstlich. Aber danach wechselten sie aus vielerlei Gründen die Besitzer. Die Namen der Khuenburger, der Waldseer, der Ritter von Stadl, der Urschenpeckh und der Wechsler tauchen auf, alles Familien, deren Angehörige an der Landesgeschichte mitwirkten. Eine geborene Wechsler, verehelichte Katharina Elisabeth von Galler wurde 1648 schließlich Alleinerbin, und diese Frau beseitigte die untere Burg und schuf im wesentlichen die heutige Gestalt. Die Gallerin konnte sich die Ausgaben dafür leisten. Sie war unwahrscheinlich reich, ehrgeizig, leidenschaftlich, aber auch händelsüchtig und tyrannisch, so daß sie in der Erinnerung des Volkes als ›die schlimme Liesel‹ fortlebte. Sie starb 1672 nach einem wildbewegten Leben. Aber niemand weiß, wo sie begraben liegt.

Man steigt von dem auf dem Schuttfeld des Felsens liegenden Markt (St. Martin aus dem 15. Jh., Einrichtung 18. Jh.) zur Riegersburg hinauf. Das Plateau fällt nach Süden ein wenig ab. Gleich nach den letzten Häusern des Dorfes schützen hier das erste Tor von sieben anderen und neun Basteien den sich in Kehren zum Hochschloß windenden Weg (Abb. 98), jedes Tor eine Befestigung für sich, manche waghalsig über Abstürzen aufgemauert. Bald nach dem giebelbekrönten Pyramidentor steht man vor dem sechsten (links die Statue des Mars, rechts die der Bellona), eigentlich die gewaltige Anlage einer Vorburg mit trockenem Graben und Zugbrücke, Zeughaus, Schmiede, Magazin und Pulverturm. Hier mündet der bei einem Tor tief unten beginnende und in die Felsen gehauene Eselssteig, über den die Tragtiere das Schloß unabhängig vom Hauptaufgang mit Lebensmitteln versorgen konnten. Dann führt noch einmal eine Brücke über einen einst mit Wasser gefüllten Graben vor das siebente Tor. Danach steht man auf gewachsenem Stein im engen Burghof (mit doppelgeschossigem Laubengang auf einer Seite) und dann hinter einem Quertrakt im zweiten Hof mit dreigeschossigen Laubengängen an zwei Seiten. Hier schmückt eine fein wie Filigran geschmiedete Haube (1640) eine 26 m tiefe Zisterne. Im eisernen Gewirr verbarg der Meister ein Hufeisen. Es soll besonders Mädchen Glück bringen.

In die Zimmerfluchten gelangt man aus dem ersten Hof über eine finstere Treppe. Hervorzuheben sind vor anderen erstens das Fürstenzimmer mit schöner Kassetten-

115   Im GESÄUSE

116   EISENERZ   Erzberg   ▷

117 EISENERZ   St. Oswald, Tympanon am Nordportal, 1534

118 BRUCK a. d. MUR   Kornmesshaus, 1499–1505

119 BRUCK a. d. MUR
St. Ruprecht, Freskendetail, 1420

120 UTSCH St. Ulrich, Freskendetail, 14. Jh.

121 LEOBEN Hacklhaus, um 1680

122 LEOBEN Kirche Maria am Waasen,
Glasgemälde, 15. Jh.

123 NEUBERG a. d. MÜRZ   Ehem. Stiftskirche,
    Pfeileraltar

124 ST. LAMBRECHT   St. Petri, Altartafel,
    15. Jh.

125 AFLENZ   St. Peter, Pfeilerkapitell, 15. Jh.

126 THÖRL bei Aflenz   Kreuzigungsgruppe

127   Seetal am Hochschwab

128   Ennstal mit Burg Trautenfels, 17. Jh.

129 PÜRGG St. Johannes, Freskendetail, vor 1200

131 PÜRGG St. Johannes, Chor, vor 1200

130 ADMONT Stiftsbibliothek, ›Der Tod‹

132 FRAUENBERG bei Admont,
Wallfahrtskirche

133   Der ALTAUSSEER SEE

134 SECKAU Basilika, ›Marienkrönung‹

135 SECKAU Pfeilerrelief, 1180

136 SECKAU ›Vermählung der hl. Katharina‹

137 SECKAU Bischofsgrabmal

138 SECKAU Benediktinerstift

139 SECKAU Basilika, Pietà, 1380

140 SECKAU Kenotaph Karls II. und seiner Gattin im Mausoleum

141 SECKAU Basilika, Langhaus, 12. Jh.

142 SECKAU   Basilika, Kreuzigung

143 SECKAU   Eingang zum Mausoleum,
1587–1612

144 MURAU   Stadtansicht

145–147 MURAU St. Anna, Fresko ›Wurzel Jesse‹, 1518; St. Anna, geschlossener Flügelaltar; St. Matthäus,
Freskendetail über der Liechtenstein-Gruft

148   DACHSTEINMASSIV

Riegersburg, 19. Jahrhundert (C. Reichert)

decke und einem Bett, in dem angeblich die Gallerin starb, zweitens das Bilderzimmer, dessen Deckenbilder die Parzen und die vier Jahreszeiten zeigen, drittens das Römerzimmer, dessen Deckengemälde phantasievolle Geschichten aus dem alten Rom erzählen.

Glanzstück aller Räume ist jedoch der 19 m lange und 6 m hohe Rittersaal, denn seine Einrichtung (1600) ist bewunderungswürdig. Mit ihren Schnitzereien und Einlegemustern aus kostbaren Hölzern können eine Kassettendecke und drei 6 m hohe und 3 m breite Türverkleidungen als selbständige Kunstwerke ersten Ranges gelten. Der überdimensionale Kohleofen steht den Holzarbeiten nicht nach. An den Wänden hängen Bilder von Angehörigen der Familie Urschenpeckh. Wie hoch es hier herging, als sie die Riegersburg bewohnten, besagt eine Inschrift an einem Fenster »anno 1635 den 6. april hat sich das sauff angehebt und ale tag ein rausch geben bis auf den 26. dtto.«

Dem Renaissance-Saal folgt der sogenannte Sommerspeisesaal im Stil des frühen Barock. Ihn ließ sich Elisabeth von Galler von Italienern einrichten. Die Stilleben, Allegorien der Erdteile, Schlachtenbilder im stukkierten Gewölbe, das prächtige Wechslersche Wappen waren 1658 vollendet. An der Schmalseite führt eine mit zartem Geländer versehene Doppeltreppe in die Gästezimmer. Selbstbewußt ließ die Gallerin auf der einen Seite des Saales ihren Namen anbringen. Auf der anderen Seite prahlte sie

369

mit »baven ist ein schöner lust, was es mich kost ist mir bewußt«. Ein im Saal hängendes Porträt der Dame charakterisiert sie wohl ziemlich genau, wie das andere, das ihres Gemahls, dessen Hang zu den Freuden des Lebens ebenso treffend offenbart. Bemerkenswert ist die kleine Hausorgel (1672) und zum Schluß noch die Kapelle von 1400. Ihr barocker Hauptaltar (1658) verdeckt ein gotisches Christusfresko.

Der Felsen der Riegersburg ist wie ein Auslug für die ganze Oststeiermark. Den Rundblick begrenzen Fischbacher Alpen, Wechsel und Koralpe. Ansonsten schweift er über das Hügelland bis nach Ungarn und Jugoslawien. Man muß sich bewußt machen, daß dieser Klotz die erkaltete, noch nicht verwitterte Schlotfüllung aus Basalttuff eines vor vielleicht 30 Millionen Jahren ausgebrochenen Vulkans ist. Zeugnisse dieses Vulkanismus begegnet man im Land an der Raab mannigfach. Ein markanter Berg aus dem Eruptivgestein Basalt ist der *Gleichenberger Kogel* (598 m) an der Bundesstraße 66, die von Feldbach nach Süden führt.

In **Bad Gleichenberg** sprudeln auf dem Vulkanismus beruhende Heilwässer aus dem Boden. Ihre Wirkung kannten schon die Römer. Man fand einen Brunnen aus der römischen Kaiserzeit mit Votivgaben und Münzen. Doch dieser Brunnen geriet in Vergessenheit. Als Glied jener Grenzbefestigungskette bestand seit dem 12. Jahrhundert eine Burg, die in den Kämpfen 1945 ausbrannte. Auf ihr saßen mehrere Geschlechter, zuletzt von 1581 an die Trauttmannsdorff. Einer der jungen Grafen erkrankte, und eine Zigeunerin heilte ihn mit Wasser. Diese Frau gilt als Wiederentdeckerin der Quelle. Aber erst 1766 bemächtigten sich die Wissenschaftler des gesundbringenden Wassers aus der Tiefe. Ab 1836 wurde Gleichenberg ein Kurort mit regelrechtem Heilbetrieb. In der zweiten Hälfte des vorigen Jahrhunderts besuchten ihn illustre Gäste aus ganz Europa. Heute ist Gleichenberg das älteste und größte steirische Bad. Trotz Kriegseinwirkungen konnte es eine biedermeierliche Atmosphäre bewahren. Diese, ein ausgedehnter Park mit botanischen Seltenheiten und modernste Kureinrichtungen veranlassen vor allem Herz- und Kreislaufkranke und an den Atmungsorganen Erkrankte hier Genesung zu suchen.

Von den Gebäuden des 19. Jahrhunderts ist die klassizistische *Kirche* und in ihr der Hochaltar mit dem Werk des österreichischen Nazareners Joseph Tunner (1845) sehenswert. Das Gemälde stellt die die Gottesmutter verehrende Familie Wickenburg dar. Reichsgraf von Wickenburg, damals Gouverneur der Steiermark, begründete das Bad.

Die B 66 endet in Radkersburg im südlichsten Zipfel der Steiermark an der jugoslawischen Grenze. Man sollte jedoch nicht geradewegs dorthin eilen, sondern wieder rechts und links der Straße ausschweifen. Da auf vulkanischem Boden, vom milden Klima der pannonischen Tiefebene begünstigt, vorzüglicher Wein gedeiht, reist man in bukolischen Gegenden ohne jede Industrie, doch hin und wieder mit einer Sehenswürdigkeit ausgezeichnet.

Westlich der Straße sind etwa in *Gnas* die Kirche (1700), in *Poppendorf* ein unverändertes Schloß (1690), im hochgelegenen *Straden* gleich drei Kirchen, Befestigungsmauern und Tabor beachtlich.

Östlich erhebt sich auf steilem Basaltfelsen das mächtige *Schloß Kapfenstein* mit mittelalterlichem Baukern und kontinuierlichen Zubauten bis ins 19. Jahrhundert hin. *St. Anna am Aigen,* auf schmalem Grat eine schöne Ansicht abgebend, war eine Kirchenburg gegen die Türken. In *Tieschen* gibt es eine prähistorische Siedlung und ein guterhaltenes römisches Gräberfeld. *Klöch* (St. Georg, 17. Jh.; Burgruine 14. Jh.), das übrigens dem ganzen Weinbaugebiet seinen Namen gibt, ist wegen seiner Traminer-Auslesen berühmt. Sie rechnen zu den besten der Welt.

Von Klöch aus ist es nicht mehr weit bis nach **Radkersburg.** Bei der Stadt tritt die Mur in die jetzt jugoslawische Tiefebene ein, und eine Burg auf einem der letzten Hügel schützte seit dem frühen Mittelalter den Flußübergang. Ihre Bedeutung beweisen die Namen ihrer ehemaligen Besitzer. Von einem Sponheimer Grafen kam sie 1147 an den steirischen Markgrafen Otakar III. Dann war sie Besitz der Bischöfe von Gurk, der Stubenberger, Kaiser Friedrichs III., des ungarischen Königs Matthias, Kaiser Ferdinands II. und von 1623–1789 der Eggenberger. Heute gehört sie dem jugoslawischen Staat, denn seit 1918 zieht das Südufer der Mur die Grenze.

Neben der Feste wurde am Nordufer zwischen zwei Murarmen 1260–1265 als befestigter Sperriegel gegen die Ungarn auch der Ort gegründet. Er lebte vom Handel. Stapelrechte verschafften ihm Wohlstand. Geschickte Kaufleute schufen den Grundstock von Familienreichtum für Generationen. Aber er litt auch unter den kriegerischen Händeln der Epochen. Deshalb wurde er 1546–1586 von italienischen Festungsbaumeistern zusätzlich mit Wällen und Basteien versehen. Ein Zeughaus würde eingerichtet. Im 17. Jahrhundert war Radkersburg ›Vormauer und Schlüssel des Erblandes und Herzogtums Steier‹. Ende des 18. Jahrhunderts verlor es den Festungscharakter. Das Ende des 1. Weltkrieges brachte mit der Abtretung der Untersteiermark an Jugoslawien auch den Verlust des Hinterlandes. Radkersburg war wieder schutzlose Grenzstadt. Die fremden Truppen besetzten Stadt und Umgebung. Ein Befreiungsversuch mißlang. Aber im Friedensvertrag von Saint-Germain erhielt sie Österreich zurück. Kämpfe zwischen Russen und Deutschen im März und April 1945 schädigten sie schwer.

Die Einwohner der Gemeinde bauten nicht nur auf, sie sorgten auch für die Bewahrung des noch Bestehenden und zwar so gut, daß die Stadt 1978 als erste österreichische mit der Europagoldmedaille für beispielhafte Denkmalpflege ausgezeichnet wurde. Der Befestigungsring konnte gesichert werden. In der von Farben leuchtenden Langgasse wurden eine Anzahl Stadtsitze des Adels restauriert (Nr. 43 Geburtshaus der Gallerin von der Riegersburg). Das ehemalige Zeughaus in der Emmenstraße (1588, Fassade 1718) beherbergt jetzt das Städtische Museum. Farbenfreudige Häuserfronten mit Vorsprüngen, Balkons, Lauben am Hauptplatz bilden einen angenehmen Hintergrund für das gegenwärtige Leben einer Landstadt. Der

Radkersburg mit Schloß Oberradkersburg, 19. Jahrhundert (C. Reichert)

Rathausturm an der Ecke zur Langgasse akzenturiert dieses Ensemble aus meist ehemaligen Häusern betuchter Handelsherren. In Nr. 9 (Abb. 103) wohnten und betrieben die ersten Eggenberger (s. S. 289) ihre Geschäfte in Eisen und Wein und als Bankleute. Gegenüber öffnet ein schöner Torbogen (Abb. 104) den Markt zu einem heimeligen Plätzchen und der *Kirche Mariahilf* (gotischer Chor, barocke, dreischiffige Halle mit guten Statuen des 18. Jh.).

Ein Platz westlich der Langgasse umgibt auch die *Stadtpfarrkirche Johannes der Täufer* (15. Jh., 1811 erneuert). Ihr Westturm war ursprünglich ein Turm der Befestigung. Im Innern überraschen die Unterschiede zwischen Seitenschiffen und Mittelschiff. Das Letztere ist mehr als doppelt so hoch wie die anderen (gotisches Kruzifix auf dem linken Seitenaltar von 1750 und vorzügliche barocke Figuren).

Diesem alten Radkersburg ist in den letzten Jahren glücklicherweise noch eine moderne Attraktion, das Prädikat ›Bad‹, zugewachsen. Man erbohrte Thermalquellen, deren Wirkstoffe bei verschiedenen Erkrankungen hervorragend helfen. Kureinrichtungen nach dem neuesten Stand einschließlich Kurhotel, Bädern, Sportanlagen sind selbstverständlich vorhanden. Als ein gewisser Ersatz für die Handelspartner jenseits der Mur stärken nun Kurgäste die Wirtschaftskraft dieser Grenzstadt.

Man fährt durch sie von Radkersburg aus nach Westen, um bei Spielfeld die Europastraße E 93 nach Graz zu erreichen, und in den von Getreide-, Mais- und Kürbisfeldern umgebenen Dörfern füttern manchmal auf Dachfirsten und Schornsteinen Störche ihre Brut.

Von Voitsberg nach Knittelfeld, Judenburg und Murau

Die Straße B 70 nach **Voitsberg** zweigt südlich von Graz bei Lieboch nach Westen ab. Als Fußpunkt des Weges über die Stubalpe ins Murtal war die Bezirkshauptstadt im frühen Mittelalter und im 12. Jahrhundert ein florierender Markt. Seine ursprüngliche Anlage ist im Rechteck des Grundrisses leicht erkennbar. Die den Ort durchquerende Straße weitet sich zum typischen Straßenplatz. An ihm spiegeln einige Bürgerhäuser mit ihren Formen eine Blütezeit im 16. Jahrhundert (Mariensäule von Joseph Schokotnigg, 1753). Eine größere Zeitspanne umfassen die *Ruine Obervoitsberg* (1183), die *Filialkirche St. Michael* mit romanischem Turm, romanischem Portal und gotischem Chor sowie die *Kirche des ehemaligen Karmeliterklosters* (1690–1708, jetzt Stadtpfarrkirche) mit einem Hochaltar von Marx Schokotnigg und einem guten Bild ›Tod des heiligen Joseph‹ von F. C. Remp.

Doch es gab auch Zeiten der Stagnation. Aber im vorigen Jahrhundert wurden in Voitsberg und dem benachbarten Köflach einige Kohlevorkommen erschlossen. Sie brachten wieder einen Aufschwung. Um 1880 baute der Kohlegewerke August Zang das Schloß Greißenegg aus dem 15 Jh. aus. Greißenegg beteiligte sich am Steirischen Adelsaufstand und wurde hingerichtet. Nach jahrzehntelanger Verwahrlosung wurden Schloß und Park kürzlich renoviert. Im nahen *Bärnbach-Oberdorf* wird jetzt in einem 100 m langem Streb ein Kohlestoß vollmechanisiert abgebaut und aus einem 1979 aufgeschlossenen Tagebau gefördert. Die Kohle des Reviers wird hauptsächlich vom Dampfkraftwerk Voitsberg III zur Energieerzeugung verwendet.

Seit kurzem verfügt Bärnbach-Oberdorf auch über eine ungewöhnliche architektonische Sehenswürdigkeit. Der Wiener Allroundkünstler Friedrich Hundertwasser baute die Pfarrkirche des Ortes gründlich und phantasievoll um. Gelbe, blaue, grüne, orange und goldene Mosaiken aus Keramik gliedern sie. Die Zwiebelkuppel des Turmes und die Dachreiter leuchten golden. Moderne Glasfenster brechen die Mauern auf. In der gleichen Art sind Sakristei, Innenraum und Bibliothek in den Komplex einbezogen. Ein Umgang, einem Bodenrelief ähnlich und mit Toren versehen, die die Zeichen aller Weltreligionen tragen, verschafft den Gebäuden ein orientalisch anmutendes Ambiente.

In Bärnbach gibt es außerdem ein burgenkundliches Museum im Schloß Alt-Kainach und ein Glasmuseum bei der Glashütte (Hochtregister-Straße).

Man berührt Bärnbach auf dem Weg nach **Piber**. Piber zu besuchen ist Pflicht. Dort befindet sich das österreichische Staatsgestüt zur Züchtung der berühmten weißen Lipizzaner für die Hofreitschule in Wien. Es wurde 1798 als Militärgestüt gegründet. Aber erst 1920 nahm es Lipizzaner auf (Farbt. 38). Das seit 1580 bestehende Stammgestüt in Lipizza bei Triest war 1915 evakuiert und die Pferde nach Laxenburg bei Wien verbracht worden. Dort bekam den Tieren das Klima nicht, und nachdem Lipizza nach dem 1. Weltkrieg verloren ging, fanden sie in Piber eine neue Heimat.

Die Züchtung basiert auf sechs Hauptstämmen, deren Väter zwischen 1765 und 1810 geboren sind, und vierzehn Stutenfamilien. Im Gestüt Piber leben 130–140 Lipizzaner. Ihre Fohlen kommen dunkel zur Welt und werden erst von Haarwechsel zu Haarwechsel im Frühjahr und Herbst zu echten Schimmeln (Abb. 97). Wesentlicher Teil der Aufzucht sind die Sommeraufenthalte auf einer 1600 m hoch gelegenen Alm. Die Junghengste genießen dann im Alter von 3 ½ Jahren eine erste Ausbildung in der Hofreitschule. Dort werden nach ein, zwei Jahren die besten zur weiteren Fortbildung ausgesondert, der Rest verkauft. Von den Schulhengsten kehren jedoch die Allerbesten zeitweise ins Gestüt zurück, um ihre Fähigkeiten zu vererben.

Das Gestüt kann von April bis Oktober nach Vereinbarung besichtigt werden, ✆ 0 31 44 / 33 23. Außerdem sind die Tierrudel manchmal auf den Weiden zu beobachten.

Piber ist aber auch für Kunstfreunde interessant. Die *Kirche*, zuerst 1066 in einer Urkunde genannt, gehörte zum Erzbistum Salzburg und war als Mutterpfarre der Gegend das geistige Zentrum der Weststeiermark. 1103 kam die Herrschaft an das Stift St. Lambrecht (s. S. 382) und dieses ließ von 1696–1728 durch Domenico Sciassia das *Schloß*, die heutige Direktion des Gestüts, erbauen (quadratischer Bau mit vier Eckrisaliten und dreigeschossigen Bogengängen). Bei der Säkularisierung des Stiftes 1782 wurden Schloß und Herrschaft Eigentum des sogenannten Religionsfonds, der die Einrichtung des ersten Militärgestüts ermöglichte.

Von Piber aus erreicht man die Stubalpe-Straße wieder in **Köflach.** Der Ort, obwohl 1470 Markt, gewann wegen des bedeutenderen Voitsberg erst mit der Entdeckung der Kohlelager der Umgebung im 18. Jahrhundert einen gewissen Wohlstand. Deshalb konnte wohl J. A. von Mölk die 1643–1649 erbaute *Kirche St. Magdalena* mit Fresken schmücken und das Hochaltarblatt liefern. Allerdings hatte sie einen Vorgängerbau von dem Teile des Turmes und der romanische Karner, jetzt Kriegerdenkmal, von F. Silberbauer 1926 ausgemalt, herrühren.

In Köflach zweigt die Straße über die Packalpe (Abb. 91) ins Kärntner Lavanttal ab. Sie erreicht in vielen Kehren die Höhe, erschließt aber auch rechts und links ein weites Erholungs- und Wintersportgebiet. Zwei Seen, zur Elektrizitätserzeugung aufgestaut, dienen auch allerlei Wasservergnügungen. Vor allem ist der von Bachtälern durchfurchte Gebirgszug ein Gebiet für Wanderer und Naturfreunde, blühen doch dort die rosafarbene Gemsenheide, weißgelber Speik, Arnika und die hellblaue Bärtige Glokkenblume und im Herbst strotzen die Preiselbeersträucher von Früchten.

Von früher Besiedlung zeugen ein romanischer Turm an der Kirche von *Edelschrott* (was sich aus ›Jelensrode‹ nach dem slawischen Wort ›Jelen‹ für Hirsch bildete) und die spätgotische Hallenkirche in *Hirschegg.*

Doch wieder zurück nach Köflach. Fast mit der Stadt verbunden ist *Maria Lankowitz,* aber höher am Hang liegend, mit seinem Franziskanerkloster und dessen barocker Wallfahrtskirche (Hochaltar von Veit Königer 1712) und einem nüchternen Schloßbau (17. Jh.).

Dann steigt die Straße im Sallabachgraben (in Salla romanisch-gotische Kirche und Ruine Klingenstein) und danach in vielen Kurven 20% steil an, überquert am Gaberlsattel (1547 m) die Stubalpe und führt zunächst ebenso steil zum Murboden hinunter.

Diese Bundesstraße kreuzt bei Weißkirchen die B 78 und die ist die Fortsetzung der Straße aus dem Lavanttal, überdies eine schöne Straße zwischen Packalpe und Seetaler Alpen (und neben ihr die *Ruine Eppenstein*, einst Stammsitz des fränkischen, in Baiern begüterten und im 11. Jahrhundert für Steiermark und Kärnten bedeutungsvollen Geschlechts gleichen Namens). Sie überwindet den Obdacher Sattel, und an diesem bereits im Mittelalter benutzten Übergang entstand im 13. Jahrhundert der Markt **Obdach**. Ein Torturm und Mauern einer Art Fliehburg um die außerhalb des Ortes gelegenen *Ägydiuskirche*, deren Schiff und Osttürme romanisch, das Gewölbe aber gotisch sind, zeigen an, daß der Ort nicht nur ein Handelsplatz war, sondern auch Schutz bot. Ungarn und Türken plünderten ihn trotzdem.

Immerhin steht jedoch außer der Pfarrkirche noch die einschiffige *Spitalskirche*, 1450–1460 erbaut und 1580–1590 verlängert, mit einigen beachtlichen Kunstwerken. Es sind dies zwei Heilige von 1470 am barocken Hochaltar, zwei gemalte Altarflügel des Sebastian und Florian von 1470 und zwei Schnitzaltäre von 1712–1715. Geradezu berühmt aber ist der ›Obdacher Bauernpapst‹. Diese sonderbare hölzerne Sitzfigur eines nicht identifizierten, segnenden Oberhirten schuf ein unbekannter Künstler wahrscheinlich aus einer Judenburger Werkstatt um 1500. Mit großem psychologischen Verständnis, lebensnah und individuell stellte er vollendet einen Greis dar und diese Qualität stellt die Plastik innerhalb der steirischen, spätgotischen Bildnerei an einen vorrangigen Platz.

Das Murbecken selbst ist zwischen Knittelfeld, Zeltweg und Judenburg ein Teil jenes Industriegebietes der Mürztal- und Murtalfurche. Aber auch hier gilt was weiter oben über Leoben, Bruck, Kapfenberg gesagt wurde – man braucht nicht zu erschrecken. An Kunst- und Naturschönheiten mangelt es auch hier nicht. (Doch für Rennsportfreunde ein Hinweis zuvor: Zwischen Zeltweg und Knittelfeld liegt ein wenig abseits von der Murtalstraße der 6 km lange Österreich-Ring, die erste österreichische Grand Prix-Strecke, die auch Touristen gegen Gebühr befahren dürfen, wenn keine Veranstaltungen stattfinden.) Hier sollen jedoch nur die wichtigsten aufgeführt werden.

Knittelfeld allerdings, Markt schon im 13. Jahrhundert und später Sitz von Hammergewerken, zerstörten 1945 Bomben so radikal, daß von der gotischen Pfarrkirche nur noch Chor und Sakristei erhalten blieben.

Doch in der Nähe (zirka 15 km, Abzweigung von der B 336 bei Koblenz) findet man am Fuß der Seckauer Tauern das **Benediktinerstift Seckau**. Es wurde mit der Errichtung des Landesbistums Sitz des Bischofs und Domkapitels und übertraf die übrigen steirischen Klöster so in ihren Bedeutungen. Die Abtei hatte ein wechselvolles Schicksal. Adalram von Waldeck (Niederösterreich) gründete sie als Kloster für Augustiner-Chorherren bei dem heutigen St. Marein, verlegte es aber 1142–1143 auf den jetzigen höheren und gün-

Stift Seckau, 19. Jahrhundert (C. Reichert)

stigeren Platz, gliederte ihm ein Kanonissenstift an und trat mit seiner Frau selbst dort ein. Im September 1164 wurde die unter dem Einfluß des Salzburger Erzbischofs Konrad I. erbaute und für den Alpenraum einzigartige Basilika geweiht und ihr Hochaltar den Heiligen Drei Königen gewidmet. Damit wollte man an die Übertragung der Reliquien dieser Heiligen von Mailand in den Kölner Dom erinnern und den Dreikönigskult im Grenzland einführen.

Das Stift blühte durch Schenkungen wirtschaftlich und durch das liturgische Wirken der Chorherren und Kanonissen auch geistig. Seckauer Handschriften (jetzt in der Universitätsbibliothek und im Landesarchiv in Graz) sind frühe Denkmäler der deutschen Literatur. Die Schreib- und Malschule strahlte aus. 1219 schuf der Erzbischof von Salzburg das Suffraganbistum für die Steiermark. Die Kirchenfürsten weilten jedoch nur zu hohen Festen in Seckau. Sonst residierten sie auf Schloß Seggau (s. S. 301) oder im Bischofssitz (s. S. 279) in Graz.

Im 14. Jahrhundert war Seckau neben Straßengel und Mariazell (s. S. 388) eines der Ziele großer Wallfahrten. Verehrt wurde ein um 1200 in Venedig gearbeitetes Alabasterrelief der Gottesmutter mit Kind. 1491 gab man das Chorfrauenstift auf. Joseph II. säkularisierte das Chorherrenstift. Auf Initiative des Erzherzog Johann erwarb die Vorderberger Radmeister-Kommunität die Herrschaft nebst Abtei. Aber die Anlage verfiel bis auf die Trakte, die Vordernberger Beamte und die Pfarrgeistlichkeit bewohnten. 1883 übernahmen Benediktiner aus Beuron in Hohenzollern an der Donau, die ihr Mutterkloster im Kulturkampf unter Bismarck verlassen mußten, das ehemalige Domstift und erfüllten es wieder mit Leben. Sie retteten das romanische

Gotteshaus, bauten einige Klostergebäude wieder auf, gründeten Sängerknabenschule und Privatgymnasium. Aus ihnen gingen große Persönlichkeiten hervor, u. a. Äbte in Prag, Beuron und Maria Laach. Mit einem Teil des Seckauer Konvents wurde 1922 auch die alte Benediktinerabtei St. Matthias in Trier neu begründet.

Die neue Blütezeit unterbrachen die nationalsozialistischen Machthaber. Sie beschlagnahmten das Stift. Die Patres mußten es räumen. Manche starben in Krieg und Verbannung. Einige kehrten 1945 wieder zurück und nahmen ihre Tätigkeit wieder auf.

Das Kloster war früher doppelt so groß wie heute. Aber die 143 m lange, von zwei achteckigen Türmen flankierte Front ist noch immer sehr eindrucksvoll. Dieser Westbau öffnet sich innen mit Bogengängen in zwei Geschossen zu einem rechteckigen Hof (von Peter Franz Carlone aus Leoben, 1635–1628). In seiner Wucht demonstriert er den Sieg der Gegenreformation, die der Seckauer Bischof Martin Brenner in Innerösterreich rigoros vollzog. In den Hof ragt die Westfassade der *Basilika* hinein (Abb. 138). Die zwei 50 m hohen Türme bauten die Beuroner Mönche neoromanisch. Sie stellten 1891 auch die von einem Turmeinsturz arg beschädigte Vorhalle wieder her. Ihr Portal entstand 1143–1164. Halb- und Dreiviertelsäulen stufen es zur Tür hin ab. Diese Leibung bildet über dem Kämpfergesims einen Bogen in gleicher Gliederung und umschließt das Tympanon. In ihm wurde 1964 die romanische Marie mit Kind (1260) angebracht. Seit demselben Jahr fungieren auch zwei spätromanische Löwen wieder als ›Wächter des Domes‹.

Obwohl baulich verändert, vermittelt die Basilika innen auch jetzt noch das Erlebnis eines mächtigen romanischen Kirchenraumes. Die Maße sind streng proportioniert. Das Mittelschiff ist doppelt so breit wie ein Seitenschiff und wiederholte ursprünglich die Seitenschiffbreite in der Höhe vier Mal und in der Länge sechs Mal, bevor das Querschiff 1891–1893 eingefügt wurde. Ein für den mittelalterlichen Kirchenbau im sächsischen Bereich (Konrad I. von Salzburg war einmal Domherr von Hildesheim) typischer Stützenwechsel – Pfeiler, Säule, Säule, Pfeiler – rhythmisiert den Raum kräftig. Auf breiten Basen ruhen die wuchtigen Säulen und über den nicht weniger wuchtigen Würfelkapitellen runden sich die die Mittelschiffwände tragenden Arkadenbögen (Abb. 141). Das zwar gotische Sternrippengewölbe (1480–1510) paßt sich in die romanischen Bauteile gut ein. Bemerkenswert die Reliefs am nordwestlichen Pfeiler. Man deutet sie verschieden als Symbole des Sieges Christi (Abb. 135).

Den Raum schließt der Chor ab. Das von den Beuronern eingeschobene Querhaus drängte ihn allerdings weiter nach Osten. Man trug ihn ab und baute ihn versetzt mit dem ursprünglichen Material und in der alten Schichtung wieder auf. Zur 800-Jahr-Feier 1964 wurde er mit dem einzigartigen Kruzifix neu gestaltet (Abb. 142). Die Figur des Gekreuzigten (1220) befand sich ehemals im abgebrochenen Lettner und die Assistenzfiguren, Maria mit Stola und Johannes (um 1160), stammen von einem anderen, dem sogenannten ›Gaalener Kruzifix‹.

Bei umfangreichen Renovierungen und Restaurierungen nach dem letzten Kriege mußte überhaupt manches Kunstwerk den Standort wechseln. So wurde zum Beispiel die Platte vom Grab des Stifters vor dem Hochaltar im Kreuzgang aufgestellt (Abb. 137). Im südlichen Seitenschiff steht auf dem 1950 neu zusammengefügten Maria-Opferungs-Altar eine mütterliche Madonna mit Kind von 1488, auf dem ebenfalls später aufgebauten ehemaligen Kreuzaltar eine Kreuzigung (1523) und Heilige. Den neoromanischen Benediktusaltar schmückte man 1964 mit der ›Vermählung der heiligen Katharina‹ (um 1520; Abb. 136). Auf die Südwand des Querschiffes wurde 1953 ein Freskenzyklus aus einem Klosterraum mit Szenen aus dem Leben Johannes des Täufers übertragen. An den Wänden der Engelkapelle im nördlichen Seitenschiff schuf Herbert Boeckl von 1952–1960 ein in Österreich unvergleichliches, modernes monumentales christliches Kunstwerk mit Bildern seiner Schau von den geheimen Offenbarungen und der Apokalypse.

Die anschließenden Sakraments- oder Gnadenkapelle wurde 1950–1953 ausgestattet. Am Eingang eine Holzplastik die Stiftsgründer darstellend (1420), über dem Tabernakel des Altars das Seckau-Gnadenbild, die venezianisch-byzantinische Nikopoia (Siegbringerin) von 1200 in kostbarer Neufassung (1953) und ein Kruzifix von 1500.

In der Bischofskapelle das Epitaph des Bischofs Martin Brenner und Freskobilder seiner Amtsvorgänger, vor allem aber seit 1950 der Mariä-Krönungsaltar mit einem wegen seiner Komposition bewunderungswürdigen Schnitzwerk der Marienkrönung (Abb. 134) durch die Heilige Dreifaltigkeit (1489) und einem Predellagemälde der Anna Selbdritt und des Stifters, des Abtes Johannes Dürnberger. Außerdem darf im nördlichen Seitenschiff die Pietà von ca. 1380 nicht übersehen werden (Abb. 139).

Am erstaunlichsten von allem ist jedoch das Habsburger-Mausoleum (Abb. 143) im nördlichen Seitenschiff. Erzherzog Karl II. (s. S. 282), Mitstreiter Bischof Brenners in der Gegenreformation, wollte im Dom der Diözese beerdigt werden und ließ deshalb noch zu Lebzeiten diese Begräbnisstätte dort einbauen. Ihre Künstler – Alexander de Verda als Architekt, Sebastiano Carlone als Bildhauer und Teodoro Ghisi als Maler – vollendeten damit von 1587–1612 das bedeutendste italienisch beeinflußte Kunstwerk des Frühbarock diesseits der Alpen. Nach der einheitlichen Idee ›Auferstehung und Verklärung‹ würdigten die Künstler das Haus Habsburg in 50 Figuren (der Erzherzog und seine Gemahlin Maria von Baiern auf dem Kenotaph; Abb. 140), 150 Reliefs, plastischen Allegorien, zahlreichen Gemälden, Wappen unter Verwendung verschiedener Marmorsorten, Stuck und Dekorationen aus Schmiedeeisen, Bronze, Gold und Silber ... obwohl dieser Prunk nicht dem Charakter Karls II. und auch nicht dem der Basilika entsprach. Der Landesherr hat sein Mausoleum allerdings nicht fertiggestellt gesehen. Er wurde 1590 dort beigesetzt und nach ihm sechs seiner Kinder und zwei Enkelkinder.

Auf dem Rückweg von Seckau ins Murtal lohnt ein Abstecher nach **St. Marein**. Die Pfarrkirche *St. Maria in Paradiso* begründete der Vater des Seckauer Stiftsgründers um 1075. Unter Beibehaltung des romanischen Turmes erbaute Niklas Velbacher aus Admont 1437–1448 die jetzige zweischiffige Halle im Auftrag des Seckauer Propstes.

Ungewöhnlich ist ihr reicher plastischer Schmuck besonders in der nördlichen Vorhalle (im Gewände des Portals eine Büste des Baumeisters), innen aber auch an der Sakristeitür (Potät des Auftraggebers am Mittelpfeiler) und die zierlichen Blütenmalereien im Gewölbe. Obgleich der barocke Hochaltar (mit Kopie einer gotischen Madonna, Original gestohlen) nicht ohne Reiz ist, muß man dem Flügelaltar von 1524 einen höheren Wert beimessen. Üppig wucherndes, aber in seinen Verschlingungen wohlgeordnetes Astwerk rahmt eine köstliche Figurengruppe – Maria auf der Mondsichel (Kopie, Original gestohlen), begleitet von Laurentius und Georg – ein. Ihn schnitzte der Meister einer Villacher Werkstatt.

Die bedeutendste Stadt an diesem Teil des Murlaufes ist **Judenburg**. Eine steil nach drei Seiten abfallende Eiszeitmoräne war bereits in vorgeschichtlicher Zeit besiedelt. In der Nähe, in Strettweg, schnitten Bauern einen fürstlichen Grabhügel an und ackerten den hallstattzeitlichen Kultwagen aus dem Boden, der nun eines der wichtigsten Kulturdenkmäler dieser Epoche ist. Auch die Römer errichteten 16 n. Chr. ein Kastell zum Schutz ihrer Straße. Handelswege von Salzburg nach Wien, aus dem Ennstal zum Balkan und nach Italien machten den Ort zum größten mittelalterlichen Handels- und Stapelplatz der Steiermark mit vielen Vorrechten. Juden hatten daran erheblichen Anteil und gaben ihm sogar seinen Namen. Bürger beteiligten sich am Silber- und Goldbergbau. Der vom internationalen Handel beförderte Kulturaustausch zog auch Maler und Bildhauer an. Judenburg war lange ein Kunstzentrum. Seine Werkstätten wirkten wiederum ihrerseits weithin. Aber Ungarn und Türken fielen auch über die Stadt her. Sie erlitt Schäden im Dreißigjährigen Krieg und durch Napoleons Truppen. Brände im 19. Jahrhundert und die Industrialisierung, wenn diese die Wirtschaft auch stärkten, veränderten ihr Gesicht. Ihre große Vergangenheit bezeugen nur noch Reste. Wenig auffällige Fassaden am Hauptplatz verbergen zum Beispiel alte Höfe. Die inzwischen verbaute Neue Burg errichtete Erzherzog Karl II. 1584.

Die *Stadtpfarrkirche* (Turm 1449) täuscht außen (1885) einen Renaissance-Bau vor, offenbart sich innen jedoch als eine barocke Wandpfeilerkirche. Sciassia wandelte eine frühere 1673 so um. Hervorragende Plastiken sind die zehn vergoldeten Apostelfiguren (um 1750) des Judenburgers B. Prandtstätter an den Pfeilern des Schiffes. Aus jenen Judenburger gotischen Werkstätten stammen die Statue der ›Schönen Madonna‹ aus Sandstein in der Frauenkapelle und die der Maria aus Holz auf einem Seitenaltar. In den Nordemporen sind außerdem Kunstwerke aus anderen Judenburger Kirchen aufgestellt.

Besser noch dokumentiert die Judenburger Gotik die *Magdalenenkirche* in der Unterstadt. Sie wurde um 1360 erbaut und enthält Glasgemälde und Fresken (Kreuzigung, Tod und Krönung Mariä, Apostel (aus dem 14. Jh.) und ein Wandgemälde (Augustinus und andere Heilige), das aus der Jesuitenkirche dorthin übertragen wurde.

Zahlreiche Kirchen und Schlösser in der Umgebung weisen auf die einstige Anziehungskraft Judenburgs hin. Im Gebiet rechts der Mur ist die *Stammburg der Liechtensteiner* (seit dem 17. Jh. Ruine) erwähnenswert. Dort saß im 13. Jahrhundert der als Politiker wie als Minnesänger in die Landesgeschichte eingegangene Ulrich von Liechtenstein. Die Familie verzweigte sich mannigfach. (Auch der Fürst des Zwergstaates Liechtenstein am schweizerischen Rhein ist ein Nachfahre.)

Schloß Weyer in der Nähe erbaute ein im Handel mit Venedig reich gewordener Judenburger Kaufmann im 17. Jahrhundert. Das Beispiel eines Renaissance-Landsitzes stellt *Schloß Thorhof* dar. Die *Wallfahrtskirche Maria Buch*, eine dreischiffige, spätgotische Halle, birgt die Figuren einer Maria von 1480 im barocken Hochaltar und ein Kruzifix von 1500.

Unweit Judenburg liegt an der alten Straße über die Tauern ins Ennstal die Siedlung **Pöls** mit einer romanischen *Kirche* und Karner aus dem 12. Jahrhundert. Die Einrichtung stammt beinahe gänzlich aus Prandtstätters Werkstatt, schließt jedoch eine Madonna von 1525 und das Kruzifix eines Kärntner Meisters von 1520 ein.

Hier kann man eine interessante Ausflugsfahrt beginnen. Sie führt nordwärts zunächst ins Gebiet von Zeiring, im Mittelalter ein Zentrum von Silbergruben und im 19. Jahrhundert von Eisenwerken. (Baulichkeiten als Denkmäler der frühen Industrialisierung in Unterzeiring und Möderbrugg.)

St. Oswald besitzt eine Hallenkirche (15. Jh.). Doch sehenswerter ist **Oberzeiring,** zu dem eine kleine Straße nach Westen abbiegt. Hier blühte im 13. Jahrhundert das mit 20 km Strecke größte Silberbergwerk der Ostalpen. Ein plötzlicher Wassereinbruch 1361 beendete den Bergsegen; nach der Sage wegen des Übermutes der Knappen. Eintausendvierhundert Bergleute ertranken. Alle Versuche, den Abbau der Erze wieder aufzunehmen, mißlangen. In den tiefsten Stollen steht noch heute das Wasser. Ein höher gelegener wurde zum Schaubergwerk ausgebaut, ein anderer zum vielbenutzten Asthma-Heilstollen. Das Schaubergwerk ergänzt ein Museum mit Exponaten aus der Blütezeit des Bergbaus und eine groß angelegte Mineralienschau.

Die mehrfach veränderte Pfarrkirche St. Nikolaus (1363) sollte die Sünden der Knappen sühnen. In der alten Knappenkirche außerhalb des Ortes deckten die Restauratoren 1956 einen gotischen Freskenzyklus (um 1330–1340) auf. Das Bild von der Hinrichtung Johannes des Täufers mit dem Schwert ist besonders drastisch.

Durch das romantische Lachtal und dann das Tal des Wölzer Baches aufwärts erreicht man mit **Oberwölz** die kleinste und älteste Stadt der Steiermark (1305) mit fast gänzlich erhaltenen Mauern, Türmen und Toren und gleichsam unangetasteter alter Atmosphäre. Die *Kirche St. Martin* – eine 1280 geweihte Basilika mit gotischem Chor und Gewölbefresken von A. von Mölk – und die *Spitalskirche St. Sigismund* – erst dreischiffig, dann zweischiffig und im Chor einschiffig endend und in der Achse vom Langhaus zum Chor abweichend und zweimal geknickt – tragen dazu bei.

Kaiser Heinrich II. schenkte das Oberwölzer Gebiet 1007 dem Erzbistum Freising, und die Stadt war bis 1805 das Verwaltungszentrum dieser Enklave. Ihre Pfleger saßen auf der Burg Rothenfels. Sie förderten die damals am Ende eines Handelsweges aus Kärnten vor dem Tauernübergang gelegene Stadt. Durch die Erschließung neuer

Verkehrswege und die Auflösung des Freisinger Besitzes geriet sie jedoch ins Abseits..., was ihr heute als Mittelpunkt einer geruhsamen, waldreichen Fremdenverkehrsregion zugute kommt.

Weiter den Wölzer Bach aufwärts, vorbei an *Winklern* (Rundkirche mit Hochaltar von Stammel, Fresken von Mölk und Kreuzwegbildern von Lederwasch) überwindet die Straße einen Höhenrücken und erreicht **St. Peter am Kammersberg.** Der Markt war auch im Besitz des Erzbistums Freising. Seine *Kirche* entwickelte sich aus einer freisingischen Kapelle von 1072 bis zum 14. Jahrhundert in eine gotische Halle. Um 1420 entstanden eindringliche Fresken eines großen Dreikönigszuges und von Heiligen; gute gotische Statuen und Glasgemälde vervollständigen die Ausstattung. Fresken am Karner, Gebet am Ölberg und Jüngstes Gericht darstellend (1500) und an der Friedhofsmauer Christus mit den Wundmalen zwischen Maria und Johannes (um 1600) ergänzen die Bilderfolge des Kircheninneren.

Bei Saurau trifft der Weg wieder auf die Bundesstraße 96 im Murtal. Folgte man ihr statt des Abstechers in die Niederen Tauern, erkennt man an den Orten und ihren Bauten und deren Kunstwerken auch immer wieder die historische Bedeutung der Region; in *St. Peter* zum Beispiel an der spätgotischen Kirche und einem alten Hammergewerkenhaus, in *St. Georgen* an einer romanisch-gotischen Kirche, in *Unzmark-Frauenburg* an Kirche und Ruine der Liechtensteinerburg (Alterssitz des Minnesängers, später den Stubenbergern gehörend). In der Pfarrkirche von *Scheifling* befindet sich eine ausdrucksvolle Pietà und Reliefs von einem Nothelfer-Altar.

In Scheifling schließt die Bundesstraße 83 nach Klagenfurt über Friesach und St. Veit an der Glan an. An dieser Nord-Südverbindung an der Wasserscheide zwischen Mur und Drau und umgeben von rundgeschliffenen Bergen, die ein zur Drau überfließender Murgletscher abhobelte, entstand um 1200 der befestigte Platz **Neumarkt** und mit ihm, einbezogen in den Verteidigungsring, die Burg Forchtenstein. Neumarkt wurde infolge seiner Lage kultureller und wirtschaftlicher Mittelpunkt eines Gebietes zwischen Seetaler und auslaufenden Metnitzer Alpen. Sein alter Ortskern ist heute noch das Versorgungszentrum des von Land- und Forstwirtschaft bestimmten Raumes. Seine Vergangenheit manifestiert sich überzeugend in seinen Bauten und denen der Umgebung. Neben dem 1884 veränderten Forchtenstein ist es die spätgotische, dreischiffige Hallenkirche St. Katharina und der Karner im Ort und in der Nähe die Schlösser Pichl, Oberdorf und Lind, die Kirchenburg Mariahof mit Plastiken aus dem 15. und 17. Jahrhundert im Gotteshaus aus Neumarkter und Judenburger Werkstätten. Außerdem bezeugen die Geschichte die romanische Kapelle von St. Nikolaus und die romanisch-gotische Pfarrkirche mit Karner in *St. Marein.*

Die Geschichte von Neumarkt verzeichnet eine Kuriosität. 1480 belagerten es die Ungarn. Als sich auch die Türken näherten, nahmen die Neumarkter die Ungarn in ihre Mauern auf, um gemeinsam mit ihnen den Muselmanen Widerstand zu leisten. Ringsum alles verheerend, zogen diese vorbei. Doch die Ungarn blieben in der Stadt, und erst sechs Jahre später konnten steirische Truppen den Ort im Handstreich zurückerobern.

Von Neumarkt aus führt die B 92 über Hüttenberg auch ins Klagenfurter Feld. Hart an der steirisch-kärntnerischen Grenze grub man in der Ortschaft *St. Margarethen-Silberberg* zahlreiche Blockhäuser und Befestigungsanlagen aus, die eine Besiedlung von der Hallstattzeit (um 500 v. Chr.) bis zur Römerzeit belegen. Deshalb benannte man St. Margarethen 1932 in **Noreia** um. Man nahm an (s. S. 28), von dort käme der Stamm der Noriker her und dort hätte die Schlacht stattgefunden, in der die Cimbern 113 v. Chr. ein römisches Heer vernichteten, wie es antike Quellen beschreiben. Als ›Königshaus‹ rekonstruierte man ein mehrräumiges Holzgebäude der Kelten und stellte darin sehenswerte Fundstücke aus.

Über Neumarkt übte eine zeitlang das **Stift St. Lambrecht** die Lehensherrschaft aus, und in dieser Benediktiner-Abtei auf einer Hochfläche hinter dem Kalkberg (1591 m) 17 km westlich der Stadt begegnet man wieder einer jener großartigen mittelalterlichen Klöster des Landes (Farbt. 30). Graf Markward von Eppenstein, Sohn des Kärntner Herzogs Adalbero gründet es vor 1076, und sein Sohn, der Kärntner Herzog Heinrich III., erwirkte 1096 die kaiserliche Anerkennung und 1109 päpstliche Privilegien. Heinrich stattete die Abtei auch mit zahlreichen Besitztümern u. a. in Piber und Aflenz aus. Eine mächtige Dynastie legte seinerzeit eben Wert auf eine repräsentative Grabstätte in einem religiöse, geistige und wirtschaftliche Kultur ausstrahlenden Hauskloster. Mit dem Tod Heinrichs III. am 4. 2. 1122 erlosch jedoch das Geschlecht. Er starb kinderlos. Die Eppensteiner Güter erbte der Traungauer Leopold der Starke. Seine Großmutter war wahrscheinlich eine Schwester des Markward. Die Traungauer waren aber die Markgrafen der Steiermark (s. S. 49).

Der erste Abt des Stiftes kam aus St. Blasien im Schwarzwald. St. Lambrecht entfaltete sich und blühte. Schon 1157 konnte es Mariazell, den wichtigsten Wallfahrtsort Österreichs, gründen. Die Mönche kolonisierten und rodeten, schufen die Klosterschule und Pfarreien. In der Kommunität entstanden künstlerische Kostbarkeiten, liturgische Geräte und Handschriften. Nach einer Periode der Stagnation in der Reformationszeit begann eine neue Glanzzeit mit reger Bautätigkeit. Die Aufhebung 1782 unterbrach sie. Wertvolle Kunstwerke gingen verloren. Die Handschriften gelangten in die Universitätsbibliothek von Graz. 1802 dekretierte Kaiser Franz II. die Wiedererrichtung. Der Konvent kehrte zurück. Seitdem ist er – die Jahre der Vertreibung von 1938–1945 ausgenommen – wenn auch klein, wieder tätig.

Gleich woher man kommt, der machtvolle Stiftskomplex beherrscht unübersehbar die Landschaft. Die 135 m langen Ost- und Westtrakte verbinden zwei Quertrakte, so zwei Höfe schaffend. Im Norden schließt die gotische Kirche an und im Süden die Prälatur mit marmornem Portal und den Statuen der Stifter von F. Hainzl (17. Jh.). Die Gebäude dazwischen schuf der Stiftsbaumeister Domenico Sciassia im 17. Jahrhundert. Man betritt sie vom Hof aus durch ein einfaches Tor, und, was man nicht vermutet, lange, gut proportionierte, stuckierte (von M. Camin) Flure nehmen einen auf. Von den Räumen sind nur der Prälatensaal und angrenzende Zimmer zu besichtigen. Sie enthalten trotz der Verluste eine ziemlich geschlossene Sammlung gotischer Plastiken und Tafelbilder, die die Bedeutung der Kunstprovinz Judenburg – Neumarkt – St. Lambrecht in dieser Zeit prächtig dokumentieren. Außerdem reflektieren barocke Kunstwerke das Wirken der Abtei in der Gegenreformation und eine Vogel- und eine Volkskunde-Kollektion die Arbeiten von zwei Gelehrten des Konvents um die Jahrhundertwende. Der Prälatensaal selbst ist ebenfalls prachtvoll mit Stuckdekorationen (von C. Androy) und Äbtebildern ausgestattet (1789).

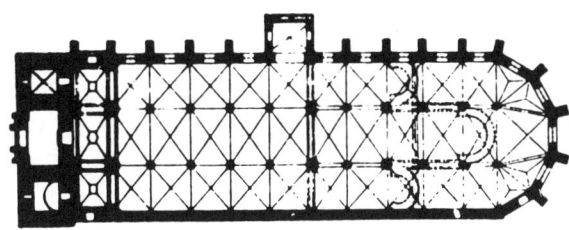

St. Lambrecht, Stiftskirche,
Grundriß

Die *Stiftskirche* ist mit 78 m Länge, 20 m Breite und 16 m Höhe die größte Halle der Steiermark. Ihr Bau wurde nach dem Einsturz der romanischen Basilika 1327 begonnen und erst 1421 vollendet. Noch tragfähiges altes Mauerwerk wurde dabei wiederverwendet und Reste eines alten Portals in der Vorhalle durch ein Kruzifix aus dem 14. Jahrhundert erneuert. Auch die Türme sind bis zur Uhr romanisch. Zwischen ihnen brachte man ein Renaissance-Tor nach Plänen von Sciassia an. Im Langhaus bewirken achteckige Pfeiler eine eindrucksvolle Raumbewegung, die im 7/12-Schluß des Chores ausklingt. Den Hochaltar errichtete Valentin Khautt 1632 aus Stuckmarmor. Die Bilder stellen Mariä Himmelfahrt und die Krönung Mariens dar. Im dritten Geschoß zwischen Petrus und Paulus der heilige Lambert. Seinen Kult förderte im Mittelalter besonders der Adel. Lambertus war im 7. Jahrhundert Bischof von Tongeren-Maastricht in Belgien und wurde wegen seines Eintretens für die Rechte der Kirche 704 in Lüttich ermordet. Die anderen Altäre stammen von Ch. Paumgartner (1638–1641) aus Neumarkt. M. Hönel schuf eine überlebensgroße Madonnenstatue in der Vorhalle, die Plastiken des Emmeran-Altars und die der Kirchenlehrer an der Orgelempore und P. Prandtstätter aus Judenburg die der Kanzel. An der Südwand der Kirche wurden ein großes Fresko des heiligen Christophorus und eines der heiligen Agnes aus dem 14. Jh. und an der Nordwand das Bild des Thron Salomonis aus der gleichen Zeit freigelegt. In der Stiftergruft vor dem Hochaltar ruhen die Gebeine Heinrichs III. und die seiner zweiten Frau. Ein Karner im Friedhof an der Nordseite der Kirche (12. Jh.) erinnert wieder an die Klostergründung.

Den Stiftshof vor der imposanten Westfront der Abtei begrenzt die sogenannte Bastei. Dort steigt man eine Treppe zur *Peterskirche* hinauf. Sie wurde als Spitals- und Pfarrkirche 1424 erbaut, 1786 profaniert und 1897–1898 wiederhergestellt und dabei neu eingerichtet. Der Abendmahlsaltar kam aus der zu St. Lambrecht gehörenden Pfarrkirche in Aflenz, stammte aber aus einer Villacher Werkstatt (um 1520, im Schrein

Abendmahl, Christus am Ölberg, Fußwaschung, Geißelung und Dornenkrönung an den Flügeln, in der Predella Kreuztragung. Der rechte, aus den Werken verschiedener Zeiten zusammengefügte Seitenaltar umschließt eine schöne Marienstatue (um 1430) vom ›Meister der Perchauer Madonna‹ (bei Neumarkt).

Wertvollstes Kunstwerk, ein gewichtiges Werk für die mittelalterliche Tafelmalerei überhaupt, ist die Kreuzigung (Abb. 124) – um 1440 vom ›Meister der St. Lambrechter Kreuzigungsaltäre‹.

Auch die *Kapelle* weiter oben am Berg, der Rest eines verfallenen, einst als Abtwohnung erbauten Schlosses (1400) wurde 1842–1848 verändert und wiederhergestellt und mit einem Altar wieder der Villacher Schule (um 1520) aus Aflenz versehen. Die Qualität und Originalität seiner Reliefs, die Krönung Mariens im Schrein und die Szenen aus dem Marienleben an den Flügeln, lassen erkennen, daß er im Kranz der großartigen Kärntner Flügelaltäre keine geringfügige Perle sein dürfte.

Die Straße von St. Lambrecht führt durch eine reizvolle Landschaft zu Füßen 1600–1800 m hoher Berge nach **Murau** (Abb. 144). Bei der Ankunft bietet sich das Stadtbild als Motiv für Fotografen an. Von der Brücke über die Mur staffeln sich die Häuser am gegenüberliegenden Hang auf. Stadtpfarrkirche und Schloß überragen sie.

An einer Furt durch die Mur siedelten vor den Römern Illyrer und um die älteste Kirche St. Egyd (romanisch mit origineller, schablonenbemalter Balkendecke aus der Spätgotik), jetzt außerhalb der Stadt, entstand ein Markt. Den verlegte im 13. Jahrhundert Otto von Liechtenstein, der Sohn des Minnesängers, unter den Burgberg, nachdem er den Wehrbau zu seinem Sitz erkoren hatte. Er verlegte ihn an die Stelle des jetzigen Schillerplatzes. Später folgte dem ein zweiter Markt am heutigen Raffaltplatz und noch einmal später erweiterte der Sohn Ottos um 1330 den Ort durch ein Viertel am Südufer des Flusses um einen dritten, den Rindermarkt. Um 1330 war die Stadt ummauert. Teile der Mauer und zwei Tore von sieben sind erhalten.

In den alten Straßenzügen sind sehenswert in der Anna Neumann-Gasse der Liechtensteiner-Hof mit Bogengängen (Nr. 26–28) und das Mauthaus (Nr. 30–32), um 1500, und die gut fassadierte Apotheke (Nr. 36) und am Hauptplatz die Gewerkenhäuser Grössing, Monsperg und Vasold aus dem 17. Jahrhundert. Sie geben Kunde von den Eisenhämmern der Umgebung und dem Verkauf dieses Metalls und Salzes vor allem an oberdeutsche und Tiroler Händler.

Das Rathaus war ehemals ein Turm der Stadtbefestigung und Rüstkammer. Otto von Liechtenstein stiftete 1284 auch den Bau der *Stadtpfarrkirche St. Matthäus*. Das frühgotische Werk mutet mit seinem wuchtigen Vierungsturm wie eine romanische Kreuzbasilika an. Spätgotisches und Zubauten des 17. Jahrhunderts erkennt man erst von nahem. Innen verblüfft der Reichtum vielfach aus dem 14. Jahrhundert stammender Fresken an den Wänden und Pfeilern. Es sei wegen der Fülle nur auf das gemalte Sakramentshäuschen im Chor, auf die Bilder ›Maria Verkündigung‹ und ›Grablegung‹ und besonders auf das Epitaph für die Liechtensteiner an der Westwand des nördlichen

Murau, 1681 (aus Georg Matthaeus Vischer: ›Topographia Ducatus Stiriae‹)

Querschiffes und auf die Abbilder der damals lebenden Liechtensteiner der Murauer Linie auf der gegenüberliegenden Wand hingewiesen (Abb. 147). Sie malte Wenzel Aichler aus Spittal an der Drau um 1570. Aber auch die Glasgemälde im Chor (14. u. 15. Jh.), die Kreuzgruppe – wahrscheinlich aus Nördlingen in Schwaben, um 1500 – im barocken Hochaltar, die Seitenaltäre mit Plastiken aus Neumarkter und Judenburger Werkstätten (18. Jh.) und die lebensgroßen Apostelfiguren im Langhaus erwarten Beachtung. Stützmauern ermöglichten einen Friedhof um die Kirche an diesem Hang. Er schafft der Kirche das notwendige Umfeld. Heute ist er ein stiller Bezirk, der zudem einen Ausblick über die Stadt und ihre Umgebung erlaubt. Eine Armeseelenleuchte forderte zur Bewunderung der Kunst spätgotischer Steinmetzen auf.

Hinter dem Chor der Kirche geht man über eine gedeckte Stiege zum *Schloß* hinauf. Anfänglich war die Herrschaft der hier hausenden Liechtensteiner klein. Durch Ankäufe wuchs sie. Liechtensteiner wurden Marschälle von Kärnten und Kämmerer der Steiermark. Ungarnkrieg, Wetterverheerungen und Verschuldungen verursachten jedoch einen Niedergang. Hauptgläubigerin war eine Frau Barbara Neumann und deren Tochter Anna Neumann von Wasserleonburg (s. S. 247), die reichste Frau Österreichs in ihrer Zeit; sie heiratete 1565 Christoph von Liechtenstein. Anna kaufte die Herrschaft und alle versetzten Güter, heiratete mit 82 Jahren zum sechsten Mal und vererbte ihren ganzen Besitz ihrem jungen Mann, einem Reichsgrafen zu Schwarzen-

385

berg. Die Schwarzenbergs vermehrten das Erbe so, daß Obermurau 1848 die größte weltliche Herrschaft der Steiermark war. Ihnen gehört das Schloß auch jetzt noch.

Das Schloß ist nicht mehr mit der Liechtensteinschen Burg zu vergleichen. Annas Gatte ließ das Schloß von 1628–1641 von Valentin Khautt aus Würzburg erbauen: ein vierflügliger Renaissance-Block mit offenen Erdgeschoßarkaden an drei Seiten, mit einer Kapelle im Osttrakt und Prunkräumen im zweiten Geschoß des Süd- und Osttraktes (Besichtigung Juni–August nach Vereinbarung, ✆ 0 35 32/27 50).

Über der Stadt, aber auf dem jenseitigen Hügel, erbauten die Liechtensteiner um 1445 anstelle der Kapelle der älteren Burg Grünfels (Bergfried) *St. Leonhard.* Diese Filiale ist sozusagen noch ein gotischer Bau ohne Fehl und Tadel mit drei Kielbogenportalen, prachtvollen Maßwerkfenstern und gleichfalls herrlichem Netzrippengewölbe mit plastischen Schlußsteinen, Kopfkonsolen und so weiter.

In anderer Art nicht weniger vorzüglich ist die *Friedhofskirche St. Anna* im Tal vor der Stadt. Im 14. Jahrhundert erbaut, überziehen wertvolle Fresken des 15. und 16. Jahrhunderts die Wände, Passionsszenen, Marienkrönung und Heilige darstellend und – hervorzuheben – am Chorbogen ein großer Stammbaum Christi (Abb. 145). Unter einem ebenfalls bemalten steinernen Baldachin erzählt das Schnitzwerk eines liebenswerten Flügelaltars (Abb. 146) eine Legende von der gestohlenen und wiedergefundenen Hostie, die der Anlaß zum Bau der Kirche war. Im Hochaltar die Anna Selbdritt eines Kärntner Meisters um 1500 und Glasgemälde im Chor aus einer Judenburger Werkstatt um 1420.

Und wer nach der Betrachtung der Bilder der knienden Christoph und Anna von Liechtenstein unter den Familienmitgliedern in St. Matthäus der tüchtigen und mutigen Anna Neumann seine Reverenz erweisen will, in der Kapuzinerkirche steht ihr Grabmal von Martin Paccobello von 1624. Es wurde 1873 aus der damals aufgelassenen Spitalskirche dorthin überführt. Im Gebäude des benachbarten Kapuzinerklosters befindet sich übrigens das Heimatmuseum der Stadt Murau mit bedeutenden volkskundlichen und kunstgeschichtlichen Beständen.

In Murau verknüpfen sich wie selbstverständlich oft bei ähnlichen Städten jahrhundertealte Straßen. Sie bestehen, auch wie so oft, noch heute. Von der Murtalstraße, die flußaufwärts in den salzburgischen Lungau führt, zweigen eine bei Stadl nach Feldkirchen und bei Predlitz die Bundesstraße 15 über die Turracher Höhe in dieselbe Stadt in Kärnten ab. Eine andere geht nördlich des Flusses über Seebach (an und in St. Bartholomäus zu Ranten selten gut erhaltene Fresken in rarer Qualität) nach Tamsweg im Lungau, und in der ›die Krakau‹ genannten Gebirgslandschaft übt die Bevölkerung noch alte Gebräuche. An einem Sonntag am Anfang August zieht, begleitet von Prangschützen zum Beispiel ›Samson‹ durch Krakaudorf. Samson ist eine 6–8 m hohe und 70 kg schwere Figur mit riesigem, behelmtem Kopf und mit Spieß, Säbel und Eselskinnbacken bewehrt. Getragen wird er von einem kräftigen Mann. Der Zug hält vor den Häusern der Honoratioren des Ortes. Gewehrsalven begrüßen ihn und Samson führt nach der Melodie eines ›Steirischen‹ ein Tänzchen auf..., was natürlich mit einer Gabe belohnt werden muß. Das Dorf übernahm den Brauch vor langer Zeit aus dem Lungau. Der Samson aber wird von den einen als aus der slawischen Mythologie stammend als der Gott gedeutet, der das Brotgetreide gedeihen läßt. Der Eselskinnbacken soll die Pflugschar symbolisieren. Andere nehmen ihn als den starken Simson der Bibel, der Löwen zerriß, Stadttore einstieß und die Philister mit dem Knochen erschlug. – In der Pfarrkirche zu Krakaudorf eine gotisch bemalte Kassettendecke. St. Ulrich in Krakauhintermühlen ist eine fast rein erhaltene gotische Kirche mit Holzdecke und sehenswertem Flügelaltar.

Behält man vor Seeberg die nördliche Richtung bei, überquert eine stark ansteigende und gewundene Straße ins Ennstal am Sölkpaß (1790 m) die Tauern. Am Wege, in Schöder, wieder eine interessante Kirche vom Beginn des 16. Jahrhunderts mit Fresken, einer Madonna, um 1470, und anderen gotischen Figuren an den Altären.

Am Hochschwab und in Mariazell

Von der Hochschwab-Region war in diesen Blättern schon mehrfach die Rede. Von Bruck an der Mur und Leoben aus schließen sie verschiedene in jedem Kapitel beschriebene Wege auf. Eine der Straßen blieb allerdings unerwähnt, die nach Mariazell. Mariazell soll nun dieser Abschnitt des Buches gewidmet sein. Der jahrhundertealte Pilgerweg zum größten Gnadenort Österreichs, die jetzige Bundesstraße 20, zweigt in Kapfenberg von der Bundesstraße 116 nach Norden ab.

Bei **Thörl** wird das Tal eng. Mehrere vereinigte Bäche zwängen sich durch eine Schlucht. Zum Schutz seines Aflenzer Besitzes sperrte das Stift St. Lambrecht wahrscheinlich schon bald nach der Donation des Gebietes durch den Kärntner Herzog Heinrich III. die Enge durch eine Befestigung. Von ihr rührt vielleicht der noch erhaltene Torturm her. An ihm entstand das *Schloß*. Es war seit 1466 bis 1575 Besitz der Gewerkenfamilie Pögel, dann gehörte es den Gewerken Gasteiger. – Sie bauten die Anlage 1630 aus und fügten 1776 eine Kapelle ein, in der von Mölk die Deckenfresken und zwei Altarbilder malte. An dem stürzenden Bach bestanden nämlich schon seit 1370 Hammerwerke. Aus diesen frühen Eisenhämmern entwickelte sich im 18. Jahrhundert eine Waffenschmiede der Monarchie und danach das jetzige Eisen- und Stahlwerk der Familie Pengg von Auheim aus altem steirischen Eisenadel.

In der Nachbarschaft der Industrie ist am Straßenrand eine Kreuzigungsgruppe (um 1515) mit fast lebensgroßen, sehr ausdrucksstarken Figuren zu bewundern (Abb. 126). Sie gilt als ein bedeutendes Werk donauländischer Meister und ihrer Schule in der Steiermark.

Bald hinter dem Schloß ragt auf einem Felssporn die Ruine einer ehemals machtvollen Burg auf. Auch sie baute ein Lambrechter Abt, Johann II. Schachner 1471, um die Sperre wegen der Einfälle der Muselmanen zu verstärken.

Hier mündet das St. Ilgener Tal in den Thörlgraben ein, und folgt man ihm, gelangt man am Ende unmittelbar in die Welt des **Hochschwabmassives** mit steilen Felsabstürzen, Schuttfeldern, Wäldern, Almwiesen und Latschenflora. Das Massiv mit seinen bleichen Wänden, Türmen, Spitzen, Graten, Hochplateaus und Karst-Dolinen baut sich aus Kalken über einem Grundstock aus sogenanntem Werfener Schiefer (zirka 200 Millionen Jahre alt) über 2000 m hoch auf (Hochschwab 2277 m, Zagel-Kogel 2254 m, Ringkamp 2153 m, Hohe Weichsel 2006 m, Karl-Hochkogel 2094 m).

Das Innere des 18 km langen, 8–16 km breiten und eine Fläche von 590 qkm einnehmenden Gebirgsstockes ist voller Höhlen. Ungefähr 300 sind bekannt. Man schätzt ihre Zahl aber auf etwa 2000. Im Frühling und Sommer überzieht Blumenpracht die Hänge: Schneerosen, der lilafarbene Seidelbast, die gelben Aurikelblüten, dann gelbe Margariten, Glockenblumen, Knabenkraut, wilder Kümmel, Kohlröschen und Frauenschuh. Hirsche leben in den Wäldern und hochoben Gemsen und Murmeltiere. Sogar Steinadler horsten hier.

Von **Aflenz** aus kann man ebenfalls in diese Welt vorstoßen. Den Fölzgraben aufwärts bis zum Haus Schwabenbartl und weiter zu Fuß erreicht man die Fölzalm, von der man zum Hochschwab aufsteigt oder man wandert zur Bürgeralm (1506 m).

Im Ort selbst, von Kaiser Friedrich III. 1458 zum Markt erhoben, weisen der ehemalige Pfarrhof mit gotischen abgetreppten Giebeln und sonst barocken Formen (Heimatmuseum, stuckierte Decken, Öfen) und ein Renaissance-Gebäude mit Erker und Laubenhof, besonders aber die *Pfarrkirche St. Peter* auf Sehenswürdigkeiten hin. Die Kirche ist der eigenartige gotische Umbau (1471–1520) einer Vorgängerin, wahrscheinlich vom Baumeister von Göß oder zumindest von ihm beeinflußt. Am deutlichsten wird das an der Rahmen- und Stabwerkzier des Südportales (das eingefügte Porträt ist allerdings das eines Restaurators von 1906) und an den gedrehten Rippenstücken über den merkwürdigen, mit Köpfen geschmückten Säulen (Abb. 125) der Westempore im Innern. Eigentümlich ist auch der Raum ohne freie Pfeiler, breit mit flachem Gewölbe, dessen Kreuzrippen aus Wandpfeilern aufsteigen, die hintermauert sind. Die barocken Altäre versah wieder einmal von Mölk mit Gemälden. Der Karner folgt den Bauphasen der Kirche. Sein Unterbau ist romanisch. Darauf wurde 1517 die achteckige Kapelle aufgestockt, und diese wurde im 17. Jahrhundert mit der Kuppel und dem Michaelsaltar versehen.

Die Straße steigt nun in einer weiten Hochfläche allmählich an und erreicht bei Seewiesen (Leonhardi-Kirche, 14. Jh. – Altargemälde von Weißenkirchner 1668) mit den Serpentinen zum Seebergsattel die Aflenzer Staritzen als östliche Ausläufer des Hochschwab (Abb. 127). Wo sich die Straße wieder neigt, fällt linker Hand der Brandhof auf. Erzherzog Johann kaufte das Gut 1818 vom Stift St. Lambrecht, baute es bis 1828 zur Musterwirtschaft für Viehzucht und zum Jagdschloß aus und ließ es vom deutschen Romantiker Ludwig Schnorr von Carolsfeld ausstatten. Seine Nachkommen, die Grafen von Meran, benutzen es jetzt zum Sommeraufenthalt.

Nach etwa 20 km kommt dann **Mariazell** in Sicht. Heinrich III. schenkte es 1103 dem Stift St. Lambrecht samt den Wäldern der Gegend und Salz- und Eisenbergwerken. Zur

Mariazell, 19. Jahrhundert

Betreuung der Knappen siedelte das Kloster einige Mönche in Zellen an – deshalb ›Zell‹. Eine Legende erzählt nun, daß der Abt 1157 den Mönch Magnus ins Revier sandte. Da Magnus ein Marienverehrer war, trug er eine selbstgeschnitzte Figur der Lieben Frau mit sich. Als ihm ein Fels den Weg versperrte, betete er zur Muttergottes, und siehe da, der Stein spaltete sich auf. Am Ziel angelangt, stelle er das Bild auf einen Baumstumpf und zimmerte darum die erste Kapelle. Das Wunder der Gebetserhörung verbreitete sich schnell. Die ersten Pilger kamen, unter ihnen der Markgraf Heinrich Vladislav von Mähren und seine Frau. Beide plagte schwere Gicht. Sie wurden geheilt und stifteten um 1200 die erste Kirche für die wundertätige Statue auf dem Strunk. König Ludwig I. von Ungarn ließ um 1370 über ihr eine Gnadenkapelle einbauen. Er fand eines morgens im Feldlager auf seiner Brust ein Marienbild, und das veranlaßte ihn, die mehrfache Übermacht der Türken anzugreifen. Er siegte. Dieser König ist von den Gründern am ehesten historisch faßbar, denn er ließ auch die Ungarnkapelle im Aachener Münster errichten. Fürderhin widmeten auch die Herrscher des österreichischen Kaiserhauses der Gnadenstätte ihre Fürsorge. Man vertraute der Madonna sozusagen das Schicksal des Reiches an und führte die Siege auf ihre Fürsprache zurück.

Am Ende des 17. Jhs. war die Kirche geradezu das Reichsheiligtum, und die Gottesmutter wurde nicht nur als Magna Mater Austriae, sondern infolge der Geschichte auch als Mater Gentium Slavorum und Magna Hungarium Domina verehrt... und das verbindet bis heute die Katholiken Mittel- und Osteuropas mit Mariazell.

Die Pilgerscharen – unter ihnen Fürsten, Könige und Kaiser vor allem des habsburgischen Hauses – kamen und kommen zu Hunderttausenden im Jahr aus allen Ländern des Kontinents, um zu büßen und Ablässe zu erlangen. Der Wallfahrerprospekt ist in zehn Sprachen abgefaßt. Während der Wallfahrtszeiten von Ostern bis Allerheiligen finden täglich von 6 bis 12 Uhr stündlich und um 18.30 Uhr noch einmal Gottesdienste und samstags Lichterprozessionen statt. Gläubige finden Beichtgelegenheiten ganztägig in allen Sprachen Europas.

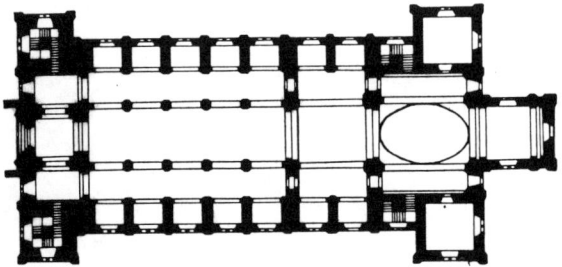

Mariazell, Wallfahrtskirche Mariä Geburt, Grundriß

Der ersten romanischen *Kirche* wurden 1340 ein gotischer Chor angebaut. Weil das Gotteshaus dem Andrang der Pilger nicht mehr gewachsen war und vielleicht auch im Zusammenhang mit den Stiftungen des Ungarnkönigs, erbauten die St. Lambrechter Mönche Chunrad und Johannes Tryester von zirka 1380–1396 eine neue, dreischiffige Halle. Ein Turm vollendete sie 1430–1440. Als nach einer Stagnation des Wallfahrtswesens während des Protestantismus nach der Gegenreformation ein Aufschwung einsetzte, mußte die Gnadenstätte wiederum vergrößert werden. Der St. Lambrechter Stiftsbaumeister Domenico Sciassia riß den gotischen Chor ab, schloß einen Raum mit einer Kuppel und dann einen neuen Altarraum an, und durch die Anlage von Seitenkapellen und darüberliegenden Emporen verschmolz er den alten Bau mit den Neubauten. Der Umbau begann 1644. Sciassia verstarb 1679. Man setzte ihn in der Kirche bei und machte seine Gruft 1979 öffentlich zugänglich (rechtes Seitenschiff). Sciassia war ein großer Baumeister und sein geniales Hauptwerk ist die Mariazeller Basilika. In Roveredo in Graubünden 1613 geboren, war er wegen Arbeiten in Wien, Lilienfeld, Göttweig und St. Florian schon begehrt, ehe ihn Abt Pierin 1640 nach St. Lambrecht berief.

Zu den genialen Lösungen rechnet auch die Westfassade (Farbt. 40). Sciassia erhielt den gotischen Turm und gesellte ihm die beiden anderen bei. Auch das Hauptportal ist in der Form des 14. Jahrhunderts erhalten. Unter dem Kreuzigungsrelief im Tympanon erläutert ein Reliefband die frühe Wallfahrtsgeschichte. Das Kind einer Schutzmantelmadonna segnet das mährische Stifterehepaar. Der Ungarnkönig bringt aus der Schlacht der Muttergottes seine Votivgabe dar, und rechts außen symbolisiert eine Teufelsaustreibung die geistige Kraft des Gnadenortes. Rechts und links vom Eingang stehen die überlebensgroßen Bleifiguren des Markgrafen und des Königs von Balthasar Moll (1757).

Beim Eintreten in die Kirche erkennt der Kundige unter der Barockisierung dieses Westteiles auch die Bauelemente der gotischen Halle. Sie war halb so lang wie der heutige Bau. Durch die Ummantelung ihrer Pfeiler, durch Stukkaturen von Mattia Camin (1649–1669) und die Malereien von J. G. Hausen und B. Colomba (1649–1680) – Bilder von Wundern und Heiligenlegenden – verbindet sie sich nahtlos mit den östlichen Zubauten. Deren Stuckdekor schuf G. R. Bertoletti. Genialste Idee Sciassias war aber die ovale Kuppel. Obwohl sie den Raum hinter der Gnadenkapelle erhellt, fällt ein Schein wie eine Lichtglorie auch auf die Gnadenkapelle.

Die Gnadenkapelle auf trapezförmigem Grundriß an der Stelle, an der der gotische und der barocke Bau ineinander übergehen, wurde 1635 errichtet. Am Architrav gedenken die Porträts des Ungarnkönigs und seiner Gemahlin der Stifter (um 1380). Unter den gotischen Baldachinen, statt von Fialen von Putten besetzt, die heiligen Lambert und Benedikt und auf dem Gebälk die Statuen der heiligen Joseph, Joachim und Anna von Lorenzo Mattielli (1734). Das silberne Gitter stifteten Maria Theresia und ihr Gemahl Franz I. Vor der Kapelle auf Postamenten zwei Erzengel. Auf dem Gnadenaltar thront im Glanz eines silbernen Baldachinaufsatzes (Entwurf von Joseph Emanuel Fischer von Erlach, ausgeführt 1727 von Ph. J. Drentweit aus Augsburg) die ›Magna Mater Austriae‹ (Farbt. 34), bekleidet mit Mantel und kostbar bekrönt (Stiftung des ungarischen Primas 1821). Sie ist die Statue der ersten Kapelle, und auch der Stumpf auf dem sie stand, ist im Altar noch bewahrt.

Nach Osten schließt der Hochaltar des Johann Bernhard Fischer von Erlach die Kirche ab. Mittelpunkt ist ein silbernes Kruzifix über einer von einer Schlange umwundenen Erdkugel. Darüber erscheint Gottvater, und das Heilig-Geist-Symbol der Taube strahlt aus den Wolken auf die Erde nieder. Mit seiner Weihe 1704 war der Bau vollendet. Die Meister der Stukkaturen und Bilder des Presbyteriums sind unbekannt. Davor eine Säule mit einer auch als Gnadenbild verehrten Maria im Strahlenkranz (16. Jh.). Die je sechs Kapellen an beiden Seiten des Langhauses stifteten weltliche und geistliche Fürsten des Reiches. Stukkaturen und Deckenbilder stammen von Camin und Hausen. Von wem die Altargemälde stammen, weiß man in den meisten Fällen nicht. In der sechsten Kapelle des Ladislaus im linken Seitenschiff ruhen die Gebeine des Josef Kardinal Mindszenty, Erzbischof von Gran-Esztergom und Primas von Ungarn. Der vom kommunistischen Regime lange Zeit festgehaltene glaubensstarke Mann wünschte nach seinem Tode (1975) hier beigesetzt zu werden. Sein Grab besuchen viele Exilungarn aus aller Welt.

Aus dem Kuppelraum führen Stiegen in die Alte und in die Neue Schatzkammer. Ihre Vitrinen bergen wertvolle und weniger wertvolle Opfer- und Weihegaben namhafter und ungenannter Pilger (im November 1988 trotz Sicherung durch Einbrecher geplündert). Der kostbarste Gegenstand ist das sogenannte ›Schatzkammerbild‹. Diese wie eine Ikone auf Holz gemalte Maria mit einem Heiligenschein aus Silber und Email schuf Andrea Vanni aus Siena. König Ludwig I. von Ungarn widmete sie Mariazell als ›zweites Gnadenbild‹. Im Aachener Domschatz befindet sich ein Gegenstück aus derselben Werkstatt. Eine Galerie echter Volkskunst bilden dagegen viele Votivtafeln aus verschiedenen Zeiten in den Emporengängen (s. S. 26). Diese Äußerungen der Volksfrömmigkeit rühren jeden Besucher an, gleich ob er glaubt oder nicht (außerdem eine Sammlung von 4000 Andachtsbildern und die Wallfahrt betreffenden Objekten im Heimathaus, einem ehemaligen barocken Hospiz, Wiener Straße 35).

Von den Baulichkeiten in unmittelbarer Nachbarschaft sind noch der Karner (15. Jh.) und das ›Geistliche Haus‹ (1693–1709) sehenswert. Der Karner (mit Fresken von Fritz Silberbauer) dient seit 1949 als Kriegergedächtnisstätte. Das Haus ist der Sitz des Superiors der Benediktiner, die Gnadenstätte und Wallfahrten betreuen. Freilich sind es nicht mehr die aus St. Lambrecht. Da der Konvent dieser Abtei zu klein ist, übernahmen Mönche aus Kremsmünster in Oberösterreich deren Aufgaben.

Im Laufe der Jahrhunderte gebar die ›Große Mutter‹ gleichsam viele Kinder zur Marienverehrung in Bildstöcken und Kapellen der Umgebung, z. B. im Ort die Josephskapelle mit Statuen und Reliefs von Mattielli (1729), über dem Ort die Kapelle Heiligenbrunn (1711, spätgotische Madonnenfigur auf dem Altar), in der das Wasser einer Quelle in ein Marmorbecken fließt, oder die Rosenkranzkapelle am Fuß der Bürgeralpe. Auch die Sigismundkapelle vom Anfang des 16. Jahrhunderts südlich von Mariazell gehört dazu.

An ihr vorbei führt der Weg zurück nach *Gußwerk*. Der Name sagt, daß der Ort eine alte Industriesiedlung seit Maria Theresias Zeit ist. Hier wurden zuerst Kessel und Töpfe, dann Öfen, Kugeln und Mörser und schließlich wieder Kanonen bis 1897 hergestellt.

In Gußwerk biegt man auf der gut ausgebauten, aber romantischen Straße ins Salzatal (Naturschutzgebiet) ab, und alsbald findet man sich am Hochschwab wieder, diesmal auf seiner wilderen Nordseite. Im Tal wechseln Engen mit breiteren Böden und Steigungen mit Gefällen ab. Nach Greith schäumt der Fluß durch die Klausgrabenschlucht. Serpentinen führen über den ›Hals‹ zur Forstarbeitersiedlung Rotmoos hinunter. Dann erreicht man das Pfarrdorf Weichselboden (in der Kirche ein Altarblatt des Kremser Schmidt). Es ist der Ausgangspunkt für schöne Wanderungen in der Vorderen und Hinteren Höll.

Den zwischen den Abstürzen des Hochschwab und denen seiner Vorberge, der Zeller Staritzen, verlaufenden Jagdweg ließ Erzherzog Johann für sein Brandhof-Revier anlegen. Die höchsten Felswände des Hochschwab, die 600 m hohe Schneekarmauer und der Turm des Heuschober, berühren die Vordere Höll und die ›Ringe‹; zwei Kare im Fels sind staunenswerte Naturwunder. Die Abstürze des Unteren Ringes messen 1000 m und die des Oberen 500 m. Hier leben Gemsen in großen Rudeln. Zur sanfteren Hinteren Höll leitet der Seesteinsattel über (934 m). Dieses einsame Wanderparadies mit seinen Wäldern und Wiesen endet am Kastenriegel (1081 m). Der Anstieg ist nicht sehr beschwerlich. Doch Felswände zu Seiten der Straße sind noch immer wild. Wandert man über den Kastenriegel weiter, trifft man in Wegscheid wieder auf die Straße Seeberg – Gußwerk.

Doch zurück ins Salzatal. Nach Weichselboden folgt die Presceny-Klause. Die Straße durchbricht den Berg mit einem Tunnel und dahinter blickt man auf die Quaderbauten eines Schleusensystems, aus dessen Toren die Wasser stürzen. Man blickt auch auf die Kläfferbrunnen-Quellen, die jenseits des Flusses entspringen und sein Smaragdgrün milchig verfärben. Von hier aus geht die zweite Wiener Hochquelleitung in die 170 km entfernte Hauptstadt ab.

Über Gschöder kommt man nach Wildalpen, einst eine Siedlung von Holzfällern und Köhlern, vom 17. bis zum 19. Jahrhundert, aber auch ein Knappen- und Eisenhammer-Dorf. (Pfarrkirche St. Barbara, 18. Jh., Fresken von Lederwasch).

Auch **Gams,** der nächste größere Ort, war einstmals ein Bergbaurevier. Es gehörte zum Stift Admont. Abgebaut wurde Gagat oder Jet, ein schwarzes Material für Trauerschmuck. Man grub auch nach Kohle. Aber die Förderung lohnte nicht. Flurnamen deuten auch auf Eisenerz. Es gab Schwefelquellen, die heute verschüttet sind. Und es gibt eine Gipsgrotte, eine von dreien in der Welt, die *Kraushöhle* (als erste Höhle überhaupt schon 1882 beleuchtet). Sie liegt im Nothgraben an einer tief in den Felsen geschnittenen Klamm. Höhle und Klamm rechnen zu den außerordentlichen, von der Natur gegebenen Sehenswürdigkeiten der Steiermark.

Die Salzatalstraße mündet bald nach Gams ins Ennstal ein. Über Hieflau, Vordernberg, Leoben gelangt man wieder nach Graz.

Vom Gesäuse zum Dachstein

Das in diesem Kapitel behandelte Gebiet schließt westlich an die Hochschwabregion an. Aus dem Murtal ist es von Leoben, St. Michael, Judenburg und Murau zu erreichen. Seine Achse bildet das Ennstal. Die Beschreibung beginnt im Osten und endet im Westen an der Grenze zum Salzburger Land – eine Route entlang der Enns flußaufwärts zur Heimfahrt aus der Steiermark nach Deutschland. Selbstverständlich kann sie auch umgekehrt zur Einreise in das Land dienen.

Die Enns durchbricht zwischen Hieflau und Admont mit dem ›Gesäuse‹ das Gebirge und wendet sich nach Norden der Donau zu. Die Geschichte von Hieflau ist mit dem 15 km entfernten Erzberg verknüpft (s. S. 334 f.). Im 16. Jahrhundert schmolzen Öfen dessen Erze zu Roheisen. Per Schiff wurde es zur Weiterverarbeitung nach Steyr befördert. Das zur Verhüttung notwendige Holz schwemmte die Enns von ihrem Oberlauf bis nach Hieflau. Ein von einem Tiroler Wasserbaumeister 1512 im Fluß erbauter Rechen fing es auf, man fischte es aus den Fluten und das Holz wurde in Meilern verkohlt. Eisenindustrie, Flößerei und Schiffahrt sind längst eingestellt. Die Fahrt durch's ›Gesäuse‹ auf großartig angelegter Straße ist jedoch immer noch ein Erlebnis. Das Sausen und Brausen der Gewässer, zurückgeworfen und verstärkt von den steilen Felswänden, gaben dem Engpaß seinen Namen. In Vorzeiten füllte ein Gletscher das Ennstal. Die Hauptzüge drückten durch eine Furche hoch über dem jetzigen ›Gesäuse‹-Boden, schürften sie aus und rundeten die Kanten der Berge ab. Nachdem die Gletscher der Eiszeiten schmolzen, verwitterten die Massive, rissen sie auf, und die heute so imposanten Gipfel Planspitze (2120 m), Hochtor (2365 m) und Reichenstein (2247 m) südlich und der Große Buchstein (2224 m) nördlich und die anderen Berge erhielten in Jahrtausenden ihr wildzerklüftetes Aussehen (Abb. 115).

Jenseits des ›Gesäuses‹ liegt nun im breiten Becken der Markt **Admont**. Eine Urkunde König Ludwigs des Deutschen nennt den Ort 859 zum erstenmal als ›Ademundi Valle‹ – Tal des Edmund. Gräfin Hemma von Friesach-Zeltschach in Kärnten (s. S. 151 f.) schenkte hier ihren Besitz dem Bistum Salzburg für ein Männerkloster. Erzbischof Gebhard weihte es 1074, ausgestattet mit Ländereien, Reliquien, liturgischen Geräten und Büchern und besiedelt von Benediktinern aus St. Peter in Salzburg. Patron war der Märtyrer Blasius. 1120 wurde es durch ein Frauenkloster vergrößert. Immer wieder war die Abtei kraftvoll ausstrahlende Pflegestätte der Bodenkultur, der Krankenbetreuung, der Wissenschaften, des Schulwesens, der Kunst und selbstverständlich der Seelsorge. Ein durch Salzgewinnung und Erzbergbau gewonnener Reichtum und zahlreiche bis an die Donau, nach Baiern, Kärnten und Friaul verstreute Stiftungen setzten den Konvent dazu instand. Auch heute, nach Beschlagnahme durch die Gestapo 1938 und ›Neugründung‹, besitzt das Kloster eine Anzahl Landwirtschaften, Gärtnereien und Forstbetriebe, Werkstätten, Sägewerke, Holzbearbeitungsfabriken und ein Elektrizitätswerk.

Kirche und Klostergebäude veränderten sich erklärlicherweise mit dem Wandel der Zeiten. Dem ersten Gotteshaus von 1072–1074 folgten zwei zum Teil wiederauf- und umgebaute romanische Bauten. Im 14. Jahrhundert wurde das letzte gotisch umgebaut und von 1615–1626 schließlich barockisiert. Mitte des 18. Jahrhunderts begann man den Klosterkomplex nach Plänen von Gotthard Hayberger aus Steyr umzugestalten. Aber ein Großbrand vernichtete 1865 das Stift fast vollständig und beinahe den ganzen Markt.

Das jetzige *St. Blasiusmünster* ist ein nobler neogotischer Bau (1866–1869) von Wilhelm Bücher, Oberingenieur der Statthalterei in Graz und in Wiesbaden geboren. Die Untergeschosse seiner Türme und das Portal stammen freilich noch aus dem Mittelalter. Auch im Innern wurden gerettete Kunstwerke in neugotischen Altären wieder verwendet, zum Beispiel eine figurenreiche Krippe (Farbt. 35) von J. T.

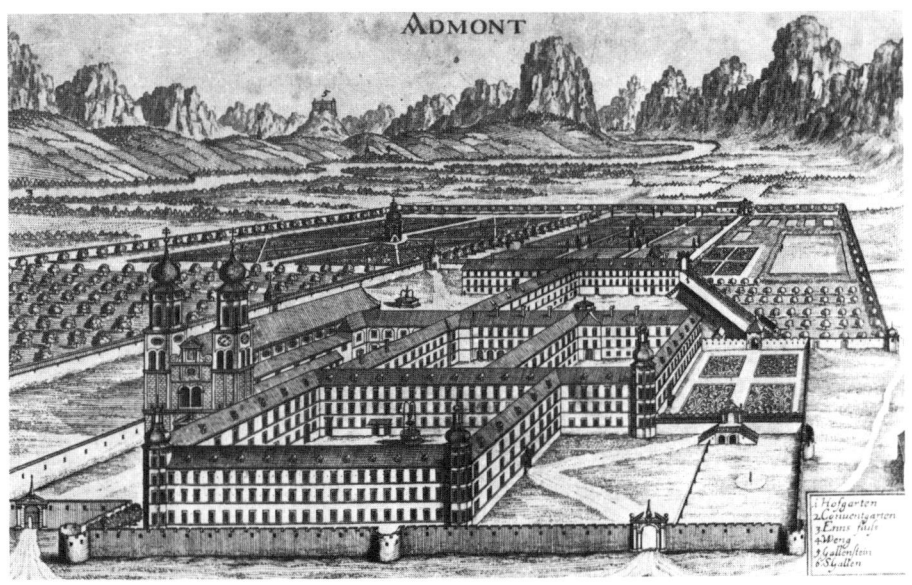

ADMONT

Benediktinerabtei Admont, 1681 (aus Georg Matthaeus Vischer: ›Topographia Ducatus Stiriae‹)

Stammel (um 1775), ein Leichnam Christi oder eine Pietà ebenfalls von Stammel oder das von fünfzehn Medaillons (von Stammel) gerahmte Bild der unbefleckten Maria von Altomonte (1726); außerdem ein in seiner Realistik ergreifendes Kruzifix von 1518.

Vom Brand der Stiftsgebäude blieb nur die *Bibliothek* im Osttrakt verschont. Ihr Prunksaal, 72 m lang, 14 m breit, 11 m hoch und von sechzig Fenstern erhellt – ein Meisterwerk des Gottfried Hayberger –, ist unter denen der österreichischen Abteien einer der schönsten. Nach seiner Vollendung 1776 nannte man ihn enthusiastisch ›das achte Weltwunder‹.

Ein durch Säulen vertikal bestimmter und rötlich getönter längselliptischer Mittelraum bindet zwei durch Wandschränke und Galeriegitter horizontal gerichtete und weiß-golden gefaßte größere Flügel aneinander (Farbt. 32). Die Architektur setzen Malereien von Johann Georg Dallinger illusionistisch fort, und in den Gewölben kulminiert die Malerei schließlich in den sieben Fresken des Bartholomäus Altomonte. Der Künstler schuf diese Allegorien der geistlichen und weltlichen Wissenschaften und der Kunst im Alter von 76 Jahren in den wärmeren Jahreszeiten 1775–1776; die Darstellungen beziehen sich jeweils auf die Fachgebiete der darunter aufgestellten Bücher. Die Rokokoarabesken und Blumengewinde an den 170 Schränken ergänzen wiederum anmutig die Malereien. Darüberhinaus vervollständigen 18 Schnitzwerke des Joseph Thaddäus Stammel den Schmuck. Seine 2,50 m hohen Vollplastiken der vier letzten Dinge – Tod (Abb. 130) – Gericht – Hölle und Himmel – im Mittelraum sind nicht nur Stammels Hauptwerk. Sie repräsentieren auch den höchsten Rang barocker Bildhauerei überhaupt.

Die Schränke fassen etwa 95 000 Bände, einen Bruchteil des vorhandenen Bestands. Grundstock der Bibliothek sind die von den ersten Mönchen aus Salzburg mitgebrachten Werke. Im Mittelalter vermehrten sie eigene gelehrte Schreiber und Illuminatoren. Die Admonter Schreibschule genoß hohes Ansehen bei Klöstern bis nach Italien und Frankreich. Aber auch durch Kauf, Tausch und Schenkungen wurden die Schätze vermehrt. Kurzum: Die Admonter Stiftsbibliothek, fortwährend ausgebaut bis auf den heutigen Tag und lebendig wie eh und je, enthält mehr als 14 000 Handschriften, 610 Inkunabeln und 150 000 Bücher mit Spezialabteilungen für Orientalistik und semitische Sprachen, Botanik, Medizin und Kirchengeschichte. Ein kunsthistorisches Museum im Südflügel des Stiftes ergänzt diese Schätze durch Bildwerke, Paramente und liturgische Geräte. (Außerdem ein naturhistorisches Museum mit Käfern, Schmetterlingen, Vögeln, Mineralien sowie ein Heimatmuseum.)

Admont eignet sich auch – falls man es nicht gar als Standquartier für Bergwanderungen und Hochgebirgstouren wählt – als Ausgangspunkt für Ausflugsfahrten in eine Umgebung voller vielfältiger Schönheiten. Am Fuß der Haller Mauer (Großer Pyhrgas 2244 m, Kreuzmauer 2079 m, Bärenkarmauer 2181 m) liegt *Hall*, aus dessen Salzpfannen das Stift im Mittelalter hohe Einkünfte bezog. Die 1095 geweihte Kirche, um 1740 umgestaltet, enthält eine Kreuzigungsgruppe aus der Werkstatt Stammels.

Nordöstlich, am Anfang des Buchauer Sattels und ›Gesäuse‹-Eingangs, liegt malerisch der Weiler *Weng*, bald nach der Klostergründung von Admont besiedelt, mit alten Bauernhöfen und einer Sebastianikapelle (1510) mit Kielbogenportal und Fresken.

Durch ein tief eingeschnittenes Seitental des Gesäuses erreicht man *Johnsbach*, früher reich an Eisenerzen, Blei, Kupfer, Silber, heute ein Erholungs- und Bergsteigerort. Auf seinem Friedhof ruhen im Gebirge Verunglückte. Eine Rundfahrt führt zu mehreren bedeutenden Kulturstätten. Südlich, am Hang des Kloster-Kogels (1566 m) erbaute ein Abt 1655 das *Schloß Röthelstein*. Es ist das Beispiel eines Herrensitzes dieser Zeit mit Türmen, Vorhof und Arkadenhaupthof und mit zum Teil gut erhaltener Innenausstattung.

Weiter bergwärts erreichbar auf einer Mautstraße bis zur Taverne ›Zum Nagelschmied‹ und dann zu Fuß auf einer Ebereschen-Allee, findet man vor der Gruppe Riffel, Kalbling (2196 m) und Reichenstein das reizende *Schloß Kaiserau*. 1551–1552 erwarb das Stift einen Bauernhof samt Almen und Wäldern und baute ihn 1707–1728 zum Schloß aus. 1942 brannte es nieder und erstand 1952 wieder in vereinfachter Form. Es dient der stiftischen Almwirtschaft, als Jagdhaus und Erholungsheim für den Konvent.

Von der Taverne aus senkt sich die Straße zum Paltental ab. Dort ist **Rottenmann** fast ebenso alt wie Admont. Allerdings lag dieses Alt-Rottenmann in der Gegend der jetzigen Georgskirche etwa einen Kilometer vor dem Ort. Die Kirche ist deshalb auch das älteste Gotteshaus des Gebietes (romanische Fenster in einer Wand) und birgt einen ausgezeichneten gotischen Flügelaltar.

Weiter westlich wurde dann 1230 der Markt begründet. Kaiser Friedrich III. errichtete 1455 hier ein Augustiner-Chorherrenstift. Es bezog wegen der Türkengefahr neue Gebäude hinter der Stadtmauer neben der im Umbau befindlichen Pfarrkirche St. Nikolaus. Aber es blühte nicht und verfiel später. In der Stadt sorgte nämlich eine durch Erzgruben reich und mächtig gewordene Familie für die Verbreitung des Protestantismus. Doch mit der Gegenreformation – eine 1578–1579 erbaute evangelische Kirche wurde sogar abgerissen – verlor der Ort durch Abwanderung der wohlhabenden protestantischen Familien seine Bedeutung und erlangte sie erst im 19. Jahrhundert wieder.

St. Nikolaus strebt mit seinem dreischiffigen Langhaus und dem ebenso langen Chor (seltener 7/14 Abschluß) in die Breite und folgt im Typus ähnlichen spätgotischen Gotteshäusern in der Steiermark. Von der Einrichtung sind Taufstein und Kanzel (1515) und die Bilder des Kremser-Schmidt (1717) auf den Altären beachtlich. Bedeutsamstes Stück ist ein zweiteiliger, mit bizarrem Schnitzwerk gezierter Betstuhl (aus der für das Stift bestimmten Spitalskirche, 1446–51, mit Kapellen und Emporen für die Kranken), den Kaiser Maximilian dem Andenken seiner Eltern Friedrich III. und Eleonore von Portugal widmete.

Da Brände den Markt mehrmals einäscherten, zeigt er kein geschlossenes Ortsbild mehr. Viele Häuser sind im Kern zwar alt, aber unschöne Fassaden verbergen es. Nur das ehemalige Salzamtshaus fällt durch seine Erker auf.

Kunstfreunden sei nach Rottenmann noch ein Abstecher den Gollingbach aufwärts zum über 1000 m hoch am Fuß des Steinkar gelegenen **Oppenberg** empfohlen. In der romanisch-gotischen *Kirche* befindet sich ein Kleinod. Ein barocker Seitenaltar umgibt den 1490–1500 aus einem Holzstück geschnitzten Schrein eines Dreikönigszuges mit einer Fülle ausdrucksvoller, lebendiger und bewundernswert angeordneter Figuren. Entweder schuf sie der Münchener Erasmus Grasser selbst oder er beeinflußte einen Meister seiner Werkstatt so, daß man dessen Werk für das seine nehmen kann. Wie kommt eine solche Arbeit in diesen abgelegenen Ort? Nun – wahrscheinlich bestellte das Stift Rottenmann beim damals namhaften Künstler einen Flügelaltar, und nach der Auflösung des Klosters kam ein Stück davon, wer weiß auf welchen Wegen, nach Oppenberg.

Wieder im Paltental und von der Mündung des Gollingbaches westwärts, wird dann auf einer Felsnase die *Burg Strechau* sichtbar. Erst salzburgisches Lehen der Traungauer Markgrafen, dann ab 1282 Eigentum der Landesfürsten, kauften sie 1528 jene protestantischen Eiferer in Rottenmann, Hoffmann mit Namen. Sie verwendeten sie als Zentrum ihrer Bestrebungen in der Obersteiermark. Nach ihrer Emigration kam die Veste an das Stift Admont. Dies gab ihr durch Umbauten die jetzige Gestalt. Freilich scheint die mittelalterliche Anlage an Vorburg mit Basteien und Türmen und Teilen der Hochburg noch durch. Der dreigeschossige Arkadenhof des Hochschlosses aber, einer der elegantesten der Steiermark (1629–1639), ließen die Admonter Äbte von einem unbekannten Italiener neu und offensichtlich gelungen in den Komplex einpassen. Aus der Zeit der Hoffmanns existiert noch eine protestantische Kapelle mit Fresken im Nordflügel. Die Admonter bauten eine über der Einfahrt ein und statteten sie mit einem vorzüglichen Altar (1637) aus. Türrahmen, Holzdecken und Öfen in den Räumen, auch ein Rittersaal mit Deckengemälden stammen aus dieser Zeit.

Auf dem Rückweg nach Admont leuchtet vom 130 m hohen Hügel die *Wallfahrtskirche ›Maria Opferung‹* auf dem **Frauenberg** über das Ennstal. Hochwasser schwemmte 1404 am Fuß des Hügels eine Marienstatue an. Nach wundersamen Begebenheiten erbaute Abt Hartnis eine hölzerne Kapelle und gelobte, alljährlich jeden 2. Sonntag nach Ostern auf den Kulm zu pilgern. Damit fingen die Wallfahrten an. Der Andrang der Gläubigen erforderte bald einen steinernen Neubau. Wunder geschahen. Ablässe wurden verliehen. Die Kirche mußte mehrmals vergrößert werden und schließlich dem heutigen Gotteshaus weichen. Carlo Antonio Carlone schuf es von 1683–1687. Gleichzeitig wurde der 1654 erbaute Pfarrhof verändert und an die Kirche angeschlossen. So zur Einheit verschmolzen mit einem Achteckturm im Westen und 1704 durch zwei Zwiebelhelmtürme an der Ostfront der Kirche gesteigert, macht der Baukomplex, verstärkt durch seine Farbigkeit, den Eindruck eines barocken Klosters oder sogar den eines heiteren Schloßes.

Diese Heiterkeit vermittelt auch das prächtige Kircheninnere (Abb. 132). Reich mit Früchten, Blumen, Rosetten, Muscheln stuckierte Bögen rahmen im Gewölbe farbenfreudige Szenen aus dem Marienleben darstellende Fresken ein (im Langhaus vermutlich von Antonio Maderni um 1695 und im Chor von Johann Lederwasch 1794). Aller Schmuckreichtum gipfelt im Hochaltar, der den ganzen Chor füllt. J. T. Stammels Heiligenfiguren, Putten und Engel umgeben das Gnadenbild. Diese gotische Plastik ist aber merkwürdigerweise nicht die ursprüngliche, 1404 gefundene Statue. Sie ist eigentlich eine Büste und hing im Vorgängerbau der Kirche als Lustermadonna zwischen Stangen eines Hirschgeweihs vor dem Frauenaltar. Die Madonna aus dem Fluß steht, 194 cm groß, beim Kreuzaltar. Die vier Altäre in den zwei Seitenkapellen tragen mit ihren Bildern, Plastiken, Marmorintarsien zum festlichen Eindruck bei.

Der fast fürstlich ausgestattete Pfarrhof wurde 1968 bei Rücksichtnahme auf die alte Einrichtung zum Bildungshaus umgewandelt. Im ehemaligen Pilgerhaus betreuen Schwestern alte Menschen. Vor seiner Front läuft eine Kastanienallee auf einen eigenartigen Rundbau zu. Sandsteinfiguren auf Säulen zwischen den Bäumen leiten zu diesem Kalvarienberg hin. Ein großes Kreuz mit dem schweren bronzenen Körper Christi ragt auf. In Nischen die Leidensstationen Christi und das Heilige Grab (17. Jh.). – Und am Ende genießt der Beter oder Betrachter das wunderbare Panorama des von Bergen gesäumten Ennstales.

In der Vorzeit war das Ennstal ein riesiger See. Kleine Seen, tote Arme des Flusses und Moorwiesen blieben davon zurück. Schmilzt der Schnee im Gebirge, dringen zwischen Birkengruppen und Auwäldern Wasserlachen durch die Grasnarbe. Trocknen sie wieder ein, übersäen unzählige Blüten die Ebene. Vor allem wilde Narzissen und blau-violette sibirische Schwertlilien bedecken dann in großen Flecken die Böden.

An der Kreuzung der alten Straßen von Leoben und Judenburg zum Pyhrnpaß nach Oberösterreich entstand die jetzige Bezirkshauptstadt **Liezen.** Die Römer unterhielten hier eine Poststation. Slawen, von denen der ›Moor‹ bedeutende Name herrührt, siedelten. Die Traungauer besaßen wieder ein Salzburger Lehen, das 1074 zum ersten Mal genannt wurde. 1688 war Liezen Markt. Aber an die Vergangenheit erinnert kaum noch irgendein Gebäude. Selbst die Kirche von 1150 veränderte man 1912 so, daß sie nur noch an einem Kielbogenportal und wenigen Netzrippen im Gewölbe als gotisch erkennbar ist. Dafür ist die Stadt modernes Einkaufszentrum für einen weiten Umkreis und Schul- und Behördenstadt.

Vergangenheit begegnet dem Reisenden in diesem Abschnitt des Ennstals jedoch anderwärts genug; in Wörschach mit der Ruine Wolkenstein (1186 landesfürstlich) oder in Aigen (wärmster Badesee der Steiermark, bis 26 Grad) mit dem Puttererschloß (15. Jh.) oder in **Stainach** zum Beispiel. Die Ritter von Stainach waren angesehen als tapfere Männer in den Türkenkriegen wie als Verfechter der Reformation. Sie konnten drei Burgen unterhalten. Allerdings besteht nur noch die Untere Burg, als Landsitz umgebaut. Von admontischer Herrschaft zeugt noch eine mit einem Sgrafitto bemalte Zehentscheune. Die benachbarte Siedlung Niederhofen besitzt in der Pfarrkirche St. Ruprecht ein sehenswertes gotisches Bauwerk mit umfangreichem Freskenzyklus und als Gründung der Stainacher auch das Schloß Friedstein, einen schweren Renaissancebau.

Wolkenstein, 1681 (aus Georg Matthaeus Vischer: ›Topographia Ducatus Stiriae‹)

DONNERSPACH

Donnersbach, 1681 (aus Georg Matthaeus Vischer: ›Topographia Ducatus Stiriae‹)

Am auffälligsten erhebt sich an den Einmündungen des Donnerbach- und des Grimmingbach-Tales ins Ennstal auf einem Hügelrücken das *Schloß Trautenfels* (Frontispiz S. 2/3). Im 13. Jh. schirmte es als Burg Neuhaus das Irdninger Feld gegen Westen ab. 1664 erwarb Landeshauptmann Graf Friedrich von Trauttmannsdorff den Wehrbau, wandelte ihn nach italienischem Vorbild in einen repräsentativen Herrschaftssitz um und nannte ihn Trautenfels. Sein Äußeres ist einfach. Aber die Wohn- und Feсträume im 2. Stock enthalten guten Stuckzierrat (wahrscheinlich vom Grazer Schloß Eggenberg angeregt) und brillant gemalte mythologisch-allegorische Deckenbilder (1672 von Charpophorus Tencala). Sie sind schwierig auszudeuten, weisen aber sicherlich auf die von Trauttmansdorff vertretenen Lebenstugenden hin. Die Zimmer und Säle beherbergen ein Landschaftsmuseum. Texte an den Türen zu den jeweiligen Räumen erklären die Inhalte der Deckengemälde und stellen zugleich Zusammenhänge zwischen Sammlungen und Bau her.

Die Irdninger Pfarre war im 15. Jahrhundert die Pfründe des großen Humanisten Enea Silvio Piccolomini, der auch als Papst Pius II. in die Geschichte einging. Die Kirche, frühgotisch, wurde im 18. Jahrhundert barockisiert.

Dringt man ins reizvolle Donnersbachtal ein, fährt man an Schloß Gumpenstein vorbei, dem Edelsitz der Stainacher (1616), aber jetzt neogotisch. In Donnersbach residierten einst Hammergewerken in Barockansitzen und in einem 1589 aus einer Wehranlage entwickelten Schloß. Der Ort und Donnersbachwald weiter im Innern des Tales lagen an dem für die Eisenwerke wichtigen Saumpfad nach Oberwölz, sind aber heute Gebirgssommerfrischen und gut geeignete Stützpunkte für Wanderungen zu den Almen und Gebirgsseen in den Niederen Tauern.

Kehrt man zur Enns zurück oder kommt man wieder aus einer anderen Richtung, immer fällt der gewaltige Klotz des *Grimming* durch seine ungewöhnliche Gestalt ins Auge. Er steigt unmittelbar vom Talboden aus 1700 m zum 2351 m hohen Gipfel an. Als man Höhen noch nicht vermessen konnte, galt er als der ›mons styriae altissimus‹, also der höchste Berg der Steiermark.

Die Südwand des Grimming bildet die ungeheure Kulisse für Trautenfels und seine Ostwand die für **Pürgg** (Farbt. 22). Dieser in seiner obersteirischen Art fast unberührte Ort liegt versteckt auf einem durch Grimmingbach und Bundesstraße 145 abgetrennten anderen Felsen. ›Pürgg‹ heißt nichts anderes als ›Burg‹. Hier auf einem ›castrum gruscharn‹ (slawisch – Stein- oder Geröllort) soll der Traungauer Otakar IV. gesessen haben, als ihm Kaiser Friedrich Barbarossa 1180 die steirische Herzogswürde verlieh. Die Pfalz hinterließ indessen keine Spuren. Aber in der *Pfarrkirche St. Georg* will man einen 1130 vom Bischof von Gurk geweihten Bau erkennen. Da der Sprengel der Pfarre sicherlich groß war und Archidiakone sie betreuten, kann man auf die zentrale Bedeutung des Fürstensitzes an der damaligen Politik des Landes schließen. Die Namen der Männer, an die die Pfarre vergeben wurde, bestätigen es. Zum Beispiel zählt zu ihnen der Kanzler Friedrichs III., Konrad Zeidler, und sogar ein Graf von Hohenzollern. Die Herrschaft verblieb allerdings bei den Landesfürsten, bis diese sie 1491 dem St. Georgs-Ritterorden in Millstatt (s. S. 160) schenkten. 1599 übernahmen sie die Grazer Jesuiten.

An St. Georg sind vom romanischen Baubestand noch das Hauptportal und die Rundapsiden, Seitenschiffe und Pfeilerarkaden der Schiffswände vorhanden. 1324 weihte Bischof Wokcho von Seckau den gotischen Umbau mit Turm, Chor und Gewölbe. Die Westempore stammt von 1440–1445. Von der Ausstattung sind besonders wertvoll im südlichen Seitenschiff eine gotische Anna Selbdritt (1520). Hier stehen auch gute Grabsteine der Ritter von Stainach und Herberstein und der des Conradus Zeidler. Er verstarb auf einer Reise mit dem Kaiser nach Salzburg in Pürgg. Im Chor sind die Glasgemälde (um 1350) die einzigen mittelalterlichen, die im Bereich des Ennstales erhalten sind. Das Leben Jesu wächst aus den Ranken der Wurzel Jesse mit der Verkündigung bis zur Himmelfahrt. In der Liebfrauenkapelle auf der Empore zeichnen den barocken Altar ein Relief ›Beweinung Christi‹ und die von einem Niederländer auf Gold gemalten Bilder (um 1500) der hll. Sebastian und Rochus aus.

Ein Zugang zum Turm öffnet von dort aus die Katharinenkapelle in dessen erstem Geschoß und dort deckten die Restauratoren 1952–1953 Fresken von 1330–1350 auf. Zwei Zyklen stellen ringsum in Streifen die Legende der heiligen Katharina (Enthauptung!) und Heilige und Szenen aus dem Leben Christi dar. Wahrscheinlich war der Raum die Privatkapelle der Archidiakone. Nur einer von ihnen konnte sicherlich diese Malerei des ausklingenden spätromanischen Zackenstils an diesem entlegenen Ort der Kirche in Auftrag geben. Übrige Einrichtungsgegenstände schafften die Jesuiten an.

Bogen 26   1097-8   Kärnten   Dezember '84

Mit der kleinen, schindelverkleideten, auf einem Hügel oberhalb des Ortes freistehenden *Johanneskapelle* überkam auf die gegenwärtige Generation jedoch noch ein anderes Juwel, der älteste und geschlossenste Zyklus romanischer Monumentalmalerei im Alpenraum (um 1160). In dem einfachen, rechteckigen und flachgedeckten Saal mit drei Fensterpaaren und einem quadratischen Chor mit flachem Kuppelgewölbe entdeckte man diese Fresken 1870. Wie damals üblich, renovierte man sie 1893–1894, indem man sie sorglos übermalte. Verantwortungsbewußtere Denkmalspfleger ließen sie 1939–1948 ›entrestaurieren‹. Was man heute sieht, sind zwar Fragmente, aber sie sind original. Gemalte Vorhänge dekorieren rundum die Sockelzone. Die Bilder darüber an der Nordwand veranschaulichen die Speisung der Fünftausend und die an der Südwand die Verkündigung, die Geburt Christi und die Botschaft und Anbetung der Hirten. Ein ›Katzen- und Mäusekrieg‹ (Abb. 129) schließt sich an; er versinnbildlicht den Kampf des Menschen gegen das Böse nach dem Spruch, daß der Teufel die Seelen jagt wie Katzen die Mäuse. Im oberen Streifen der beiden Längswände stehen sich die Klugen und die Törichten Jungfrauen gegenüber. Über dem Scheitel der rankengeschmückten Archivolte der Triumphbogenwand das Bild des segnenden Christus und neben ihm Kain und Abel. Darunter als Stifter ein Geistlicher und ein Laie. Alle Bildererzählungen bereiten auf die Gegenwart Gottes im Chor vor. Dort wurde 1948 ein Altartisch mit einem romanischen Kruzifix aus St. Georg aufgestellt (Abb. 131). Das Gewölbe zeigt das Lamm Gottes, umgeben von den Evangelistensymbolen und den Symbolfiguren der vier Erdteile und die Wände die der Tugenden und Heilige. Die Stifterdarstellungen wurden als Porträt des Admonter Abtes Gottfried I., der eine Kirche (vielleicht St. Georg) als Opfer darbringt und als das des Otakar III. gedeutet. Kunsthistoriker beziehen das Programm der Zyklen zudem auf die Schriften des Abtes. Stilistisch sehen sie Zusammenhänge zwischen Salzburger Buchmalereien und Fresken in der Kirche des Salzburger Nonnberg-Klosters, die ihrerseits wieder byzantinische Einflüsse aus Norditalien aufnahmen.

An diesem Platz stimmen also Gemälde, Raum, historische Bedeutung mit einer überwältigenden Landschaft so fugenlos überein wie selten. Der Reisende wird sich dieser Wirkung kaum entziehen können und hoffentlich auch nicht wollen.

Die Straße Nr. 145 bezeichnet die Karte auch als Salzkammergut-Bundesstraße. Damit wird angedeutet, wohin sie führt, nämlich ins steirische Salzkammergut oder Ausseer Land und weiter ins oberösterreichische Salzkammergut und nach Salzburg.

Dieses *Ausseer Land* ist ein besonderes Stück Steiermark. Die Ausläufer des Dachsteinmassivs und des Toten Gebirges schließen es ab, und selbst das Tor zum Ennstal, die sogenannte ›Klachau‹, ist noch ein mit 16 % Steigung und 830 m Höhe sperrender Sattel. In den Bergen ruht das Mineral, von dem das rund 400 qkm große Gebiet lange Zeit fast ausschließlich abhing – Salz. Die Salzlager entstanden vor ungefähr 200 Millionen Jahren durch das Verdunsten des Wassers großer europäischer Binnenmeere. Tektonische Vorgänge bei der späteren Auffaltung der Alpen quetschten die Salzmassen aus der Tiefe empor und füllten so Klüfte mit Salzstöcken auf. Diese bestehen aus einer Mischung von Kochsalz, Gips, Anhydrit und Tonen. Wegen dieser Verunreinigungen löst man das Salz mit Wasser aus dem Gebirge, erzeugt so Sole und kristallisiert das reine Salz durch Eindampfen in Sudhütten aus.

Der Ausseer Salzberg, übrigens der reichste Österreichs, ist der Sandling (1716 m) in Altaussee (Führungen im Salzbergwerk von Mitte Mai bis Mitte September). Der Salzgehalt seines Stockes beträgt durchschnittlich 75 %, enthält aber auch Lager reinen Steinsalzes von 98 %. Beim Auslaugen des Salzes nehmen 100 Liter Wasser 32 Kilo Salz auf. Die so gesättigte Sole läuft in Röhren zum Sudwerk in Aussee-Kainisch. Seine Pfannen produzieren etwa 10 % des österreichischen Salzbedarfes in Land- und Forstwirtschaft, Industrie und Haushalten.

Um gesund zu bleiben, mußten schon Steinzeitmenschen ihre Speisen mit Salz würzen. Salz war lebenswichtig. Wer Solequellen besaß, mit Salz handelte und ›Salzstraßen‹ kontrollierte, war mächtig und konnte sich Reichtum verschaffen. Verlangen nach Salz beeinflußte hohe Politik und veranlaßte Kämpfe. So bestimmte Salz auch die Rolle des Ausseer Landes in der Geschichte der Steiermark.

In Bad Aussee gewannen wie im oberösterreichischen Hallstatt (zum Gebirge aus sogenannten Hallstätter Kalken gehört auch der Sandling) wohl auch die Kelten den begehrten Stoff. Sicherlich bauten es die Römer ab und denen folgten die Slawen, wie zahlreiche Flur- und Ortsnamen bekunden. Dem Erzbistum Salzburg fiel 909 Grundbesitz zu, so daß es sicherlich auch Salzlager ausbeutete. Selbstverständlich bemächtigten sich auch die Traungauer Markgrafen einiger Ausseer Salzpfannen. Otakar III. schenkte jedenfalls zwei dem Stift Rein. 1192 gab es darob Streit mit dem Landesfürsten und der leitete eine allmähliche Verstaatlichung der Salzgewinnung ein. Kaiser Friedrich III. erwarb Bergwerk und Salinen und erklärte sie zum ›Kammergut‹. Ab 1542 wurde die Salzgewinnung in Aussee gänzlich monopolisiert. Die ›Hallinger‹, private Gewerken, sie konnten nur noch einige Salzrechte ausüben, unterstanden dem Salzgericht. Bergleute, Holzknechte, alle mit dem Salz befaßten Arbeiter wurden kaiserlich. Sie pflegten ihre Sitten und Gebräuche. Deshalb und wegen der geographischen Einheit des ›Landl‹ erhielten sich davon mehr als anderswo. Zum Beispiel ist der Ausseer Fasching nicht vergleichbar etwa mit den Umzügen des rheinischen Karnevals. In Bad Aussee frönen Männer und Frauen spontan besonders am Faschingsdienstag dem närrischen Treiben. ›Trommelweiber‹ – Männer in weißen Korsetten, Unterröcken und Schlafhauben – wollen mit Lärm eventuell drohende Unwetter verscheuchen. Ihre Gesellschaft entstand aus Männerbünden, die bei Unfällen und Naturkatastrophen halfen. Die ›Flinserl‹ personifizieren den Frühling. Ihre Gewänder sind über und über mit Tuchflecken und flimmerndem Silberflitter besetzt. Sie tragen Gesichtsmasken und einen mit Rauschgold besetzten spitzen Hut (Farbt. 36). Singende Kinder am Straßenrand versuchen mit luftgefüllten Schweinsblasen auf sie einzuschlagen. Sie aber werfen Nüsse in die Menge. Die ›Flinserl‹ stammen von venezianischen Harlekinen ab und das weist auf die Beziehungen zur Lagunenstadt im Mittelalter hin. Mit ›Faschingsbriefen‹ werden zudem in Reimen, Liedern und Bildern lustige Begebenheiten und Schildbür-

Salzpfannen, 1649 (Matthäus Merian)

gerstreiche von Mitbürgern und öffentliche Ereignisse humoristisch angeprangert. Sie sind verballhornte Überbleibsel von mittelalterlichen ›Rügegerichten‹, bei denen leibeigene Bauern einmal im Jahr ihre Meinung ungestraft sagen konnten.

Ein anderer Brauch wird unter anderen in Mitterndorf geübt. Dort treiben an den ersten Dezembertagen in Pelz gehüllte und gehörnte Gesellen unter Peitschgeknall und Schellengebimmel ihr Unwesen. Sie tauchen aus dem Dunkel auf, erschrecken die Leute und verschwinden wieder. Diese ›Niklon‹ genannte Vorboten kündigen das am Abend des 5. Dezember stattfindende Nikolo- oder Krampusspiel an. Bei diesem Spiel ziehen eine Menge Gestalten durch den Ort. Den Anfang machen die ›Vorschab‹ in Strohgewand. Ihnen folgen ›Quartiermacher‹ und ›Nachtwächter‹, dann der ›Pfarrer‹, der ›Bischof Nikolaus‹, der ›Engel‹, der ›Tod‹, der ›Mesner‹ mit dem Klingelbeutel, der ›Bettelmann‹, der ›Pachtl‹ mit dem Buckelkorb und die Habergeiß. Danach gehen der ›Jäger‹, der ›Schmied‹ und viele zottige Krampusfiguren mit schrecklich wilden Masken (Farbt. 37). Den Schluß macht dann peitschenknallend der ›Nachschab‹. Wie alt das Spiel ist, weiß niemand so recht. Wahrscheinlich beruht es auf Mysterienspielen der Gegenreformation. Und wahrscheinlich liegen ihm Motive heidnischer Kulte zugrunde, die freilich christlich umgedeutet und erweitert wurden. Jetzige Themen der Darstellungen sind insbesondere die Beichte und das Sterben des Bettelmannes und die schon im Mittelalter bekannte ›Eheteufel-Predigt‹, in der Luzifer einen Ehekrach heraufbeschwört.

Als überkommene Sitte kann man auch das vielfache Tragen des Ausseer-Dirndl durch die Frauen und des Steireranzugs durch die Männer nehmen. Dirndl und Anzug ›modernisierten‹ sich. Auch der Ausseer Hut. Aber der ›echte‹ ist trotzdem etwas besonderes.

Das Salz beeinflußt selbstverständlich längst nicht mehr wie früher das Leben im steirischen Salzkammergut. Im vorigen Jahrhundert entdeckten die ersten Touristen die Naturschönheiten. Touristen suchen sie auch heute am Altaussee (Abb. 133), am Grundl- und Toplitzsee, auf dem Loser (1838 m), zu dem inzwischen eine Panorama-straße hinaufsteigt, auf der Tauplitzalm und am Lawinenstein (1994 m) und an den zwischen beiden liegenden kleinen Seen. Sommerurlauber kommen wie Wintersport-ler. Zahlreiche Lifte erschließen viele Skigebiete. Pioniere des Skisports in Mitterndorf benutzten im Winter 1905–1906 zum ersten Mal die Gleitbretter. Sie fuhren am Lawinenstein ab. 1909 bauten sie die erste Sprungschanze. Auf einer am Kulm errichteten Skiflugschanze gelingen inzwischen Sprünge von 150 m.

Zu den ersten Freunden der Ausseer Landschaft zählte auch Erzherzog Johann. Er kam oft ins ›Landl‹. Bei seinem Besuch im Juli 1819 lernte er auf einem Fest, das die Bevölkerung ihm zu Ehren am Toplitzsee veranstaltete, die Tochter des Ausseer Postmeisters, Anna Plochl, kennen. Zur Ausbildung in der Hauswirtschaft nahm er sie

Johann Baptist, Erzherzog zu Österreich (1782–1859),
Förderer der Kultur und Wirtschaft in der Steiermark

in sein Haus in Vordernberg (s. S. 334) auf. Dann führte Anna den Haushalt selbständig. Auf einem Ausflug ins Ennstal verlobten sich die beiden auf Schloß Trautenfels. Die Hochzeit ›zur linken Hand‹ fand 1827 in der Kapelle des Brandhofes (s. S. 388) statt. 1834 führte die Postmeisterstochter den Titel ›Freiin von Brandhof‹. 1845 war sie Gräfin Meran. In ihrem Geburtshaus in Aussee verstarb sie 1885.

Die Ausseer gedenken gern des Herzogs. Einmal ehren sie sein Andenken wegen dieser ungewöhnlichen und rührenden Liebesgeschichte. Zum anderen warb der Bergsteiger und Jäger direkt für ihr Land, indem er seine Schönheiten immer wieder pries. Noch als 70jähriger stieg er 1852 mit seinem einzigen Sohn auf die höchste Zinne des Loser. Und schließlich verbreitete sich die Fabel von der romantischen Liebe von Mund zu Mund und blumig ausgeschmückt durch Zeitungsberichte. Die Folge davon war, daß erst einige, dann mehr und mehr begüterte Familien aus den großen Städten das Ausseer Land als Sommerfrische erkoren. Villen und Hotels wurden erbaut, Bäder mit der heilkräftigen Sole eingerichtet. Aussee wurde 1868 Kurort, kam ›in Mode‹ und erwarb sich bald den Ruf eines ›zweiten Karlsbad‹. Die alten Kuranstalten ersetzt inzwischen ein 1979 fertiggestelltes hochmodernes Kurzentrum. Zum Aufschwung des Fremdenverkehrs trugen vom Anfang an auch Dichter und Schriftsteller bei. Wie viele Werke förderten oder inspirierten ihre Refugien rund um die Seen! Nikolaus Lenau, Adalbert Stifter, Marie von Ebner-Eschenbach, Ludwig Ganghofer weilten dort und sozusagen alle die in Wien neues Denken und neue Kunst kreierten ... Freud, Herzl, Richard Strauss, Bahr, Beer-Hofmann, Salten, Schnitzler, von Hofmannsthal, Broch bis zu Zuckmayer, Sperber und Viertel. Dabei ist die Aufzählung keineswegs vollständig.

Solche illustren Gäste besuchten den zweitgrößten Ort des ›Kammergutes‹, **Mitterndorf,** nicht. Aber ›Bad‹ ist es auch, allerdings nicht mit der langen Tradition von Bad Aussee. Im 3 km entfernten Heilbrunn stehen Kurhaus und Hotel direkt über einer 31 Grad warmen Therme (heilkräftig bei Erkrankungen des rheumatischen Formenkreises und der Haut). Als Bauernbadl hatte die Quelle allerdings schon früher gedient. Sie war sogar den Römern bekannt, denn als Männer vor ungefähr 150 Jahren dem sprudelnden Wasser einen Schacht gruben, fanden sie eine Votivtafel mit drei Nymphen.

Zeugnisse der Vergangenheit findet man im Ausseer Land selbstverständlich allenthalben. *St. Margarethen* in Mitterndorf, ein Bau des 14. u. 15. Jahrhunderts, stattete der einheimische Bildhauer J. Fortschegger um 1770 vorzüglich aus. Das Gemälde des Barbaraaltars schuf der Kremser Schmidt. Ein privates Heimatmuseum der Familie Strick bewahrt Funde aus der Bronzezeit und aus dem slawischen Gräberfeld im Ortsteil Krungl, Bauerngeräte und die Masken des Nikolospieles.

Im alten Salzamtsgebäude, dem Kammerhof (14. Jh., mit gotischen Tür- und Fenstergewänden) am Oberen Platz in **Bad Aussee** ist ein Heimatmuseum mit einer Trachtensammlung aus der Zeit des Erzherzogs und Exponate zum Thema ›Steirisches Salz‹ untergebracht. Andere ehemals ›Hallinger‹-Familien gehörende Häuser zeigen auch gotische Portale. Am Hofer-Haus wurden innen und außen rare

Beispiele profaner gotischer Malerei (um 1520) aufgedeckt. Am Meranplatz stellte man eine Mühle mit Sgrafitti wieder her. Dort, im Haus Nr. 17, erblickte und verließ Anna Plochl die Welt. Ihm gegenüber die Heilig-Geist-Kapelle des ehemaligen Spitals (1395). Ihren Dreifaltigkeitsaltar mit Szenen aus der Kindheit Jesu stiftete Kaiser Friedrich III. Er ist mit seinem Zeichen AEIOU (s. S. 280) signiert. Der Nothelferaltar ist mit 1480 datiert (im anschließenden Spital ein Museum der Kirche).

Die Pfarrkirche St. Paul, ursprünglich romanisch, wurde im 15. Jahrhundert vergrößert, mit einem siebengeschossigen Turm bereichert und im 17. Jahrhundert noch einmal durch zwei Kapellen erweitert. In einer steht eine ›Schöne Madonna‹ von 1420 aus Stein. Im Chor ein Sakramentshäuschen von 1523 mit Eisengitter. Hinzuweisen ist noch auf die prachtvollen Grabplatten wohlhabender Gewerken.

Beim genauen Blick auf die *Pfarrkirche St. Ägyd* in **Alt-Aussee**, der ältesten Siedlung des ›Kammergutes‹, bemerkt man unter den Umbauten von 1859–1861 gotische Bauteile und unter der neugotischen Einrichtung mittelalterliche Heiligenfenster und ein Sakramentshäuschen von 1521.

In *Grundlsee* am gleichnamigen Wasser und in Gößl sieht man alte Häuser und Höfe in dem für das Land typischen Formen. Der 6 km lange *Grundlsee* ist mit 4,14 qkm, 137,5 Millionen Kubikmeter Inhalt und einer maximalen Tiefe von 64 m der größte See der Steiermark. Außerdem leben in ihm viele Fischarten, so daß er ein Dorado der Angler ist. (Eine präparierte 26 kg schwere Forelle ist im Gemeindeamt zu besichtigen.)

Vom malerischen Gößl führt unter der senkrechten Gößl-Wand ein idyllischer Fußweg durch Wiesen und Wald zur Klause des bis über 100 m tiefen *Toplitzsees* und fünf Minuten weiter zum kleinen *Kammersee.* Eine Bootspartie auf den von Kalkfelsen eingezwängten Toplitzsee gleicht einer Fahrt in eine unbekannte, faszinierende Welt.

Wenn man von solchen Naturschönheiten beeindruckt das Ausseer Land und damit die Steiermark über die Salzkammergut-Bundesstraße am Pötschenpaß verläßt, eröffnen sich wie zum Abschied noch einmal große Panoramen. Nach Süden schließt meist das Dachsteinmassiv den Hintergrund ab. Es zeigt hier allerdings seine oberösterreichische Nordseite. Seine Südwände dagegen sind steirisch und man erreicht sie in der Ramsau bei Schladming. Bevor man jedoch dorthin kommt, muß man ins Ennstal bei Trautenfels zurückkehren und dem Fluß wieder aufwärts folgen. Zwischen Trautenfels und Schladming beträgt die Entfernung zwar nur 40 km, aber unterwegs gebieten entweder Kunstdenkmäler wieder ›Halt!‹ oder Naturschönheiten verleiten zum Abschweifen von der B 308.

In St. Andreas zu Öblarn schmücken ein Bild von J. F. Fromiller und vier Statuen von J. T. Stammel den Hochaltar (1754). Schloß Gstatt (s. S. 408) war einmal die Propstei für den Besitz des Stiftes Admont im oberen Ennstal, was auch Stammels Werke in der Kirche erklären.

Wenig westwärts zweigen Straßen in die fast unberührten Waldlandschaften und ursprünglichen Dörfer im kleinen und großen Sölktal ab. In **Gröbming** herrschte seit

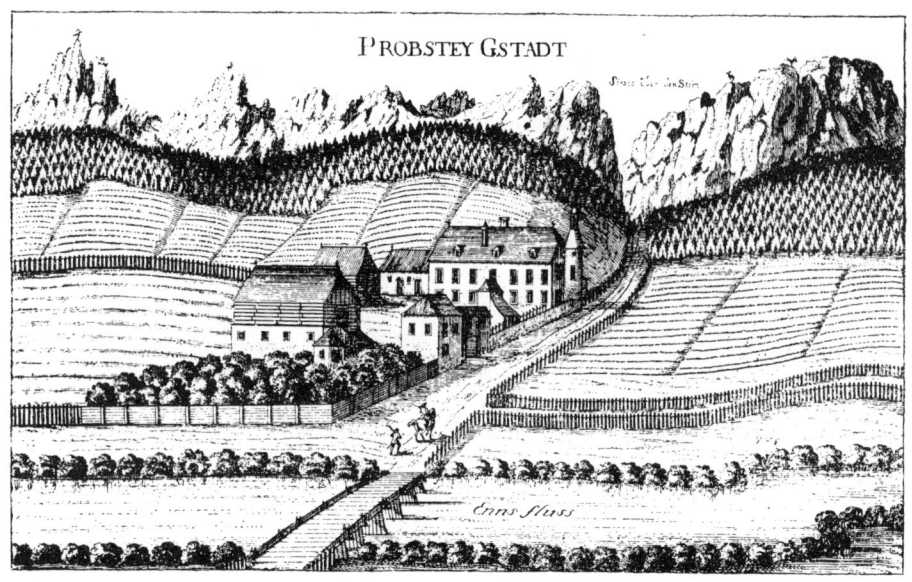

Gstatt, 1681 (aus Georg Matthaeus Vischer: ›Topographia Ducatus Stiriae‹)

dem Mittelalter bis 1803 das Erzbistum Salzburg. Trotzdem nahmen die Einwohner die lutherische Lehre an. Sie widerstanden, wenn auch nur kurze Zeit, sogar der gegenreformatorischen Kommission. Viele bekannten sich nach Josephs II. Toleranzedikt wieder zum Protestantismus. Unbeeinflußt von den religiösen Wirren überstand die *Pfarrkirche Mariä Himmelfahrt* die Zeiten. Das weiträumige, in den Maßen imposante, einschiffige Gotteshaus wurde um 1490–1500 erbaut. Seine barocke Einrichtung kann die Wirkung gotischer Netzrippen in den Gewölben, Maßwerk an den Fenstern und Rippenwerk und Brüstung an der Westempore nicht verdrängen und erst recht nicht die eines Flügelaltares an der Nordwand. Mit ihm triumphiert förmlich die Gotik. Leider befindet er sich an der falschen Stelle. Eigentlich war er der Laienaltar vor dem Chor. Da sein Schrein ohne Rückwand ist, umspielte dort Licht die Figuren. Sie stehen wie im Fenster: unten aufgereiht die Apostel und oben thronender Christus von Petrus und Paulus begleitet. Ein zierliches Gerank schafft den Übergang zum gerade aufstrebenen Gesprenge mit der Kreuzigung. Man kann sich vorstellen, daß Lichtsäume wie Gloriolen erschienen. Die Reliefs der Flügelinnenseiten – Szenen der Passion – gaben der durchsichtigen Mitte einen festen Rahmen. Sie vermieden geschickt das Auseinanderfließen der Gesamtkontur, milderten aber auch eine gewisse Härte durch ihren Goldglanz. Ihre Außenseiten bemalte ein Künstler der Donauschule ebenfalls mit Passionsszenen. Dieser 11,50 m hohe, größte Flügelaltar der Steiermark entstammt der Werkstatt des Hallstätter Meisters Lienhard Astl und wurde zwischen 1520 und 1525 geschaffen.

Aus dem Ort Gröbming steigt in Serpetinen steil eine Mautstraße zum Stoderzinken auf. Rundum schweift das Auge über das Dachsteingebiet, die Gesäuseberge zum Hochstein (2543 m) und der Hochwildstelle (2747 m) im Süden und vielleicht zum Großglockner weiter südwestlich. Der Gipfel der Hochwildstelle spiegelt sich quasi im Bodensee. Zum Parkplatz vor dem 1150 m hohen glasklaren Gewässer zweigt eine Mautstraße bei Aich-Assach ab.

In *Haus* bauten in der Mitte des 8. Jahrhunderts die bairischen Herzöge bei der Besiedlung des von den Slawen verlassenen Gebietes ihr erstes festes ›Haus‹ in der Steiermark. Seit 928 salzburgisch, wurde es Mutterpfarre des oberen Ennstales. Die romanische Kirche brannte 1751 ab. Ein schlichter barocker Saalbau mit einer ziemlich einheitlichen Einrichtung (Altäre des Judenburger Bildhauers B. Prandtstätter) nimmt jetzt ihren Platz ein. Den Brand überstand dagegen die Katharinenkapelle (inzwischen restauriert) auf dem benachbarten Friedhof. Sie bewahrt das romanische, in der Kunstgeschichte als ›Hauser Kruzifix‹ bezeichnete Bild des Gekreuzigten auf (1. Hälfte 12. Jh.). Der Pfarrhof neben der Kirche, vom Brand verwüstet, aber 1750 renoviert, wurde jetzt innen modernisiert. Eine Stuckdecke (18. Jh.) schmückt sein Bischofszimmer. Im angebauten ehemaligen Zehentgebäude (1490 errichtet, 1660 verändert) befindet sich das Dekanatsmuseum. Es gibt einen Überblick über die Kultur- und Religionsgeschichte des oberen Ennstales.

Zentrum an der oberen Enns wurde allerdings nicht Haus, sondern **Schladming.** Sein Name – übrigens slawischen Ursprungs – erscheint in den Urkunden 1180 zum ersten Mal anläßlich von Kämpfen zwischen dem Erzbischof von Salzburg und dem Herzog der Steiermark. Vielleicht ging es um Kupfer- und Silberlager in der Gegend. Wahrscheinlich beuteten diese bereits Kelten und Römer aus. Die im 13. Jahrhundert regelmäßig um einen Straßenmarkt angelegte und ummauerte Siedlung verdankt den Minen jedenfalls ihre Entwicklung: 1342 Stadt, 1408 eine Bergwerksordnung, die andere als Vorbild nahmen, zu Anfang des 16. Jahrhunderts beschäftigten kapitalkräftige Nürnberger und Augsburger Kaufleute 1500 Knappen in den Kupfer-, Blei- und Silbergruben. Schladming hatte die größte Einwohnerzahl im Ennstal. Doch 1525 griff ein Knappen- und Bauernaufstand aus dem Salzburgischen nach Schladming über. Der Landeshauptmann Siegmund von Dietrichstein drang in die Stadt ein. Die Aufrührer eroberten sie zurück und fingen Dietrichstein. Darauf ließ ein Graf Salm die Stadt anzünden. Sie brannte völlig nieder. Das Entsatzheer plünderte sie, schleifte ihre Mauern und vertrieb die Einwohner. Sie verlor alle ihre Rechte. Erst allmählich kehrten die Bürger in die Trümmer zurück und bauten wieder auf. 1530 erhielt Schladming das Marktrecht zurück, die Stadtrechte aber erst 1925. (Über diese Geschichte informiert das Stadtmuseum in der Vernoulett-Gasse.) Obwohl bis ins 19. Jahrhundert hinein neben den anderen Metallen auch nach Nickel und Kobalt geschürft wurde, konnte der Ort seine frühere wirtschaftliche Bedeutung nicht wieder gewinnen. Die heutige Wirtschaft

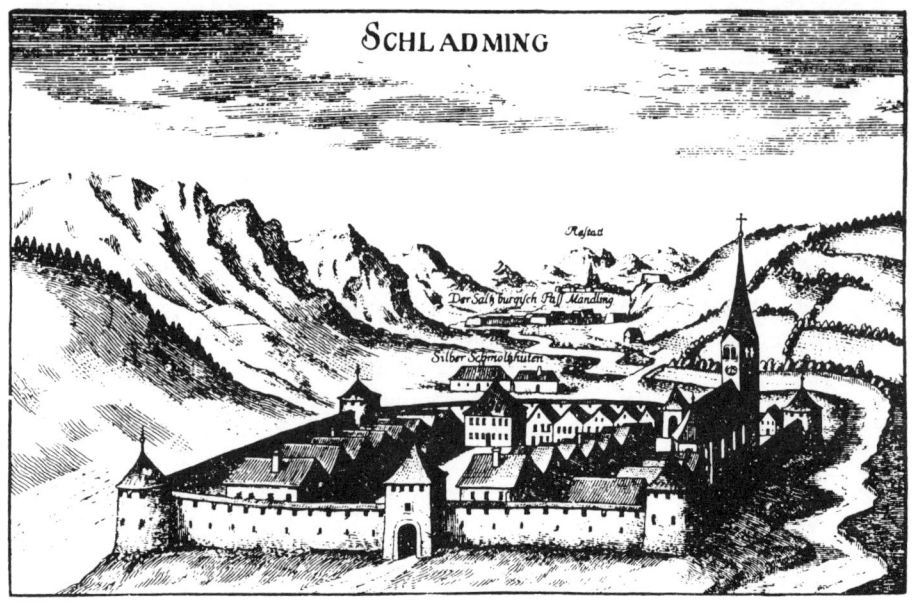

Schladming, 1681 (aus Georg Matthaeus Vischer: ›Topographia Ducatus Stiriae‹)

Schladmings basiert auf seinem Charakter als Einkaufsstadt und vor allem auf dem Fremdenverkehr mit allen seinen Einrichtungen vom ausgebauten Wanderwegenetz in verschiedenen Höhenlagen, Alpin- und Bergsteigerschulen, Seilbahnen und Liften, Sport- und Badeeinrichtungen, Kongreßräumen und allem anderen was dazugehört.

Die Umgebung, die Schladminger Tauern einerseits und die Ramsau andererseits, bietet auch dem Wintersportler präparierte Loipen und Pisten aller Schwierigkeitsgrade – am Dachstein sogar ganzjährig. Die Planai, der Hausberg der Schladminger, genießt international einen großen Ruf als Gelände für Weltcup-Rennen. Sie war auch Austragungsstätte der meisten Herrenwettbewerbe und des Riesentorlaufs der Damen bei den Alpinen Skiweltmeisterschaften 1982.

Aus der Schladminger Frühzeit blieb nur der gegliederte romanische Turm der *Pfarrkirche,* jetzt mit Zwiebelhelm, erhalten, während die dreischiffige Halle just in den Jahren der Kämpfe von 1522–1532 neu erbaut wurde. Der Raum, fünfjochig mit zehn mächtigen Rundsäulen, schließt mit einem Chor ab. Ein prachtvoller Hochaltar mit goldenen, von Weinranken gezierten Säulen und vier Heiligenfiguren (vom Admonter Stiftsbildhauer M. Neuber, 1702–1704) füllt ihn fast gänzlich. Im Schrein des Knappenaltar steht eine spätgotische Pietà vom Anfang des 16. Jh., das Altarblatt zeigt eine Marienkrönung vom Anfang des 17. Jh. Beachtenswert auch eine lebensgroße Madonna mit Kind (1719) in einem Schrein im linken Seitenschiff.

Ehe man die Steiermark einige Kilometer westlich von Schladming verläßt (oder zum Auftakt bei der Ankunft), ist es eigentlich unerläßlich, am *Dachstein* Abschied vom Land zu nehmen oder es zu begrüßen. Die Grenze zwischen Steiermark und Oberösterreich verläuft über die Gipfel des Massivs. In Schladming überwindet eine Serpentinenstraße den Steilabhang zum 18 km langen und 4 km breiten Ramsau-Hochplateau und dort, 1000 bis 1300 m über Meereshöhe, steigen jäh die weißen Kalkwände des ganzen Gebirgszuges bis zu 3000 m hoch auf (Abb. 148): von Westen nach Osten der Torstein, der Mitterspitz (2928 m), der Hohe Dachstein (3004 m), der Hunerkogel (2694 m), der Koppenkarstein (2865 m), der Scheichenspitz (2264 m), der Sinabell (2341 m). Dieser gigantische Felsblock nimmt ungefähr 900 qkm Grundfläche ein. 100 qkm bestehen aus Karst. 10 qkm bedecken Gletscher.

In vordenklichen Zeiten bildeten Dachstein und Totes Gebirge als Ablagerungen eines Meeres eine einheitliche Ebene. Bäche und Flüsse wuschen Gänge und Höhlen aus. Diese Fläche wurde aufgespalten, Teile gegeneinander verschoben und aufgefaltet. Ein Grabenbruch trennte die beiden Gebirge voneinander. Verwitterung tat das übrige. Sie modellierte die Gipfelformen und Türme und schürfte die Rinnen, Risse, Schluchten am Dachstein in die zum Teil 1000 m senkrechten Wände. Die **Ramsau,** im Norden durch die Dachstein-Kette und im Süden und Osten vom 350 m steilen Abhang am Ennstal und von Vorbergen geschützt, besiedelten auch die Baiern.

St. Ruprecht am Kulm bezeugt sie. Die Kirche ist im Kern romanisch, wie es auch Fresken im Langhaus und im Chor belegen, wurde aber im 15. Jahrhundert gotisch verändert, was auch Fresken innen und an der Außenmauer wiederum bestätigen. In der Gegenreformation suchten Protestanten Zuflucht bei den Bauern der Ramsau, und auf mancher Tenne versammelten sie sich lange Zeit im Geheimen. Als das Toleranzpatent wieder freie Religionsausübung erlaubte, bekannte sich die Bevölkerung der Streusiedlung geschlossen zu Luther.

Der Landstrich verlor inzwischen weitgehend das Bäuerliche. Der Fremdenverkehr änderte, wie kann es anders sein, dessen Wesen. Jetzt tummeln sich auf den Wiesen und in den Wäldern der Hochebene im Sommer und Winter die Urlauber. Hotels und Gasthöfe genügen internationalen Ansprüchen. Die Fremden lassen sich die bäuerliche Vergangenheit höchstens beim Besuch des Lodenwalkers in *Rössing* vorführen. Einst stellten im Winter von Hof zu Hof wandernde Weber aus den von den Bauern selbst gesponnenen Fäden der Schafwolle lockere Gewebe her. Das trugen die Bauern dann zur ›Walchstampf‹ und dort entstand im warmen Wasser und durch Walken mittels schwerer Holzhämmer das dicke und feste graue Tuch. In Rössing walkt man seit 1434. Der als Sehenswürdigkeit geltende Betrieb gehört einer berühmten Bergsteiger-Familie Steiner. Zwei Brüder durchstiegen zum Beispiel 1909 zum ersten Mal in direkter Route die 800 m hohe Dachstein-Südwand. Versierte Bergsteiger steigen über sie (vierter Schwierigkeitsgrad) noch auf. Die meisten Dachstein-›Bezwinger‹ sehen die Route von der Seilbahn aus ein. Ihr Bau war mühevoll. 6000 Kubikmeter Fels wurde abgebrochen. Unzählige Zementinjektionen mußten brüchiges Gestein verfestigen. 62 Tonnen Stahl und 1400 Kubikmeter Beton wurden von 1966–1969 in brennender Sonne und bei eisigem Wind verbaut.

Eine mautpflichtige Straße endet bei der Talstation an der Türlwandhütte. In fünf Minuten befördert eine Kabine 70 neugierige Touristen, Bergsteiger oder Wintersportler zum Gletscher des Hunerkogel. Die einen laben sich in Selbstbedienungsbüfett, Bar oder Restaurant der Bergstation und bestaunen nur die Natur. Andere laufen Ski. Wieder andere unternehmen eine Rundfahrt mit dem Gletschertaxi und manche – gut ausgerüstet, versteht sich – besteigen mit Bergführern auch den Dachstein-Gipfel oder die anderen Zinnen in der Nähe. Der Schladminger Gletscher ist ein ganzjähriges Skigebiet mit Doppelsesselbahn, Schleppliften und präparierten Loipen. Alpin- und Bergsteigerschulen veranstalten Kletterkurse, Gletscherwanderungen, Schneeschuhwanderungen, Dachsteindurchquerungen, Gipfeltouren und Höhlenwanderungen ins Dachsteinloch. Ferner gibt es eine Drachenfliegerschule und weitere Möglichkeiten der sportlichen Betätigung. Auskunft gibt der Verkehrsverein in Ramsau/Dachstein, ✆ 0 36 87/8 18 33 und 8 19 25.

Doch gleich wie man das Dachstein-Massiv erlebt, vor der Majestät der Berge und unvergleichlichen Aussicht – an klaren Tagen bis zum Böhmerwald und zu den Vorbergen der Adria – ist sicher jeder beeindruckt.

Landeswappen der Steiermark,
1567

Danksagung

Für die Unterstützung seiner Arbeit dankt der Autor herzlich besonders Frau C. Holl –
Stubenberg/Oststeiermark, Herrn W. Hufsky – Velden am Wörther See, Herrn Dipl.-
Vw. M. Neumayer – Pörtschach am Wörther See, Frau S. Paulitsch – Spittal a.d. Drau, Frau
A. Resch – Mariazell/Obersteiermark, Herrn Ing. M. Schmee – Millstatt/Oberkärnten,
Herrn M. Steinbrenner – Graz/Steiermark, Herrn K. Stephan – Köln, Herrn M. Zeiler –
Graz/Steiermark, Herrn Dr. I. Zlamal – Klagenfurt/Kärnten und vor allem Herrn Alfred
Leitner, Berghoff Rinsenegg im Gailtal/Kärnten.

Literaturhinweise (Auswahl)

Maria Dawid: *Österreich – Kunstschätze*, Innsbruck/Frankfurt a. Main 1977

Maria Dawid: *Der österreichische Museumsführer in Farbe*, Innsbruck/Frankfurt 1985

Rupert Feuchtmüller: *Kunst in Österreich – Vom frühen Mittelalter bis zur Gegenwart, 2 Bände*, 2. Auflage, Wien/Hannover/Basel 1972

Reinhard Hootz (Hrsg.): *Kunstdenkmäler in Österreich – Kärnten, Steiermark*, Darmstadt 1976

Franz Huter (Hrsg.): *Handbuch der historischen Stätten Österreichs – Alpenländer mit Südtirol*, 2. Auflage, Stuttgart 1978

Reclams Kunstführer Österreich II: Salzburg, Tirol, Vorarlberg, Kärnten, Steiermark – Baudenkmäler, Stuttgart 1974

Kärnten

Das ist Kärnten – Geschichte – Kultur – Landschaft, 2. Auflage. Hrsg. von der Kärntner Landesregierung, Klagenfurt 1978

Dehio – Handbuch der Kunstdenkmäler Österreich: Kärnten, Wien 1976

Wilhelm Deuer: *Die Kirchen von Maria Wörth*, Klagenfurt 1988

Barbara Felsner-Korak: *Das Gurktal*, Klagenfurt 1988

Anton Fritz: *Kärntens Flügelaltäre*, Klagenfurt 1975

Siegfried Hartwanger: *Der Dom zu Gurk*, 2. Auflage, Klagenfurt 1969

Siegfried Hartwanger: *Ossiach – Stift und Kirche*, Ossiach, o. J.

Karl Kafka: *Wehrkirchen Kärntens, 2 Bände*, Wien 1971 u. 1972

Franz Kahler (Hrsg.): *Die Natur Kärntens, 3 Bände*, Klagenfurt 1976 u. 1977

Richard Kogler: *Pfarr- und Wallfahrtskirche Maria Gail*, Villach 1988

Kärntner Kunst des Mittelalters, Katalog zur 65. Wechselausstellung der Österreichischen Galerie, Wien 1971

Anton Kreuzer: *Kärntner Sehenswürdigkeiten – Kleine Landesgeschichte*, Klagenfurt 1974

Karl Lax: *Aus der Chronik von Gmünd in Kärnten*, Gmünd 1971

Matthias Maierbrugger: *Die Geschichte von Millstatt*, Klagenfurt 1964

Matthias Maierbrugger: *Ferien im Lieser- und Maltatal*, Klagenfurt 1982

Matthias Maierbrugger: *Kärntner Sagenbuch*, Klagenfurt 1976

Matthias Maierbrugger: *Lebendiges Brauchtum in Kärnten*, Klagenfurt 1978

Matthias Maierbrugger: *Das Lurnfeld*, Klagenfurt 1983

Matthias Maierbrugger: *Turracherhöhle und Nockalmstraße*, Klagenfurt 1984

Matthias Maierbrugger: *Urlaub am Millstätter See*, 3. Auflage, Klagenfurt 1981

Hans Malloth: *Velden am Wörther See – Vergangenheit und Gegenwart*, Klagenfurt 1976

Heinz Messiner: *Probleme des Wörthersees*, Klagenfurt 1964

Herbert Paschinger: *Kärnten – Eine geographische Landeskunde, 1. Teil*, Klagenfurt 1976

Trude Polley: *Klagenfurt – Vom Zollfeld bis zum Wörther See*, Wien/Hamburg 1973

Helmut Prasch: *Spittal an der Drau*, Spittal, o. J.

Hans Peter Schönlaub: *Vom Urknall zum Gailtal – 500 Millionen Jahre Erdgeschichte in der Karnischen Region*, Hermagor 1988

Eduard Skudnigg: *Bildstöcke in Kärnten*, Klagenfurt 1977

1000 Jahre Kärnten – Geschichte – Kultur – Wirtschaft, Broschüre zur Sonderschau ›1000 Jahre Kärnten – 125 Jahre Handelskammer‹, Klagenfurt 1970

Steiermark

Der Bergmann – Der Hüttenmann: Katalog zur Landesausstellung in Graz 1968

Dehio – Handbuch der Kunstdenkmäler Österreichs: Graz, Wien 1979

Dehio – Handbuch der Kunstdenkmäler Österreichs: Steiermark, Wien/München 1982

Marianne Gerstenberger: *Die Wallfahrtskirche Maria Straßengel*, Maria Straßengel 1985

Emmerich Gordon: *Die Riegersburg in Geschichte, Kunstgeschichte und Sage*, 9. Auflage, Graz/Wien 1975

Gotik in der Steiermark. Katalog zur Landesausstellung in Stift St. Lambrecht 1978

Adolf Hahnl/Norbert Müller: *Stift Rein*, 2. Auflage, Salzburg 1980

Heinz Heikenwälder/Edith Münzer: *Graz – Ein Begleiter durch die Stadt*, 3. Auflage, Graz/Wien/Köln 1988

Hemma von Gurk – Katalog zur Ausstellung auf Schloß Straßburg/Kärnten 1988, Klagenfurt 1988

Walther Ernst Heydendorff: *Die Fürsten und Freiherren zu Eggenberg und ihre Vorfahren*, Graz/Wien/Köln 1965

Franz Höpflinger d. J. (Hrsg.): *Rund um den Grimming*, Graz/Wien 1967

Günther Jontes: *Stift Göss*, Leoben 1977

Karl Klamminger: *Weizberg*, 3. Auflage, Salzburg 1978

Johannes Koren: *Graz – Funkelnder Talisman*, Wien/Hamburg 1977

Adelbert Krause: *Die Krippenkunst des steirischen Bildhauers Josef Thaddäus Stammel im Stift Admont*, Wien 1962

Adelbert Krause: *Stift Admont*, 3. Aufl., Wien 1978

Peter Krenn: *Die Oststeiermark*, 2. Auflage, Salzburg 1987

Rudolf List: *Die Kirchen in Haus im Ennstal*, München/Zürich 1972

Rudolf List: *Steirischer Kirchenführer*, 2 Bände, Graz/Wien/Köln 1976 u. 1979

Robert Löbl: *Steiermark in Farben*, Innsbruck/Wien/München/Graz 1974

Das österreichische Bundesgestüt Piber, Hrsg. vom Bundesministerium für Land- und Forstwirtschaft 1974

Benedikt Plank: *Geschichte der Abtei St. Lambrecht*, St. Lambrecht 1976

Pöllau in Vergangenheit und Gegenwart. Hrsg. vom Kulturreferat der Marktgemeinde Pöllau 1977

Paulus Rappold (Hrsg.): *Stift Rein 1129–1979 – 850 Jahre Kultur und Glaube*, Festschrift zum Jubiläum, Rein 1979

Benno Roth: *Benediktiner-Abtei Seckau*, 3. Auflage, München/Zürich 1976

Siegfried Saf (Hrsg.): *Bad Mitterndorf – Heimatbuch*, Bad Mitterndorf 1972

650 Jahre Neuberg an der Mürz. Hrsg. vom Komitee für die 650-Jahr-Feier, Neuberg a. d. Mürz, 1978

Walter von Semetkowski: *Graz – Ein Führer durch die Stadt*, 6. Auflage, Graz/Wien/Köln 1968

Die Steiermark – Land, Leute, Leistung, Herausgegeben von der Steiermärkischen Landesregierung, Graz 1971

Johann Tomaschek/Günter Morge/Ute Himmelstoß: *Benediktinerstift Admont*, Admont o. J.

Ferdinand Tremel: *Land an der Grenze – Eine Geschichte der Steiermark*, Graz 1966

Werner Tscherne: *Aus dem Paradies der Steiermark*, Graz/Wien/Köln 1977

Gerhard Wasshuber: *Die Krakau*, Wien/München 1988

Erich Widder: *Mariazell – Geschichte und Kunst des Gnadenortes*, 3. Auflage, Mariazell, o. J.

Walter Zitzenbacher: *Oststeiermark*, Innsbruck/Frankfurt a. Main 1977

Walter Zitzenbacher: *Schöne Steiermark*, Innsbruck/Frankfurt a. Main 1976

Abbildungsnachweis

Farbtafeln und Schwarzweiß-Abbildungen

Joachim Kinkelin (M. Schneiders; T. Schneiders; O. Ziegler), Worms Farbt. 6, 15, 32
Landesbildstelle Kärnten (O. Kaiser), Klagenfurt Abb. 26, 53, 54, 58, 68
Landesfremdenverkehrsamt, Klagenfurt Abb. 40, 74
Landesfremdenverkehrsamt für Steiermark, Graz (Marko; Remling; Roth; Sedlacek) Farbt. 30, 33, 34, 36
Landesmuseum Joanneum, Graz Abb. 88–90, 94, 112, 122, 125, 130, 146
Landesmuseum Kärnten, Klagenfurt Abb. 9–15
Löbl-Schreyer, Bad Tölz Umschlagrückseite, Farbt. 3–5, 7–11, 13, 14, 17, 18, 20, 21, 25, 29, 31, 35, 37–40; Abb. 1–4, 16–20, 29–32, 34–36, 38, 39, 41–44, 59–61, 64, 67, 69, 71–73, 76, 81, 82, 91, 96, 105, 107, 108, 115, 116, 129, 131, 132, 134–138, 141, 148
Fritz Prenzel, Gröbenzell Umschlagvorderseite
Marco Schneiders, Lindau Farbt. 2
Toni Schneiders, Lindau Farbt. 1, 16
Verkehrsamt Millstatt Farbt. 12
Kurt Woisetschläger, Graz Abb. 83, 113, 119, 120, 123, 124, 139, 140, 142, 143, 145, 147

Der Autor stellte folgende Aufnahmen zur Verfügung: Umschlagklappe vorn, Farbt. 19, 23, 24, 26–28; Abb. 5–8, 19, 21–25, 27, 28, 33, 37, 45, 46–52, 55–58, 62, 63, 65, 66, 70, 75, 77–80, 84–87, 92, 93, 95, 97–104, 106, 109–111, 114, 117, 118, 121, 126–128, 133, 144

Zeichnungen und Pläne im Text
(Die Zahlen bezeichnen die Seiten im Buch)

Reinhardt Hotz (Hrsg.): Kunstdenkmäler in Österreich, Ein Bildhandbuch: Kärnten, Steiermark, Darmstadt 1976 139, 146, 194, 224, 280, 329, 332, 350, 383
Landesmuseum Joanneum, Graz 21, 52, 270, 275, 276, 287, 290, 291, 301, 303, 322, 335, 343, 344, 369, 372, 376, 385, 395, 405
Landesmuseum für Kärnten, Klagenfurt (U. P. Schwarz) 31, 54, 84, 88, 91, 114/115, 118, 122/123, 129, 136, 145, 152, 203, 211
Merian Europa. Neunundachtzig der schönsten Städtebilder aus der Archontologie und den Topographien, Kassel 1965 64/65, 266/267
Die österreichisch-ungarische Monarchie in Wort und Bild: Kärnten und Krain, Wien 1891 18, 20, 23, 50, 253
Reclams Kunstführer Österreich Band II: Salzburg, Tirol, Vorarlberg, Kärnten, Steiermark. Hrsg. von Karl Oettinger, Stuttgart 1974 89, 117, 124, 200, 213, 339, 390
Die Steiermark: Land, Leute, Leistung. Hrsg. von der Steiermärkischen Landesregierung, Graz 1971 25, 29, 404
Ferdinand Tremel: Land an der Grenze. Eine Geschichte der Steiermark, Graz 1966 412

Karten in den Umschlagklappen: Arnulf Milch, Lüdenscheid

Zitate auf den Seiten 62 und 73 aus: Ingeborg Bachmann, ›Das dreißigste Jahr‹ und ›Die gestundete Zeit‹. Mit freundlicher Genehmigung des Verlages R. Piper & Co., München

Praktische Reisehinweise

Autoanfahrten

Kärnten
München – Kufstein – Wörgl – Kitzbühel –
Mittersil – Felbertauernstraße und Tunnel
(gebührenpflichtig) – Matrei in Osttirol –
Lienz – Spittal a. d. Drau – Klagenfurt.

München – Bad Reichenhall – Saalfel-
den – Zell am See – Großglockner-Hochalpenstraße (gebührenpflichtig, für Wohnwagen nicht geeignet, geschlossen von
Anfang November bis Anfang Mai) – Heiligenblut – Spittal a. d. Drau – Klagenfurt.

München – Salzburg – Hallein – Bischofshofen – Badgastein – Böckstein (Autoverladung, s. S. 222, gebührenpflichtig,
für Wohnwagen nicht empfehlenswert) –
Mallnitz – Spittal a. d. Drau – Klagenfurt.

München – Salzburg – Tauernautobahn
(E 14) mit Tauerntunnel und Katschberg-
tunnel (zwischen Eben und Rennweg gebührenpflichtig, s. S. 202) – Gmünd – Spittal a. d. Drau – Klagenfurt.

Bei festen Hotelbestellungen in verschiedenen Orten Kärntens ermäßigen sich die

Anfahrtswege von Deutschland nach Kärnten und Steiermark

417

Gebühren der Autoverladung von Böckstein nach Mallnitz und die der Tauernautobahn. Auskunft bei den ›Österreich Informationen‹ (s. ›Auskünfte‹).

Steiermark
München – Salzburg – Hallein – Golling – Werfen – Radstadt – Schladming – Liezen – Graz.

München – Salzburg – Hallein – Golling – Werfen – Radstadt – Tauernpaß (1739 m, für Wohnwagen nicht empfehlenswert) – Mauterndorf – Tamsweg – Murau – Knittelfeld – Graz.

München – Salzburg – Bad Ischl – Bad Aussee – Liezen – Graz.

Wichtig! Wenn entlang der Autobahnen in Österreich die Notrufsäulen blinken, sofort Geschwindigkeit verringern. Das Aufleuchten der Positionslichter an den Notrufsäulen signalisiert stets Gefahr, sei es durch Unfall, Glatteis, Nebel oder andere Ursachen.

Alkohol am Steuer
Alkoholisierte Autofahrer werden mit einer Mindeststrafe von öS 8000,– belegt. Der Führerschein wird eingezogen. Die Blutalkoholgrenze beträgt 0,8 Promille.

Angeln
Vielfach möglich. Auskunft bei den ›Österreich Informationen‹ und den Landesfremdenverkehrsämtern (s. ›Auskünfte‹) und den örtlichen Fremdenverkehrsvereinen oder Gemeindeämtern.

Arzt
Arztpraxen sind in fast allen Gemeinden vorhanden. Urlauber können sich auf Auslandskrankenschein ihrer heimatlichen Krankenkassen behandeln lassen. Es ist empfehlenswert, sich die Anerkennung solcher Krankenscheine vor der Behandlung vom Arzt bestätigen zu lassen. Ärztliche Notdienste ✆ 141.

Ausflüge
In Fremdenverkehrsorten veranstalten Autobusunternehmen ganzjährig Ausflugs- und Rundfahrten mannigfacher Art. Auskünfte bei den örtlichen Fremdenverkehrsvereinen und Reisebüros.

Auskünfte
Österreich Information
Tauentzienstraße 16
1000 Berlin 30
✆ (0 30) 24 80 35 und 24 10 12, Telex 186 508

Österreich Information
Roßmarkt 12 (Passage)
6000 Frankfurt/Main
✆ (0 69) 29 36 73, Telex 416 765

Österreich Information
Tesdorpfstraße 19
2000 Hamburg 13
✆ (0 40) 4 10 20 13, Telex 211 801

Österreich Information
Komödienstraße 1 (Verkehrsamt a. Dom)
5000 Köln 1
✆ (02 21) 23 32 36, Telex 888 2393

Österreich Information
Neuhauser Straße 1
8000 München 2
✆ (0 89) 2 60 70 35

Österreichische Fremdenverkehrswerbung
Kapellenweg 6
8000 München 70
✆ (0 89) 70 30 21, Telex 521 3004

Österreich Information
Rote-Bühl-Platz 20 d
7000 Stuttgart
✆ (07 11) 22 60 82, Telex 721 732

Österreich Information
Neue Hard 11
CH-8037 Zürich
✆ (01) 44 33 31/32, Telex 823 005

Landesfremdenverkehrsamt Kärnten
Kaufmanngasse 13
A-9021 Klagenfurt
✆ (0 42 22) 55 48 80, Telex 422 980

Steiermärkischer Landesfremdenverkehrs-
verband
Herrengasse 16 (Landhaus)
A-8010 Graz
✆ (03 16) 70 31-22 87, Telex 312 610

Österreich Information
Margaretenstraße 1 (Ecke Wiedner Hauptstraße)
A-1040 Wien IV
✆ (02 22) 5 87 20 00

Die Informationsstellen und Landesfrem-
denverkehrsämter versenden auch Pro-
spekte mit aktuellen Angaben, Hotelverzeichnisse mit Preisen und andere Drucksachen. Zimmer vermitteln sie jedoch nicht.

Autobusverkehr
Staatliche, kommunale und private Linien
verkehren ganzjährig zu allen Orten. Oft
liegen die Fahrzeiten jedoch weit auseinan-
ander, so daß vorherige Erkundigungen
nach dem Fahrplan empfehlenswert sind.

Bahnreisen
Die Österreichische Bundesbahn gewährt
viele Ermäßigungen, zum Beispiel für
Rundreisen, Gesellschaftsreisen, für Senio-
ren, Kinder und Jugendliche und bietet
preiswerte Netzkarten verschiedener Art
an. Auskünfte bei den Bahnhöfen der
Österreichischen Bundesbahn und bei den
›Österreich Informationen‹.

Bahnverbindungen

Kärnten
Von München über Salzburg, Badgastein
nach Spittal a. d. Drau, Villach und Klagenfurt.

Autoreisezüge verkehren von Düssel-
dorf, Köln-Deutz, Kornwestheim und Neu-
Isenburg nach Villach.

Aus der Schweiz über Landeck, Innsbruck, Wörgl, Badgastein nach Spittal a. d.
Drau, Villach und Klagenfurt.

Steiermark
Von München über Salzburg, Bischofshofen, Radstadt, Schladming, Liezen, Leoben, Bruck a. d. Mur nach Graz.

Aus der Schweiz über Landeck, Inns-
bruck, Wörgl, Bischofshofen, Radstadt,
Schladming oder über Wörgl, Badgastein,
Spittal a. d. Drau, Villach, Klagenfurt nach
Graz.

Von allen größeren Bahnhöfen der Deutschen Bundesbahn nach vielen Zielen in
Kärnten und Steiermark besteht ein Haus-
Haus-Gepäck-Service. Nach Villach verkehren Auto-Reisezüge von zehn deutschen Bahnstationen aus. Auskünfte bei
den Bundesbahndienststellen.

Banken
Öffnungszeiten: montags bis freitags 8–12
Uhr und 15–18 Uhr, in größeren Fremdenverkehrsorten meist auch samstags von
8–11 Uhr.

Öffnungszeiten im Winter: montags bis freitags 14–17 Uhr. Schecks werden bei Vorlage der Eurocheque-Karte bis zum Betrag von DM 300,– oder sFr. 300,– eingelöst.

Bergführer

Autorisierte Bergführer gibt es in allen Gebirgsorten. Auskunft und Vermittlung durch die örtlichen Fremdenverkehrsvereine.

Berg- und Seilbahnen

Listen mit Fahrzeiten bei den ›Österreich Informationen‹ und Landesfremdenverkehrsämtern (s. ›Auskünfte‹).

Bergtouren und Wanderungen

Niemals allein gehen! Körperliche Eignung prüfen, auch die der Begleiter, besonders von Kindern. Trittsicherheit und Schwindelfreiheit sind oft erforderlich. Jede Bergtour muß genau geplant werden. Landkarten sind unerläßlich. Auskünfte bei Ortsansässigen (Alpine Vereine, Bergführer, Hüttenwirte) einholen und auch beachten.

Entsprechende Ausrüstung und Bekleidung ist notwendig (hohes, festes Schuhwerk mit griffigen Sohlen, Wetter- und Kälteschutz, da das Wetter oft rasch umschlägt).

Aus Gründen der Sicherheit unbedingt Weg und Ziel in Gaststätten, Hüttenbüchern, bei Freunden und Bekannten hinterlassen und Zeitpunkt der Rückkehr mitteilen. Tempo seinen eigenen und den Kräften seiner Begleiter anpassen. Zu schnelles Gehen führt zu frühzeitiger Erschöpfung.

Markierte Wege niemals verlassen. Wege nicht abschneiden. Stürze sind auch im leichten Gelände möglich. Grashänge, Schneefelder und Gletscher bergen große Gefahren. Man verliert blitzschnell den Halt und gleitet in die Tiefe. In solchen Situationen auf den Bauch drehen und versuchen, mit Händen und Füßen zu bremsen. Auf dem Rücken liegend sind alle Rettungschancen verloren.

Keine Steine abtreten. Sie gefährden andere Bergwanderer.

Wenn das Wetter umschlägt, Nebel einfällt, der Weg zu schwierig wird oder unsicher erscheint, sofort umkehren.

Bei Unfällen Ruhe bewahren. Notsignale durch Rufen und Winken großer Kleidungsstücke geben (Akustische und optische Zeichen pro Minute sechsmal in regelmäßigen Zeitabständen geben, dann Pause von einer Minute einlegen und dann die Signale in der gleichen Reihenfolge wiederholen. Helfer, die solche Signale verstanden haben, antworten mit akustischen oder optischen Zeichen dreimal pro Minute in regelmäßigen Abständen, legen auch eine Pause von einer Minute ein und wiederholen die Signale danach wieder in der gleichen Reihenfolge). Verletzte sollen möglichst am Unfallort gut sichtbar verbleiben.

Die Bergwelt muß sauber gehalten werden. Deshalb Abfälle mitnehmen. Alle Gebirgsorte verfügen über Bergrettungsdienste.

Biotraining

Hinweise bei den ›Österreich Informationen‹ oder Landesfremdenverkehrsämtern erhältlich (s. ›Auskünfte‹).

Brauchtumsveranstaltungen

Zahlreich, Kalender und Programme bei den ›Österreich Informationen‹ oder den

Landesfremdenverkehrsämtern erhältlich (s. ›Auskünfte‹).

Camping und Caravaning

Kärnten und Steiermark verfügen über eine große Anzahl guter Campingplätze. Verzeichnisse mit genauen Angaben bei den ›Österreich Informationen‹ und den Landesfremdenverkehrsämtern (s. ›Auskünfte‹) erhältlich.

Es werden die allgemein üblichen Taxen erhoben. Für Mitglieder der FICC, AIT und FIA auf den meisten Plätzen Ermäßigungen. Camping außerhalb eines Campingplatzes ist nur mit Zustimmung des Grundeigentümers gestattet.

Vor Antritt der Reise bei Camping- oder Automobilclubs Erkundigungen einholen, weil Paßstraßen oft für Wohnanhänger gesperrt oder wenig empfehlenswert sind.

Devisen

Zahlungsmittel in fremder Währung können in unbeschränkter Höhe ein- und wieder ausgeführt werden. Österreichische Geldsorten können in unbeschränkter Höhe eingeführt, ohne Sondergenehmigung aber nur bis insgesamt öS 50 000,– wieder ausgeführt werden.

Diplomatische Vertretungen

Botschaft der Bundesrepublik Deutschland
Metternichgasse 3
A-1010 Wien
℘ (02 22) 73 65 11

Schweizerische Botschaft
Prinz-Eugen-Straße 7
A-1030 Wien III
℘ (02 22) 78 45 21

Konsulat der Bundesrepublik Deutschland für Kärnten und Steiermark
Hamerlinggasse 6
A-8010 Graz
℘ (03 16) 7 14 01 und 7 14 02

Feiertage (gesetzliche)

1. Januar / 6. Januar / Ostern / 1. Mai / Christi Himmelfahrt / Pfingsten / Fronleichnam / 15. August (Mariä Himmelfahrt) / 26. Oktober (Nationalfeiertag) / 1. November / 8. Dezember (Mariä Empfängnis) / 25. und 26. Dezember.

Außerdem regionale Feiertage an manchen Orten.

Flugrettungsdienst

Klagenfurt ℘ (0 42 22) 17 77
Graz ℘ (03 16) 17 77

Flugverbindungen

Kärnten
Täglich von Frankfurt/Main nach Klagenfurt und zurück.

Steiermark
Täglich von Frankfurt und Zürich nach Graz-Thalerhof und zurück. Die Obersteiermark erreicht man besser über Salzburg.

FKK-Anlagen

Beratung bei ›Österreich Informationen‹, den Landesfremdenverkehrsämtern (s. ›Auskünfte‹) oder beim ›Österreichischen Naturistenverband‹, Fasangartengasse 109/11/1, A-1130 Wien, ℘ (02 22) 85 91 18.

Geldwechsel

Ausländische Zahlungsmittel werden in allen Banken und Wechselstuben, auf Bahnhöfen und Flugplätzen zum offiziellen Tageskurs der Österreichischen Nationalbank gewechselt. Auch die meisten Hotels und Reisebüros wechseln.
Gegenwärtig beträgt der Kurs:
öS 100,– zirka DM 14,– oder sFr. 14,–
DM 100,– zirka öS 700,–
sFr. 100,– zirka öS 700,–

Geschäftszeiten

Die Geschäfte sind im allgemeinen montags bis freitags von 8–18 Uhr – ausschließlich einer ein- bis zweistündigen Mittagspause – geöffnet. Samstags öffnen die Geschäfte von 8–12 Uhr. Regionale Abweichungen sind möglich.

Geschwindigkeitsbegrenzungen

Höchstgeschwindigkeit auf Landstraßen 100 km/h, auf Autobahnen 130 km/h, in Ortsbereichen 50 km/h.

Begrenzung für PKW mit Anhänger über 750 kg außerhalb des Ortsbereichs 80 km/h, auf Autobahnen 100 km/h.

Geschwindigkeitsbeschränkungen können außerdem auch anders verfügt werden.

Heilbäder und Kurorte

Kärnten

Althofen
Erkrankungen des rheumatischen Formenkreises, Verletzungsfolgen, gynäkologische Erkrankungen und die des Verdauungsapparates

Bad Bleiberg
Affektionen des Bewegungsapparates, Verletzungsfolgen, Kreislauferkrankungen, Erschöpfung, Zyklusstörungen und klimaterische Beschwerden

Bad Kleinkirchheim
Erkrankungen des Bewegungsapparates, Verletzungsfolgen, gynäkologische Erkrankungen, Erschöpfungen, Erkrankungen der ableitenden Harnwege

Bad St. Leonhard im Lavanttal
Erkrankungen des Bewegungsapparates, Hauterkrankungen, Metallvergiftungen

Dellach im Drautal
Rekonvaleszenz, vegetative Störungen

Eisenkappel-Vellach
Magen-, Darm- und Harnwegserkrankungen, Herz-Kreislauferkrankungen

Fresach
Rekonvaleszenz, Herz-Kreislauferkrankungen, Rheumatismus, Asthma, Behandlung erholungsbedürftiger Kinder

Kötschach-Mauthen
Abhärtung, Rekonvaleszenz, vegetative Regulationsstörungen, psychosomatische Störungen, funktionelle Kreislauferkrankungen, Katarrhe der Atemwege

Mallnitz
Wie Kötschach-Mauthen

Millstatt
Rekonvaleszenz, Katarrhe der Luftwege, Dialysesektion

Obervellach
Wie Millstatt

Pörtschach am Wörthersee
Wie Millstatt

St. Lorenzen im Lesachtal
Erkrankungen des Bewegungsapparates, Hauterkrankungen, Schwermetallvergiftungen

Trebesing
Herz-Kreislauferkrankungen, Rekonvaleszenz, Magen- und Darmkatarrhe, Entzündung der Harnwege

Velden am Wörthersee
Rekonvaleszenz, Erkrankungen der Atemwege

Warmbad Villach
Affektionen des Bewegungsapparates, Verletzungs- und Lähmungsfolgen, funktionelle Kreislaufstörungen, gynäkologische Erkrankungen, Erschöpfung

Weißenbach
Herz-Kreislaufstörungen, vegetative Dystonien, Affektionen des Bewegungsapparates, Erkrankungen des Magen- und Darmtraktes und der Harnwege, Erschöpfung

Weißensee
Rekonvaleszenz, Erkrankungen der Atemwege, funktionelle Herz-Kreislauferkrankungen, neurovegetative Regulationsstörungen

Steiermark

Aflenz-Kurort
Rekonvaleszenz

Bad Aussee
Erkrankungen der Leber- und Gallenwege und des Verdauungsapparates, Gicht und rheumatische Erkrankungen, Vergiftungen, gynäkologische Erkrankungen, funktionelle Kreislaufstörungen, Erkrankungen der Atemwege

Bad Gleichenberg
Erkrankung der Atmungsorgane, Herz-Kreislauferkrankungen, Magen- und Darmerkrankungen, Erkrankungen der Harnwege

Bad Mitterndorf
Rekonvaleszenz, rheumatische Erkrankungen, Nachbehandlung nach Verletzungen und Operationen, gynäkologische Erkrankungen

Bad Radkersburg
Erkrankungen des Verdauungsapparates, Herz-Kreislauferkrankungen, Erkrankungen der Harnwege

Bad Gams ob Frauenthal
Rekonvaleszenz, Eisenmangelanämie

Gröbming
Funktionelle Herz-Kreislauf- sowie Atemwegserkrankungen, Rekonvaleszenz

Laßnitzhöhe
Rekonvaleszenz

Loipersdorf
Erkrankungen des Bewegungsapparates, Nachbehandlung von Verletzungsfolgen, periphere Durchblutungsstörungen

Oberzeiring
Allergische Erkrankungen der Atemwege, chronisch-bronchitisches Syndrom

St. Radegund
Vegetative Dystonien, Rekonvaleszenz, Herz-Kreislauferkrankungen

Moorbad Schwanberg
Erkrankungen des Bewegungsapparates, gynäkologische Erkrankungen, Verletzungsfolgen, Entzündungen in Brust- und Bauchraum, Hauterkrankungen

Wildbad Einöd
Erkrankungen des Magen- und Darmtraktes, Erkrankungen der Harnwege, Herz-Gefäß-Erkrankungen, Rekonvaleszenz

Waltersdorf
Rheumatische Erkrankungen

Manche Kuren werden auch von ausländischen Krankenkassen rückvergütet. Auskunft und ausführliche Drucksachen bei den ›Österreich Informationen‹ und Landesfremdenverkehrsämtern (s. ›Auskünfte‹).

Hobbykurse
Mannigfach und vielfältigster Art. Auskünfte bei den ›Österreich Informationen‹, Landesfremdenverkehrsämtern (s. ›Auskünfte‹) und örtlichen Fremdenverkehrsämtern.

Hotels
In Kärnten und der Steiermark gibt es von Luxushotels mit allem Komfort in bedeutenden Urlaubsorten bis zu einfachen Gasthöfen und Privatpensionen alle Kategorien von Unterkünften. Hotelverzeichnisse mit genauen Preisen bei den ›Österreich Informationen‹ und den Landesfremdenverkehrsämtern (s. ›Auskünfte‹).

Auch das Mieten von Privatzimmern, Ferienwohnungen und ›Urlaub auf dem Bauernhof‹ ist möglich (Verzeichnisse ebenfalls bei den ›Österreich Informationen‹ und den Landesfremdenverkehrsämtern, sonstige Auskünfte bei den örtlichen Gemeindeämtern und Vermietern). Buchungen nehmen die Beherbergungsbetriebe direkt oder Reisebüros entgegen.

Zimmerreservierung wird vor Antritt der Reise empfohlen. Saisonzeiten sind Februar und März, Ostern, Juni bis Mitte September und Weihnachten. Außerhalb der Saison werden oft beachtliche Preisnachlässe für Kinder gewährt.

Zimmervorbestellungen sind für Hoteliers wie Gäste verbindlich. Werden reservierte Zimmer nicht in Anspruch genommen, kann Schadenersatz beansprucht werden.

Die Hotellerie in Kärnten und Steiermark zeichnet sich in allen Kategorien durch angenehme Atmosphäre und liebenswürdigsten Service aus.

Hunde
Mitbringen möglich. Tollwutimpfzeugnis, nicht älter als ein Jahr und mindestens 30 Tage vor der Einreise datiert, notwendig. Maulkorb und Leine vorgeschrieben.

Jagd
Vielfach möglich. Auskünfte bei den ›Österreich Informationen‹ und Landesfremdenverkehrsämtern (s. ›Auskünfte‹).

Jugendherbergen und -hotels
Zahlreich, Verzeichnisse bei den ›Österreich Informationen‹ und Landesfremdenverkehrsämtern (s. ›Auskünfte‹).

Karten
Empfohlen wird die ›Generalkarte Österreich‹, 1:200 000, Offizielle Straßenkarte des Österreichischen Automobil-, Motorrad- und Touring-Club, Blatt 2, 4, 5, 6.

Spezielle Wanderkarten 1:25 000 bei den örtlichen Fremdenverkehrsvereinen und örtlichen Buchhandlungen.

Katzen

Mitbringen möglich (s. ›Hunde‹).

Kinder

Kinderfreundliche Hotels und Bauernhöfe, Kinderveranstaltungen usw., Auskünfte bei den ›Österreich Informationen‹ und Landesfremdenverkehrsämtern (s. ›Auskünfte‹).

Kletterschulen, Kletterkurse

Auskünfte bei den ›Österreich Informationen‹ und Landesfremdenverkehrsämtern (s. ›Auskünfte‹).

Küche

Kärnten

Die Kärntner Küche ist kräftig, aber wohlschmeckend. So sind wegen des Wildreichtums in den Wäldern und wegen des Fischreichtums in den vielen Seen vielfältige Wild- und Fischgerichte kärntnerische Spezialitäten.

Gemüse wird vorzüglich zubereitet und kommt wegen der Nähe zum Süden frühzeitiger als anderswo auf den Tisch.

Andere Gerichte wiederum verleugnen ihre bäuerliche Herkunft nicht. Zum Beispiel sind ›Brettljausen‹ beliebt, kleine Mahlzeiten mit Schinkenspeck, luftgetrockneten Hauswürsten und dem gewürzten ›Glundner Käse‹, serviert mit einem Stamperl ›Obstler‹.

Aus der Bauernküche stammen auch ›Kärntner Kasnudeln‹ – mit Topfen (eine Art Quark oder Weißkäse) gefüllte Nudelteigtaschen, mit zerlassenem Speck und Schmalzgrieben aufgetischt, und die ›Kärntner Krapfen‹, ein in Öl oder Schmalz ausgebackener und mit Marmelade gefüllter Hefeteig.

Die Speisen der Kärntner Gasthöfe und Restaurants sind durchweg von erster Qualität. Viele bieten auch eigene Spezialitäten an, und die meisten geben gern Auskunft über die Zubereitungen.

Neben Obstschnaps trinkt man auch Bier und Wein. Die Weißweine stammen aus österreichischen Anbaugebieten, Rotwein kommt oft aus Südtirol.

Steiermark

Die Gasthöfe und Restaurants der Steiermark sind ebenso gut. Auch sie bieten Wildgerichte in mannigfacher Art an. Darüber hinaus werden Rind-, Schweine- und Hammelfleisch auf vielfache Weise originell und raffiniert zubereitet.

Bauernschmaus oder ›Steirische Schlachtplatte‹ gelten als kulinarische Genüsse. Weit verbreitet ist ›Steirisches Wurzelfleisch‹, ein mit Salz, Essig, Lorbeerblatt, Pfeffer, Kümmel und anderen Gewürzen gekochtes und mit Sellerie, Möhren, Zwiebeln und Petersilie angerichtetes Schweinefleisch; dazu werden Kartoffeln und Kren (Meerrettich) gegeben. Eine Spezialität sind steirische Poularden, ein Mastgeflügel von besonders zartem Fleisch und phantasievoll variiert gefüllt. Polenta, ein in Wasser gekochter Maisgrieß und in heißem Fett in der Pfanne geröstet, wird oft als Beilage gegessen.

Manchmal kann man auch noch sogenannten ›Haidensterz‹ bestellen, eine Art gebackener Buchweizenmehlkloß mit Schweineschmalz. Oft wird Kürbiskernöl verwendet (s. S. 323). Und da Kürbis reichlich angebaut wird, gibt es selbstverständlich besondere Kürbisgerichte.

Unter den Mehlspeisen, die wie überall in Österreich auch in der Steiermark beliebt sind, wird Apfelstrudel bevorzugt, da das Land mit diesem Obst gesegnet ist. Steirische Spezialitäten sind damit aber nur angedeutet. In der Steiermark unterscheiden sie sich je nach Gegend stark.

Getrunken werden jedoch beinahe überall entweder wieder Obstschnäpse, z. B. auch Vogelbeer- oder Schwarzbeerschnäpse oder Weine der eigenen Anbaugebiete aus Riesling- und Schilchertrauben (s. S. 302, 324), aber auch Bier. Das in der Steiermark unter Verwendung steirischen Hopfens gebraute Bier deckt einen Großteil des österreichischen Bedarfs und wird auch exportiert.

Kulturfestivals

Zahlreich, Kalender und Programme bei den ›Österreich Informationen‹ oder Landesfremdenverkehrsämtern erhältlich (s. ›Auskünfte‹).

Lifte

Überaus zahlreich. Listen bei den ›Österreich Informationen‹ und den Landesfremdenverkehrsämtern (s. ›Auskünfte‹).

Mahlzeiten

Das Mittagessen wird zwischen 12 und 14 Uhr, das Abendessen ab 18 Uhr serviert. Eine Spezialität ist die ›Jause‹, der Nachmittagskaffee zwischen 16 und 17 Uhr. Die Öffnungszeiten der Gaststätten variieren.

Mehrwertsteuerrückvergütung

Möglich, wenn der Wert der eingekauften Ware öS 1000,– übersteigt. Auskunft in den jeweiligen Geschäften.

Mineraliensuchen

An verschiedenen Orten möglich. Auskünfte bei den ›Österreich Informationen‹ und Landesfremdenverkehrsämtern (s. ›Auskünfte‹).

Naturparks und Wildgehege

Kärnten

Nationalpark Hohe Tauern (Ausgangspunkt für das ca. 200 km² große Kärntner Gebiet ist Heiligenblut)
Alpines Schutzgebiet für großartige Naturlandschaft mit ihrer Flora und Fauna, Bergmuseum mit Nationalpark-Dokumentation in Heiligenblut (Auskünfte: Verkehrsamt Heiligenblut, ✆ 0 48 24/20 01 21)

Nationalpark Nockberger
Seltene Pflanzenarten, Brutplätze seltener Vögel (13 Arten vom Aussterben bedroht), für Österreich einmalige Landschaftsformen

Pöllatal (bei Rennweg am Katschberg)
Wilde Feuerlilien

›Kärntner Jägerhof‹ (Schloß Mageregg bei Klagenfurt)
Rotwild, Damwild, Mufflons, Rehe, Fasanen und Entenarten

›Gelbe Alpenrose‹ (Lendorf, zwischen Möllbrücke und Spittal a. d. Drau)
Gelbe Alpenrosen, eine Reliktpflanze aus dem Erdzeitalter des Tertiär, einziger Standort in West- und Mitteleuropa

Tierpark bei Malta (nahe Gmünd)
Rotwild, Gemsen, Wildschweine, Dachse, Murmeltiere, Füchse, Marder, Weißkopfgeier

Wulfenia-Schongebiet (Naßfeld bei Hermagor)
Wulfenia, eine Reliktpflanze aus dem Erdzeitalter des Tertiär, einziger Standort in
West- und Mitteleuropa

Großhöflein-Moor (Sattnitzhochfläche südlich Klagenfurt)
Flachmoor, das sich in Hochmoor um-
bildet

Wildpark Rosegg (im Rosental)
120 Wildtiere, zum Teil selten, auch aus
anderen Erdteilen, Rothirsch mit 44 Enden,
einzigartig in der Welt

Alpengarten Villacher Alpe
1000 verschiedene Pflanzenarten

Steiermark

Wildpark Alpl (bei Krieglach)
Rotwild, Schwarzwild, Mufflons, Fasanen

Wildpark Herberstein (bei Stubenberg)
Rot-, Reh- und Schwarzwild, Damwild,
Uhu, Dachs, Fuchs, Murmeltiere, Iltis,
Ziesel, Gemsen, Steinböcke, Geparden,
Wölfe

Naturreservat Furtner Teiche (am Neumarkter Sattel)
235 Vogelarten, Rastplatz für Zugvögel

Wildpark Mautern (Liesingtal)
Rot- und Damwild, Hochlandrinder und
Bergponies, Davidhirsche, Sessellift

Naturpark Gamsstein (bei Hieflau)
Wildgehege

Naturreservat Pürgschachener Moor (bei Ird-
ning/Ennstal)
Seltene Tier- und Pflanzenwelt eines Hochmoores

Naturpark Grebenzen (bei Neumarkt)
Seltene Pflanzen, Zwischenstation zahlreicher Zugvögel im Frühjahr/Herbst

Naturpark Pöllauer Tal (bei Pöllau)
Harmonische Einheit von Kultur- und
Naturlandschaft

Naturpark Sölktäler (bei Gröbming)
Bergseen, alpine Flora und Fauna

Hinweistafeln an Wanderwegen weisen auf
geltende Schutzbestimmungen hin. Ver-
bote gegen das Sammeln geschützter Pflanzen werden überwacht und streng bestraft.

Notruf
Polizei ✆ 133, Feuerwehr ✆ 122, Rettung
✆ 144

Pannenhilfe

Kärnten
ÖAMTC, Klagenfurt, ✆ (0 42 22) 1 20
ARBÖ, Klagenfurt, ✆ (0 42 22) 1 23

Steiermark
ÖAMTC, Graz, ✆ (03 16) 1 20
ARBÖ, Graz, ✆ (03 16) 1 23

Straßenwachtfahrzeuge sind auf größeren
Straßen überall von 7–19 Uhr im Dienst.

Parken
In gekennzeichneten Kurzparkzonen (blaue
Zonen) kann das Parken zwischen 30 Minuten und 3 Stunden variieren. Parkscheiben
sind in Tabak-Trafiken kostenlos erhältlich
und müssen im Innern des Wagens an der
Windschutzscheibe deutlich sichtbar angebracht werden. In Klagenfurt, St. Veit an

der Glan, Villach, Völkermarkt, Wolfsberg und Graz ist das Parken in Kurzparkzonen gebührenpflichtig (Parkscheibe bei Banken, Tankstellen, Tabakläden).

In Straßen mit Schienen ist Parken von 5–20 Uhr verboten; vom 15. 12. bis 30. 3. gilt dort das Parkverbot ganztägig.

Paß und Visum

Die Angehörigen der meisten europäischen Staaten benötigen kein Visum. Gültiger Reisepaß oder gültiger Personalausweis genügen. Zolldokumente für Kraftfahrzeuge unnötig. Führerscheine und Zulassungen der meisten Länder werden anerkannt.

Pauschalurlaubsangebote

Zahlreich und günstig, auch mit Gesundheits-, Sport- und Kulturprogrammen. Drucksachen bei den ›Österreich Informationen‹ oder den Landesfremdenverkehrsämtern (s. ›Auskünfte‹).

Porto

In Österreich für Karten öS 3,50 und für Briefe (20 g) öS 4,50, ins Ausland für Karten öS 5,– und Briefe (20 g) öS 6,–. Briefmarken bei allen Postämtern, Automaten und Tabak-Trafiken. Der Zuschlag für Luftpostsendungen ist verschieden.

Postämter

Sind von Montag bis Freitag von 8–12 Uhr und von 14–18 Uhr geöffnet. In vielen Orten, aber nicht in allen, sind die Postämter auch samstags von 8–10 Uhr geöffnet. Haupt- und Bahnpostämter in den großen Städten sind durchgehend geöffnet und unterhalten auch einen Nacht- bzw. einen Samstag-, Sonntag- und Feiertag-Dienst.

Souvenirs

Die Verkaufsstellen der Heimatwerke bieten eine große Auswahl von kunsthandwerklichen Arbeiten an (Trachten und Trachtenstoffe, Bauernmalereien, Hinterglasmalereien, Schnitzarbeiten, bemalte und geschliffene Gläser, Borten und Spitzen, Zinn- und Kupfergeräte und anderes mehr). In Bad Aussee werden schöne Trachtenhüte hergestellt. Zu empfehlen sind auch Früchtebrote (lange haltbar), geräucherter Bauernspeck und hart geräucherte Hauswürste ... und selbstverständlich die ›Obstler‹ genannten Obstschnäpse und in der Steiermark die einheimischen Weine. An Brauchtumsabende erinnern Schallplatten mit ›Kärntner Liedern‹ (s. S. 22) und anderen einheimischen Melodien.

Spielkasino

Velden am Wörthersee, Graz

Sport

In Kärnten und Steiermark können nahezu alle Sportarten ausgeübt werden (auch Trekking, Rafting, Snowboarding, Sommerrodeln, Drachenfliegen u. v. a.). Auskünfte über Möglichkeiten, Einrichtungen usw. bei den ›Österreich Informationen‹ und den Landesfremdenverkehrsämtern (s. ›Auskünfte‹).

Straßen

Es ist mit Steigungen von 6% bis 20% zu rechnen. Die Bergstraßen sind fast ausnahmslos randgesichert. Bei Schneelage sind unbedingt Winter- bzw. Spikesreifen erforderlich (Benutzung vom 15. 11.–7. 4.). In besonderen Fällen sind Schneeketten nötig. Die Automobilclubs ÖAMTC

(Österreichischer Automobil-, Motorrad- und Touring-Club) und ARBÖ (Auto-, Motor- und Radfahrerbund Österreichs) verleihen Schneeketten.

Für das Befahren von Paß- und Bergstraßen gelten folgende Regeln:

1. Vor starken Steigungen auf ersten Gang schalten. Motor nicht auf vollen Touren, sondern nur mit ⅔ der Kraft laufen lassen.

2. Wenn Kühlwasser kocht, den Wagen sofort stoppen. Motor noch einige Zeit langsam laufen lassen. Kühlwasser langsam bei laufendem Motor nachfüllen.

3. Bei starkem Gefälle auf ersten Gang herunterschalten, bevor das Gefälle beginnt. Bremsen so wenig wie möglich und in Abständen benutzen.

4. Rechte Fahrbahnseite einhalten, auch wenn dort der abschüssige Berghang liegt.

5. Kurven und Kehren ausfahren und nicht schneiden.

6. Nie an unübersichtlichen Stellen oder in Kehren halten, sondern zum nächsten Park- oder Ausweichplatz fahren.

7. Generelle Vorfahrt für bergauf fahrende Fahrzeuge besteht nicht. Es ist mit jenem Fahrzeug zurückzufahren, mit dem dies leichter möglich ist.

8. Abstellen des Wagens auf abschüssiger Strecke mit angezogenen Bremsen, eingelegtem Gang *und* durch Keile oder Steine besonders sichern. Das Lenkrad so einschlagen, daß der Wagen gegen die Bergseite oder andere Hindernisse laufen würde.

Strom
220 Volt Wechselstrom

Telefon
Alle Orte sind mit fast allen europäischen Ländern im Durchwahlverkehr verbunden.

Vorwahlnummern nach Deutschland 06, in die Schweiz 05,
aus der Bundesrepublik *und* der Schweiz nach Österreich 00 43.

Bei Telefongesprächen aus Deutschland oder der Schweiz die Ziffer 0 der Vorwahlnummern österreichischer Orte weglassen, aber bei Gesprächen innerhalb Österreichs mitverwenden.

Ferngespräche innerhalb Österreichs sind wochentags ab 18 Uhr und an den Wochenenden von freitags 18 Uhr an billiger.

Münzfernsprecher für den Fernwählverkehr sind speziell gekennzeichnet. Gebrauchsanweisung beachten.

Trinkgelder
In Hotels und Restaurants ist der Bedienungszuschlag im Rechnungsbetrag einbegriffen. Trotzdem ist bei zufriedenstellender Leistung ein Trinkgeld von ca. 5% bis 10% nicht nur für Kellner, sondern auch für Portiers, Zimmermädchen, Gepäckträger, Taxifahrer, Friseure usw. üblich.

Verkehrsnachrichten
Zu jeder Stunde nach den Nachrichtensendungen auf Ö 3. Akute Verkehrsbehinderungen werden in das laufende Programm eingeblendet.

Verkehrsunfälle

Bei Verkehrsunfällen mit Personenschaden besteht unverzügliche Meldepflicht bei Polizei oder Gendarmerie, bei Sachschaden nur, wenn gegenseitige Identität nicht nachgewiesen wurde.
Unfallrettung ✆ 144

Versicherung

Für Kraftfahrzeuge besteht Haftpflichtversicherungszwang. Fahrer mit amtlichen deutschen und schweizerischen Kennzeichen brauchen die Versicherung nicht nachzuweisen.

Unfallrettung

✆ 144. Alle Gebirgsorte unterhalten eigene Bergrettungsdienste.

Währung

Die Währung heißt ›Österreichischer Schilling‹ (öS). 1 öS = 100 Groschen (g).

Die Österreichische Nationalbank gibt Scheine zu 1000,–, 500,–, 100,–, 50,– und 20,– öS und Münzen zu 1000,–, 500,–, 100,–, 50,–, 25,–, 20,–, 10,–, 1,– öS sowie Scheidemünzen zu 50, 10, 5, 2 g und 1 g aus. Münzen zu 100,–, 50,– und 25,– öS werden gesammelt und sind selten.

Wanderungen und Ausflüge

Fast überall möglich, Auskünfte bei den örtlichen Fremdenverkehrsämtern.

Zoll

Zollfrei können Gegenstände des persönlichen Bedarfs sowie Reiseproviant in den üblichen Mengen eingeführt werden. Zolldokumente für Kraftfahrzeuge werden nicht verlangt. Personen mit Wohnsitz im Ausland dürfen Gastgeschenke bis zu einem Wert von öS 400,– einführen (auch bis zu 2,1 Liter Wein, aber keine Spirituosen und Tabakwaren).

Raum für Ihre Reisenotizen

Raum für Ihre Reisenotizen

Register

Personen

Orte

Bitte beachten Sie auch folgende DuMont Reiseführer zu Österreich:

»Richtig reisen«: Graz und Steiermark

Von Christine Metzger. 309 Seiten mit 50 farbigen und 311 einfarbigen Abbildungen, 7 Karten und Plänen, 39 Seiten praktischen Reisehinweisen, Register, kartoniert

Das Burgenland

Land der Störche und der Burgen
Kultur, Landschaft und Geschichte zwischen Ostalpen und Pußta
Von Felix Czeike. 344 Seiten mit 32 farbigen und 116 einfarbigen Abbildungen, 81 Karten und Zeichnungen, 27 Seiten praktischen Reisehinweisen, Glossar, Register, kartoniert (DuMont Kunst-Reiseführer)

Wien und Umgebung

Kunst, Kultur und Geschichte der Donaumetropole
Von Felix Czeike und Walther Brauneis. 380 Seiten mit 35 farbigen und 168 einfarbigen Abbildungen, 39 Zeichnungen und Plänen, 24 Seiten praktischen Reisehinweisen, Literaturverzeichnis, Personen- und Ortsregister, kartoniert (DuMont Kunst-Reiseführer)

»Richtig reisen«: Wien

Von Eva Bakos. 360 Seiten mit 46 farbigen und 161 einfarbigen Abbildungen, Karten und Plänen, 52 Seiten praktischen Reisehinweisen, Register, kartoniert

Salzburg, Salzkammergut, Oberösterreich

Kunst und Kultur auf einer Reise vom Dachstein bis zum Böhmerwald
Von Werner Dettelbacher. 320 Seiten mit 38 farbigen und 152 einfarbigen Abbildungen, 9 Karten und Stadtplänen, 49 Zeichnungen, 23 Seiten praktischen Reisehinweisen, Register, kartoniert (DuMont Kunst-Reiseführer)

Tirol

Nordtirol und Osttirol
Kunstlandschaft und Urlaubsland an Inn und Isel
Von Bernd Fischer. 340 Seiten mit 60 farbigen und 106 einfarbigen Abbildungen, 62 Plänen und Zeichnungen, 11 Seiten praktischen Reisehinweisen, Literaturangaben und Register, kartoniert (DuMont Kunst-Reiseführer)

Vorarlberg und Liechtenstein

Landschaft, Geschichte und Kultur im ›Ländle‹ und Fürstentum
Von Heinz Held. 360 Seiten mit 31 farbigen und 110 einfarbigen Abbildungen, 88 Plänen und Zeichnungen, 26 Seiten praktischen Reisehinweisen, Glossar, Literaturverzeichnis, Register, kartoniert (DuMont Kunst-Reiseführer)

DuMont Kunst-Reiseführer

»Kunst- und kulturgeschichtlich Interessierten sind die DuMont Kunst-Reiseführer unentbehrliche Reisebegleiter geworden. Denn sie vermitteln, Text und Bild meist trefflich kombiniert, fundierte Einführungen in Geschichte und Kultur der jeweiligen Länder oder Städte, und sie erweisen sich gleichzeitig als praktische Führer.« *Süddeutsche Zeitung*

Alle Titel in dieser Reihe:

Alle Bände mit vielen, zum Teil farbigen Abbildungen; dazu Zeichnungen, Karten, Grundrisse, praktische Reisehinweise.

»Richtig reisen«